Probleme der neuen Ansatzrechte im Sinne des § 268 Abs. 8 HGB und der entsprechenden Ausschüttungssperren

Schriften zum Gesellschafts-, Bilanz- und Unternehmensteuerrecht

Herausgegeben von Barbara Grunewald und Joachim Hennrichs

Band 19

Zur Qualitätssicherung und Peer Review der vorliegenden Publikation

Die Qualität der in dieser Reihe erscheinenden Arbeiten wird vor der Publikation durch den Herausgeber der Reihe geprüft.

Notes on the quality assurance and peer review of this publication

Prior to publication, the quality of the work published in this series is reviewed by the editor of the series.

Leif Klinkert

Probleme der neuen Ansatzrechte im Sinne des § 268 Abs. 8 HGB und der entsprechenden Ausschüttungssperren

Zugleich ein Vergleich zur kalifornischen Ausschüttungsregelung

PL ACADEMIC RESEARCH

Bibliografische Information der Deutschen Nationalbibliothek
Die Deutsche Nationalbibliothek verzeichnet diese Publikation in der Deutschen Nationalbibliografie; detaillierte bibliografische Daten sind im Internet über http://dnb.d-nb.de abrufbar.

Zugl.: München, Univ., Diss., 2015

Gedruckt mit finanzieller Unterstützung des Max-Planck-Instituts für Steuerrecht und Öffentliche Finanzen in München.

D 19
ISSN 1867-500X
ISBN 978-3-631-67165-8 (Print)
E-ISBN 978-3-653-06540-4 (E-Book)
DOI 10.3726/978-3-653-06540-4

PL Academic Research ist ein Imprint der Peter Lang GmbH.

Peter Lang – Frankfurt am Main · Bern · Bruxelles · New York · Oxford · Warszawa · Wien

Diese Publikation wurde begutachtet.

www.peterlang.com

Vorwort

Das externe Rechnungswesen ist in der Praxis gemeinhin eine betriebswirtschaftliche Disziplin. Das Fundament hält jedoch das Handelsgesetzbuch (HGB) bereit, das wie jedes Gesetz der juristischen Auslegung bedarf und dieser auch zugänglich ist. Wie in kaum einem anderen Rechtsgebiet spielen dabei betriebswirtschaftliche Grundsätze eine dominante Rolle. Dieses Zusammenspiel und damit verbundenen Herausforderungen waren für mich Grund sich diesem Thema zu widmen.

Die vorliegende Dissertation ist am Max-Planck-Institut für Steuerecht und Öffentliche Finanzen in München, an der Universität von Kalifornien in Berkeley und an der Heinrich-Heine Universität in Düsseldorf entstanden. Hervorheben möchte ich die ausgezeichneten wissenschaftlichen Rahmenbedingungen am Max-Planck-Institut für Steuerrecht und Öffentliche Finanzen, welche diese Arbeit erst ermöglicht haben. Besonderer Dank gilt meinem Doktorvater Herrn Prof. Dr. Dr. hc Wolfgang Schön für seine umfassende Betreuung und die großzügige finanzielle Förderung der Drucklegung. Gleichsam danke ich der Kanzlei Gibson, Dunn & Crutcher LLP in München, die meine Zeit in Berkeley ideell und finanziell förderte sowie Herrn Prof. Dr. Christian Kersting LLM (Yale), der mich während meiner Zeit in Düsseldorf unterstützte.

Zuletzt gebührt großer Dank meiner Familie und Freunden, insbesondere meinem Vater Dr. Wolfgang Klinkert und meiner Lebensgefährtin Katrin Asmus, die Höhen und Tiefen einer wissenschaftlichen Entwicklung begleitet haben und einen großen Anteil zum Erfolg beigetragen haben. Meinen Kollegen Dr. Felix Scheder-Bieschin, Dr. Christian Marquart und Fabian Hafenbraedl danke ich für anregende Diskussionen und eine spannende Zeit.

Dr. Leif Klinkert
München/Düsseldorf, im Januar 2016

Inhaltsverzeichnis

1. Einleitung

Ziel der Rechnungslegung ist eine möglichst wahrheitsgemäße[1] Darstellung der wirtschaftlichen Situation eines Unternehmens. Die Vorschriften des HGBs haben daher die schriftliche Spiegelung der betrieblichen Geschäftsvorfälle zum Gegenstand. Damit werden verschiedene Zwecke verfolgt. Neben der reinen Informationsvermittlung und damit auch Rechenschaftsablegung gegenüber Dritten basieren vor allem Gewinnpartizipationsrechte und der Gläubigerschutz auf bilanziellen Werten. Ein exaktes Abbild der tatsächlichen Situation lässt sich indes nicht projizieren. Geschäftsvorgänge sind einerseits zu mannigfaltig und können andererseits zu komplex sein, um gesetzlich oder buchhalterisch exakt erfasst werden zu können. Abgesehen davon verbieten manche Zwecke der Rechnungslegung die umfassende Aufnahme sämtlicher vorhandener Informationen.[2] Aus denselben Gründen vermag es die Bilanz nur bedingt, Aussagen über die künftige wirtschaftliche Potenz eines Unternehmens zu enthalten – diesen Anspruch erhebt sie bislang aber auch nicht.[3,4] Im Vordergrund der Bilanzierung steht die Abbildung von Vergangenem, allerdings unter der zukunftsbezogenen Annahme der Fortführung des Unternehmens.[5]

Das Rechnungslegungsrecht bzw. Bilanzrecht ist durch Abstraktion geprägt. Auf diese Weise lassen sich die vielfältigen Geschäftsvorfälle erfassen und auch solche berücksichtigen, welche aufgrund der schnellen Entwicklung des Geschäftslebens gesetzlich nicht antizipiert werden können. Um den unterschiedlichen tatsächlichen Situationen der zur Bilanzierung verpflichteten Unternehmer gerecht werden zu können, enthält das Bilanzrecht Wahlrechte. Das bedeutet, dass die Aufnahme bestimmter Informationen im Ermessen des Unternehmers liegt. Dies wird häufig

1 Vgl. insbesondere für Kapitalgesellschaften § 264 Abs. 2 Satz 1 HGB.

2 Eine Bilanz, die den Gläubigerschutz in den Vordergrund stellt, verzichtet in der Regel auf rein informatorische Aspekte.

3 Die Teilnehmer der Finanzmärkte verwenden andere Instrumentarien, um sich ein Bild über die künftigen Erfolgsaussichten eines Unternehmens zu verschaffen. Die Jahresabschlüsse abgelaufener Geschäftsjahre haben dabei nur indizielle Bedeutung. Im Vordergrund stehen Marktanalysen, Unternehmensprüfungen („*Due Diligence*"), der cash flow und andere Finanzkennzahlen.

4 Die erfolgsentscheidenden Faktoren lassen sich nur selten bilanziell erfassen. Zu nennen sind in diesem Zusammenhang „weiche" wertbildende Faktoren, insbesondere die Kompetenz des Managements. Auch äußere Faktoren wie die politische Stabilität, Katastrophen oder der unerwartete Wegbruch eines Marktes durch anderweitigen technologischen Fortschritt lassen sich bilanziell nicht erfassen.

5 Grundsätzlich können Vermögensgegenstände erst nach ihrer Realisation angesetzt werden, vgl. § 252 Abs. 1 Nr. 4 HGB. Bei der Bewertung eines Vermögensgegenstands ist jedoch von einer Fortführung des Unternehmens auszugehen, vgl. § 252 Abs. 1 Nr. 2 HGB.

als Schwäche des deutschen Bilanzrechts bezeichnet.[6] Neben den tatsächlichen Anforderungen beeinflussen vor allem die intendierten Zwecke den Bestand und Inhalt der Rechnungslegungsvorschriften.[7] Das Bilanzrecht erfüllt aber nicht nur eigene Zwecke, sondern wird zunehmend als bedeutender Wirtschaftsfaktor einer modernen Volkswirtschaft verstanden. Zum einen ermöglicht es die Bemessung und Kommunikation von Unternehmenserfolg an Außenstehende und zum anderen stellt die Bilanzierungspflicht eine enorme zeitliche und monetäre Belastung für Unternehmen dar. Der Gesetzgeber muss daher bestrebt sein, das Bilanzrecht den tatsächlichen volkswirtschaftlichen Rahmenbedingungen anzupassen und dementsprechend weiterzuentwickeln. Vor dem Hintergrund der Globalisierung und des Wettbewerbs der Rechtsordnungen gilt dies heute umso mehr. Erst kürzlich hat der deutsche Gesetzgeber das HGB einer großen Reform unterzogen und eine Antwort auf den gestiegenen internationalen Druck durch andere Rechnungslegungssysteme gegeben. Das Bilanzrechtsmodernisierungsgesetz („BilMoG") von 2009 greift einige Baustellen des deutschen Bilanzrechts auf und liefert eine Reihe neuer Vorschriften und neuer Bilanzierungskonzepte. Damit sollte eine international vergleichbare, aber kostengünstigere Alternative zu international gebräuchlichen Standards wie den IFRS oder US-GAAP geschaffen werden.[8] Das BilMoG enthält richtungsweisende Weiterentwicklungen des deutschen Bilanzrechts. Wie zu erwarten, führen große Reformen zu Anwendungsfragen, da nicht immer auf existierendes Wissen zurückgegriffen werden kann. Insbesondere das Anpassungsbestreben an internationale Regelungen verursacht ein deutlich wahrnehmbares Spannungsverhältnis zu traditionellen Bilanzierungskonzepten des deutschen Rechts.

Im Rahmen dieser Arbeit werden aus diesem Anlass die bedeutendsten Änderungen des BilMoGs und damit verbundenen Problembereiche dargestellt. Eine umfassende Bearbeitung bzw. Kommentierung des BilMoG wird nicht vorgenommen. Die Arbeit konzentriert sich auf jene Änderungen, die für das deutsche Bilanzrecht grundlegend sind. Die gewählten Problembereiche wurden anhand der vom Gesetzgeber des BilMoG eingefügten Ausschüttungssperre § 268 Abs. 8 HGB identifiziert. Diese Norm soll verhindern, dass gewisse neue Ansatz(wahl-)rechte nicht das Ausschüttungspotential zugunsten der Gesellschafter erhöhen. Schon die Existenz einer Ausschüttungssperre indiziert eine gewisse gesetzgeberische Skepsis gegenüber den zugrundeliegenden Ansatzrechten. Ausschüttungsgesperrte Beträge i.S.d. § 268 Abs. 8 HGB können aus der Aktivierung (1) von selbst erstellten

---

6 Deshalb versuchte der Gesetzgeber Wahlrechte zu beseitigen, vgl. BT-Drs. 16/10067, S. 34. Daher war für selbst erstellte immaterielle Vermögensgegenstände des Anlagevermögens und für aktive latente Steuern zunächst eine Aktivierungspflicht gesetzlich angelegt. Die verkündete Fassung enthält in Bezug auf diese Werte jedoch Wahlrechte. Dies ist wohl darauf zurückzuführen, dass die Ermittlung der Werte hohen Aufwands bedarf und die Entscheidung daher in das Ermessen der Unternehmer gestellt werden sollte.

7 Vgl. sogleich Abschnitt 2.3.5.

8 Vgl. BT-Drs. 16/10067, S. 1.

immateriellen Vermögensgegenständen des Anlagevermögens[9], (2) des Überhangs aktiver latenter Steuern[10] und (3) des Überhangs des Zeitwerts über den Anschaffungskostenwert des Pensionsdeckungsvermögens[11] resultieren.

Die Berechnung des ausschüttungsgesperrten Betrags i.S.v. § 268 Abs. 8 HGB stellt den Anwender und den Bilanzleser in einigen Fällen vor Herausforderungen. Die Problembereiche werden in Zusammenhang mit den jeweiligen Ansatzrechten dargestellt. In diesem Zusammenhang werden auch gesetzliche Verbesserungsvorschläge zur Vereinfachung dargestellt.

Um das Thema abzurunden, werden entstehende Folgefragen ergänzend dargestellt.[12] In einem letzten Abschnitt werden die Sec. 500 ff. CalCorpCode dargestellt.[13] Die Ausführungen beschränken sich dabei auf die Funktionsweise der kalifornischen Ausschüttungsregelung. Diese wurden in der Vergangenheit oftmals als Vorbild für eine Reform der europäischen Kapitalerhaltung benannt.[14] Das US-amerikanische Rechnungslegungsrecht ist im Allgemeinen stärker auf Informationsvermittlung ausgelegt. Wie für solche Systeme typisch trifft man dort seltener klassische Ausschüttungssperren an. Üblicherweise wird über die Zulässigkeit von Ausschüttungen stattdessen anhand von sog. „*solvency tests*" entschieden.[15] In diesem Zusammenhang stellt das kalifornische Recht eine Besonderheit dar, da dort bis 2012 verschiedene Bilanztests implementiert waren, welche einmalig und sehr modern waren.

Zunächst sollen jedoch für den Gang dieser Untersuchung wesentliche Grundprinzipien der deutschen Rechnungslegung einleitend dargestellt werden.

---

9 §§ 248 Abs. 2 Satz 1, 255 Abs. 2a und 2 HGB, vgl. Abschnitt 3.3.1.

10 § 274 Abs. 1 Satz 2 HGB, vgl. Abschnitt 3.3.2.

11 §§ 246 Abs. 2 Satz 2, 253 Abs. 1 Satz 4 HGB, vgl. Abschnitt 3.3.3.

12 Vgl. Abschnitt 3.4.

13 Vgl. Abschnitt 4.

14 Vgl. etwa: Pellens/Brandt/Richard, DB 2006, 2027 ff.; Engert, in: Lutter, Das Kapital der Aktiengesellschaft, S. 743 (764 ff.), vgl. Abschnitt 4.

15 Vgl. Sec. 6.40 RMBCA, der den *solvency test* aber mit einem *balance sheet test* zu Objektivierung ergänzt.

2. Das Rechnungslegungsrecht des HGB

Das Bilanzrecht kann nur dann richtig angewendet werden, wenn man dessen grundlegende Prinzipien kennt. Im Gegensatz zu internationalen Vorschriften ist das HGB in besonderem Maße von abstrakten und daher auslegungsbedürftigen Regelungen durchzogen. Bei der Untersuchung von bilanzrechtlichen Regelungen kommt es daher immer wieder auf bilanzrechtliche Auslegungsgrundsätze an. Daher wird im Folgenden das Grundsystem des Bilanzrechts als Teil dieser Einleitung kurz dargestellt. Im weiteren Gang der Untersuchung wird darauf Bezug genommen.

2.1 Das Rechnungswesen

Unternehmer betreiben großen Aufwand, um sich über die Abläufe in ihrem Betrieb in Kenntnis zu setzen. Ohne Informationen über die wirtschaftliche Lage und Entwicklung des Unternehmens lassen sich keine wirtschaftlich ausgereiften Entscheidungen treffen. Das Mittel zur Informationserlangung nennt man das interne Rechnungswesen. Dazu gehören die Kostenrechnung, die Statistik und die Vergleichsrechnung.[16] Diese Rechnungswerke zeichnen die Güter- und Finanzbewegungen eines Unternehmens auf.[17] Das interne Rechnungswesen ist nicht gesetzlich geregelt, weshalb es jeder Unternehmer auf seine Bedürfnisse anpassen kann.

Das externe Rechnungswesen hingegen ist gesetzlich kodifiziert, weil es nicht allein der internen Informationserlangung dient, sondern die Offenlegung der betrieblichen Entwicklung an die Außenwelt zum Gegenstand hat und damit Interessen Dritter berührt. Bestehend aus der Gewinn- und Verlustrechnung sowie dem Jahresabschluss gibt das externe Rechnungswesen Einblicke in die betriebliche Entwicklung. Besonders große Investoren, aber auch kleine Anleger, haben ein berechtigtes Interesse, an diese Informationen zu gelangen.

Die Bedeutung der externen Rechnungslegung wächst mit zunehmender Globalisierung und Öffnung der Märkte. Im Kampf um Gelder inländischer und ausländischer Investoren spielt vor allem die Transparenz von Unternehmen eine bedeutende Rolle. Dort, wo Investoren genug Informationen über die wirtschaftliche Situation von Unternehmen bekommen, werden sie bevorzugt investieren. Hier rückt die externe Rechnungslegung in den Blickpunkt, denn diese vermittelt wesentliche Informationen wie beispielsweise die Eigenkapitalausstattung des Unternehmens. Das frühe Bilanzrecht hingegen verfolgte noch primär das Ziel, Ausschüttungen an Gesellschafter zu regulieren.[18] Jedoch zeigten schon die Beratungen zum Allgemeinen Deutschen Handelsgesetzbuch eine gewisse Sensibilisierung für

16 Döring/Buchholz, S. 1.

17 Vgl. dazu die Darstellungen in: Wöhe/Kußmaul. S. 2.

18 Schön/Osterloh-Konrad, in: Aktienrecht im Wandel, S. 894, Rn. 1 ff.

das Bilanzrecht als Wirtschaftsfaktor.[19] Ganz deutlich wird dies nun beim Lesen der Einführung des Regierungsentwurfs des BilMoG.[20]

Mittlerweile ist das Bilanzrecht ein bedeutender Wirtschaftsfaktor.[21] Das nationale Bilanzrecht steht dabei in Konkurrenz zu Vorschriften ausländischer Rechtskreise. Allgemein lassen sich dabei zwei Pole schematisieren. Das informationsorientierte anglo-amerikanische System[22] steht dem konservativen kontinentaleuropäischen Bilanzverständnis[23] gegenüber. Durch § 315a HGB und die dort genannte EU-Verordnung[24] hat diese Unterscheidung jedoch eine Durchbrechung erfahren. Kapitalmarktorientierte Unternehmen müssen seit 2005 ihren Jahresabschluss nach IFRS aufstellen. Dies bedeutete die Implementierung einer fremden Bilanzphilosophie in das deutsche Rechtssystem und verdeutlicht den internationalen Druck.[25] Folglich verwundert es nicht, dass über die Grundfesten des deutschen Systems eine Diskussion entstanden ist. In zahlreichen Studien und Veröffentlichungen wird die Zukunft des europäischen Gläubigerschutzsystems im Allgemeinen und die Abschaffung des gesetzlichen Mindestkapitals, die Einführung eines *Solvency tests* und auch die umfängliche Übernahme der IFRS im Besonderen diskutiert.[26] Solch grundlegende

---

19 So: Schön, in: ZHR 161 (1997), 133 (133).

20 Das BilMoG soll eine vollwertige aber kostengünstigere und einfachere Alternative zu international gebräuchlichen Rechnungslegungsnormen darstellen, vgl. RegE BT.-Drs. 16/10067, S. 1.

21 Siehe Schön, ZHR 161 (1997) 133 (133 f.).

22 Insbesondere IFRS, US-GAAP.

23 Bspw. das deutsche HGB.

24 EU Verordnung (EG) Nr. 1606/2002.

25 Siehe Schön, ZHR 161 (1997) 133 (134).

26 Schön, 7 EBOR 2006, 181 ff., der das Kapitalschutzsystem um situative Ausschüttungssperren erweitern möchte; Schön, in: ZGR 2000, 706 (741 ff.); Schön, Der Konzern 2004, 162 ff. (166), der in der Abschaffung des Mindestkapitals der GmbH kein Problem sieht; vgl. auch: die Feasibility Study der Wirtschaftsprüfungsgesellschaft KPMG im Auftrag der EU Kommission, ein *executive summary* ist abrufbar unter: http://www.kpmg.de/docs/Executive_Summary_Studie_zur_Kapitalerhaltung_fertig.pdf (zuletzt abgerufen am 10.01.2013). Dort werden alternative Lösungen dargestellt und die Anwendung der IFRS für Ausschüttungszwecke bejaht. Vgl. auch: Moxter, DB 2001, 605 (606), der die Auffassung des Arbeitskreises der Schmalenbachgesellschaft wiedergibt. Der Arbeitskreis möchte den Weg zu einer rein informationsbasierten Bilanzierung beschreiten und favorisiert die Anwendung der IFRS (damals noch IAS) auch im Einzelabschluss. Gegen die Einführung von IFRS zu Ausschüttungsszwecken siehe Hennrichs, BFuP 2008, 415 ff., der aber zugleich Ausschüttungssperren als Kompensation für Risiken durch unsichere Bilanzposten vorschlägt; vgl. auch Bericht der hochrangigen Gruppe auf dem Gebiet des Gesellschaftsrechts über moderne gesellschaftsrechtliche Rahmenbedingungen in Europa, abrufbar unter: http://ec.europa.eu/internal_market/company/docs/modern/report_de.pdf (zuletzt aufgerufen am: 10.01.2013); Veil, in: Lutter (Hrsg.) ZGR Sonderband, S. 92 ff., der eine Reform für unausweichlich hält, aber auf deren Nachteile hinweist; Pellens/Sellhorn, in: Lutter (Hrsg.) ZGR Sonderband, S. 451 ff.; Rickford, 2004 EBLR 919 (921), schlägt

Änderungen des deutschen Bilanzrechts sind jedoch eher politischer Natur und sollen hier nicht diskutiert werden.[27]

Das BilMoG hat keine Klärung dieser Grundsatzfragen gebracht. Allerdings kann dem neuen Gesetz die Entscheidung entnommen werden, dass grundsätzlich an den bewährten Prinzipien festgehalten wird, obwohl punktuelle Neuerungen zw. Modernisierungen stattgefunden haben.[28] Die Brücke über die dadurch entstandenen Brüche zwischen den widerstreitenden Systemen wird durch Ausschüttungssperren geschlagen. Fraglich ist dabei, ob dieses Konzept zukunftsfähig ist. Das Rechnungslegungsrecht wird sich stets weiterentwickeln. Die allgemeine Tendenz zu einem informationsorientierten System kann nicht geleugnet werden. Zwangsläufig werden so immer wieder Brüche mit der deutschen Bilanzphilosophie entstehen. Obwohl Ausschüttungssperren die entstehenden Risiken abzufedern vermögen, werden Bilanzierungsvorschriften und Bilanzanalysen für Verpflichtete und Empfänger dadurch zunehmend komplizierter. Langfristig würde dies jedenfalls keine einfachere und daher auch nicht gleichwertige Alternative zu internationalen Standards darstellen. Schon der Regelungsbereich des § 268 Abs. 8 HGB[29] stellt den Bilanzierenden und den Leser von Bilanzen vor einige Herausforderungen, wie im weiteren Gang der Untersuchung gezeigt werden wird.

2.2 Rechtsquellen der Rechnungslegung in Deutschland

Das deutsche Rechnungslegungsrecht ist im Wesentlichen im Handelsgesetzbuch geregelt. Die §§ 238 bis 263 HGB enthalten allgemeine Regelungen, die jeder zur Bilanzierung Verpflichtete zu beachten hat. Kaufleute i.S.d. §§ 1 ff. HGB haben gem. den §§ 238 ff. HGB Bücher über ihre Handelsgeschäfte und die Lage ihres Vermögens zu führen. Darüber hinaus bestimmen die §§ 242 ff. HGB, dass eine Eröffnungsbilanz zum Beginn des Handelsgewerbes und Jahresabschlüsse für den Schluss eines jeden Geschäftsjahrs erstellt werden müssen. Vorschriften zum Ansatz und zur Bewertung des relevanten Vermögens finden sich in den §§ 246 ff. HGB und den §§ 252 ff. HGB. Der besondere Teil des Rechnungslegungsrechts beginnt mit § 264 HGB und befasst sich im Folgenden mit speziellen Rechtsformen. Kapitalgesellschaften und verwandte Gesellschaftsformen (§ 264a HGB) haben neben dem speziell

---

schwerpunktmäßig die Einführung einer zweistufigen Ausschüttungsprüfung zur Absicherung künftiger Zahlungsfähigkeit vor; Kuhner, ZGR 2005, 753 ff. gibt weder situativen noch bilanziellen Ausschüttungssperren den Vorrang, bevorzugt wohl aber den traditionellen Weg.

27 Meines Erachtens werden sich auch die Gläubigerschutzsystems sowie die Gesellschaftsrechte Europas langfristig nicht der Globalisierung und damit Vereinheitlichung entziehen können. Aus betriebswirtschaftlicher Sicht ist dies sicher eine wünschenswerte Vereinfachung, von der alle profitieren können.

28 Vgl. BT-Drs. 16/10067, S. 35.

29 Regelungsbereich soll bedeuten: § 268 Abs. 8 HGB als Ausschüttungsregelung inklusive der zugrundeliegenden Aktivierungsrechte.

gegliederten Jahresabschluss (§§ 266 ff. HGB) eine Gewinn- und Verlustrechnung (§§ 275 ff. HGB) sowie einen Anhang (§§ 284 ff. HGB) samt Lagebericht (§§ 289 ff. HGB) zu erstellen und zu veröffentlichen, vgl. § 264 Abs. 1 HGB. Für Abschlüsse von Konzernen sowie eingetragenen Genossenschaften konkretisieren die §§ 290 ff. HGB bzw. §§ 336 ff. HGB ebenfalls spezielle Anforderungen. § 315a HGB ist eine Sondervorschrift für kapitalmarktorientierte Unternehmen, welche die Pflicht zur Anwendung internationaler Rechnungslegungsvorschriften enthält. Anschließend regelt das HGB die Prüfung der Jahresabschlüsse von Kapitalgesellschaften durch Abschlussprüfer, vgl. §§ 316 ff. HGB.[30] Für Verstöße gegen Pflichten aus dem Rechnungslegungsrecht des HGBs sind in den §§ 331 ff. HGB besondere Straf- und Bußgeldtatbestände normiert. Das Rechnungslegungsrechts des HGB endet mit ergänzenden Vorschriften für Unternehmen bestimmter Geschäftszweige, wie Kreditinstitute oder Versicherungsunternehmen (vgl. §§ 340 ff. HGB).

Das Rechnungslegungsrecht des HGB wird durch die Gesellschaftsrechte (AktG, GmbHG, GenG) sowie das Publizitätsgesetz ergänzt. Dabei wird insbesondere die Verwendung des Jahresüberschusses (§ 58 AktG, § 29 GmbHG), Ausweis des Grundkapitals (§§ 150 ff. AktG, § 42 GmbHG), die Feststellung und Prüfung des Jahresabschlusses (§§ 172 ff. AktG, § 42a GmbHG, § 48 GenG) in den jeweiligen gesellschaftsrechtlichen Normen speziell geregelt. Aufgrund der volkswirtschaftlichen Bedeutung großer Unternehmen schreibt das Publizitätsgesetz für Personenhandelsgesellschaften und Einzelkaufleute die Erstellung, Prüfung und Offenlegung von Jahresabschlüssen nebst Lageberichten nach den Regeln der Kapitalgesellschaften vor, vgl. § 1 Abs. 1 PublG.[31]

Im Zuge des KonTraG[32] wurden mit § 342 HGB die Voraussetzungen zur Etablierung eines privaten Rechnungslegungsgremiums geschaffen. Dessen Aufgabe umfasst vor allem die Entwicklung von Empfehlungen zur Anwendung der Grundsätze der Konzernrechnungslegung, vgl. § 342 Abs. 1 Nr. 1 HGB. Diese können auch für den Einzelabschluss relevant sein, sofern sich die zugrunde liegende materielle Fragestellung gleicht.[33] Die Aufgaben übernimmt heute das DRSC (Deutsche Rechnungslegung Standards Committee e.V.), welches zu einzelnen Fragen sog. DRS (Deutsche Rechnungslegungsstandards) erlässt, welche nach Verkündung durch das Bundesjustizministerium die Vermutung aus § 342 Abs. 2 HGB, nämlich den Grundsätzen ordnungsmäßiger Konzernrechnungslegung zu entsprechen, genießen. Auf diesem Weg werden die DRS Teil der gängigen Bilanzierungspraxis.

---

30 Genannt seien hier die sog. „Big Four“: KPMG, PWC, Ernst&Young und Deloitte.

31 Relevante Größen: Bilanzsumme größer als 65 Mio €, Umsatzerlöse größer als 130 Mio €, Anzahl der Arbeitnehmer größer als 5.000. Für § 1 Abs. 1 PublG genügt es, wenn zwei der drei Merkmale an zwei aufeinanderfolgenden Abschlussstichtagen erfüllt sind.

32 Gesetz zur Kontrolle und Transparenz im Unternehmensbereich vom 27.04.1998 (BGBl. I S. 786).

33 Baetge/Kirsch/Thiele, S. 51.

Die ebenfalls privaten internationalen Rechnungslegungsstandards des IASB (International Accounting Standards Board), die IFRS (International Financial Reporting Standards), haben in Deutschland nur kapitalmarktorientierte Unternehmen zu befolgen, vgl. § 315a HGB. Darüber hinaus setzten manche Wertpapierbörsen die Anwendung der IFRS zur Ausgabe von Wertpapieren im Premium Segment voraus.[34]

Europäisches Gemeinschaftsrecht ist die Grundlage des deutschen Rechnungslegungsrechts. Zu nennen sind insbesondere die Bilanzrichtlinie[35] (ehemals 4. EG-Richtlinie[36] und 7. EG-Richtlinie[37]) und die 8. EG-Richtlinie (Abschlussprüferrichtlinie)[38] des Rates der Europäischen Gemeinschaften. Am 25. Oktober 2011 hatte die Europäische Kommission einen Vorschlag zur Überarbeitung der 4. und 7. Bilanzrichtlinie vorgelegt.[39] Ziel war im Wesentlichen die Deregulierung und der Bürokratieabbau, vor allem für sog. KMUs (Kleine und Mittelständische Unternehmen). Am 29. Juni 2013 wurde schließlich die neue Bilanzrichtlinie 2013/34/EU im Amtsblatt der Europäischen Union veröffentlicht. Die Mitgliedstaaten müssen die neue Richtlinie bis zum 20. Juli 2015 umsetzen. Die Rechtsgrundlage der Richtlinien ist Art. 50 Abs. 2g AEUV[40]. Des Weiteren beeinflussen Verordnungen des Europaparlamentes und Rates das deutsche Bilanzrecht unmittelbar.[41] Das Ziel der Harmonisierung innerhalb der EU Staaten ist dadurch jedoch noch nicht erreicht worden, da die Richtlinien diverse Umsetzungswahlrechte beinhalten und so Raum für eine am angloamerikanischen Rechtskreis orientierte, informationsbetonte Umsetzung oder eine am kontinentaleuropäischen Rechtskreis orientierte und damit gläubigerschützende Umsetzung lassen. So entstanden unterschiedliche nationale Transformationsgesetze. Die EU-Richtlinien wurde durch das deutsche BiRiLiG[42] in Deutschland umgesetzt. Die Bilanzrichtlinie, die das deutsche Bilanzrecht wesentlich beeinflusst,

34 So Beispielsweise im Prime Standard der Deutschen Börse. Deutsche Unternehmen können des Weiteren zur Aufstellung Abschlusses nach ausländischen Regelungen verpflichtet sein, wenn sie an einer ausländischen Börse gelistet sind, die die Anwednung bestimmter Vorschriften vorschreibt. Solch eine Pflicht kann mitunter erheblichen Aufwand für betroffene Unternehmen bedeuten, was den Nutzen einer solchen Listung in Frage stellt.

35 Bilanzrichtlinie 2013/34/EU vom 29.6.2013.

36 4. EG- Richtlinie (Bilanzrichtlinie) 78/660/EWG vom 25.07.1978 – mittlerweile aufgehoben.

37 7. EG-Richtlinie (Konzernbilanzrichtlinie) 83/349/EWG vom 13.06.1983 – mittlerweile aufgehoben.

38 8. EG-Richtlinie 84/253/EWG vom 10.04.1984.

39 Abrufbar unter: http://eur-lex.europa.eu/LexUriServ/LexUriServ.do?uri=CELEX:52011PC0684:EN:NOT, zuletzt aufgerufen am 11.01.2013.

40 Ehemals Art. 44 Abs. 2g EG-Vertrag.

41 Beispielsweise EU-Verordnung Nr. 1606/2002 des Europäischen Parlamentes und Rates vom 19. Juli 2002 zur Anwendung der IFRS ab dem Jahr 2005.

42 Bilanzrichtliniengesetz vom 01.01.1986 (BGBl. I 2355).

wurde 1990 durch die GmbH & Co. Richtlinie[43] und durch die Mittelstandsrichtlinie[44] ergänzt und mit dem Kapitalgesellschaften & Co.-Richtliniengesetz[45] am 09.03.2000 transformiert. Des Weiteren existieren Richtlinien zur Rechnungslegung von Unternehmen bestimmter Branchen.[46]

Abschließend zu nennen sind, Berufsverbände wie das Institut der Wirtschaftsprüfer (IDW), die ihre Mitglieder anhalten, die vom Verband vertretenen Rechtsansichten zu befolgen bzw. Abweichungen zu begründen. Verlautbarungen solcher privater Einrichtungen haben zwar keinen zwingenden Charakter, jedoch ist der tatsächliche Einfluss aufgrund der Anzahl der Mitglieder enorm (vgl. nächsten Abschnitt).

2.3 Hermeneutik des Rechnungslegungsrechts

Aufgrund des Abstraktionsgrades des HGBs durch Verwendung unbestimmter Rechtsbegriffe, aber auch durch die Implementierung einiger Wahlrechte, ist die handelsrechtliche Auslegung von besonderer Bedeutung.[47] Gem. § 243 Abs. 1 HGB ist der Jahresabschluss nach den Grundsätzen ordnungsmäßiger Buchführung aufzustellen. Diese Grundsätze werden jedoch nicht näher beschrieben. Darüber hinaus schreibt § 264 Abs. 2 Satz 1 HGB vor, dass der Jahresabschluss einer Kapitalgesellschaft unter Berücksichtigung der Grundsätze ordnungsmäßiger Buchführung ein den tatsächlichen Verhältnissen entsprechendes Bild der Vermögens-, Finanz- und Ertragslage vermitteln soll. Eine erschöpfende gesetzliche Ausgestaltung

43 Richtlinie des Rates 90/605/EWG vom 08.11.1990.

44 Richtlinie des Rates 90/604/EWG vom 08.11.1990.

45 Kapitalgesellschaften & Co.-Richtliniengesetz vom 24. Februar 2000 (BGBl. I 154).

46 EG-Bankbilanzrichtlinie 86/653/EWG vom 08.12.1986, EG Versicherungsbilanzrichtlinie 91/674/EWG vom 19.12.1991, Fair-Value-Richtlinie 2001/65/EG vom 27.09.2011, Modernisierungsrichtlinie 2003/52/EG vom 18.06.2003 und die Abänderungsrichtlinie 2006/46/EG vom 14.06.2006. Die letzten drei Richtlinien wurden durch das Bilanzrechtsreformgesetz (BilReG) vom 04.12.2004 und durch das Bilanzrechtsmodernisierungsgesetz (BilMoG) vom 25.05.2009 umgesetzt.

47 Das Bilanzrecht hat eine sehr komplexe Materie zum Gegenstand. Als Mittel zur Darstellung der betrieblichen Abläufe ist es eine Art Spiegel aller erdenklichen Geschäftsvorfälle von Gesellschaften jeglicher Rechtsform und jeglicher Branchen. Vergleicht man den materiellen Regelungsumfang mit der Anzahl der existierenden Normen (§§ 238 bis 342e HGB zuzüglich verschiedener Spezialvorschriften) wird klar, dass das Bilanzrecht ohne Abstraktion nicht auskommen kann. Internationale Rechnungslegungsvorschriften büßen durch den Versuch, möglichst viele Einzelfälle zu regeln, zunehmend Verständlichkeit ein und zugleich ist durch die Regelungsfülle meist nicht viel gewonnen. Auch dort können nicht alle Fragen beantwortet werden und es bleiben viele Spielräume, vgl. insbesondere die Kritik an den IFRS in Bezug auf die Anwednung auf KMUs: Ballwieser, IRZ 2006, 23 ff.; Roth, DStR 2007, 1454 ff.; zur generellen Kritik: Paananen/Henghsiu, Journal of International Accounting Research, 1/2009, S. 31 ff.

dessen ist jedoch nicht zu finden. Selbst konkretisierende Vorschriften, wie bspw. jene zum Ansatz von Vermögensgegenständen, vgl. § 242 Abs. 1 Satz 1 HGB und § 246 Abs. 1 Satz 1 HGB, bedienen sich abermals auslegungsbedürftiger unbestimmter Rechtsbegriffe, wie „Vermögen“ oder „Vermögensgegenstände“.

Die Auslegung im Rechnungslegungsrecht erfolgt im Grundsatz nach den herkömmlichen Methoden[48]: Der Wortlaut stellt stets die äußere Grenze möglicher Auslegungen dar. Der systematische Zusammenhang der Norm im gesamten Normgefüge sowie die Entstehungsgeschichte liefern des Weiteren wesentliche Auslegungskriterien. Gesetzesmaterialien und Ansichten des Gesetzgebers geben Aufschluss über die gesetzliche Entwicklung sowie Intention. Im Übrigen muss jede Auslegung verfassungskonform erfolgen. Den Schwerpunkt handelsrechtlicher Auslegung bildet die teleologische Auslegung. Die mit der Rechnungslegung verfolgten Ziele, sind die maßgeblichen Leitlinien zur Bestimmung einer korrekten Bilanzierung, denn ein Rechnungslegungssystem findet nie seinen Zweck in sich selbst.[49] Die Anwendung von Rechnungslegungsvorschriften setzt daher die Kenntnis des mit der Norm verbundenen Zwecks voraus, denn die bilanztheoretischen Zwecke bestimmen die Inhalte einer Bilanz.[50] Deren Ermittlung und Umsetzung steht im Vordergrund handelsbilanzieller Hermeneutik. Die Zwecke können wissenschaftlichen Diskussionen oder den Gesetzesmaterialien entnommen werden, ergeben sich aber auch aus dem Rechnungslegungsrecht selbst. Die teleologische Auslegung ist im Ergebnis doppelt relevant. Zunächst muss durch Auslegung herausgefunden werden, welchen Zweck eine konkrete Norm erfüllt, sodann sind die fragliche Norm selbst und der in Frage stehende Bilanzierungssachverhalt daran zu bemessen.[51]

Neben diesen allgemeinen Auslegungsprinzipien existieren Auslegungsanweisungen sachverständiger Gremien. Das Institut deutscher Rechnungslegungslegung („DRSC“) erlässt Auslegungshilfen in Form von Verlautbarungen bzw. Standards. Das DRSC ist eine gesetzlich manifestierte Institution und übernimmt in Deutschland die Aufgaben der Konkretisierung von (Konzern-)Rechnungslegungsvorschriften. Des Weiteren existieren Auffassungen von Berufsverbänden, die zu einzelnen Anwendungsfragen im Sinne einer Best-Practice Stellungnahmen veröffentlichen. Dazu gehören in Deutschland vor allem das IDW (Institut der Wirtschaftsprüfer in Deutschland e.V.), aber auch die BStBK (Bundessteuerberaterkammer) und der DStV (Deutscher Steuerberaterverband e.V.). Aufgrund seiner hohen Mitgliederzahl

48 Vgl. Larenz, S. 195 ff.

49 Der Zweck bestimmt nicht nur den Inhalt der Bilanz sowie die Auslegung des Bilanzrechts, sondern beeinflusst auch das Verhalten des Bilanzierenden. Während ein Unternehmer geneigt ist, sich handelsbilanziell besonders gut darzustellen, ist es ihm beispielsweise aus steuerlicher Sicht gelegen, möglichst wenig Gewinn auszuweisen.

50 Küting/Lorson/Eichenlaub/Toebe, GmbHR, 1 (1).

51 Sog. wechselseitige Abhängigkeit, vgl. Baetge/Kirsch/Thiele, S. 93 m.w.N.

hat das IDW im Bereich der Rechnungslegung wohl den größten Einfluss.[52] Die Verlautbarungen des IDW und die der anderen Berufsverbände haben zwar keinen Gesetzescharakter, jedoch sind die Mitglieder gehalten, die Verlautbarungen anzuwenden und Abweichungen zu begründen.[53] Auf diese Weise ist die Praxis stark von den Auffassungen des IDW geprägt, weshalb sie immer wieder Ausgangspunkt oder gar Mittelpunkt wissenschaftlicher Veröffentlichungen sind.

Im weiteren Gang dieser Untersuchung wird die Frage aufkommen, ob auch international gebräuchliche Bestimmungen und deren Auslegung für die Interpretation des HGB herangezogen werden können. Die Frage stellt sich vor allem in Hinblick auf die mit dem BilMoG beabsichtigte Annäherung an internationale Gepflogenheiten. Dem ist jedoch entschieden entgegen zu treten. Das HGB-Bilanzecht ist ein unabhängiges Rechnungslegungsrecht, das eigenen Regeln folgt. Zudem ist der Einfluss der internationalen Gepflogenheiten gerade nicht gewollt. Mit dem BilMoG sollte vielmehr eine eigenständige Alternative geschaffen werden. Dies verdeutlicht auch die Entwicklung des Gesetzgebungsprozesses. Einflüsse der IFRS, welche noch im Referentenentwurf enthalten waren, haben keinen Eingang in das Gesetz bzw. die Gesetzesbegründung gefunden.[54] Einzelne Kriterien internationaler Vorschriften können jedoch als Vorbild zur Beantwortung deutscher Auslegungsfragen vergleichsweise herangezogen werden.

Die handelsbilanzielle Auslegung in Deutschland orientiert sich also in erster Linie an den handelsbilanzrechtlichen Zwecken. Die sich daraus ergebenden allgemeinen Prinzipien werden Grundsätze ordnungsmäßiger Bilanzierung („GoB“) genannt und bestimmen die teleologische Auslegung.[55]

2.3.1 Einflüsse auf die Zwecke der Rechnungslegung

Die externe Rechnungslegung ist primär ein Kommunikationsmittel, das der Ersteller der Bilanz nutzt, um dem Adressatenkreis ein Bild von der Vermögenslage des Unternehmens zu vermitteln. Es liegt nahe, dass Unternehmer geneigt sind, das Bild möglichst nach eigenen Interessen zu zeichnen. Das Rechnungslegungsrecht muss dem entgegen wirken und Adressaten Schutz vor Verfälschungen bieten. Die dazu notwendigen Mittel ergeben sich aus den wirtschaftlichen, politischen und

52 Der IDW beherbergt über 80 % der Berufsträger deutscher Wirtschaftsprüfer, vgl. http://www.idw.de/idw/portal/n281334/n379162/index.jsp (zuletzt abgerufen am: 31.08.2013).

53 Vgl. § 4 Abs. 9 der Satzung des IDW. (abrufbar unter: http://www.idw.de/idw/portal/d379344/index.jsp, zuletzt abgerufen am 11.01.2013). Es handelt sich um eine auf der Mitgliedschaft basierende rein interne Verpflichtung.

54 Vgl. etwa die Ausführungen zur Aktivierbarkeit von selbst erstellten immateriellen Vermögensgegenständen des Referentenentwurfs (S. 122), welche sich im Regierungsentwurf nicht wiederfinden, vgl. auch Petersen/Zwirner, BilMoG, Teil III b. und d.

55 Vgl. Abschnitt 2.4.

auch soziologischen Rahmenbedingungen[56], denn diese Faktoren bestimmen die für Adressaten wertvollen Informationen. So kann das Rechnungslegungssystem als Momentaufnahme und Abbildung der „*umweltbedingten Bedürfnisse*“[57] verstanden werden. In einem kapitalistischen System stehen die Gewinnerzielungsabsicht des Unternehmers und der Teilhaber im Vordergrund. Eine funktionierende Rechnungslegung ist zugleich Voraussetzung für die Funktionsfähigkeit von Kapitalmärkten. Als Sprachrohr zwischen Gesellschaft und Gesellschaftern sowie Gesellschaft und Gläubigern ist sie Grundlage einiger wirtschaftlicher Geschäftsabläufe und Entscheidungen.

Die Zwecke des Rechnungslegungsrechts ergeben sich also aus den tatsächlich anzutreffenden Bedürfnissen und wandeln sich dementsprechend von Zeit zu Zeit. So beeinflusst vor allem das vorherrschende Corporate Governance System die Zwecke der Rechnungslegung.[58] In Deutschland befand und befindet sich das vorherrschende Corporate Governance System im Wandel. Das früher vorherrschende „Insider-Modell“[59] fußt auf der Annahme einer hohen Eigenkapitalquote von Unternehmen, Verbundenheit der Unternehmer mit ihren Kreditgebern und einer Verflechtung von institutionellen Anlegern durch eher große wechselseitige Beteiligungen. Der Streubesitz war vielfach gering, bzw. nahm bei der Finanzierung keine bedeutende Rolle ein. In einem „Insider-System“ steht die Informationsvermittlung nicht an erster Stelle, weil der Informationsfluss über die gesellschaftsrechtlichen Beteiligungen und der damit verbundenen Kontroll- und Einsichtsrechte erfolgen kann. Allein Minderheitsbeteiligte und vor allem Gläubiger müssen in einem solchen System durch die Rechnungslegung und das Gesellschaftsrecht geschützt werden.

Erfolgt eine Finanzierung hingegen über den Kapitalmarkt spricht man von einem „Outsider-System“.[60] Dabei ist es wichtig, dem Einzelnen oder den potentiellen Teilnehmern ausreichend Information zu verschaffen. Ein informationsbezogenes System enthält daher richtigerweise mehr Ansatzrechte als ein System, das allein ungerechtfertigte Kapitalschmälerungen durch Ausschüttungen verhindern möchte. Das BilMoG kann aufgrund des gestiegenen Informationsgehalts als Schritt in Richtung „Outsider-System“ verstanden werden. Dabei wird allerdings versucht, traditionelle konservative Bilanzierungsprinzipien aufrecht zu erhalten.[61]

Sollen verschiedene oder gar gegenläufige Rechnungszwecke erreicht werden, wäre es an sich konsequent, zwei Rechnungswerke aufzustellen, denn andernfalls entstehen unvermeidbare Konflikte. Das deutsche Bilanzrecht versucht indes, auch

---

56 Böcking/Gros, in: FS Hopt, S. 413 ff (414).

57 Böcking/Gros, in: FS Hopt, S. 413 ff (414).

58 Vgl. Böcking/Gros, in: FS Hopt S. 413 ff.

59 Die „Deutschland-AG“ ist ein Beispiel für eine Volkswirtschaft, in der die großen Unternehmen durch wechselseitige Beteiligungen verflechtet sind.

60 In Deutschland kam es vor allem durch die Übernahme von Mannesmann durch Vodafone zu erstmaligen Einflüssen des Outsider-Systems, da Vodafone als englisches Unternehmen bereits vom Outsider-System geprägt war.

61 Vgl. BT-Drs. 16/10067, S. 1.

nach BilMoG, die verschiedenen Zwecke in einem Rechnungswerk zu vereinen[62], was auch bei der Auslegung zu berücksichtigen ist. Das wissenschaftliche Feld der Bilanztheorie beschäftigt sich mit den grundsätzlichen Fragen, Aufgaben, Inhalten und Ausgestaltungen von Jahresabschlüssen.[63] „Die Bilanztheorie lehrt, welchen Sinn und Zweck Vermögens- und Gewinnermittlungen haben können und welche Bilanznormen eine sinn- und zweckadäquate Bilanzierung gewährleisten".[64] Im Laufe der Zeit haben sich verschiedene Theorien entwickelt. Die wichtigsten Strömungen werden im Folgenden zusammenfassend dargestellt.[65]

2.3.2 Die statische Bilanzauffassung

Statische Bilanzauffassungen begreifen die Bilanz als ein Mittel zur Darstellung des Reinvermögens eines Unternehmens.[66] Dieses erlangt man durch Abzug der Verbindlichkeiten eines Unternehmens von dessen Bruttovermögen. Die Rechnung ist stichtagsbezogen und liefert so eine „Statusbetrachtung"[67], die nur real existierende Werte berücksichtigt. Der konkrete Jahresgewinn kann als Nebenprodukt durch den Vergleich des Vermögensvergleichs zweier aufeinanderfolgender Jahresabschlüsse ermittelt werden.[68] Die Rechtsprechung des Reichsoberhandelsgerichts (ROHG) von 1873[69] ging dabei noch von einer Bewertung zu Zerschlagungswerten aus. Vermögensgegenstand eines Unternehmens ist nur, was am Stichtag einzeln zu Geld

---

62 Küting/Lorson/Eichenlaub/Toebe, GmbHR, 2011, 1 (1) kritisieren in diesem Punkt das BilMoG, weil es versucht, zwei Zwecke zu vereinen: Obwohl es bei dem tradierten deutschen Bilanzverständnis bleiben soll, möchte der Gesetzgeber die Handelsbilanz gleichzeitig zu einer gleichwertigen Alternative zu den internationalen Standards erheben. Dem ist zuzustimmen. Zwar vermag es das BilMoG mittels Ausschüttungssperren eine einheitliche Lösung herzustellen, jedoch liegt das nicht an der handwerklichen Kunst, sondern an der Tatsache, dass nur eine maßvolle Annäherung an internationale informationsbasierte Standards gewagt wurde. Die Kompensation von Risiken aus etwa einer gedachten Fair-Value Einführung mit Ausschüttungssperren wär beispielsweise kaum denkbar, da zu kompliziert. Hier wäre die Aufstellung von zwei getrennten Bilanzen, eine zur Informationsvermittlung, eine zu Ausschüttungszwecken sicherlich der einfachere Weg, so auch Schön, ZGR 2000, 706 (742); ders., WPg-Sonderheft 2001, 74 ff. (79). In Bezug auf das Steuerbilanzrecht fordert Hennrichs, StuW 2005, 256 (264) beispielsweise die vollständige Abkopplung von der HGB-Bilanz, da verschiedene Zwecke erfüllt werden müssen.

63 Baetge/Kirsch/Thiele, S. 12.

64 Siehe Adolf Moxter, Bilanzlehre Band I, S. 1.

65 Da hier kein Schwerpunkt der Arbeit liegt wurde aufgrund der schwierigen Beschaffung der originalen Werke mit Sekundärliteratur gearbeitet. Diese enthalten die notwendigen Verweise.

66 Baetge/Kirsch/Thiele, S. 13 m.w.N.

67 Graf Kanitz, Rn. 55.

68 Moxter, Bilanzlehre Band I, S. 5.

69 ROHG vom 03.12.1873, Rep. 934/73, ROHGE 12, S. 15 ff.

gemacht werden könnte. Die Summe ergibt, was den Gläubigern im schlechtesten Fall zur Verfügung steht. *Moxter* nennt diese Ausprägung der statischen Bilanztheorie die Zerschlagungsstatik.[70] *Herman Veit Simon*[71] trat diesem Verständnis zu Beginn des 20. Jahrhunderts entgegen. Er begründete die Theorie, dass eine Unternehmensbewertung nach fiktiven Zerschlagungswerten nicht den Wert eines am Markt tätigen Unternehmens reflektieren könne. Deshalb sei bei der Bilanzierung von einer Fortführung des Unternehmens auszugehen, sog. Fortführungsstatik.[72] Diese Annahme liegt auch dem heutigen HGB zu Grunde, vgl. § 252 Abs. 1 Nr. 2 HGB. In die Bilanz dürfen alle körperlichen Gegenstände, Forderungen und immaterielle Wertgegenstände, sofern sie für Geld erworben wurden aufgenommen werden.[73] Der Nutzen von Vermögensgegenständen, wie etwa eine Maschine, beschränkt sich nicht nur auf den konkreten Gegenstandswert, sondern bestimmt sich durch die Fähigkeit, damit zu wirtschaften. Obwohl andere immaterielle Werte, wie das Know How oder die Kundenbeziehungen aus wirtschaftlicher Sicht zur Fortführung und zum zukünftigen Erfolg wesentlich beitragende Vermögenswerte darstellen, möchte *Simon* eine Aktivierung mangels Objektivierbarkeit nicht zulassen. Konkret objektivierbar ist ein Gut nur bei Vorliegen der Verkehrsfähigkeit, was bspw. der entgeltliche Erwerb indiziere.[74] So wiederspricht etwa die Aktivierung von selbst erstellten immateriellen Vermögensgegenständen des Anlagevermögens, wie es seit BilMoG nach § 248 Abs. 2 Satz 1 HGB zulässig ist, dieser Fortführungsstatik.

Schulden sind nur aufzunehmen, wenn sie auf einer existierenden rechtlichen Verpflichtung beruhen, sie also tatsächlich vorliegen.[75] Wie später gezeigt wird, entspricht das nicht dem heutigen Verständnis, da das geltende Bilanzrecht nicht nur rechtlich entstandene Verpflichtungen mit einbezieht (vgl. etwa Rückstellungen für ungewisse Verbindlichkeiten gemäß § 249 Abs. 1 HGB). Für das Umlaufvermögen sieht *Simon* die heute international gebräuchliche Fair-Value Bewertung vor. Das heutige HGB ist dem jedoch nicht gefolgt und lässt eine Bilanzierung maximal zu fortgesetzten Anschaffungs- bzw. Herstellungskosten zu, vgl. § 253 Abs. 1 Satz 1 HGB.[76] Hinsichtlich des Anlagevermögens liegt eine weitgehende Übereinstimmung mit der heutigen Rechtslage vor, auch wenn *Simon* noch keine Sonderabschreibungen vorsah, vgl. heutiger § 253 Abs. 3 Satz 3 HGB. *Simons* Modell wird kritisiert, weil es seinem eigenen Anspruch, die Bilanz als Instrument zur umfassenden Vermögensdarstellung zu nutzen, nicht gerecht würde.[77]

---

70 Moxter, Bilanzlehre, Bd. I, S. 6.
71 Simon, Die Bilanzen der Aktiengesellschaften und Kommanditgesellschaften auf Aktien, passim (In dieser Arbeit zitiert nach: Baetge/Kirsch/Thiele, Bilanzen).
72 Moxter, Bilanzlehre, Bd. I, S. 6.
73 Vgl. Baetge/Kirsch/Thiele, S. 14.
74 Vgl. Baetge/Kirsch/Thiele, S. 14 m.w.N.
75 Vgl. Baetge/Kirsch/Thiele, S. 14 m.w.N.
76 Ausnahme: § 246 Abs. 2 Satz 2 HGB, vgl. dazu Abschnitt 3.3.3.
77 Vgl. ausführlicher: Baetge/Kirsch/Thiele, S. 16 f m.w.N.

Zusammenfassend lässt sich festhalten, dass statische Bilanztheorien auch heute primär die Bilanz als Mittel zur Darstellung des Vermögens betrachten. Auf diese Weise kann das Schuldendeckungspotential eines Unternehmens bestimmt werden.

2.3.3 Die dynamische Bilanzauffassung

Die dynamische Bilanzauffassung geht auf *Eugen Schmalenbach* zurück. Er verstand den Zweck der Bilanz nicht im Sinne einer reinen Vermögensübersicht. Dazu sei die Bilanz nicht im Stande.[78] Vielmehr eigne sich die Bilanz als Maßstab zur Messung des betrieblichen Erfolgs.[79] Der Zweck der Bilanz sei demnach die „richtige Erfolgsrechnung", was sich auf die Ausgestaltung der Bewertungsvorschriften auswirke.[80] Der statische Gläubigerschutzgedanke tritt in den Hintergrund, wenngleich *Schmalenbach* die Ermittlung des Geschäftserfolgs als Grundlage eines Gläubigerschutzes durch Selbstinformation des Kaufmannes versteht.[81] Dies sei zugleich die beste Konkursvorsorge.[82] In der Hauptsache dient die Bilanz nach dem dynamischen Verständnis somit zur periodengerechten Erfolgsermittlung. Während der Erfolg einer Unternehmung nach Beendigung leicht festzustellen wäre, sieht sich die dynamische Bilanztheorie erstmals mit Problemen der periodengerechten Erfolgsbestimmung einer andauernden Unternehmung konfrontiert. Dazu prägte *Schmalenbach* erstmals die Begriffe Aufwand und Ertrag.[83] Wird beispielsweise eine Maschine angeschafft, die zehn Jahre genutzt wird, sieht *Schmalenbach* darin eine „schwebende Vorleistung"[84]. Abschreibungen verkörpern danach eine periodengerechte Verteilung der Anschaffungskosten – bzw. des Aufwands – und nicht den mit dem Zeitablauf eintretenden Werteverzehr.[85] So dürfen nach diesem Verständnis Ausgaben, die zum Bilanzstichtag zwar getätigt wurden, sich aber erst in den Folgeperioden ertragswirksam auswirken, dennoch berücksichtigt werden. Dazu gehören unter anderem Kosten für Forschung und Entwicklung. Parallel dazu beschreibt *Schmalenbach* erstmals eine Art Rückstellung im Sinne einer Gefahrenrückstellung für künftige, aber wahrscheinlich eintretende Ausgaben und kategorisiert diese.[86] Die Bewertung von Bilanzposten hat nach *Schmalenbach* zu Anschaffungswerten zu erfolgen, da ein am Marktpreis orientierter Ausweis die nötige Vergleichbarkeit zweier Perioden zur Erfolgsbestimmung verschleiere.[87] Des Weiteren seien

---

78 Moxter, Bilanzlehre Band I, S. 30.
79 Schmalenbach, Dynamische Bilanz, S. 32.
80 Schmalenbach, Dynamische Bilanz, S. 12.
81 Schmalenbach, Dynamische Bilanz, S. 52.
82 Baetge/Kirsch/Thiele, S. 17 m.w.N.
83 Baetge/Kirsch/Thiele, S. 18 m.w.N.
84 Schmalebach, Dynamische Bilanz, S. 51.
85 Baetge/Kirsch/Thiele, S. 18.
86 Schmalenbach, Dynamische Bilanz, S. 52 und vergleiche die beispielhafte Aufzählung in Baetge/Kirsch/Thiele, S. 19 f.
87 Baetge/Kirsch/Thiele, S. 20.

Gewinne nur zu berücksichtigen, wenn sie realisiert wurden. *Schmalenbach* prägte damit das Realisationsprinzip und auch das Vorsichtsprinzip. Da seiner Ansicht nach der Jahresabschluss auch zur Rechenschaftslegung gegenüber Dritten diene, spricht er sich für eine objektivierte Darstellung der Geschäftsvorfälle aus.[88] Dennoch will *Schmalenbach* es den Bilanzierenden ermöglichen, sämtliche Ausgaben zu aktivieren. So befürwortet er beispielsweise auch die Aktivierung von Kosten einer Werbekampagne.[89] Dies widerspricht an sich einer objektivierten Darstellung und birgt darüber hinaus große Unsicherheiten, womit sich ein großes Fenster für Bilanzpolitik öffnet.

Moxter sieht in der korrekten Erfolgsberechnung ebenfalls eine taugliche Informationsbasis für Gläubiger, jedoch schließt das nach seiner Ansicht zusätzliche Gläubigerschutzmechanismen nicht aus.[90] Dies gilt vor allem in Hinblick auf Unsicherheiten, die mit der Aktivierung erfolgsbezogener Werte einhergeht. Denn treten die durch optimistische Informationen vermittelten Erwartungen nicht ein, werde das Vertrauen der Gläubiger enttäuscht.[91]

Gemäß dem heutigen dynamischen Verständnis dient die Bilanz primär zum periodengerechten Erfolgsausweis.

2.3.4 Die organische Bilanztheorie

Fritz Schmidt propagiert die organische Bilanztheorie, die das Unternehmen als „Zelle im Organismus der Gesamtwirtschaft"[92] beschreibt. *Schmidt* möchte die statische und dynamische Betrachtungsweise kombinieren. Nach seiner Auffassung könne die Bilanz Vermögen und Gewinn darstellen. Dafür möchte *Schmidt* die Vermögenswerte der Bilanz zum Marktwert, namentlich dem Wiederbeschaffungswert, ansetzen. Nur auf diese Weise ließe sich das Vermögen einer Bilanz wahrheitsgemäß und zeitgerecht darstellen. Der Unternehmenserfolg könne nur relativ in Bezug auf die Gesamtwirtschaft festgestellt werden.[93] Deswegen müssten zur Wertbestimmung die „Tagesbeschaffungswerte"[94] in der Gewinn und Verlustrechnung angesetzt werden. Die Auffassung *Schmidts* führt zu einem umfassenden Aktivierungsrecht, da nur so der der Reproduzierungswert des Unternehmens festgestellt werden könne.[95] Deshalb sollen auch Ausgaben für selbst geschaffene immaterieller Güter aktivierungspflichtig seien.[96] Darüber hinaus vertritt *Schmidt* die Ansicht, es sei notwendig auch schwer objektivierbare Aufwendungen, die als solche keinen Marktwert besitzen,

---

88 Schmalenbach, Dynamische Bilanz, S. 38.
89 Baetge/Kirsch/Thiele, S. 20.
90 Moxter, Bilanzlehre Band I, S. 49.
91 Moxter, Bilanzlehre Band I, S. 49.
92 Schmidt, Die organische Tageswertbilanz, S. 47.
93 Schmidt, Die organische Tageswertbilanz, S. 47.
94 Schmidt, Die organische Tageswertbilanz, S. 280.
95 Schmidt, Die organische Tageswertbilanz, S. 121.
96 Schmidt, Die organische Tageswertbilanz, S. 129.

zu aktivieren. Er nennt beispielsweise Kosten für Ingangsetzung und Erweiterung des Geschäftsbetriebes. Nur unter Berücksichtigung derartiger Ausgaben, könne der Fortführungswert eines Unternehmens dargestellt werden, was wiederum notwendig sei, um das wahre Vermögen und auch den Gewinn abbilden zu können. Wie *Schmalenbach* wendet auch *Schmidt* das Realisationsprinzip an, um den Erfolg festzustellen.[97] Dieser Ansatz ist mit dem dynamischen Bilanzverständnis vergleichbar, da auch dort Ertragswerte herangezogen werden. *Schmidt* liefert zur Ermittlung des Ertragswerts eine Formel. Er beschreibt den Ertrag als den Normalzins des im Unternehmen vorhandenen Kapitals. Dies gelte, soweit ein Unternehmen „frei reproduzierbar" sei. Das Ergebnis ist der Betrag, der nötig wäre, um das Unternehmen nachzubilden. Besonders leistungsfähige Unternehmen erzielen dabei einen „Mehrertragswert". Dieser Ansatz, der sich nach Differenzen zwischen Anschaffungs- und Tageswert richtet, lässt es zu, den Mehrwert als Eigenkapital zu buchen. Gleichzeitig soll das aber nicht zu höheren Gewinnen führen. Gewinn sei nicht gleichzusetzen mit Werterhöhung. Gewinn sei allein der erzielte Kaufpreis abzüglich des, zu diesem Zeitpunkt, vorliegenden tatsächlichem Marktwerts – im Gegensatz zur Differenz zwischen erzieltem Erlös im Vergleich zum Buchwert. Auf diese Weise erlange nach *Schmidts* Ansicht das Realisationsprinzip Geltung. Durch diesen Maßstab kann es aber zu Konstellationen kommen, bei denen in Bezug auf den ursprünglichen Buchwert ein Verlustgeschäft vorliegt, jedoch aufgrund eines noch tieferen Tageswerts ein Gewinn errechnet wird, der, wenn er ausgeschüttet würde, den Haftungsfonds zu Lasten der Gläubiger angreifen würde.[98] Es wird kritisiert, dass, nach *Schmidt*, einerseits das gesamte Unternehmensvermögen im Sinne eines Ertragswertes nicht ermittelt werden könne und andererseits dem Gläubigerschutz durch den Ansatz der Wiederbeschaffungswerte bei sinkenden Preisen nicht genügt würde.[99]

2.3.5 Zwecke des heutigen HGB

Moderne Ansätze suchen einen Weg, den Gewinn und das Vermögen eines Betriebs so zu ermitteln, dass das Kapital bzw. die Haftungssubstanz des Unternehmens zugunsten der Gläubiger erhalten bleibt. Das heute verbreitete Konzept der nominellen Kapitalerhaltung stellt dazu auf die Entwicklung des Eigenkapitals ab. Ein Anstieg ist Gewinn, ein Absinken ist Verlust. Problematisch ist hierbei, dass auf diese Weise ebenfalls inflationsbedingte Kapitalentwertungen nicht berücksichtigt werden können. Dem versucht das Konzept der realen Kapitalerhaltung durch Orientierung an einer kaufkraftbereinigten Kapitalerhaltung Herr zu werden. Nach diesem substanzerhaltungsbezogenen Konzepten werden nur solche Beträge als Gewinn betrachtet, die am Anfang einer Periode nicht zu einer gedachten Wiederbeschaffung vorhandener Vermögensgegenstände gebraucht würden. Solche Denkansätze

97 Schmidt, Die organische Tageswertbilanz, S. 73.
98 Vgl. dazu das Rechenbeispiel in Moxter, Bilanzlehre Band I, S. 69 f.
99 Baetge/Kirsch/Thiele, S. 25; Moxter, Bilanzlehre, Band I, S. 69 f.

haben sich aber noch nicht durchgesetzt. Moderne ökonomische Ansätze hingegen lösen sich von der bilanziellen Betrachtung und bewerten ein Unternehmen anhand der zukünftig zu erwartenden Erträge. Sie dienen insbesondere zur wirtschaftlichen Unternehmensbewertung, eignen sich aber mangels Objektivität nicht zur Ermittlung des erwirtschafteten Gewinns im Sinne des HGB.

Das HGB in seiner geltenden Fassung wurde im Laufe der Zeit durch die verschiedenen bilanztheoretischen Ansätze geprägt.[100] Dabei wurde keiner Theorie Vorrang eingeräumt.[101] Dokumentation, Schuldendeckungskontrolle, Ausschüttungsbegrenzung, Gewinnverteilung, Besteuerung,[102] Anteilsbewertung und Leistungsfähigkeitsmessung sind alles Ziele, die durch die HGB-Bilanz erreicht werden sollen. Die Erfüllung dieser Bilanzzwecke kann aber nur durch entsprechende Bilanzierungsvorschriften erreicht werden. Da verwundert es nicht, dass Einflüsse sämtlicher Bilanztheorien im geltenden Recht zu erkennen sind.[103] Es sind sowohl dynamische als auch statische Ansätze im HGB enthalten. Da dem HGB kein einheitliches Konzept zugrunde liegt und das Gesetz die Zwecke auch nicht ausdrücklich nennt, sind die Zweckrichtungen anhand einzelner Normen zu identifizieren. Da manche Vorschriften im Lichte beider theoretischen Ansätze betrachtet werden können, ist eine eindeutige Auslegung teilweise schwer. Folgende Zwecke werden heute üblicherweise unterschieden.

2.3.5.1 Gewinnermittlung bzw. Gewinnverteilung

Die HGB-Bilanz dient ganz wesentlich zur Ermittlung des unternehmerischen Erfolgs. Dies ist noch kein Argument für oder gegen die dynamische oder statische Bilanztheorie. Im Ergebnis kann es nämlich keinen Unterschied machen, ob man den Erfolg eines Unternehmens erst mit Beendigung des Betriebs feststellt, oder im Rahmen einer fortlaufenden jährlichen Zwischenrechnung.

Die Gewinnermittlungsfunktion hat je nach Gesellschaftsform unterschiedliche Bedeutung. Während Einzelkaufleute und Gesellschafter einer Personenhandelsgesellschaft ein gewinnunabhängiges Entnahmerecht haben, ist die Gewinnverteilung bei Kapitalgesellschaften reguliert. Der Grund für diese Unterscheidung liegt vor allem in der Auftrennung von Inhaberschaft und Geschäftsleitung bei Kapitalgesellschaften. Die Manager einer Kapitalgesellschaft sind aus wirtschaftlichen Gesichtspunkten geneigt, möglichst viele Gewinne im Unternehmen zu belassen und

100 Zur Entwicklung des Bilanzrechts, vgl. auch Schön, ZHR 161 (1997), 133 ff.

101 Baetge/Kirsch/Thiele, S. 12.

102 Hiergegen kann zu Recht eingewandt werden, dass nicht die HGB Bilanz diesem Zweck dient, sondern nur die Steuerbilanz, für die die HGB-Bilanz lediglich Ausgangspunkt ist.

103 Siehe Kritik dazu oben. Eine Bilanz kann nur einem Zweck effektiv dienen; vgl. Beispiele in: Baetge/Kirsch/Thiele, S. 98

Rücklagen zu bilden.[104] Gleichzeitig sind sie bestrebt, durch Gewinnminimierung Steuern zu sparen. Erreichen lässt sich letzteres bspw. durch niedrige Bewertung von Vermögensgegenstände und Überbewertung von Schulden. Gesellschafter hingegen haben naturgemäß ein Dividendeninteresse. Ansatz- und Bewertungsvorschriften sowie das gesellschaftsrechtliche Gewinnverwendungsrecht bringen diese Interessen in Ausgleich.

Im Zusammenhang mit Ausschüttungen und auch Entnahmen sind stets auch die Belange von Gläubigern zu berücksichtigen, die ein legitimes Interesse an der Erhaltung eines Haftungsfonds haben. Während bei Kapitalgesellschaften Gesellschafter nicht für die Verbindlichkeiten der Gesellschaft haften, tritt bei Personengesellschaften neben die Haftung der Gesellschaft die persönliche Haftung der Gesellschafter. Aus diesem Grund muss das Gesetz bei Kapitalgesellschaften in besonderem Maße verhindern, dass Gesellschafter der Gesellschaft ungerechtfertigt Kapital entziehen.

2.3.5.2 Kapitalerhaltung

Kapitalerhaltung bedeutet die Absicherung des nominellen Eigenkapitals und ist eines der tragenden Konzepte der Rechnungslegung und auch des Kapitalgesellschaftsrechts.[105] Erreicht wird dies durch Vorgaben zur Ermittlung und Verwendung des unternehmerischen Gewinns. Gewinn darf nur dann ausgeschüttet werden, wenn die Beträge nicht benötigt werden um gebundenes Kapital oder Schulden abzudecken. Dieses Vorgehen soll Gläubigern die Erfüllung ihrer Forderungen absichern. Die Kapitalbindung ist, abhängig von der Gesellschaftsform unterschiedlich stark. Während Gesellschafter von Einzelunternehmen und Personenhandelsgesellschaften aufgrund ihrer persönlichen Haftung keiner starken Kapitalbindung unterworfen sind, unterliegen Kapitalgesellschaften, insbesondere Aktiengesellschaften, einer starken Kapitalbindung.

Die gesetzliche Kapitalerhaltung ist jedoch nicht in der Lage, den Fortbestand eines Unternehmens zu garantieren. Das Kapital ist durch gesetzliche Regelungen nämlich nicht vor operativen Verlusten geschützt. Dieses Investitionsrisiko tragen Gläubiger und Gesellschafter. Darüber hinaus wird das gesetzliche Mindestkapital betragsmäßig selten ausreichen, um die Fortführung des Unternehmens zu sichern. Es zeigt sich immer wieder, dass Unternehmensinsolvenzen größtenteils auf Managementfehler und materielle Unterkapitalisierung zurückzuführen sind. Dem kann das Prinzip der nominellen Kapitalerhaltung nicht entgegenwirken.[106]

---

104 Ein Grund hierfür liegt in der Vergütung von Managern, die sich oftmals am Erfolg des Unternehmens orientiert.

105 Buchholz, S. 21.

106 In der Geschäftsrealität spielt die ausreichende Kapitalausstattung hingegen eine große Rolle. Ohne diese ist es sehr schwer, Kredite zu erhalten. Banken lassen sich zudem bei Abschluss von Kreditverträgen neben anderen Finanzkennzahlen die Einhaltung einer bestimmten Eigenkapitalquote im Rahmen sog. „Financial Covenants" zusichern bzw. lassen sich für den Fall der Nichteinhaltung ein Kün-

Der Zweck der nominellen Kapitalerhaltung lässt sich an verschiedenen Stellen des Bilanzrechts wiederfinden. Immer dann wenn Normen zur Kapitalbindung beitragen, d.h. Vermögen von einer Ausschüttung ausnehmen, wird dem Zweck der Kapitalerhaltung entsprochen. Ebenso tragen Normen zur Information über die Kapitalausstattung mittelbar zur Kapitalerhaltung bei. Im Einzelnen werden folgende Normen als Indiz des Zwecks der Kapitalerhaltung eingestuft:

Nach § 246 Abs. 1 Satz 1 HGB muss die Bilanz sämtliche Vermögensgegenstände, Schulden, Rechnungsabgrenzungsposten sowie Aufwendungen und Erträge enthalten. Durch diese ebenfalls in § 242 Abs. 1 Satz 1 HGB geforderte Gegenüberstellung von Vermögen und Schulden, kann das Schuldendeckungspotential des Unternehmens bemessen werden und das frei verwendbare Kapital identifiziert werden. Durch das Vorsichtsprinzip, welches für die Bewertung in § 252 Abs. 1 Nr. 4 HGB festgelegt wurde, wird sichergestellt, dass die Bilanz keine unbegründeten Erwartungen wiederspiegelt. Konkretisiert wird dies durch das Imparitätsprinzip gem. § 252 Abs. 1 Nr. 4 HGB, wonach Gewinne erst mit Realisierung gebucht werden dürfen, jedoch alle vorhersehbaren Risiken schon vor Eintritt aber nach Verursachung zu antizipieren sind. Ebenso trägt das Anschaffungs- und Herstellungskostenprinzip zur Kapitalerhaltung bei, vgl. § 253 Abs. 1 HGB. Dadurch wird ebenfalls vermieden, dass Vermögensgegenstände zu hoch bewertet werden und dadurch das Schuldendeckungspotential ungerechtfertigt positiv beeinflusst wird. Auch die Ausschüttungssperren des § 268 Abs. 8 HGB sind rein gläubigerschützende Rechtsinstitute.

2.3.5.3 Rechenschaft

Nach *Leffson* bedeutet Rechenschaft die „Offenlegung der Verwendung anvertrauten Kapitals in dem Sinne, dass dem Informationsberechtigten – das kann auch der Rechenschaftslegende selbst sein – ein so vollständiger, klarer und zutreffender Einblick in die Geschäftstätigkeit gegeben wird, dass dieser sich ein eigenes Urteil über das verwaltete Vermögen und die damit erzielten Erfolge bilden kann“[107]. Danach ist Rechenschaft die Sammlung und Offenlegung von entscheidungserheblichen Informationen.

2.3.5.3.1 Information durch Dokumentation

Das allgemeine Rechnungslegungsrecht enthält diverse Vorschriften, welche die Dokumentation von Geschäftsvorfällen regeln. Dazu gehört vor allem der gesamte § 238 HGB: Darin ist die grundsätzliche Pflicht zur Buchführung enthalten, vgl. § 238 Abs. 1 Satz 1 HGB. Hierdurch wird sichergestellt, dass eine schriftliche

digungsrecht einräumen. Banken wiederum können sich nur dann günstig refinanzieren, wenn sie ein entsprechend gutes Rating (Moody’s, Standard Poor’s etc.) haben, was wiederum von der Einhaltung bestimmter Eigenkapitalquoten abhängt, etwa den freiwilligen Regelungen Basel II und III folgend.

107 Leffson, S. 64.

Dokumentation der Geschäftsvorfälle überhaupt stattfindet. Dazu bestimmen § 238 Abs. 1 Satz 2 und 3 HGB, dass die Dokumentation einem sachverständigen Dritten innerhalb angemessener Zeit einen Einblick in die Entstehung und Abwicklung von Geschäftsvorfällen verschaffen muss. Flankiert wird diese Pflicht durch Vorschriften, welche die Art und Weise der Aufzeichnung konkretisieren: nach § 239 Abs. 1 Satz 1 HGB ist eine lebende Sprache zu verwenden; § 239 Abs. 2 HGB schreibt eine vollständige, richtige, zeitgerechte und geordnete Buchung vor; Belege sind zur Nachvollziehbarkeit für die Dauer der Aufbewahrungsfrist aufzubewahren, vgl. § 238 Abs. 4 Satz 2 HGB und § 257 HGB. Darüber hinaus können auch die allgemeinen und besonderen Ansatzvorschriften als Mittel zur Dokumentation verstanden werden, vgl. etwa das Vollständigkeitsgebot i.S.d. § 246 Abs. 1 Satz 1 HGB.

Durch die umfassende Dokumentation, welche im Kapitalgesellschaftsrecht durch die vorgeschriebenen Anhangsangaben erweitert ist, vgl. § 285 HGB, kann der Jahresabschluss eine Menge Informationen liefern. Je mehr Informationen die Bilanz enthält, desto besser lassen sich die wirtschaftliche Überlebensfähigkeit und das Schuldendeckungspotential des Unternehmens abschätzen. Die Informationen dienen nicht allein potentiellen Anlegern, sondern vor allem auch den Gesellschaftern, die auf Grundlage der Bilanz wesentliche Entscheidungen treffen.

Informationen einer Bilanz sind zweckgerichtet. Die Informationsvermittlung findet ihren Zweck nicht in sich selbst, sondern soll den Adressaten ein möglichst wahrheitsgemäßes Bild vermitteln. Daher muss verhindert werden, dass dort wo die Informationsvermittlung im Vordergrund steht, kein willkürlicher Ausweis stattfindet. Übertriebene oder nicht wahrheitsgemäße und auch zu optimistische Informationen sind schädigend. Information um jeden Preis kann nicht gewollt sein. Insoweit müssen Regelungen zum Ausweis von Informationen bestehen, andernfalls werden die anderen Zwecke der Bilanz, wie etwa die Gläubigerschutzfunktion, konterkariert.[108]

2.3.5.3.2 Information als Rechenschaft gegenüber sich selbst

Der Rechnungslegung liegt die betriebswirtschaftliche Buchführung zugrunde. Dadurch behält der Kaufmann den Überblick über die betrieblichen Abläufe. Auch wenn der Kaufmann primär über das interne Rechnungswesen die Selbstinformation erlangt, ist dies zugleich Zweck der externen Rechnungslegung zumal das externe Rechnungswesen im Gegensatz zum internen Rechnungswesen gesetzlich fixiert ist und somit eine Mindestqualität der Selbstinformation gewährleistet. Die Selbstinformation, als Mittel zur Unternehmenssteuerung, ist ein bedeutender Bestandteil der Konkursvorsorge. Die Verpflichtung zur Erstellung eines Jahresabschlusses, der es Dritten ermöglicht, Geschäftsabläufe nachzuvollziehen, hat präventive Wirkungen in Hinsicht auf Verfälschungen und wirkt daher auch intern.

---

108 Vgl. dazu insbesondere die Beziehungen der Zweckrichtungen zueinander in Abschnitt 2.3.5.5 und die zweckorientierte Auslegung nach § 248 Abs. 2 HGB in Abschnitt 3.3.1.3.2.3.3.2.

2.3.5.3.3 Rechenschaft gegenüber Dritten

§ 238 HGB bestimmt, dass jeder Kaufmann Bücher so zu führen hat, dass sie einem sachverständigen Dritten innerhalb angemessener Zeit einen Überblick über die Geschäftsvorfälle und über die Lage des Unternehmens vermitteln können. Die Rechnungslegung dient somit auch der Rechenschaftslegung über die wirtschaftlichen Vorgänge eines Unternehmens gegenüber Dritten. Auf Grundlage des Jahresabschlusses können nicht nur Gesellschafter ihre Rechte wahrnehmen, sondern auch außenstehende Teilnehmer des Kapitalmarktes ihre Entscheidungen treffen. Durch den Jahresabschluss wird Rechenschaft über die vergangene Periode gegenüber jedermann abgelegt. Auch Wirtschaftskriminalität kann anhand des Jahresabschlusses entlarvt werden, denn tatsächliche Vermögensveränderungen werden in der Bilanz dokumentiert.[109] Einen absoluten Schutz vor Verfälschung gibt es indessen nicht, da nicht aufgeführte Geschäftsvorfälle nur selten anhand von Unstimmigkeiten in der Bilanz entlarvt werden können. Die Vergangenheit zeigt, dass sich Bilanzfälschungen meist erst im Nachhinein, oft im Insolvenzfall, aufklären lassen.[110] Dennoch kommt der Dokumentationspflicht ein gewisser präventiver Schutz zu, zumal die Dokumentation Anhaltspunkte liefern kann und die Nachvollziehbarkeit erst ermöglicht.[111]

Diese Rechenschaftsfunktion der HGB Bilanz lässt sich nur schwer anhand von Normen des HGB ableiten. Es gibt einige Hinweise wie eben § 238 Abs. 1 Satz 1 HGB, wonach die Bilanzen einem Dritten verständlich sein müssen. Weiter kann wiederum das Vollständigkeitsgebot des § 246 Abs. 1 Satz 1 HGB nebst flankierenden Vorschriften, dem Rechenschaftszweck zugeordnet werden. Auch das Stetigkeitsgebot nach § 252 Abs. 1 Nr. 6 HGB ist in diesem Zusammenhang zu erwähnen, denn dieses gewährleistet die Vergleichbarkeit und damit Aussagekraft von Abschlüssen.[112] Für Kapitalgesellschaften und ihnen gleichgestellten beschränkt haftenden Personenhandelsgesellschaften nach § 264 a HGB nimmt § 264 Abs. 2 Satz 1 HGB eine zentrale Rolle ein, denn danach hat die Bilanz die tatsächlichen Verhältnisse der Vermögens-, Finanz- und Ertragslage widerzuspiegeln.

2.3.5.4 Nebenzweck: Bemessungsgrundlage für die Besteuerung

§ 4 Abs. 1 Satz 1 EStG definiert Gewinn als den „Unterschiedsbetrag zwischen dem Betriebsvermögen am Schluss des Wirtschaftsjahres und dem Betriebsvermögens am Schluss des vorangegangenen Wirtschaftsjahres – erhöht um Entnahmen und vermindert um Einlagen“. Auch hier wird also an die in der HGB-Bilanz ermittelten Werten angeknüpft. Das kann als Hinweis auf den statischen Bilanzzweck verstanden werden. Für Gewerbetreibende schreibt § 5 Abs. 1 Satz 1 EStG weiterhin vor,

---

109 Baetge/Kirsch/Thiele, S. 94 f.

110 Vgl. Die aus der Presse bekannten Fälle wie Lehman Brothers und Enron.

111 Baetge/Kirsch/Thiele, S. 95.

112 Für weitere Beispiele siehe die Aufzählung in: Baetge/Kirsch/Thiele, S. 95, 96.

dass das Betriebsvermögen nach den Grundsätzen ordnungsgemäßer Buchführung zu ermitteln ist, der Steuererklärung ist auch eine Abschrift der Bilanz vorzulegen, vgl. § 60 EStDV. Dabei ist allerdings zu beachten, dass die Besteuerung im Ergebnis auf Grundlage der Steuerbilanz erfolgt. Daher dient die Handelsbilanz nur mittelbar als Ausgangspunkt zur Bemessung der Besteuerung. Dies gilt heute umso mehr, da mit dem BilMoG die umgekehrte Maßgeblichkeit abgeschafft wurde und damit Handels- und Steuerbilanz weiter auseinanderdriften.

2.3.5.5 Beziehung der Zwecke zueinander

Die Bilanzzwecke sind maßgeblich für die handelsbilanzielle Auslegung und für die Ermittlung der Grundsätze ordnungsmäßiger Bilanzierung („GoB"). Die beiden zuvor dargestellten Zweckrichtungen erfordern jedoch unterschiedliche Umsetzungen. Der Gläubigerschutz steht der Rechenschaftsfunktion gar diametral gegenüber. Es ist daher zu klären, wie einem solchen bipolaren System einheitliche Anwendungsgrundsätze entnommen werden können.

Das HGB Bilanzrecht versucht den Zweck des Gläubigerschutzes mit dem Informationszweck in einem Rechnungswerk zu vereinen. In der Gesamtschau ist keine Zweckrichtung dominant.[113] Einzelne Normen lassen sich den unterschiedlichen Zweckrichtungen zuordnen, vgl. Abschnitte 2.3.5.3.1. ff. Zu nennen ist beispielsweise das am Gläubigerschutz ausgerichtete Imparitätsprinzip, welches eine periodengerechte Erfolgsermittlung und damit auch den Rechenschaftszweck gesetzlich gewollt untergräbt. Bei Normen, die beiden Zwecken dienen, kann ein Schwerpunkt erkennbar sein. So dient das Vollständigkeitsgebot aus § 246 Abs. 1 HGB primär der Schuldendeckungskontrolle und nur sekundär der umfassenden Auskunft bzw. Rechenschaft. Bei der Auslegung ist zu beachten, dass sämtliche Zweckrichtungen und die damit verbundenen Interessen größtmögliche Geltung erhalten. So würde beispielsweise die unreflektierte Anwendung des Vorsichtsprinzips aufgrund der damit verbundenen Bildung stiller Reserven den Rechenschaftszweck gefährden und ist daher auf das notwendige Maß zu begrenzen.

2.4 Grundprinzipien der Bilanzierung

2.4.1 Grundsätze ordnungsmäßiger Bilanzierung

Die Grundsätze ordnungsmäßiger Bilanzierung[114] („GoB") sind abstrakte Regeln zur korrekten Bilanzierung von Geschäftsvorfällen, die sich aus den Zweckrichtungen des Handelsbilanzrechts ergeben. Sie sind dann heranzuziehen, wenn das Gesetz keine oder auslegungsbedürftige Regelungen bereithält. Insofern stellen GoB konkretisierte Auslegungsregeln dar. Die Notwendigkeit der abstrakten Grundsätze ist

113 Vgl. auch Baetge/Kirsch/Thiele, Bilanzen, S. 102 ff.; ausführlicher: Leffson, S. 88 ff.
114 Vgl. zu den GoB insbesondere Leffson, Grundsätze ordnungsmäßiger Bilanzierung, passim.

vor allem auf die sich stets weiterentwickelnde Geschäftsrealität zurückzuführen, die vom Gesetzgeber nicht vollumfänglich antizipiert werden kann.[115]

Das HGB enthält keinen allgemeinen Teil, in dem die GoB abschließend gesetzlich geregelt sind. Das Gesetz verweist allerdings in §§ 238 Abs. 1, 243 Abs. 1 und § 264 Abs. 2 Satz 1 HGB auf die GoB. Darüber hinaus wurden mit dem BiRiLiG im Jahre 1985 ein Großteil der Grundsätze an verschiedenen Stellen gesetzlich fixiert, vgl. vor allem § 252 Abs. 1 HGB. Die GoB sind das Resultat aus Erfahrungen der Anwender[116], Auslegungen[117] und Weiterentwicklungen durch die Rechtswissenschaft und Rechtsprechung, aber vor allem das Resultat einer Gesamtschau der gesetzlich niedergelegten Prinzipien.[118] Als materielle Rechtsvorschriften sind sie bei der Aufstellung von Jahresabschlüssen zu beachten. Sie lassen sich anhand verschiedener Kriterien Kategorisieren[119]: u. a. kodifizierte und nichtkodifizierte GoB, solche die an bestimmten Bezugsobjekten anknüpfen (bspw.: Buchführung oder Inventur) oder GoB differenzierend nach Regelungsgehalt (bspw. „Vermögensermittlungs-GoB", „Informations-GoB" oder „Bewertungs-GoB"). Die folgenden Abschnitte 2.4.2 bis 2.4.4 liefern einen Überblick über die bedeutendsten Prinzipien.

Die hier gewählte Strukturierung der GoB orientiert sich an den Bilanzzwecken.[120] Auf die GoB zum Ansatz von Vermögen und Schulden wird aufgrund der Bedeutung für den Untersuchungsgegenstand dieser Arbeit näher eingegangen.

2.4.2 Informations-Grundsätze ordnungsmäßiger Bilanzierung

Informations-GoB sind solche Grundsätze, die dem Rechenschaftszweck der HGB Bilanz zur Geltung verhelfen. Ein Unternehmen schuldet seinen Gläubigern, der Öffentlichkeit, dem Staat und sich selbst gegenüber Rechenschaft über das abgelaufene Geschäftsjahr.

---

115 Vgl. etwa die Entwicklung des Leasinggeschäfts in den 60er Jahren und die lange anhaltenden Diskussionen zum bilanziellen Umgang mit der Auftrennung von rechtlichem und wirtschaftlichem Eigentum, siehe dazu Baetge/Kirsch/Thiele, Bilanzen, S. 657 ff.

116 Durch induktive Ermittlung der GoB.

117 An den handelsrechtlichen Zwecken orientierte deduktive Ermittlung der GoB.

118 Vgl. Übersicht in Wöhe/Kußmaul, S. 36; Baetge/Kirsch/Thiele, Bilanzen, S. 107.

119 Vgl. Ballwieser, in MüKo, § 243 HGB, Rn. 8 ff.

120 vgl. zu anderen Strukturierungen: Wöhe/Kußmaul, S. 53 ff.; Baetge/Kirsch/Thiele, Bilanzen, S. 116 ff.; Leffson, Grundsätze ordnungsmäßiger Bilanzierung, Teil 2. Die Kategorisierung der GoB ist nicht zwingend und wirkt sich nicht auf deren Anwendung aus. Die Tatsache, dass einige GoB mehreren Zwecken dienen, erschwert eine einheitliche Abgrenzung. So ist beispielsweise das Vollständigkeitsgebot ein Mittel zur korrekten Gewinnermittlung und sichert zugleich den Informationsgehalt der Bilanz. Die hier gewählte Einteilung orientiert sich an derjenigen, nach Ballwieser, in: MüKo § 243 HGB, Rn. 14 ff.

2.4.2.1 Vollständigkeit § 246 Abs. 1 Satz 1 HGB

Das Vollständigkeitsgebot ergibt sich aus § 246 Abs. 1 Satz 1 HGB und § 242 Abs. 1 Satz 1 HGB. Danach sind sämtliche Vermögensgegenstände und Schulden bilanziell zu erfassen. Nur so lässt sich ein wahrheitsgetreues Bild der finanziellen Situation eines Unternehmens nach außen darstellen. Dieser Grundsatz gilt allerdings nur, solange gesetzlich nichts anderes bestimmt ist, vgl. § 246 Abs. 1 Satz 1 HGB. So existieren beispielsweise bilanzielle Wahlrechte, die es erlauben, Vermögensgegenstände unberücksichtigt zu lassen (§ 248 Abs. 2 Satz 1 HGB: selbst erstellte immaterielle Vermögensgegenstände) oder auch Nicht-Vermögensgegenstände (§ 274 Abs. 1 Satz 2 HGB: aktive latente Steuern) zu bilanzieren. Wann ein Vermögensgegenstand oder eine Schuld vorliegt, ist gesetzlich nicht geregelt. Hierzu haben sich ebenfalls GoB entwickelt, die in Abschnitt 2.4.4 näher dargestellt werden.

2.4.2.2 Klarheit, Übersichtlichkeit § 243 Abs. 2 HGB

Die Grundsätze der Klarheit und Übersichtlichkeit nach § 243 Abs. 3 HGB sind formelle Aufbauanforderungen an die Bilanzierung. Sie sichern die Lesbarkeit und Verständlichkeit der Bilanz und damit die Nachvollziehbarkeit.

2.4.2.3 Vergleichbarkeit durch Stetigkeit, § 252 Abs. 1 Nr. 1 HGB

Nur wenn Jahresabschlüsse eines Unternehmens vergleichbar aufgestellt sind, können ihnen Aussagen über die Entwicklung des Unternehmens entnommen werden.[121] Vergleichbarkeit ist somit ein wesentliches Werkzeug zur Informationsvermittlung. Es finden sich einige gesetzliche Konkretisierungen. § 252 Abs. 1 Nr. 1 HGB formuliert den Grundsatz der Bilanzidentität, der besagt, dass Bilanzposten in der Eröffnungsbilanz eines Jahres mit den Wertansätzen in der vorherigen Periode übereinstimmen müssen. Dies sichert die Kontinuität der Ansätze. Jahresabschlüsse sind auch nur dann vergleichbar, wenn auch die Art und Weise der Darstellung beibehalten wird. Für Kapitalgesellschaften wird dies in § 265 Abs. 1 und 2 HGB gesetzlich vorgesehen, für andere Unternehmensformen wird es als allgemeiner Grundsatz betrachtet.[122] Diese formellen Anforderungen werden inhaltlich durch materielle Stetigkeitsprämissen begleitet. Hierzu gehören die Ansatzstetigkeit nach § 246 Abs. 3 HGB und die Bewertungsstetigkeit nach § 252 Abs. 1 Nr. 6 HGB. Die Ansatzstetigkeit wurde nach vielfacher Forderung in der Wissenschaft mit dem BilMoG erstmals kodifiziert.[123] Beide Stetigkeitsanforderungen sichern die Objektivität und verhindern, dass

121 Vergleichbarkeit meint hier nicht den Vergleich zweier Unternehmen, sondern desselben Unternehmens in verschiedenen Geschäftsjahren.

122 Baetge/Kirsch/Thiele, Bilanzen, S. 118 f.; Ballwieser, in: MüKo § 243 HGB, Rn. 68.

123 Vgl. Baetge/Kirsch/Thiele, Bilanzen, S. 119 m.w.N.

durch Wahl unterschiedlicher Ansätze und Bewertungsmethoden das Bild der Lage des Unternehmens verfälscht wird. Ein Abweichen ist nach § 252 Abs. 2 HGB nur in begründeten Ausnahmefällen zulässig. Haftungsbeschränkte Gesellschaftsformen haben dies nach § 284 Abs. 2 Nr. 3 HGB zu erläutern. Alle anderen Gesellschaftsformen unterliegen keiner entsprechenden Erläuterungspflicht. Der Stetigkeitsgrundsatz hinsichtlich des Ansatzes von Vermögensgegenständen ergibt nur dann Sinn, wenn die Entscheidung über den Ansatz grundsätzlich im Ermessen des Bilanzierenden liegt. Dies ist nur bei Wahlrechten der Fall. Insofern ist der Ermessensspielraum bei Wahlrechten nicht unbeschränkt. Entscheidet man sich bspw. für den Ansatz von Vermögensgegenständen i.S.d. § 248 Abs. 2 Satz 1 HGB ist der Ansatz in der Folgeperiode beizubehalten.

2.4.2.4 Richtigkeitsgrundsatz

Der Richtigkeitsgrundsatz ist ein ungeschriebener Rahmengrundsatz. Für die Buchführung ergibt er sich aus § 239 Abs. 2 HGB. Für Kapitalgesellschaften findet sich in § 264 Abs. 2 HGB eine spezielle Regelung. Danach ist die Buchführung ordnungsmäßig, wenn sie ein den tatsächlichen Verhältnissen entsprechendes Bild liefert („True and fair View“). Richtig ist eine Bilanzierung gemeinhin dann, wenn sie willkürfrei und objektiv nachvollziehbar erfolgt.[124] Eine richtige, dem Wortsinn entsprechende Bilanzierung existiert hingegen nicht.[125] Vielmehr sind Ermessenspielräume unter Anwendung sonstiger GoB richtig und willkürfrei auszuüben.

2.4.2.5 Dokumentationsgrundsätze

Allein eine korrekte Informationsvermittlung gewährleistet noch nicht eine effektive Umsetzung des Informations- bzw. Rechenschaftszwecks der HGB-Bilanz. Hierfür ist es unerlässlich, dass Bilanzen für Dritte, wie beispielsweise dem Abschlussprüfer, nachprüfbar sind. Da dies nicht allein durch die Bilanz als solche zu erreichen ist, gibt es Regelungen ordnungsgemäßer Buchführung, welche der Dokumentation dienen. Danach müssen Geschäftsvorfälle durch Belege dokumentiert werden („Keine Buchung ohne Beleg“), welche anschließend einer Aufbewahrungspflicht (§§ 243 Abs. 3; 257 Abs. 4, 5; 264 Abs. 1 HGB) unterliegen. Darüber hinaus muss die Buchhaltung richtig, vollständig und übersichtlich erfolgen, vgl. § 239 Abs. 2 HGB. Abgesichert wird die Einhaltung dieser Buchführungsgrundsätze in der Regel durch interne Überwachungssysteme (IÜS).

124 Baetge/Kirsch/Thiele, Bilanzen, S. 117.
125 Baetge/Kirsch/Thiele, Bilanzen, S. 117.

2.4.3 Gewinnermittlungs-Grundsätze ordnungsmäßiger Bilanzierung

GoB zur Ermittlung des unternehmerischen Gewinns und solche zur Kapitalerhaltung sind eng miteinander verzahnt, denn die Kapitalerhaltung muss an der Gewinnermittlung ansetzen, um Wirkung entfalten zu können. Deshalb sollen sie hier in einer Kategorie der „Gewinnermittlungs-GoB" zusammengefasst werden:

2.4.3.1 Prinzip der Unternehmensfortführung „going-concern" § 252 Abs. 1 Nr. 2 HGB[126]

Das Konzept der Unternehmensfortführung verbietet den Bilanzierenden ohne tatsächliche oder rechtliche Gründe von einer Zerschlagungsfiktion auszugehen. Bei der Bewertung ist vielmehr von der Fortführung des Unternehmens auf unbestimmte Zeit auszugehen. Dies entspricht der statischen Bilanzinterpretation von *Simon*.[127] Unter den Fortführungswerten werden konkret die Anschaffungs- bzw. Herstellungskosten, abzüglich etwaiger Abschreibungen, verstanden. Das Niederstwertprinzip bzgl. der Vermögensgegenstände und das Höchstwertprinzip bzgl. der Schulden flankieren den Bewertungsgrundsatz zu Fortführungswerten. Der Liquidationswert eines Unternehmens liegt in der Regel unter den Fortführungswerten, da in einem solchen Fall nur noch der sog. „Schrottwert" erzielt werden kann. Zunehmend wird diskutiert, ob der Fortführungsgrundsatz auch auf Ansatzvorschriften anzuwenden ist, was an sich der Trennung von Ansatz (§§ 246 ff. HGB) und Bewertung (§ 252 ff. HGB) wiederspricht. Indessen lassen sich Ansatz und Bewertungsvorschriften nicht immer trennen. Insbesondere die neu eingefügte Vorschrift des § 255 Abs. 2a Satz 4 HGB ist ein eindeutiges Indiz dafür. Diese Norm ist eindeutig eine Vorschrift zur Bilanzierung dem Grund nach, obwohl sie systematisch im Recht der Bewertung angesiedelt ist.

2.4.3.2 Einzelbewertungsprinzip § 252 Abs. 1 Nr. 3 HGB

Vermögensgegenstände und Schulden müssen gemäß dem Prinzip der Einzelbewertung aus § 252 Abs. 1 Nr. 3 HGB einzeln abgebildet und bewertet werden. Verrechnungen oder Zusammenfassungen einzelner Posten sind grundsätzlich unzulässig. Auf diese Weise wird die Aussagekraft der Bilanz erhöht. In begründeten Ausnahmefällen darf von diesem Grundsatz abgewichen werden. So existieren gesetzliche Ausnahmen wie § 240 Abs. 4, § 256 und § 246 Abs. 2 Satz 2 HGB und auch Ausnahmen, die durch die Rechtsprechung entwickelt wurden.[128]

Seit dem BilMoG ist es gem. § 274 Abs. 1 HGB möglich, aktiv und passiv latente Steuern verrechnet auszuweisen. Eine Gesamtbetrachtung der latenten

126 Vgl. Baetge/Kirsch/Thiele, Bilanzen, S. 125 f. m.w.N.
127 Vgl. Abschnitt 2.3.2.
128 Vgl. detaillierter Batege/Kirsch/Thiele, Bilanzen, S. 128 f. m.w.N.

Steuersituation wird als ausreichend empfunden, wenngleich der Informationsgehalt der Bilanz dadurch verkürzt wird. Konzeptionell handelt es sich indes nicht um eine echte Ausnahmeregelung, da latente Steuern keine Vermögensgegenstände bzw. Schulden darstellen, sondern als Sonderposten eigener Art eingestuft werden.[129]

2.4.3.3 Grundsatz der Pagatorik, § 252 Abs. 1 Nr. 5 HGB

Der Grundsatz der Pagatorik ist in § 252 Abs. 1 Nr. 5 HGB festgehalten und besagt, dass Änderungen des Vermögens oder der Schulden eines Unternehmens mit den Werten aus den tatsächlichen Zahlungsvorgängen abzubilden sind. Das Prinzip dient der Objektivierung und verhindert den Einfluss von Erwartungen und nichtpagatorischen Werten auf bilanzielle Größen. Allgemeiner Werteverzehr und andere kalkulatorische Elemente müssen, anders als in der Kostenrechnung, unberücksichtigt bleiben.[130] Besondere Bedeutung erlangt der Grundsatz bei der Bewertung von selbst erstellten Gütern, da Herstellungsvorgängen nicht immer tatsächlich geleistete Zahlungen zugrunde liegen.

2.4.3.4 Imparitätsprinzip § 252 Abs. 1 Nr. 4 HGB[131]

Das Imparitätsprinzip ist Bestandteil einer vorsichtigen Bilanzierung und verlangt, dass alle im Geschäftsjahr verursachten, aber noch nicht realisierten Verluste als Aufwand gebucht und damit antizipiert werden. Gewinne hingegen dürfen erst mit Realisierung aufgenommen werden. Das Imparitätsprinzip stellt somit eine Durchbrechung der periodengerechten Erfolgsermittlung dar und ist daher auf notwendige Sachverhalte zu begrenzen (bspw. schwebende Geschäfte). Das Prinzip ist gesetzlich konkretisiert durch Niederstwertvorschriften zur Abschreibung von Umlauf- und Anlagevermögen sowie durch das Rückstellungsgebot für drohende Verluste aus schwebenden Geschäften gemäß § 249 Abs. 1 Satz 1 HGB.

2.4.3.5 Vorsichtsprinzip § 252 Abs. 1 Nr. 4 HGB

Das Vorsichtsprinzip ist ein sehr abstraktes und grundlegendes Bilanzierungsprinzip, das durch andere GoB konkretisiert ist. Einer vorsichtigen Bilanzierung wird entsprochen, wenn hinsichtlich des zu erwartenden Erfolgs eher pessimistisch bilanziert wird.[132] Diese Interpretation unterliegt aber der Kritik, sie provoziere einerseits die Bildung stiller Reserven und andererseits auch die stille Auflösung stiller

---

129 Vgl. dazu später, Abschnitt 3.3.2.1.2.
130 Vgl. Baetge/Kirsch/Thiele, Bilanzen, S. 126 f. m.w.N.
131 Ausführlicher: Baetge/Kirsch/Thiele, Bilanzen, S. 137 ff.; Ballwieser, in: MüKo § 252 HGB Rn. 74; Winkeljohann/Büssow, in: Beck'scher Bilanzkommentar, § 252 Rn. 34–42.
132 Nach Schmalenbach, Dynamische Bilanz, S. 83 ff.: „lieber ärmer als reicher rechnen".

Reserven.[133] Dies konterkariert die Rechenschaftsfunktion des Jahresabschlusses. Daher darf das Vorsichtsprinzip nicht überstrapaziert werden und eine willkürliche Anwendung ist zu vermeiden. Zu antizipierende Risiken müssen jedenfalls objektiv wahrscheinlich sein. Innerhalb möglicher Bewertungen ist eine möglichst vorsichtige, d.h. niedrige zu wählen. Dadurch darf jedoch nicht das Abbild der tatsächlichen Lage verzerrt werden. Lässt das Gesetz mehrere Bilanzierungsweisen zu, ist die vorsichtigste zu wählen. Im Ergebnis enthält das Vorsichtsprinzip damit keine konkreten Ansatz- oder Bewertungsgrundsätze, sondern dient als allgemeiner Grundsatz der Konkretisierung des gesetzlich vorgegebenen Rahmens und auch zu dessen Ausarbeitung.

2.4.3.6 *Periodisierungsprinzip gem. § 252 Abs. 1 Nr. 5 HGB*

Das Periodisierungsprinzip bzw. die Grundsätze der Abgrenzung der Sache und Zeit nach besagen, dass Aufwendungen und Erträge unabhängig von den Zeitpunkten der entsprechenden Zahlungen periodengerecht verbucht werden müssen. Dieses Prinzip ist Grundlage des Realisationsprinzips und eng mit ihm verwandt. In der Sache verlangt der Grundsatz die Gegenüberstellung zusammengehöriger, kausaler Aufwendungen und Erträge nach dem Finalprinzip.[134] Dieses Verständnis geht davon aus, dass Erträge stets mit bestimmten und bestimmbaren Aufwendungen in Zusammenhang stehen.

2.4.3.7 *Realisationsprinzip § 252 Abs. 1 Nr. 4 HGB und Herstellungs- sowie Anschaffungskostenprinzip § 253 HGB*

Das Realisationsprinzip verlangt, dass Gewinne erst nach ihrer Realisierung berücksichtigt werden. Damit werden der Ausweis und die Ausschüttung nicht existenter Gewinne verhindert. Darüber hinaus ergibt sich aus dem Realisationsprinzip der Grundsatz der Erfolgsneutralität von Beschaffungsvorgängen, was sich im Herstellungs- und Anschaffungskostenprinzip niederschlägt. Erst mit Realisierung eines Ertrags durch Absatz am Markt liegt ein wirtschaftlicher Erfolg vor. Die Beschaffungsneutralität ist Bemessungsgrundlage für den Gewinn und auch Ausgangspunkt der nominellen Kapitalerhaltung. Das kann jedoch zu stillen Reserven führen. Handelsrechtliche Realisierung tritt am Tag der Leistung ein und nicht erst bei Zahlung durch den Kunden. Aufgrund dieser zeitlichen Komponente dient das Realisationsprinzip der periodengerechten Gewinnermittlung. Eine Ausnahme vom Anschaffungs- und Herstellungskostenprinzip findet sich neuerdings in § 253 Abs. 1 Satz 4 HGB. Danach kann das Planvermögen zu Verrechnungszwecken nach § 246 Abs. 2 Satz 2 HGB mit dem beizulegenden Zeitwert bewertet werden.[135]

---

133 Vgl. Baetge/Kirsch/Thiele, Bilanzen, S. 140.
134 Vgl. detaillierter Baetge/Kirsch/Thiele, Bilanzen, S. 135 f.
135 Vgl. Abschnitt 3.3.3.

2.4.4 Grundsätze ordnungsmäßiger Bilanzierung zum Ansatz von Vermögen und Schulden

Der zweite Titel des Dritten Buches des HGB (§§ 246 – 251 HGB) enthält allgemeine Ansatzvorschriften.[136] Nach § 246 Abs. 1 Satz 1 HGB hat der Jahresabschluss sämtliche Vermögensgegenstände, Schulden, Rechnungsabgrenzungsposten, sowie Aufwendungen und Erträge auszuweisen, soweit gesetzlich nichts anderes bestimmt ist. Darüber hinaus gibt § 247 Abs. 1 HGB eine Mindestuntergliederung in Anlage- und Umlaufvermögen, Eigenkapital, Schulden sowie Rechnungsabgrenzungsposten vor.[137] Durch die möglichst vollständige Aufnahme von Vermögen und Schulden soll ein wahrheitsgemäßes Bild des Unternehmens gezeichnet werden. Insoweit ist das Vollständigkeitsgebot aus § 246 Abs. 1 Satz 1 HGB als Konkretisierung des bilanziellen Wahrheitsgebotes zu verstehen.[138] Indessen finden sich keine gesetzlichen Konkretisierungen, wann Vermögensgegenstände oder Schulden vorliegen. Hinweise liefert lediglich die Gliederungsvorschrift in § 266 HGB.

2.4.4.1 Der Aktivierungsgrundsatz

Die Grundsätze ordnungsmäßiger Buchführung zur Ansatzfähigkeit sind gleichbedeutend mit der Frage, ob ein Vermögensgegenstand vorliegt.[139] Fällt die Antwort positiv aus und gibt es kein spezialgesetzliches Ansatzverbot, ist die Aktivierung zwingend vorzunehmen, sog. abstrakte Aktivierungsfähigkeit gem. § 246 Abs. 1 Satz 1 1. Halbsatz HGB. Spezialgesetzliche Regelungen können von diesem Grundsatz in jeder Richtung abweichen, vgl. § 246 Abs. 1 Satz 1 2. Halbsatz HGB. Nicht-Vermögensgegenstände können für aktivierungsfähig bzw. -pflichtig erklärt werden (konkrete Aktivierungsfähigkeit)[140], oder bestimmte Vermögensgegenstände von einer

136 Welche Bestandteile ein Jahresabschluss enthalten muss richtet sich nach dem Zweck, der durch die Rechnung erreicht werden soll. Dazu gibt es verschiedene grundlegende Bilanztheorien (vgl. Abschnitt 2.3.1). Diese haben die Ansatzvorschriften im Laufe der Zeit wesentlich beeinflusst und sind daher in Zweifelsfragen zur Auslegung bestimmter Vorschriften heranzuziehen.

137 Für Kapitalgesellschaften enthält § 266 HGB detailliertere Gliederungsvorgaben, welche jedoch aufgrund des beschränkten personellen Anwendungsbereiches und aufgrund der Unvollständigkeit nicht verallgemeinerungsfähig sind.

138 Vgl. Merkt, in: Baumbach/Hopt, § 246 Rn. 1 und § 243 Rn. 5.

139 Auf die Fragestellungen im Rahmen der Zurechnung von Vermögensgegenständen soll nicht eingegangen werden. Insofern hat das BilMoG Klärung gebracht und den Grundsatz der wirtschaftlichen Zurechenbarkeit gesetzlich in § 246 Abs. 1 Satz 2 HGB festgelegt.

140 Bspw.: § 274 Abs. 1 Satz 2 HGB n.F.: Aktivierungswahlrecht bezogen auf den Überhang aktiver latenter Steuern.

Aktivierung ausgeschlossen werden[141]. Liegt die Entscheidung über den Ansatz eines Postens in den Händen des Bilanzierenden, spricht man von einem Wahlrecht.

Die Kriterien zur Bestimmung eines Vermögensgegenstands wurden von Rechtsprechung und Wissenschaft geprägt. Da die Ansatzgrundsätze das Erscheinungsbild einer Bilanz prägen sind die bilanzrechtlichen Strömungen hier von entscheidender Bedeutung. Während die Rechtsprechung[142] überwiegend dynamischen Gesichtspunkten folgt, vertritt die herrschende Ansicht des handelsrechtlichen Schrifttums[143] statische Ansätze. Virulent ist die Abgrenzung insbesondere bei immateriellen Vermögensgegenständen, da sie die „kritische Menge"[144] darstellen. Die einzelnen Ansatzkonzepte werden im Folgenden näher erläutert:

2.4.4.1.1 Kriterien des Schrifttums

Die statisch geprägten Ansätze des Schrifttums sehen in der Bilanz ein Mittel zur Kontrolle, ob das Vermögen die Schulden des Betriebes deckt. Deshalb hat jeder Kaufmann eine Rechnung aufzustellen, die das Vermögen mit den Schulden vergleicht, vgl. § 242 Abs. 1 HGB. Zugunsten des Gläubigerschutzes ist Vermögen daher nur dann zu aktivieren, wenn es das Potential besitzt, Forderungen von Gläubigern zu befriedigen.[145] Zur näheren Bestimmung haben sich verschiedene Kriterien herausgebildet:

- Teilweise wurde vertreten, dass es zur Bestimmung des Schuldendeckungspotentials auf die **Veräußerbarkeit** eines Vermögensgegenstands **im Rechtssinne** ankomme (konkrete Veräußerbarkeit)[146]. Danach läge ein Vermögensgegenstand nur vor, soweit das Wirtschaftsgut rechtlich wirksam übertragen werden könnte. Dies greift jedoch zu kurz. Beispielshaft sind gewerbliche Konzessionen, Nießbrauchsrechte, Erbbaurechte und Nutzungsrechte wie die ausschließliche Lizenz und Urheberrechte rechtlich nicht übertragbar.[147] Aus wirtschaftlicher Sicht können diese Vermögenswerte aber dennoch durch Nutzungsüberlassung oder bedingten Verzicht verwertet werden und besitzen daher auch Schuldendeckungspotential. Die Ansicht schließt auch Forderungen aus, die einem gesetzlichen oder vertraglichen Abtretungsverbot unterliegen. Aber auch nicht

141 Bspw.: § 248 Abs. 2 HGB a.F.: Verbot der Aktivierung selbst erstellter immaterieller Güter des Anlagevermögens.

142 Vgl. die zusammenfassende Darstellung von Moxter, Bilanzrechtsrechtsprechung, S. 11 ff. BFH v. 07.08.2000, GrS 2/99, DStR 2000, 1682 (1684; BFH v. 08.04.1992, XI R 34/88, BStBl II 1992, 893 (894), DStR 1992, 1798; BFH v. 18.01.1989, X R 10/86, BStBl II 1989, 549 (550), BeckRS 1989, 22008835.

143 Statt vieler: ADS, § 246 HGB, Rn. 26 ff.

144 Ballwieser, in: MüKo, § 246 HGB, Rn. 13. Zu strittigen Aktivierungsfragen solch immaterieller Werte, vgl. Abschnitt 3.3.1.2.

145 Baetge/Kirsch/Thiele, Bilanzen, S. 160.

146 Baetge/Kirsch/Thiele, Bilanzen, S. 160 m.w.N.

147 Vgl. Winnefeld, Bilanz-Handbuch, Rn. 420.

übertragbare Rechte haben Schuldendeckungspotential und müssen folglich in der Bilanz dargestellt werden.[148] Darüber hinaus sind diese Vermögenswerte in § 266 Abs. 2 A I Nr. 2 HGB ausdrücklich genannt. Deshalb stellen heutige Vertreter des Kriteriums auf die **Verkehrsfähigkeit im abstrakten Sinne** („abstrakte Verkehrsfähigkeit") ab.[149] Danach ist entscheidend, ob ein Vermögensgegenstand grundsätzlich Gegenstand einer gedachten Übertragung sein könnte. Die Existenz von gesetzlichen oder vertraglichen Verboten weise auf diese abstrakte Verkehrsfähigkeit gerade hin.[150] In der Sache geht es letztlich darum, dass Vermögensgegenstände auch dann in Geld transformiert werden können, wenn sie einem gesetzlichen oder vertraglichen Übertragungsverbot unterliegen. Daher reicht das Kriterium der konkreten Verkehrsfähigkeit alleine nicht aus, um das Schuldendeckungspotential eines Unternehmens zu bestimmen. Vermögensgegenstände können jedoch auch auf andere Weise als Übertragung Gläubigern Befriedigung bieten, etwa durch Einräumung von Nutzungsrechten oder schlicht durch Verarbeitung[151]. Deswegen ist auch die abstrakte Verkehrsfähigkeit nicht geeignet, das Schuldendeckungspotential eines Unternehmens umfassend darzustellen.

- Vertreter des Kriteriums der **Einzelvollstreckbarkeit** stellen deswegen darauf ab, ob das entsprechende Gut Gegenstand einer Vollstreckung aus einer Geldforderung (§ 857 ZPO) sein könnte. Nur diejenigen Vermögensgegenstände, auf die die Gläubiger Zugriff haben, können nach dieser Ansicht ihrer Befriedigung dienen und besitzen daher Schuldendeckungspotential. Die Ansicht wird aus der gläubigerschützenden Funktion des Inventars abgeleitet. Im Gegensatz zur Bilanz, welche Aktivierungsverbote enthält, enthält das Inventar ausnahmslos jegliche Vermögensgegenstände, welche dem Zugriff von Gläubigern grundsätzlich unterliegen können.[152] Hieran wird ebenfalls kritisiert, dass das Kriterium nicht umfassend genug wäre.[153] Zum einen würden dadurch teilweise die von § 266 Abs. 2 A. I. 1 HGB umfassten Vermögensgegenstände ausgeschlossen (bspw. auch das Urheberrecht, welches ohne Einwilligung nicht vollstreckbar ist, vgl. § 113 UrhG) zum anderen wiederspricht der Gedanke der Vollstreckung der Fortführungsstatik des HGB, wonach die Bilanz zur wahrheitsgemäßen Darstellung der wirtschaftlichen Lage nicht nur die im schlimmsten Fall zu erwartenden Zerschlagungswerte beinhalten kann.[154] Die Darstellung des unternehmerischen Vermögens kann nicht davon abhängig gemacht werden, ob Gläubiger ohne Hilfe des Schuldners darauf zugreifen können. Daher ist dieses Kriterium alleine ebenfalls nicht ausreichend, um das Schuldendeckungspotential zu bestimmen.

148 ADS, § 246 HGB Rn. 18.
149 ADS, § 246 HGB Rn. 19.
150 Ballwieser, in: Müko, § 246 HGB Rn. 15.
151 Van Hall/Kessler, Hdb. BilMoG, S. 185; ADS, § 246 HGB Rn 28.
152 Vgl. Schülke, DStR 2010, 992 (993 f.).
153 Baetge/Kirsch/Thiele, Bilanzen, S. 163.
154 Baetge/Kirsch/Thiele, Bilanzen, S. 163.

- Um im Sinne der statischen Bilanztheorie das Schuldendeckungspotential umfassend bestimmen zu können, hat sich daher das Kriterium der **Einzelverwertbarkeit**[155] herausgebildet. Es verbindet und erweitert die bisherigen Konkretisierungsansätze, sodass nach verbreiteter Ansicht im Schrifttum[156] ein Gut einzelverwertbar ist und damit Schuldendeckungspotential hat, wenn es durch Veräußerung, durch Einräumung eines Nutzungsrechts, durch bedingten Verzicht oder im Wege der Zwangsvollstreckung verwertet werden kann. Dem liegt der Gedanke zugrunde, dass es aus statischer Sicht alleine darauf ankommen kann, ob ein vermögenswerter Vorteil vorliegt, der Gläubigern als Befriedigung dienen kann, gleich welches Rechtsgeschäft oder auch Realakt dem zugrunde liegt. So bestimmt die Regierungsbegründung zum BilMoG richtigerweise, dass es zur Bestimmung der Verwertbarkeit auf die Verkehrsauffassung ankommen muss.[157] Nur so kann das Monetarisierungspotential abstrakt abgedeckt werden. Fraglich ist jedoch, ob das zu fordernde Schuldendeckungspotential nur bei externer Verwertungsmöglichkeit gegeben ist. Rein interne verwertbare Vermögenswerte können ebenfalls Schuldendeckungspotential besitzen, schließlich kommt es allein darauf an, ob der Vermögenswert wirtschaftliche Vorteile verkörpert. So nennen Teile des Schrifttums richtigerweise auch die (interne) Verarbeitungs- und Verbrauchsmöglichkeit als Konkretisierung der Verwertbarkeit.[158] Festzuhalten ist, dass es im Einzelfall darauf ankommen muss, dass ein vermögenswerter Geldvorteil vorliegt, der theoretisch Gläubigern als Befriedigung dienen kann. Dabei ist auf die Verkehrsauffassung abzustellen. Eine äußere Grenze der Verwertbarkeit bildet der originäre Geschäfts- und Firmenwert, denn er kann nicht unabhängig vom Betrieb, mithin nicht einzeln, verwertet werden.[159] Das heutige Bilanzrecht steht m.E. vor allem aufgrund der steigenden Bedeutung der Informationsvermittlung vor der Herausforderung, ob zur wahrheitsgemäßen Abbildung der Vermögenslage nicht auch solche wirtschaftlichen Vorteile umfasst werden sollten, die bei einem fortlaufenden Betrieb lediglich zum Schuldendeckungspotential beitragen, aber nicht extern verwertet werden können.[160] Das Bilanzrecht geht für Aktivierungszwecke sowieso nicht von Zerschlagungswerten, sondern von Fortführungswerten aus. Konsequenterweise sollten m.E. daher auch dann wirtschaftlichen Werte miteinbezogen werden, wenn sie selbst

155 Siehe Ballwieser, in: MüKo, § 246 HGB, Rn. 13 m.w.N.

156 Statt vieler Baetge/Kirsch/Thiele, Bilanzen, S. 163.

157 RegE BT-Drs. 16/10067, S. 50.

158 Vgl. ADS, § 246 HGB Rn. 29; dies spiegelt sich im RefE des BilMoGs wieder, vgl. S. 122 RefE BilMoG.

159 Baetge/Kirsch/Thiele, Bilanzen, S. 165; etwas anderes gilt für den derivativen goodwill, vgl. § 246 Abs. 1 Satz 4 HGB.

160 Vg. Abschnitt 3.3.1.3.2.3.3.

keinen extern verwertbaren Wert verkörpern, aber maßgeblich zum Erfolg des Unternehmens beitragen.[161]

- Nicht ganz eindeutig ist, welche Rolle dem Kriterium **selbstständige Bewertbarkeit** in der Literatur beigemessen wird. Vieles spricht dafür, dieses Kriterium grundsätzlich zu fordern, denn wie sollte mit einem nicht bewertbaren Vermögensgegenstand bilanziell umgegangen werden, insbesondere vor dem Hintergrund, dass gem. § 252 Abs. 1 Nr. 3 HGB jeder Vermögensgegenstand einzeln zu bewerten ist. Manche betrachten die selbstständige Bewertbarkeit bei Vorliegen der Verwertbarkeit für stets gegeben[162], andere halten es für eine notwendige und stets zu prüfende Voraussetzung[163]. Wiederum andere messen dem Kriterium Bewertbarkeit seit dem BilMoG keine Funktion zur Bestimmung eines Vermögensgegenstands bei.[164] Wieder anderen genügt auch schlicht das Vorliegen einer Bewertbarkeit zur Bejahung eines Vermögensgegenstands.[165] Zuletzt wird aus dem BilMoG noch gefolgert, dass sich das Kriterium der Bewertbarkeit selbst gewandelt habe.[166] (vgl. dazu ausführlich Abschnitt 3.3.1.3.1)

2.4.4.1.2 Kriterien der Rechtsprechung

Anders als die vom Schrifttum entwickelten Grundsätze folgen die Kriterien der Finanzrechtsprechung[167] hauptsächlich dem dynamischen Bilanzverständnis. Begrifflich spricht der BFH nicht von Vermögensgegenständen, sondern von Wirtschaftsgütern. Inhaltlich geht der Begriff nach Ansicht des BFH jedoch nicht weiter.[168] Ein Wirtschaftsgut i.S.d. Rechtsprechung liegt vor, wenn es im Zusammenhang mit

---

161 Dabei ist bspw. an betriebsspezifische Software zu denken, die das Erwirtschaften von Gewinnen erst ermöglicht. Solche Werte sind nach dem heutigen Verständnis von einer Aktivierung ausgeschlossen, da sie nicht einzeln verwertbar sind. Betriebsnotwendige Software könnte zwar abstrakt übertragen werden, besitzt jedoch keinen Marktwert, wenn es nur in Verbindung mit dem konkreten Unternehmen eingesetzt werden kann. Betriebsspezifische Anlagen, die außerhalb des Unternehmens verwertet werden können, müssen hingegen bereits jetzt aktiviert werden. Würde man die Aktivierung solch selbst geschaffener immaterieller Werte, die nicht extern verwertbar sind, zulassen, wären daraus resultierende Erträge gem. § 268 Abs. 8 Satz 1 HGB ausschüttungsgesperrt. M.E. wäre der Gläubigerschutzfunktion der Bilanz damit ausreichend Rechnung getragen.

162 Baetge/Kirsch/Thiele, Bilanzen, S. 165.

163 ADS § 246 HGB Rn. 29.

164 Insbesondere: Schülke, DStR 2010, 992 ff.

165 Vgl. zur Auffassung der Rechtsprechung; Moxter, Bilanzrechtsprechung, S. 10.

166 Merkt, in: Baumbach/Hopt, § 246 HGB, Rn. 4.

167 BFH v. 07.08.2000, GrS 2/99, DStR 2000, 1682 (1684), BFH v. 08.04.1992, XI R 34/88, BStBl II 1992, 893, 894, DStR 1992, 1798.

168 Ständige Rechtsprechung, vgl. nur BFHE 151, 523, BStBl. 1988 II S. 348.

dem Betrieb übertragen werden kann.[169] Dies ist gegeben, sofern folgende Kriterien erfüllt sind: (1) es existiert ein über den Stichtag hinaus bestehender Vermögensvorteil, der (2) hinreichend konkretisiert bzw. greifbar ist, (3) der einzeln oder im Zusammenhang mit dem Betrieb übertragen werden kann[170] und (4) selbstständig bewertbar ist.[171] Diskutiert werden nur die folgenden Kriterien:

- **Übertragbarkeit** bedeutet nach Ansicht des BFH, dass nicht jeder gegen Entgelt erlangte wirtschaftliche Vorteil ein solches steuerrechtlich aktivierungspflichtiges Wirtschaftsgut darstellt. Es muss sich immer um ein Wirtschaftsgut handeln, das bei Veräußerung des ganzen Betriebs greifbar ist, d.h. als Einzelheit ins Gewicht fällt oder um etwas, das dem Betrieb zwar für die Zukunft zugutekommt, sich aber nicht so ins Allgemeine verflüchtigt, dass es nur als good-will des ganzen Unternehmens in Erscheinung tritt.[172] Die Übertragbarkeit bestimmt sich demnach im Sinne der abstrakten Verkehrsfähigkeit – es ist eine wirtschaftliche Betrachtungsweise zugrunde zu legen.[173] Dieses Merkmal wird auch als **bilanzielle Greifbarkeit**[174] umschrieben. Diese ist bei nachprüfbarer Abgrenzbarkeit vom good-will gegeben und geht mit der Übertragbarkeit daher einher.[175]
- Ein Wirtschaftsgut muss nach der Rechtsprechung des BFH vor allem **selbstständig bewertbar** sein. Abgeleitet wird dies aus § 252 Abs. 1 Nr. 3 HGB – dem Einzelbewertungsgrundsatz. Bewertbarkeit bestimmt sich nach den herkömmlichen Bewertungsmethoden.[176] Rechte und materielle Gegenstände sind unproblematisch selbstständig bewertbar. Problematisch sind hingegen immaterielle Werte und vor allem der Geschäfts- oder Firmenwert, der sich allein durch eine Nebenrechnung beim Unternehmenskauf ermitteln lässt. Dieser ist der Mehrwert, welcher neben dem objektiven Wert der Vermögensgegenstände des Betriebs für den Erwerb geleistet wird. Durch Subtraktion des objektiven Unternehmenswerts von dem Kaufpreis kann anschließend der good-will berechnet werden. Insofern ist fraglich, ob der good-will selbstständig ermittelt werden kann, da er nur in Abhängigkeit zu den sonstigen Vermögensgegenständen determiniert werden kann. Denn wenn ein Wirtschaftsgut in Abhängigkeit

---

169 BFH, Urteil vom 22.071988 – III R 175/85, S. 995; BFH, Urteil vom 04.12.1991 – I R 148/90, S. 383.

170 BFH, Beschluss vom 16.02.1990 – III B 90/88, S. 794.

171 Vgl. Moxter, Bilanzrechtsprechung, S. 10 ff. und Ballwieser, in: MüKo, § 246 HGB Rn. 19.

172 RFH v. 21.10.1931 – VI A 2002/29, RFHE 30, 142 = RStBl. 1932, 305 (307).

173 Ballwieser, in: MüKo, § 246 HGB Rn. 24.

174 Vgl. Moxter, Bilanzrechtsprechung, S. 9 ff., der die Kriterien durch das „Vermögensprinzip“ erweitert; Ballwieser, in: MüKo, § 246 HGB, Rn. 20 ff. trennt diese Kriterien.

175 Ballwieser, in: MüKo, § 246 HGB, Rn. 20.

176 Ertragswert, Restwertmethode oder auch Schätzung.

einer bereits aufgestellten Bilanz errechnet werden muss, ist dies ja gerade der Hinweis, dass er bilanziell nicht dargestellt werden kann. Anderes gilt nach der Steuerrechtsprechung, wenn ein derivativer Erwerb vorliegt[177] und „im Falle der Veräußerung des Unternehmens als Ganzes eine nachvollziehbare Relation zwischen dem Vorhandensein des immateriellen Wirtschaftsguts und der Höhe des Kaufpreises besteht"[178]. In diesem Fall ist die Bewertbarkeit gegeben und eine Aktivierung vorzunehmen. Für das Ausreichen des Kriteriums Bewertbarkeit spricht vor allem § 266 Abs. 2 A I HGB, der Werte aufführt, die nicht selbstständig verwertbar sind, aber bewertbar sind.[179] Dazu zählt insbesondere der derivative Geschäfts- und Firmenwert, welcher nicht unabhängig vom Betrieb übertragen werden kann.

2.4.4.1.3 Zusammenfassende Würdigung

Während materielle Vermögensgegenstände nach den Kriterien des BFH stets erfasst sind, kommt es bei immateriellen Vermögensgegenständen zu Abgrenzungsproblemen, die sich einerseits an den Kriterien selbstständiger Greifbarkeit und Bewertbarkeit und andererseits an dem Kriterium der Verwertbarkeit messen lassen müssen.

Dabei stellen Aufwendungen, die letztlich in den Geschäfts- oder Firmenwert fließen, die äußere Grenze der Aktivierbarkeit dar. Sobald ein solcher Wert jedoch entgeltlich erworben wurde, liegen die Kriterien der Rechtsprechung vor. Mangels selbstständiger Verwertbarkeit sind sie nach Ansicht des Schrifttums jedoch keine Vermögensgegenstände. Das BilMoG hat diesbezüglich eine Regelung eingefügt und den derivativen good-will einer Vermögensgegenstandsfiktion unterzogen, vgl. § 246 Abs. 1 Satz 4 HGB. Insoweit ist die Diskrepanz zwischen Rechtsprechung und Schrifttum minimiert worden. Zugleich zeigt dies, dass das Handelsrecht primär auf das Kriterium der Verwertbarkeit abzielt, andernfalls wäre eine Vermögensgegenstandsfiktion des bewertbaren derivativen good-will nicht notwendig.

Damit kann es allenfalls zusätzlich auf das Kriterium der Bewertbarkeit ankommen, nicht aber auf dieses alleine. §§ 248 Abs. 2 Satz 2 i.V.m. 255 Abs. 2a HGB ziehen die Grenze zum good-will im neuen Recht und nehmen das Kriterium der Bewertbarkeit gesetzlich auf. Ein selbst erstellter immaterieller Vermögensgegenstand unterliegt einem konkreten Aktivierungsverbot, sofern er nicht zuverlässig selbstständig bewertbar ist, vgl. § 248 Abs. 2 Satz 2 HGB. Dies lässt darauf schließen, dass ein Vermögensgegenstand i.S.d. § 246 Abs. 1 Satz 1 HGB bereits bei selbstständiger Verwertbarkeit vorliegt. Andernfalls wäre das ausdrückliche Verbot rein deklaratorisch, was angesichts der Aufzählung bestimmter Werte eher fern liegt. Sonstige – nicht in § 248 Abs. 2 Satz 2 HGB genannte – immaterielle Gegenstände

177 Ballwieser, in: MüKo, § 246 HGB Rn. 28 m.w.N.

178 BFH v. 10.08.1989 – X R 176–177/78, BStBl. 19990 II S. 15 f.

179 Vgl. Hennrichs, in: MüKo AktG, § 246 HGB, Rn. 23.

lassen sich jedenfalls bei Existenz eines Marktwertes, bspw. durch entgeltlichen Erwerb und beabsichtigten Umsatz bewerten. (vgl. dazu ausführlicher Abschnitt 3.3.1.3.1).

Allein auf das Kriterium der Bewertbarkeit kann es letztlich nicht ankommen, da andernfalls die Bilanz Werte enthielte, die unter Umständen kein Schuldendeckungspotential besitzen.[180] Dies würde die statische Zweckrichtung der Bilanz konterkarieren.[181] Im Ergebnis kommt es daher maßgeblich auf das Kriterium der selbstständigen Verwertbarkeit an.[182]

2.4.4.2 Passivierungsgrundsatz

Parallel zu den Aktivierungsgrundsätzen gibt es GoB zum Ansatz von Passivposten in der Bilanz. Maßgeblich ist der Begriff der Schuld, wie er in §§ 242 Abs. 1 Satz 1 und § 246 Abs. 1 Satz 1 HGB genannt ist. Mangels Legaldefinition lassen sich auch hier abstrakte und konkrete Passivierung unterscheiden. Zentraler Begriff der abstrakten Passivierungsfähigkeit ist die Verbindlichkeit. Die abstrakte Passivierungsfähigkeit, also das Vorliegen einer Verbindlichkeit, bestimmt sich nach folgenden Kriterien[183]: Es muss (1) ein Leistungszwang des Unternehmens gegenüber Dritten (Außenverpflichtung) existieren, der (2) eine wirtschaftliche Belastung für das Unternehmen am Abschlussstichtag bedeutet und (3) die Inanspruchnahme des Unternehmens wahrscheinlich und quantifizierbar ist. Liegen die Kriterien vor, muss eine Schuld entweder als Verbindlichkeit oder als Rückstellung passiviert werden.[184] Rückstellungen müssen für solche Verbindlichkeiten gebildet werden, die im Bestand oder der Höhe nach unsicher sind, vgl. § 249 Abs. 1 HGB. Die Kriterien können aus § 249 HGB abgeleitet werden.[185]

- **Leistungszwang**

Eine Verpflichtung bzw. eine Schuld liegt vor, wenn sich das Unternehmen einem Leistungszwang aus tatsächlichen oder rechtlichen Gründen nicht entziehen kann und der Leistungszwang hinreichend konkret ist.[186] Zu den rechtlichen Leistungs-

---

180 Nicht jedes bewertbare Gut ist auch verwertbar, vgl. Baetge/Kirsch/Thiele, Bilanzen, S. 165.

181 So auch: Schülke, DStR 2010, 992 (994).

182 So auch: Baetge/Kirsch/Thiele, Bilanzen, S. 166.

183 ADS, § 246, Rn. 103 ff.; Kussmaul, in: Küting/Pfitzer/Weber, Handbuch der Rechnungslegung Einzelabschluss, Kap. 6, Rn. 26; Baetge/Kirsch/Thiele, Bilanzen, S. 172 ff.; Ballwieser, in: MüKo, § 246 HGB Rn. 68 ff., § 249 Rn. 10 ff.; Fuhrmann, in: Herzig/Fuhrmann, Hdb. latente Steuern, S. 32 ff.; Merkt, in: Baumbach/Hopt, § 246 HGB, Rn. 13; Schubert, in: Beck'scher Bilanzkommentar, § 249 HGB, Rn. 24 ff.

184 Schuld ist der Oberbegriff, vgl. Schubert, Beck'scher Bilanzkommentar, § 247 HGB Rn. 201.

185 Baetge/Kirsch/Thiele, Bilanzen, S. 172.

186 BGH v. 28.01.1991 – II ZR 20/90, BB 1991, 507 ff.

zwängen zählen Verbindlichkeiten, die auf Zivilrecht oder öffentlichem Recht fußen. Dabei müssen Verbindlichkeiten, die gegenüber einem Dritten bestehen (Außenverpflichtungen) von rein internen Verpflichtungen (Innenverpflichtung) abgegrenzt werden. Letztere begründe keine Schuld im Sinn des Rechnungslegungsrechts.[187] Ist ein rechtlicher Leistungszwang zum Bilanzstichtag noch nicht voll entstanden oder der Höhe nach ungewiss, ist aber mit der Entstehung ernsthaft zu rechnen[188], kann eine Verbindlichkeitsrückstellung nach § 249 HGB zu passivieren sein. Statt der rechtlichen Entstehung ist dann die wirtschaftliche Verursachung maßgeblich.[189]

Tatsächliche Leistungszwänge können aus betriebswirtschaftlichen, sozialen oder sittlichen Umständen resultieren.[190] Zu nennen sind insbesondere Kulanzleistungen[191] oder beabsichtigte Leistungen trotz Verjährung des Anspruchs.[192] Wann aus solchen Umständen ein faktischer Zwang hervorgeht, ist anhand objektiver Gesichtspunkte eines ordentlichen Kaufmanns zu beurteilen[193] und kann insbesondere angenommen werden, wenn die Nichterfüllung erhebliche wirtschaftliche Nachteile bedeuten würde.[194]

- **Wirtschaftliche Belastung**

Versteht man die Bilanz als Rechnung zur Ermittlung des Schuldendeckungspotentials eines Betriebes, müssen Schulden nur dann abgebildet werden, wenn sie eine tatsächliche wirtschaftliche Belastung darstellen. Andernfalls ist nämlich nicht mit einer Inanspruchnahme durch Gläubiger zu rechnen.[195] Ist eine Verbindlichkeit im Rechtssinne bereits entstanden, liegt in der Regel auch eine wirtschaftliche Belastung vor.[196] Dies ist nur dann nicht der Fall, wenn es an einer hinreichenden Konkretisierung im Sinne der Wahrscheinlichkeit der Inanspruchnahme fehlt.[197] Im Gegensatz dazu gibt es aber auch Fälle, bei denen zwar

187 Schubert, in: Beck'scher Bilanzkommentar, § 247 HGB Rn. 202; Baetge/Kirsch/Thiele, Bilanzen, S. 175.
188 BFH, Urteil vom 17.07.1980 – IV R 10/76, BStBl II 1981, S. 669 ff.
189 Schubert, in: Beck'scher Bilanzkommentar, § 249 Rn. 34.
190 Baetge/Kirsch/Thiele, Bilanzen, S. 174.
191 Baetge/Kirsch/Thiele, Bilanzen, S. 174.
192 Schubert, in: Beck'scher Bilanzkommentar, § 247 Rn. 204.
193 Schubert, in: Beck'scher Bilanzkommentar, § 247 Rn. 204.
194 So wohl Baetge/Kirsch/Thiele, Bilanzen, S. 174.
195 Es spielt dabei keine Rolle, ob der Gläubiger seine Leistung schon erbracht hat oder ob diese noch aussteht, vgl. Baetge/Kirsch/Thiele, Bilanzen, S. 176.
196 Schubert, in: Beck'scher Bilanzkommentar, § 249 Rn. 205.
197 Vgl. Baetge/Kirsch/Thiele, Bilanzen, S. 176, die als Beispiel einen Bürgschaftsvertrag nennen. Hier sei eine vertragliche Verpflichtung bereits vom Grunde her bereits entstanden. Eine zu passivierende Schuld hängt jedoch noch vom Eintritt des Bürgschaftsfalls ab. In der Regel wird eine Bürgschaft aber nur dann eingegangen, wenn die Inanspruchnahme unwahrscheinlich ist, weshalb trotz Entstehens einer

eine rechtliche Verpflichtung fehlt, jedoch eine Schuld bereits wirtschaftlich verursacht ist (vgl. dazu ausführlich Abschnitt 3.4.3.2.2). Beides kann genügen, um eine wirtschaftliche Belastung, evtl. in Form einer Rückstellung für ungewissen Verbindlichkeiten i.S.d. § 249 HGB, zu begründen.

- **Wahrscheinlichkeit und Quantifizierbarkeit**

Hier sind zwei Aspekte zu unterscheiden. Liegt eine rechtliche Verbindlichkeit vor, muss regelmäßig davon ausgegangen werden, dass eine Inanspruchnahme erfolgt, es sei denn, es liegen konkrete gegenteilige Informationen vor.

In allen anderen Fällen kommt eine Passivierung nur als Rückstellung in Betracht. Die Pflicht, Rückstellungen zu bilden entsteht, wenn eine hinreichend konkrete Wahrscheinlichkeit vorliegt, sodass überhaupt von einem Leistungszwang im Sinne einer Schuld ausgegangen werden kann. Zusätzliche Wahrscheinlichkeitskriterien sind nicht notwendig, da bei gegenteiligen Informationen schon kein Leistungszwang vorliegt. Eine Rückstellung ist zu bilden, wenn mehr Gründe für als gegen die Inanspruchnahme sprechen.[198]

2.5 Schnittstellen Rechnungslegungsrecht und Gesellschaftsrecht

Luttermann formuliert treffend „Reformen am Bilanzrecht sind Operationen am Rückgrat der Unternehmensverfassung".[199] Danach ist auch das BilMoG zu hinterfragen. Das Recht der Rechnungslegung und die einzelnen Gesellschaftsrechte beeinflussen sich gegenseitig. Das Verhältnis von bilanzrechtlicher Gewinnermittlung, Ausschüttungsbemessung und gesellschaftsrechtliche Kapitalerhaltung wird daher als eine „unlösbare Verklammerung"[200] beschrieben. Diese Aussagen sollen im Folgenden veranschaulicht werden.

2.5.1 Recht der Gewinnverwendung

Das Recht der Gewinnverwendung beinhaltet Regelungen zur Aufstellung von Jahresabschlüssen und zur Verwendung des Jahresergebnisses. Während die Gesellschaftsrechte bestimmen, wer für Aufstellung und Feststellung eines Jahresabschlusses sowie für den Gewinnverwendungsbeschluss verantwortlich ist, regelt das Rechnungslegungsrecht, wie der Jahresabschluss aufzustellen ist. Diese Grundregel wird durch einzelne gesellschaftsrechtliche Normen durchbrochen. Zu nennen ist

---

rechtlichen Verpflichtung noch keine wirtschaftliche Belastung vorliegt. In diesen Fällen ist daher entscheidend, ab wann von einer wirtschaftlichen Verursachung ausgegangen werden kann.

198 BFH, Urteil vom 01.08.1984 – I R 88/80, BStBl II 1985, S. 44 ff.

199 Luttermann, ZIP 2008, 1605 (1614).

200 Ekkenga, AG 2006, 389 (390); Schulze-Osterloh, ZIP 2004, 1128 ff.

insbesondere § 150 AktG, wonach eine gesetzliche Rücklage zu bilden ist. Die Norm gibt die Höhe der Rücklage vor und beeinflusst daher andere bilanzielle Größen, wie beispielsweise das freie Kapital. Auch § 152 AktG enthält spezielle Vorschriften die bei der Aufstellung des Jahresabschlusses zu berücksichtigen sind. Im Übrigen wird auf die Vorschriften des HGB verwiesen, vgl. § 150 Abs. 1 AktG und § 42 Abs. 1 GmbHG für Gesellschaften mit beschränkter Haftung.

Die Rechnungslegung stellt den Rahmen der Finanzverfassung von Kapitalgesellschaften dar. Daher müssen die betreffenden gesellschaftsrechtlichen Normen die Wertungen des Bilanzrechts berücksichtigen[201] und umgekehrt. Beide Rechte müssen aufeinander abgestimmt sein.

2.5.2 Kapitalbindung durch Rechnungslegung

Gläubigerschutz ist das tragende Prinzip des Rechnungslegungsrechts. Nach der statischen Bilanztheorie sind daher all diejenigen Werte bilanziell zu erfassen, die Schuldendeckungspotential besitzen (vgl. oben). Um das Potential bemessen zu können, muss das Vermögen den Schulden des Unternehmens gegenüber gestellt werden.[202] Je umfassender die Aufnahme der betreffenden Werte bilanziell geschieht bzw. vorgeschrieben ist, desto mehr Informationen erhalten Gläubiger und sonstige Bilanzadressaten. Informationsvermittlung ist somit auch ein wesentliches Gläubigerschutzinstrument, denn nur, wer ausreichend informiert ist, kann angemessen handeln.

Vorschriften zur Erfassung von Vermögensgegenständen alleine reichen jedoch nicht aus, um einen effektiven Gläubigerschutz zu gewährleisten. Dazu müssen Unternehmen zusätzlich Regeln auferlegt werden, wie sie mit vorhandenen Werten umzugehen haben. Vor allem dort, wo keine natürlich haftende Person existiert, ist es zwingend notwendig zu verhindern, dass Unternehmen ihr Kapital ohne jegliche Gegenleistung an die Gesellschafter auskehren und auf diese Weise eine leere Hülle hinterlassen.[203] Zur Vermeidung von ungerechtfertigten Ausschüttungen und zur Erhaltung eines gewissen Mindestkapitals enthält das Handels- und Gesellschaftsrecht ein ausgefeiltes Kapitalerhaltungssystem. Es existieren diverse Vorschriften, die unmittelbar oder mittelbar Kapital an ein Unternehmen binden. Im Recht der Gesellschaften mit beschränkter Haftung sind die Regeln zur Kapitalaufbringung (§ 9 c Abs. 1 GmbHG) und Kapitalerhaltung (§§ 30, 31 GmbHG) von zentraler Bedeu-

201 Mock, Finanzverfassung der Kapitalgesellschaften, S. 24 f.

202 Vgl. § 242 Abs. 1 Satz 1 HGB.

203 Ein Schutz vor operativen Geschäftsverlusten ist hingegen nicht Bestandteil eines effektiven Gläubigerschutzes. Insoweit bleibt es bei dem Grundsatz, dass jeder Vertragspartner das Insolvenzrisiko seines Geschäftspartners trägt und notfalls auch dafür Sorge tragen muss, etwa durch Bonitätsprüfungen, Covenants, Stundung, Beteiligungen etc. Auflockerung erfährt dieser Grundsatz durch Vorschriften zur Bildung von Rücklagen, die primär zum Ausgleich von Verlusten dienen und so einen gewissen Puffer bieten, vgl. Hüffer, § 150 AktG Rn. 1.

tung. Sie tragen dafür Sorge, dass das Mindestkapital ordnungsgemäß aufgebracht und erhalten bleibt. Bemessungsgrundlage ist die bilanzielle Betrachtungsweise. Das Mindestkapital kann nur durch freie Rücklagen gedeckt werden. Letztere errechnen sich, indem Verbindlichkeiten, Rückstellungen für ungewisse Verbindlichkeiten und gesetzliche Rücklagen von den Aktiva subtrahiert werden.[204] Stille Reserven dürfen nicht berücksichtigt werden, sofern deren Auflösung nicht gesetzlichen Vorschriften entspricht.[205]

Im Aktienrecht ist § 57 Abs. 3 AktG die entsprechende, jedoch weitaus umfassendere Vorschrift. Danach darf nur der festgestellte Bilanzgewinn an die Gesellschafter verteilt werden. Den beiden Vorschriften ist gemein, dass sie das sogenannte Mindestkapital an die Unternehmen binden. Daneben existieren spezielle Vorschriften, die andere Ziele verfolgen. So muss die Unternehmergesellschaft nach § 5 a Abs. 3 Satz 1 GmbHG gesetzliche Rücklagen bilden, was den Druck erhöhen soll, die UG in eine GmbH zu überführen.[206] Die Aktiengesellschaft hat nach § 150 Abs. 1 AktG ebenfalls eine gesetzliche Rücklage zu bilden, wodurch ein zusätzlicher Verlustpuffer geschaffen wird.[207] Im Handelsrecht ist vor allem § 268 Abs. 8 HGB zu nennen, der für bestimmte als unsicher betrachtete Aktiva eine Ausschüttungsregelung enthält, um dem Vorsichtsprinzip Rechnung zu tragen (vgl. dazu später Abschnitt 3). Die Zwecke der einzelnen Ausschüttungsregelungen sind also unterschiedlich, allein die Kapitalbindungswirkung ist ihnen gemeinsam.

Aufgrund der bilanziellen Betrachtungsweise der gesellschaftsrechtlichen Kapitalerhaltung, bewirkt auch das Rechnungslegungssystem als solches eine Ausschüttungsbegrenzung, vgl. Abbildung 1:

Abbildung 1.

Aktiva	**Passiva**
Anlagevermögen Umlaufvermögen Aktivische RAP Aktive latente Steuern	Eigenkapital: • Gezeichnetes Kapital • Gebundene Rücklagen • Freies Kapital Rückstellungen Verbindlichkeiten Passivische RAP Passiv latente Steuern
Summe	**Summe**

204 Fastrich, in: Baumbach/Hueck, § 30 Rn. 15.
205 Fastrich, in: Baumbach/Hueck, § 30 Rn. 17.
206 Fastrich, in: Baumbach/Hueck, § 5 a GmbHG Rn. 21.
207 Hüffer, § 150 AktG, Rn. 1.

Eine zulässige Ausschüttung kommt nach deutschem Recht allein aus dem freien Kapital in Betracht.[208] Dies ist keine autonome bilanzielle Größe und wird auch nicht allein durch gesetzliche Mindestkapitalvorschriften beeinflusst. Sämtliche Vermögensgegenstände und Schulden beeinflussen das freie Kapital. Rechnerisch ergibt sich das freie Kapital durch Abzug sämtlicher sonstiger Passivposten von der Summe der Aktiva. Damit wirken Vorschriften zur Rücklagen- und Rückstellungsbildung ausschüttungsbegrenzend genauso wie die Pflicht, Posten für Verbindlichkeiten, Rechnungsabgrenzungsposten und passiv latente Steuern zu bilden. Selbiges ergibt sich aus der Gewinn- und Verlustrechnung.

Während sich Mindestkapitalvorschriften und auch die sonstigen passivischen Ansatzregelungen bilanziell widerspiegeln und somit offensichtlich sind, manifestiert sich der für Ausschüttungen aus dem freien Kapital ebenfalls relevante Betrag des § 268 Abs. 8 HGB hingegen nicht auf bilanzielle Art. Nur durch Hinzunahme entsprechender Anhangsangaben lässt sich daher Ausschüttungsbetrag berechnen. Eine bilanzielle Thesaurierung findet nicht statt.

Im Recht der Personen(handels-)Gesellschaften findet man aufgrund der persönlichen unbeschränkten Haftung nur vereinzelt „Ausschüttungssperren". So lebt beispielsweise die Kommanditistenhaftung insoweit wieder auf, als dass ihre Einlagen wieder an die Kommanditisten zurückfließen, vgl. § 172 HGB. Es handelt sich hierbei jedoch nicht um eine klassische Ausschüttungssperre, sondern eine Regelung zum Wiederaufleben der Außenhaftung.

Rechtsfolge einer ungerechtfertigten Ausschüttung ist ein Rückgewähranspruch der Gesellschaft. Dies kann sich aus gesetzlichen Sondervorschriften wie beispielsweise § 31 GmbHG ergeben, jedenfalls liegt aber eine ungerechtfertigte Bereicherung im Sinne von § 812 BGB vor. Entsprechende Gewinnverwendungsbeschlüsse sind unwirksam. Im Falle des § 172 HGB lebt die Haftung der Kommanditisten bei ungerechtfertigter Rückzahlung wieder auf. Die Ansprüche der Gesellschaft spielen meist erst in der Insolvenz eine Rolle. Nach Eröffnung wird der Insolvenzverwalter versuchen, ungerechtfertigte Zahlungen oder dem gleichgestellte Rechtshandlungen an Gesellschafter zurückzufordern. Dies erfolgt in der Regel im Wege der Insolvenzanfechtung nach den § 130 ff. InsO.

Folgendes sei als Fazit zur Funktionsweise von Ausschüttungssperren im Allgemeinen festzuhalten. Das Kapitalerhaltungssystem ist mittelbar über die bilanzielle Größe des frei verfügbaren Kapitals geregelt. Eine Bindung von Kapital wird gesetzlich auf zwei Wegen erreicht. Einerseits kann die Bildung bestimmter Passivposten vorgeschrieben werden, was die Höhe des freien Kapitals direkt beeinflusst. Andererseits können Vorschriften wie § 268 Abs. 8 HGB frei verfügbares Kapital durch Ausschüttungssperren an das Unternehmen binden.

---

208 Dies ist in anderen Rechtskreisen anders. In Kalifornien beispielsweise darf darüber hinaus ausgeschüttet werden, sofern gewisse Bilanztests positiv ausfallen, vgl. dazu Abschnitt 4.

Das Gegenstück zu bilanziellen Ausschüttungssperren sind die sogenannten situativen Ausschüttungssperren wie beispielsweise der Solvenztest. Sie knüpfen nicht an bestimmte Bilanzwerte an, sondern betrachten die wirtschaftliche Gesamtsituation des Unternehmens und erlauben Ausschüttungen, solange die Fortführung und das Schuldendeckungspotential des Unternehmens nicht gefährdet wird, was im Einzelfall zu prüfen ist.

Auch die Ausschüttungsbegrenzungen alleine gewährleisten noch keine effektive Kapitalerhaltung. Damit ein Leerlaufen der Ausschüttungssperren verhindert werden kann, ist dem Ansatz von Aktiva und Passiva eine vorsichtige Bilanzierung zugrunde zu legen, vgl. § 252 HGB. Andernfalls könnte ein Unternehmen sich reich rechnen, und so die Aktiva künstlich maximieren, um letztlich zu einem erhöhten Bilanzgewinn zu kommen. Daneben sichern auch die sonstigen allgemeinen Grundsätze ordnungsmäßiger Bilanzierung den Kapitalstock, indem eine opportune Bilanzierung verhindert wird.

Auch das Gewinnverwendungsrecht flankiert das Kapitalerhaltungssystem. Indem Vorstände und Aufsichtsräte die Bilanz aufstellen, wird verhindert, dass die Begünstigten einer Ausschüttung –die Gesellschafter – in eigener Sache entscheiden. Ihre Interessen werden durch Regelungen geschützt, wonach die Gesellschafter einen Anspruch auf den festgestellten Gewinn haben, vgl. etwa § 58 AktG. Dieser Schutz nimmt jedoch ab je personalistischer die Gesellschaftsstruktur wird. So entscheiden beispielsweise die Gesellschafter einer GmbH über die Feststellung des Jahresabschlusses und die Verwendung des Ergebnisses nach § 46 Nr. 1 GmbHG. Die Aufstellung des Jahresabschlusses hingegen fällt in die Verantwortung der Geschäftsführung, vgl. § 42a GmbHG. Bei Personengesellschaften sind sog. Entnahmen hingegen stets zulässig.

Im Aktienrecht gibt § 58 Abs. 4 AktG den Anteilsinhabern einen Anspruch auf den bilanziellen Gewinn[209], sofern die Satzung das nicht beschränkt. Im GmbH-Recht bestimmt § 29 Abs. 1 GmbHG, dass die Gesellschafter einen Anspruch auf den Jahresüberschuss haben. In beiden Fällen dient die „Bilanz“, also der Jahresabschluss, als Maßstab.

Zusammenfassend ist festzustellen, dass das Gesellschaftsrecht nicht ohne das Handelsrecht funktioniert und umgekehrt.

2.6 Entstehung des BilMoG

Dem Gesetzgebungsverfahren des BilMoG gingen einige Vorschläge zur Bilanzrechtsmodernisierung voraus.[210] Zurückzuführen sind diese Vorschläge auf die Ankündigung der Bundesregierung im Jahre 2003, einen Maßnahmenkatalog

---

209 Der bilanzielle Gewinn entspricht nicht dem wirtschaftlichen Jahresüberschuss, denn Aktiengesellschaften haben zunächst Rücklagen aus dem Jahresüberschuss zu bilden, vgl. § 150 AktG.

210 Zu nennen sind: Vorschläge des DRS zum Bilanzechtsmodernisierungsgesetzes vom 03.05.2005; Vorschläge des IDW, Internationalisierung der Rechnungslegung im Mittelstand, August 2005; Schulze-Osterloh, ZIP 2004, 1128 ff.; vgl. zum Gesamten Dörner/Neubert, IRZ 2008, 449 (450 f.).

zur Stärkung der Unternehmensintegrität und des Anlegerschutzes[211] auszuarbeiten. Inhaltlich ging es dabei insbesondere um die Anpassung von Rechnungslegungsvorschriften an internationale Gepflogenheiten, vor allem durch Abschaffung von Wahlrechten. Im Mai 2005 legte das DRSC einen Katalog an Vorschlägen zur Modernisierung des Bilanzrechts vor. Schließlich wurde der Referentenentwurf[212] des BilMoG vom 8.11.2007 veröffentlicht. Am 8. 1. 2008 fand im Bundesministerium der Justiz eine nicht öffentliche Anhörung zum BilMoG-Entwurf statt. Zahlreiche Interessenvertreter sowie Sachverständige nahmen teil. *„Betont wurde insbesondere die Beibehaltung der Eigenständigkeit des deutschen Handelsrechts und damit einhergehend eine Abgrenzung von den IFRS, um zu verhindern, dass künftig das HGB nach den Regelungen des IFRS auszulegen sei“*[213]. Dies führte am 21.05.2008 zu einem Regierungsentwurf[214], der wieder stärker dem traditionellen Verständnis des deutschen Bilanzrechts entsprach. Eine öffentliche Anhörung[215] am 17.12.2008 und Beschlussempfehlung des Rechtsausschusses[216] des Bundestages vom 24.03.2009 folgten. Zahlreiche Stellungnahmen wurden zum Referenten- und Regierungsentwurf veröffentlicht.[217] Nach Stellungnahme des Bundesrates

---

211 Das Dokument ist nicht mehr auf den Seiten der Bundesregierung zu finden (http://www.bundesfinanzministerium.de/Anlage17029/Massnahmenkatalog-der-Bundesregierung-zur-Staerkung-von-Unternehmensintegritaet-und-Anleger schutz.pdf). Siehe aber: http://www.rsf.uni-greifswald.de/fileadmin/mediapool/lehrstuehle/kaminski/Ma_nahmenkatalog.pdf, zuletzt aufgerufen am 8. März 2015, vgl. auch Seibert, BB 2003, 693 ff.

212 Abrufbar unter: http://www.wpk.de/pdf/BMJ_Referentenentwurf_BilMoG.pdf, zuletzt aufgerufen am 20.03.2013.

213 So wörtlich Petersen/Zwirner, BilMoG, Teil III b.

214 RegE BT-Drs. 16/10067. Abrufbar unter: http://dipbt.bundestag.de/dip21/btd/16/100/1610067.pdf, zuletzt abgerufen am 20.03.2013.

215 Vgl. Protokoll 122. Sitzung des Rechtsausschusses des Bundestages, (abrufbar unter: http://www.ertragsteuerrecht.de/media/Protokoll_2008-12-17.pdf, zuletzt abgerufen am 02.10.2013).

216 BT-Drs. 16/12407, abrufbar unter: http://dipbt.bundestag.de/dip21/btd/16/124/1612407.pdf zuletzt abgerufen am 20.03.2013.

217 Stellungnahmen: Deutscher Notarverein vom 4.1.2008 abrufbar unter: http://www.dnotv.de/_files/Dokumente/Stellungnahmen/StellungnahmeBilMoGendgltig.pdf; BDI und DIHK vom 01.08.2008 abrufbar unter: http://www.bwi-bau.de/uploads/media/Stellungnahme.pdf; Wirtschaftsprüferkammer vom 14.01.2008, abrufbar unter: http://www.wpk.de/pdf/WPK_Magazin_1–2008_Stellungnahme_02.pdf; IDW vom 26.09.2008, abrufbar unter: http://www.idw.de/idw/download/IDW_StN_RegE_BilMoG_2008_09_26.pdf?id=584990&property=Datei; Zentra ler Kreditausschuss vom 12.12.2008, abrufbar unter: http://www.die-deutsche-kreditwirtschaft.de/uploads/media/081212_Stn_BilMoG.pdf; alle zuletzt abgerufen am 20.03.2013; AK Externe Unternehmensrechnung der Schmalenbachgesellschaft für Betriebswirtschaft e.V., BB 2008, 994 ff.

vom 04.07.2008[218] sowie Gegenäußerung der Bundesregierung[219] hat der Bundesrat am 03.04.2009 dem Gesetz zugestimmt. Die Bundesregierung hat das BilMoG am 28.05.2009 durch Veröffentlichung im Bundesgesetzblatt verkündet. Insgesamt ist das verkündete Gesetz trotz Annäherung an IFRS im Ergebnis nicht so weitreichend wie es noch der Referentenentwurf war.[220]

---

218 BR-Drs. 344/08, abrufbar unter: http://www.bundesrat.de/cln_090/SharedDocs/Drucksachen/2008/0301-400/344-08_28B_29,templateId=raw,property=publicationFile.pdf/344-08(B).pdf zuletzt abgerufen am 20.03.2013.

219 Abrufbar unter: http://www2.nwb.de/portal/content/ir/downloads/139874/Gegenaeusserung_20Bundesregierung_BilMoG.pdf, zuletzt abgerufen am 20.03.2013.

220 Vgl. dazu: Petersen/Zwirner, BilMoG, Teil III d.

3. Die Ansatzrechte und Ausschüttungssperren i.S.d. § 268 Abs. 8 HGB

§ 268 Abs. 8 HGB ist am 25. Mai 2009 mit dem Bilanzrechtsmodernisierungsgesetz (BilMoG)[221] in Kraft getreten. Die Norm spiegelt die wohl grundlegendsten Änderungen des BilMoG in Bezug auf Ansatz- und Bewertungsfragen wieder.[222] Die Abschaffung[223] des Ansatzverbotes für selbst geschaffene immaterielle Vermögensgegenstände des Anlagevermögens gem. § 248 Abs. 2 HGB a.F., die Neukonzeptionierung der Steuerabgrenzung gem. § 274 HGB n.F. und die Bewertung des Pensionsdeckungsvermögens i.S.v. § 246 Abs. 2 Satz 2 HGB zum beizulegenden Zeitwert nach § 253 Abs. 1 Satz 4 HGB widersprechen dem Grunde nach traditionellen Grundsätzen ordnungsmäßiger Bilanzierung. Deshalb hat der Gesetzgeber des BilMoG Beträge, die auf den genannten Ansatzrechten beruhen, mit einer Ausschüttungssperre versehen.[224]

§ 268 Abs. 8 Satz 1 HGB betrifft aktivierte Herstellungskosten für selbst geschaffene immaterielle Vermögensgegenstände des Anlagevermögens i.S.d. § 248 Abs. 2 Satz 1 HGB. § 268 Abs. 8 Satz 2 i.V.m. Satz 1 HGB sperrt Beträge, die auf die Aktivierung des Überhangs aktiver latenter Steuern über die passiven latenten Steuern zurückzuführen sind. Zuletzt[225] thesauriert § 268 Abs. 8 Satz 3 i.V.m. Satz 1 HGB[226] den angesetzten, positiven Differenzbetrag zwischen Zeitwert und Anschaffungswert des Deckungsvermögen i.S.d. § 246 Abs. 2 Satz 2 HGB.

221 Gesetz zur Modernisierung des Bilanzrechts (Bilanzrechtsmodernisierungsgesetz – BilMoG) vom 25. Mai 2009, BGBl I 2009, 1102.

222 Die Abschaffung der umgekehrten Maßgeblichkeit ist sicherlich eine nicht minder bedeutende Neuerung des BilMoGs.

223 Ebenfalls durch das BilMoG.

224 Vgl. RegE BilMoG, BT Drs. 16/10067, S. 64, dort werden insbesondere die Unsicherheiten bei der Bewertung von selbst erstellten immateriellen Vermögensgegenständen des Anlagevermögens hervorgehoben.

225 Im Gesetzentwurf der Bundesregierung (BT Drs. 16/10067, vom 30. Juli 2008, S. 36) war noch die Bewertung von, zu Handelszwecken erworbenen, Finanzinstrumenten mit dem beizulegenden Zeitwert vorgesehen. Der die Anschaffungskosten übersteigende Betrag sollte ebenfalls von der Ausschüttungssperre des § 268 Abs. 8 HGB erfasst sein. Die Lehren der internationalen Finanzkrise aus dem Jahr 2008 führten in den weiteren Beratungen jedoch zur Aufgabe dieses Planes, dazu: Stellungnahme des Bundesrates BR Drs. 344/08 S. 3 und 4, welche mehr auf steuerliche Aspekte abstellt; und Beschlussempfehlung und Bericht des Rechtsausschusses BT Drs. 16/12407, S. 7, 80 und insbesondere S. 83, 85.

226 Der Einfachheit halber wird im Folgenden auf den Verweis auf § 268 Abs. 8 Satz 1 HGB im Rahmen der Sätze 2 und 3 verzichtet.

Ziel des § 268 Abs. 8 HGB ist die Erhaltung des Gläubigerschutzniveaus trotz des gestiegenen Informationsgehalts einer Bilanz aufgrund der neuen Ansatzrechte nach dem BilMoG. Die neuen Ansatzrechte stellen eine „maßvolle"[227] Annäherung an international gebräuchliche, informationsorientierte Rechnungslegungsstandards dar. Laut Gesetzesbegründung wird der Finanzplatz Deutschland für ausländische Investoren auf diese Weise attraktiver.[228] Insgesamt soll der HGB-Jahresabschluss durch das BilMoG eine gleichwertige, einfachere und kostengünstigere Alternative zur Rechnungslegung nach international gebräuchlichen Standards darstellen.[229] Die Ausschüttungssperren dienen in diesem Zusammenhang als Brücke zwischen einer informationsorientierten und zugleich vorsichtigen Bilanzierung.[230]

In technischer Hinsicht können die §§ 269, 274 Abs. 2 HGB a.F. als Vorbildnormen betrachtet werden.[231] Sie enthielten Ausschüttungssperren für aktivierte Kosten der Ingangsetzung und Erweiterung des Betriebes gem. § 269 HGB a.F. und für aktivierte latente Steuern nach § 274 Abs. 2 HGB a.F. Während das Ansatzrecht nach § 269 HGB a.F. im Zuge des BilMoG abgeschafft wurde, hat das Steuerabgrenzungskonzept nach § 274 HGB eine grundlegende Neuerung erfahren. Die heute gültigen Ausschüttungssperren wurden zudem zentral in § 268 Abs. 8 HGB geregelt.

Zur Berechnung des ausschüttungsgesperrten Betrags sind zunächst die angesetzten Beträge i.S.d. § 268 Abs. 8 HGB zu addieren. Anschließend sind von der ermittelten Summe für diese Beträge gebildete passive latente Steuern in Abzug zu bringen. Der so berechnete Betrag ist ausschüttungsgesperrt. Eine Ausschüttung ist damit aber nicht per se ausgeschlossen. Der errechnete Betrag besitzt nur potentiell ausschüttungshindernde Qualität. Eine Ausschüttung ist nämlich zulässig, solange nach einer Ausschüttung frei verfügbare Rücklagen (abzüglich eines Verlustvortrags, zuzüglich eines Gewinnvortrags) in Höhe des ausschüttungsgesperrten Betrags im Unternehmen verbleiben. Erst, wenn dies nicht der Fall ist, ist eine Ausschüttung trotz Existenz freier Rücklagen aufgrund von § 268 Abs. 8 HGB nicht zulässig.

Wirtschaftlich betrachtet stellen die Ausschüttungssperren sicher, dass eine Ausschüttung nur aus dem Vermögen erfolgt, welches auch ohne Aktivierung der Beträge i.S.v. § 268 Abs. 8 HGB existieren würde.[232] Der Ansatz der unsicheren Werte im Sinne des § 268 Abs. 8 HGB ist daher ausschüttungsneutral. Zwar erhöht sich das Jahresergebnis, jedoch entsteht in gleicher Höhe eine entsprechende Ausschüttungssperre.

227 RegE BT Drs. 16/10067, S. 34.
228 RegE BT Drs. 16/10067, S. 33: „...Wettbewerb der Unternehmen um kostengünstige Finanzierungen."
229 RegE BT Drs. 16/10067 S. 1, 32 ff.
230 Das bisherige System der ordnungsmäßigen Buchführung soll beibehalten werden, insbesondere das Vorsichtsprinzip hat weiterhin maßgeblichen Einfluss, vgl. RegE BT Drs. 16/10067, S. 1.
231 Marx/Dallmann, Stbg 2010, 453 (453).
232 Küting/Lorson/Eichenlaub/Toebe, in: GmbhR 1, (2).

3.1 Zeitlicher Anwendungsbereich von § 268 Abs. 8 HGB

Gem. Art. 66 Abs. 3 Satz 1 EGHGB war § 268 Abs. 8 HGB erstmals für das, nach dem 31. Dezember 2009 beginnende Geschäftsjahr anzuwenden. Entwicklungskosten von selbst geschaffenen immateriellen Vermögensgegenständen des Anlagevermögens i.S.d. § 248 Abs. 2 HGB und § 255 Abs. 2a HGB können gem. Art. 66 Abs. 6 EGHGB erst angesetzt werden, wenn mit deren Entwicklung in einem Geschäftsjahr begonnen wurde, das nach dem 1. September 2009 begonnen hat. Die Zeitbewertung des Pensionsdeckungsvermögens und die Anwendung des neuen Steuerabgrenzungskonzepts ist gem. Art. 66 Abs. 3 EGHGB zwingend seit den Geschäftsjahren anzuwenden, die nach dem 31. Dezember 2009 begonnen haben.

3.2 Personeller Anwendungsbereich

Im Folgenden wird behandelt, wer die neue Ausschüttungsregelung zu beachten hat. § 268 Abs. 8 HGB ist eine Vorschrift des speziellen Rechnungslegungsrechts für Kapitalgesellschaften und gilt ausweislich der Regierungsbegründung nur für diese.[233]

Die Norm knüpft allerdings an Bilanzposten an, die nicht nur bei Kapitalgesellschaften auftreten. Das Recht, selbst erstellte immaterielle Vermögensgegenstände des Anlagevermögens gem. § 248 Abs. 2 Satz 1 HGB zu aktivieren, steht jedem Bilanzierenden zu. Das gilt auch für die Bewertung zum beizulegenden Zeitwert von Vermögensgegenständen, die der Erfüllung von Schulden aus Altersversorgungsverpflichtungen oder vergleichbar langfristig fälligen Verpflichtungen dienen, vgl. § 246 Abs. 2 Satz 2 HGB. Das Recht, den Aktivüberhang latenter Steuern zu aktivieren, steht indessen nur Kapitalgesellschaften und ihnen verwandten Rechtsformen i.S.d. § 264a HGB zu.

Es ist daher fraglich, ob auch Nicht-Kapitalgesellschaften die Norm direkt oder mittelbar zu berücksichtigen haben. Sollte dies nicht der Fall sein, könnte ein Unternehmen durch geeignete Rechtsformwahl die Ausschüttungssperre „umgehen".[234]

3.2.1 Kapitalgesellschaften

Kapitalgesellschaften wie die GmbH und die AG müssen die neue Ausschüttungssperre gem. § 268 Abs. 8 HGB anwenden. Die Norm befindet sich im zweiten Abschnitt des dritten Buches des Handelsgesetzbuches, welcher besondere Vorschriften für Kapitalgesellschaften enthält. Die Gesetzesbegründung erwähnt hinsichtlich des Anwendungsbereichs Kapitalgesellschaften ausdrücklich.[235] Dies spiegelt sich auch im Wortlaut der Norm wieder, da „Ausschüttungen" und „frei verfügbares Kapital" nur bei Kapitalgesellschaften auftreten.[236]

---

233 RegE BT-Drucks. 16/10067, S. 64.

234 So auch: Wehrheim/Rupp, DB 2009, 356 (357).

235 Begr. RegE BT-Drucks. 16/10067, S. 64.

236 Vgl. auch: Wehrheim/Rupp, DB 2009, 356 (357).

3.2.2 Kapitalgesellschaften & Co. i.S.d. § 264a HGB

Die Anwendung von § 268 Abs. 8 HGB auf Gesellschaften i.S.d. § 264a HGB ist in Hinblick auf die gesetzliche Systematik, den Sinn und Zweck von § 264a HGB sowie den Wortlaut der Regierungsbegründung des BilMoGs zu § 268 Abs. 8 HGB umstritten.[237]

§ 264a HGB erklärt Vorschriften des Rechnungslegungsrechts für Kapitalgesellschaften (§§ 264 ff. HGB) auch für offenen Handels- und Kommanditgesellschaften als anwendbar, wenn nicht wenigstens ein persönlich haftender Gesellschafter eine natürliche Person oder eine Gesellschaft mit einer natürlichen Person als haftendem Gesellschafter existiert. Gemeint sind damit Kapital & Co.-Gesellschaften. Bei diesen treten an die Position der persönlich haftenden Gesellschafter bzw. des persönlich haftenden Gesellschafters haftungsbeschränkte Kapitalgesellschaften. Bilanzrechtlich ist dabei strikt zwischen den einzelnen gesellschaftlichen Ebenen zu differenzieren. Aufgrund der atypischen kapitalistischen Struktur der zu Grunde liegenden Handelsgesellschaften sieht § 264a HGB jedoch auch auf dieser Ebene die Anwendung der Vorschriften für Kapitalgesellschaften vor. Da diese naturgemäß nicht stets auf die Finanzverfassung von Handelsgesellschaften passen, enthält § 264c HGB bestimmte Sonderregelungen zur Anwendung der Vorschriften des Rechnungslegungsrechts für Kapitalgesellschaften.

Wie schon festgestellt dürfen auch Personenhandelsgesellschaften selbst erstellte immaterielle Vermögensgegenstände des Anlagevermögens gem. § 248 Abs. 2 Satz 1 HGB aktivieren, das Deckungsvermögen i.S.d § 246 Abs. 2 Satz 2 HGB gem. § 253 Abs. 1 Satz 4 HGB zum beizulegenden Zeitwert bewerten und können gem. § 264a HGB auch aktive latente Steuern gem. § 274 Abs. 1 Satz 2 HGB ausweisen. Insofern ist der materielle Anwendungsbereich des § 268 Abs. 8 HGB auch bei Kapital und Co. Gesellschaften gegeben. Zum einen fehlt die Haftung einer natürlichen Person, zum anderen kann es zu einem eigenkapitalerhöhenden Ausweis unsicherer Werte kommen.

Grundsätzlich umfasst die Verweisungsnorm § 264a HGB auch § 268 Abs. 8 HGB. Dies steht jedoch augenscheinlich im Widerspruch zur Regierungsbegründung, welche den Anwendungsbereich von § 268 Abs. 8 HGB ausdrücklich auf

---

237 Für eine Anwendung: Simon, NZG 2009, 1081 (1082); Petersen/Zwirner/Froschhammer, KoR 2010, 334; Arbeitskreis Bilanzrecht der Hochschullehrer Rechtswissenschaften, BB 2008, 152 (157); Hennrichs, DB 2008, 537 ff.; von der Laage, WM 2013, 1322 (1323); Stahl/Burkhardt, BBK 2010, 106; Küting/Lorson/Eichenlaub/Toebe, GmbhR 2011, 1; Lanfermann/Röhricht, DStR 2009, 1216; Lüdenbach/Hoffmann; StuB 2009, 303; Kaya/Borgwardt, StuB 2010, 727; Wehrheim/Rupp, DB 2009, 356 ff.; Wulf/Bosse, Haufe HGB Kommentar, § 268 HGB Rn. 84; **Dagegen**: Grottel/F. Huber, in: Beck'scher Bilanzkommentar, § 268 HGB Rn. 141; Marx/Dallmann; Stbg 2010, 453 ff.; Gelhausen/Fey/Kämpfer, Rechnungslegung und Prüfung nach dem BilMoG, Buchst. N Rn. 4, 82 ff.; Zwirner/Froschhammer, StuB 2012, 139 ff.; Budde/Kessler, in: Kessler/Leinen/Strickmann, Handbuch BilMoG, S. 445 ff.

Kapitalgesellschaften beschränkt.[238] Angesichts der eindeutigen und zwingenden Systematik müsste man § 264a HGB daher teleologisch reduzieren, wenn man § 268 Abs. 8 HGB nicht auf Kapital & Co. Gesellschaften anwenden möchte. Dies erscheint in Anbetracht des Sinns und Zwecks der Norm zweifelhaft.

Kapital & Co.-Gesellschaften weisen eine starke kapitalistische Struktur auf. Aufgrund der Substitution der natürlichen Person durch eine Kapitalgesellschaft ist die eigentlich unbeschränkte Haftung gem. § 161 Abs. 1 Alt. 2 HGB und § 128 HGB wirtschaftlich auf das Gesellschaftsvermögen der Kapitalgesellschaft(en) beschränkt.[239] Auf keiner Ebene existiert eine natürliche Person als unbeschränkt haftender Gesellschafter. Sozusagen als Gegenleistung für die mögliche Haftungsbeschränkung sind zu Gunsten der Gläubiger gem. § 264a HGB die strengeren Regelungen für Kapitalgesellschaften anzuwenden.[240] Insoweit läge die Anwendung des § 268 Abs. 8 HGB in einer Linie mit dem Sinn und Zweck des § 264a HGB.[241] In diesem Zusammenhang ist selbst die Regierungsbegründung widersprüchlich. Als Grund für den eingeschränkten Anwendungsbereich der Ausschüttungssperren auf Kapitalgesellschaften wird angeführt, dass es im Übrigen aufgrund der Existenz einer unbeschränkt haftenden natürlichen Person an der praktischen Notwendigkeit einer Ausschüttungsbegrenzung fehle.[242] Letzteres ist bei Kapital & Co. Gesellschaften aber gerade nicht gegeben.[243]

Als Beleg für den Willen des Gesetzgebers, den Anwendungsbereich von § 268 Abs. 8 HGB auf Kapitalgesellschaften zu begrenzen, wird häufig mit der

238 RegE BT-Drucks. 16/10067 S. 64, wobei die Begründung KapCo-Gesellschaften nicht ausdrücklich erwähnt; vgl. auch Referentenentwurf, S. 132, der eine Ausnahme für Kommanditisten erwähnt. Wulf/Busse, in: Haufe HGB Kommentar, § 268 HGB Rn. 84, halten schon aufgrund des RegE den Anwendungsbereich für KapCoGes als eröffnet.

239 Zur Anerkennung von Kapital und Co. Gesellschaften siehe: BayObLG Beschl. v. 16.2.1912 – III. 12/1912; RG Beschl. V. 4.7.1922 – II B 2/22; RGZ 105, 101 (106); BGH Beschl. v. 14.7.1966 – II ZB 4/66; BGHZ 46, 7 (13).

240 § 264a HGB setzt die Kapitalgesellschaft & Co-Richtlinie in nationales Recht um (Richtlinie 90/605/EWG des Rates vom 8. November 1990); vgl. zum Sinn und Zweck der Norm Graf/Bisle, in: MüKo Bilanzrecht, § 264a HGB Rn. 3. A.A. Gelhausen/Fey/Kämpfer, Rechnungslegung und Prüfung nach dem BilMoG, Buchst. N Rn. 4, der wohl eine unbeschränkte Haftung dem Grunde nach ausreichen lässt. Dies wiederspricht m.E. jedoch der Existenz des § 264a HGB. Die Autoren verweisen in Fn. 8 auf gegenteilige Auffassungen.

241 Petersen/Zwirner/Froschhammer, KoR 2010, 334 (335); Von der Laage, WM 2013, 1322 (1323).

242 BT-Drs. 16/10067, S. 64.

243 Vgl. auch Wulf/Bosse, Haufe HGB Kommentar, § 268 HGB Rn. 84, die insoweit auf einen Widerspruch gar nicht eingehen und die Anwendung auf KapCo Gesellschaften daher bejahen.

gesetzgeberischen Umsetzung der Norm selbst und den, mit dieser in Zusammenhang stehenden, Folgeänderungen des BilMoGs argumentiert[244]:

Zunächst zeige die semantische Anknüpfung von § 268 Abs. 8 HGB an „frei verfügbare Rücklagen“ und „Ausschüttungen“, dass der Anwendungsbereich auf klassische Kapitalgesellschaften beschränkt ist.[245] Handelsgesellschaften verfügen weder über „frei verfügbare Rücklagen“ noch passe der Begriff „Ausschüttungen“ zum Entnahmerecht von Gesellschaftern einer Personenhandelsgesellschaft.[246] Die Anwendung der Ausschüttungssperre auf Ebene der Personenhandelsgesellschaften sei daher nicht möglich, jedenfalls nicht ohne weiteres.[247] Insbesondere die fehlende Notwendigkeit eines Gewinnverwendungsbeschlusses bei Personenhandelsgesellschaften ließe eine Ausschüttungssperre leer laufen.[248]

Darüber hinaus werden die Einführung des § 172 Abs. 4 Satz 3 HGB[249] und die ersatzlose Abschaffung des § 264c Abs. 4 Satz 3 HGB a.F. als Hinweis darauf gedeutet, dass der Gesetzgeber eine Anwendung der Ausschüttungssperre auf Kapital & Co. Gesellschaften nicht vorsieht.[250]

§ 172 Abs. 4 Satz 3 HGB beschreibt den Umgang mit ausschüttungsgesperrten Beträgen i.S.d. § 268 Abs. 8 HGB im Rahmen der Berechnung des Wiederauflebens der Außenhaftung eines Kommanditisten. Nach § 172 Abs. 4 Satz 3 HGB darf der ausschüttungsgesperrte Betrag nicht zur Berechnung des Kapitalanteils eines Kommanditisten nach § 172 Abs. 4 Satz 2 HGB herangezogen werden. Diese Regelung zeige, dass der Gesetzgeber sich der Frage des Umgangs mit ausschüttungsgesperrten Beträgen in Zusammenhang mit Handelsgesellschaften angenommen hat und eine Ausschüttung bzw. Entnahme wohl grundsätzlich für zulässig hält.[251] Nach dieser Auffassung läge eine bewusste Nichtregelung vor.[252]

§ 264c Abs. 4 Satz 3 HGB a.F. enthielt eine Regelung zum bilanziellen Umgang mit den früher nach §§ 269, 274 Abs. 2 HGB a.F. ausschüttungsgesperrten Beträgen

---

244 Gelhausen/Fey/Kämpfer, Rechnungslegung und Prüfung nach dem BilMoG, Buchst. N Rn. 4, 82 ff.; Budde/Kessler, in: Handbuch BilMoG, S. 438 ff.; Grottel/F. Huber, in: Beck'scher Bilanzkommentar, § 268 HGB Rn. 141.

245 Gelhausen/Fey/Kämpfer, Rechnungslegung und Prüfung nach dem BilMoG, Buchst. N Rn. 4, 82 ff.

246 Vgl. bspw.: Zwirner/Froschhammer, StuB 2012, 139 (140).

247 Gelhausen/Fey/Kämpfer, Rechnungslegung und Prüfung nach dem BilMoG, Buchst. N Rn. 4; Zwirner/Froschhammer, StuB 2012, 139 (140).

248 Gelhausen/Fey/Kämpfer, Rechnungslegung und Prüfung nach dem BilMoG, Buchst. N Rn. 4; Zwirner/Froschhammer, StuB 2012, 139 (140).

249 Gelhausen/Fey/Kämpfer, Rechnungslegung und Prüfung nach dem BilMoG, Buchst. N Rn. 5.

250 Marx/Dallmann, Stbg 2010, 453 (454).

251 Gelhausen/Fey/Kämpfer, Rechnungslegung und Prüfung nach dem BilMoG, Buchst. N Rn. 5.

252 Gelhausen/Fey/Kämpfer, Rechnungslegung und Prüfung nach dem BilMoG, Buchst. N Rn. 5.

im Rahmen von Kapital & Co. Gesellschaften. Im Geltungszeitraum der früheren Ausschüttungssperren mussten Personenhandelsgesellschaften im Sinne von § 264a HGB einen passivischen Sonderposten für die aktivierten unsicheren Werte bilden, vgl. § 264c Abs. 4 Satz 3 HGB a.F. Für die Gesellschafter einer Personengesellschaft wirkte sich dies als Entnahmesperre aus. Die ersatzlose Streichung zeige, dass eine Anwendung des § 268 Abs. 8 HGB auf Handelsgesellschaften i.S.d. § 264a HGB heute nicht mehr gewollt sei.[253] Aufgrund dieser Streichung läge jedenfalls keine unbewusste Regelungslücke vor.[254]

Die, zugegeben nicht zweifelsfreie, Umsetzbarkeit der Ausschüttungssperre auf Ebene der Personenhandelsgesellschaften vermag es m.E. nicht, die eindeutige gesetzliche Systematik und den Sinn und Zweck von § 264a HGB auszuhebeln.[255] Vielmehr ist darüber nachzudenken, wie eine Umsetzung auch ohne gesetzliche Regelung gelingen kann.[256] Dies gilt umso mehr, wenn man sich vor Augen führt, dass auch aufgrund anderer spezialgesetzlicher Verweisungsnormen, wie etwa § 5 Abs. 1 Satz PublG, eindeutig auch Handelsgesellschaften und sogar Personengesellschaften sowie Einzelkaufleute § 268 Abs. 8 HGB zu berücksichtigen haben (vgl. dazu sogleich). Auch dort muss über die Umsetzung nachgedacht werden, möchte man die spezialgesetzlichen Verweisungen nicht ebenfalls in Bezug auf § 268 Abs. 8 HGB auf Kapitalgesellschaften begrenzen.[257]

Die gesetzliche Systematik ist m.E. bereits das überzeugende Argument für die Anwendung der Ausschüttungssperren auf Kapital & Co. Gesellschaften. § 264a erklärt ja gerade die gesamten Vorschriften für Kapitalgesellschaften als anwendbar. Aufgrund der Haftungsbeschränkung von Kapital & Co. Gesellschaften ist es auch gerechtfertigt, strengere Rechnungslegungsvorschriften zu fordern. Zudem wäre es m.E. inkonsequent, in solchen Fällen allein § 268 Abs. 8 HGB nicht anzuwenden, die Aktivierung von aktiven latenten Steuern gem. §§ 274 Abs. 2, 264a HGB hingegen zuzulassen.

Darüber hinaus ist fraglich, ob dem § 172 Abs. 4 Satz 3 HGB tatsächlich eine generelle Aussage hinsichtlich der Anwendung von § 268 Abs. 8 HGB auf Kapital & Co. Gesellschaften entnommen werden kann. § 172 Abs. 4 Satz 3 HGB beschreibt die Berechnung des Kapitalanteils der Kommanditisten und verbietet dabei die Anrechnung von ausschüttungsgesperrten Beträgen im Sinne von § 268 Abs. 8 HGB. Inhaltlich geht es dabei nicht um die Zulässigkeit einer Entnahme bzw. die Thesaurierung

---

253 Gelhausen/Fey/Kämpfer, Rechnungslegung und Prüfung nach dem BilMoG, Buchst. N Rn. 4, 82 ff.; Zwirner/Froschhammer, StuB 2012, 139 ff.

254 Marx/Dallmann, Stbg 2010, 453 (454); Zwirner/Froschhammer, StuB 2012, 139 ff.

255 A.A. ohne Begründung Grottel/F. Huber, in: Beck'scher Bilanzkommentar § 268 HGB, Rn. 141.

256 Etwa durch analoge Anwendung von § 274 Abs. 4 Satz 3 HGB, vgl. dazu noch Abschnitt 3.4.1.

257 So aber: Gelhausen/Fey/Kämpfer, Rechnungslegung und Prüfung nach dem BilMoG, Buchst. N Rn. 4, 82 ff. Angesichts der einzelnen Aufzählung anzuwendender Normen (vgl. § 5 Abs. 1 Satz 2 PublG) ist das m.E. jedoch kaum möglich.

unsicherer Beträge, sondern um das Wiederaufleben der Außenhaftung von Kommanditisten. Anders formuliert: Eine Entnahme ist aufgrund § 172 Abs. 4 Satz 3 HGB noch nicht unzulässig oder unmöglich. Daraus schließen *Gelhausen/Fey/Kämpfer*, dass eine Ausschüttung solcher Beträge grundsätzlich zulässig sei.[258] Diese Sonderregelung war jedoch m.E. nur notwendig, um den ausschüttungsgesperrten Betrag im Rahmen der beschränkten Haftung von Kommanditisten in einer gewöhnlichen Kommanditgesellschaft erfassen zu können.[259] Da letztlich die Erbringung der Einlage über die Haftungsbeschränkung entscheidet, musste sichergestellt werden, dass die dazu zu berechnenden Kapitalanteile nicht durch die unsicheren Beträge im Sinne von § 268 Abs. 8 HGB „aufgefüllt" werden. Dies zeigt vielmehr, dass dort, wo eine Haftungsbeschränkung im Raum steht, über die Anwendung von § 268 Abs. 8 HGB nachgedacht werden muss. Durch diese Sonderregelung ist m.E. vor allem noch keine Aussage der Anwendung auf Kapital & Co. Gesellschaften getroffen.[260] § 264a HGB hat einen anderen Regelungsgegenstand, nämlich den, dass letztlich gar keine unbeschränkte Haftung einer natürlichen Person vorliegt. § 264a HGB geht daher über § 172 Abs. 4 HGB hinaus und betrifft die Gesellschaftsstruktur als solche und damit beispielsweise auch Komplementäre oder Gesellschafter einer OHG. § 172 Abs. 4 Satz 3 HGB kann deshalb nicht als Indiz für eine bewusste Regelungslücke gedeutet werden. Vielmehr ist davon auszugehen, dass die Anwendung von § 268 Abs. 8 HGB auf kapitalistische Personenhandelsgesellschaften durch § 264a HGB geklärt wird.

Darüber hinaus ist fraglich, ob die Abschaffung des § 246c Abs. 4 Satz 3 HGB a.F. zeigt, dass eine Anwendung der Ausschüttungssperre auf Kapital & Co. Gesellschaften nicht gewollt sei. Eine vergleichbare Vorschrift bzgl. § 268 Abs. 8 HGB wurde durch das BilMoG nicht geschaffen. Zwar kann die Existenz einer potentiellen Vorbildnorm dafür sprechen, dass eine bewusste Nichtregelung vorliege. Richtigerweise ist daraus jedoch noch nicht der Schluss zu ziehen, dass § 268 Abs. 8 HGB entgegen der gesetzlichen Systematik nicht anzuwenden wäre.[261] Hätte der Gesetzgeber die Nichtanwendung von § 268 Abs. 8 HGB gewollt, hätte er konsequenterweise den Verweis in § 264a HGB einschränken müssen, denn allein daraus ergibt sich die Pflicht zur Anwendung. Die Nichtanwendung einer systematisch eindeutigen Norm aufgrund einer fehlenden Umsetzungsnorm ist m.E. nicht überzeugend. Dies lässt keinen eindeutigen Schluss auf den Willen des Gesetzgebers zu. Dafür spricht auch, dass der Gesetzgeber § 264c Abs. 4 Satz 3 HGB a.F. lediglich unter dem Hinweis des Wegfalls von § 269 HGB a.F. und der Änderung von § 274 HGB a.F. gestrichen hat.[262] Eine grundsätzliche Aussage lässt sich dem daher nicht entnehmen. Es muss

258 Gelhausen/Fey/Kämpfer, Rechnungslegung und Prüfung nach dem BilMoG, Buchst. N Rn. 5.

259 So auch: Von der Laage, WM 2013, 1322 (1323).

260 So auch: Von der Laage, WM 1322, (1324).

261 So auch: Reiner/Haußer, in: MüKo § 268 HGB Rn. 58 m.w.N; Petersen/Zwirner/Froschhammer, KoR 2010, 334 (335).

262 Vgl. BT-Drs. 16/10067, S. 63.

deshalb darüber nachgedacht werden, wie die Ausschüttungssperre in das System der Entnahmen ohne Gewinnverwendungsbeschluss im Rahmen von Handelsgesellschaften implementiert werden kann.[263]

Aufgrund der eindeutigen gesetzlichen Systematik, vor allem aber dem Sinn und Zweck von § 264a HGB ist § 268 Abs. 8 HGB auch auf Kapital und Co.-Gesellschaften anzuwenden.[264]

3.2.3 Einzelkaufleute und Personenhandelsgesellschaften

Liegen bei einem Unternehmen die in § 1 Abs. 1 PublG beschriebenen Kriterien vor, ist es unabhängig von der Rechtsform verpflichtet, bestimmte Rechnungslegungsvorschriften für Kapitalgesellschaften anzuwenden. Dazu zählt gem. § 5 Abs. 1 Satz 2 PublG ausdrücklich auch § 268 HGB. Einen solchen Verweis enthalten auch die §§ 340 ff. HGB für Kreditinstitute im Sinne des § 1 Abs. 1 KWG.[265] § 340 a Abs. 1 HGB bestimmt, dass Kreditinstitute, auch wenn sie keine Kapitalgesellschaft sind, die Vorschriften über den Jahresabschluss für große Kapitalgesellschaften des Ersten Unterabschnitts des Zweiten Abschnitts des HGB anwenden müssen, soweit nichts anderes bestimmt ist. Für § 268 Abs. 8 HGB ist nichts anderes bestimmt, weshalb § 268 Abs. 8 HGB auch auf Kreditinstitute Anwendung findet, die nicht als Kapitalgesellschaft organisiert sind. Weitere rechtsformspezifische Verweisungen finden sich in: § 336 Abs. 2 HGB (eingetragene Genossenschaften), § 341 Abs. 4 Satz 1 und § 341a Abs. 1 HGB (Versicherungsunternehmen und Pensionsfonds) und § 6b Abs. 1 EnWG (Energieversorgungsunternehmen).

Fraglich ist, ob die Anwendung der Ausschüttungssperre in den genannten Fällen überhaupt gerechtfertigt ist.[266] Anders als bei den Kapitalgesellschaften und den Kapital & Co.-Gesellschaften kann eine unbegrenzt haftende natürliche Person als Gesellschafter existieren.[267] Deshalb könnte die Notwendigkeit für die Anwendung der Ausschüttungssperre, entsprechend der Regierungsbegründung zum § 268 Abs. 8 HGB, fehlen (vgl. oben). Der Anwendungsbereich müsste insoweit teleologisch reduziert werden. Dagegen spricht jedoch die eindeutige gesetzliche Systematik. Zudem liegt der Grund für die Verweisungen und für die Gleichstellung

---

263 Vgl. dazu Abschnitt 3.4.2.

264 So auch: von der Laage, WM 2013, 1322 (1324); Simon, NZG 2009, 1081 (1082); Petersen/Zwirner/Froschhammer, in: KoR 2010, S. 334 (335), Hoffmann/Lüdenbach, NWB Kommentar, § 268 HGB Rn. 136; Arbeitskreis der Hochschullehrer Rechtswissenschaft, BB 2008, 152 (157); a.A. Gelhausen/Fey/Kämpfer, Rechnungslegung und Prüfung nach dem BilMoG, Abschn. N, Rn. 4.

265 Damit unterfallen alle Kreditinstitute der Norm und nicht nur die klassischen Banken, vgl. Böcking/Becker/Helke, in: MüKo, § 340 HGB Rn. 1.

266 Bejahend zur alten Rechtslage: vgl. Beater, in: MüKo HGB, 1. Auflage, § 264 HGB Rn. 3.

267 Etwa bei Personenhandelsgesellschaften. Dies gilt nicht für Genossenschaften, bei denen eine unbegrenzt haftende natürliche Person fehlt.

mit Kapitalgesellschaften gerade in den speziellen Ausprägungen dieser Unternehmen. Aufgrund des fehlenden Bilanzpostens ‚frei verfügbares Kapital' muss jedoch geklärt werden, wie die Ausschüttungssperre dort umgesetzt werden kann (vgl. Abschnitt 3.4.2).

Gewöhnliche Einzelkaufleute oder Personen(handels-)gesellschaften müssen § 268 Abs. 8 HGB nicht berücksichtigen.[268]

3.3 Sachlicher Anwendungsbereich

§ 268 Abs. 8 HGB sperrt Beträge, die aus der Aktivierung drei verschiedener Bilanzierungssachverhalte resultieren:

- § 268 Abs. 8 Satz 1 HGB betrifft das Wahlrecht, selbst geschaffene immaterielle Vermögensgegenstände des Anlagevermögens zu aktivieren, vgl. § 248 Abs. 2 Satz 1 und § 255 Abs. 2a HGB.[269] Vor dem BilMoG war es nach § 248 Abs. 2 HGB a.F. verboten, solche Werte zu erfassen. Selbst erstellte immaterielle Werte des Umlaufvermögens hingegen müssen nach wie vor aktiviert werden, insoweit bleibt es bei dem Vollständigkeitsgebot aus § 246 Abs. 1 HGB.[270] Diese Aktivposten sind nicht von § 268 Abs. 8 Satz 1 HGB umfasst.
- § 268 Abs. 8 Satz 2 HGB bezieht sich auf das Ansatzwahlrecht bzgl. des Überhangs aktivierter aktiver latenter Steuern nach § 274 Abs. 1 Satz 2 HGB. Vor dem BilMoG gab es eine entsprechende Regelung in § 274 HGB a.F. Danach durfte für den Aktivüberhang aktiver latenter Steuern eine Bilanzierungshilfe angesetzt werden. Diese Beträge waren ebenfalls von einer Ausschüttung ausgenommen, vgl. § 274 Abs. 2 Satz 3 HGB. Neu ist vor allem der Umfang möglicher

268 M.E. stellt sich aber auch bei reinen Personen(handels-)gesellschaften oder Einzelkaufleuten die Frage, ob solche Beträge tatsächlich zur Verfügung stehen sollten. Die angesetzten Beträge i.S.v. § 268 Abs. 8 HGB stellen einen Bruch mit den traditionellen Bilanzierungsprinzipien dar. Laut Regierungsbegründung ist die Anwendung der Ausschüttungssperre dennoch nicht notwendig, da die persönliche und unbeschränkte Haftung der Gesellschafter die Risiken kompensiere und daher keine praktische Notwendigkeit vorliege, vgl. RegE BT-DRs. 16/10067, S. 64. Reduziert man diese Aussage auf den wesentlichen Gehalt, erhält man Folgendes: Personengesellschaften dürfen auf grundlegende GoB, wie das Vorsichtsprinzip oder das Realisationsprinzip verzichten, da eine unbeschränkte Haftung vorliegt. Würde die unbeschränkte Haftung tatsächlich jegliche Risiken kompensieren, könnte man auf die bewährten Prinzipien gänzlich verzichten. M.E. sollte daher auch bei Personengesellschaften eine Entnahmesperre i.S.v. § 268 Abs. 8 HGB implementiert werden.

269 Angesetzt wird dabei nicht der Vermögensgegenstand als solcher, sondern die bei der Entwicklung anfallenden Herstellungskosten, vgl. §§ 255 Abs. 2a, 2 HGB.

270 Vgl. zur Rechtslage vor dem BilMoG, ADS § 248 HGB.

aktiver latenter Steuern[271] sowie der Ausweis als selbstständiger Bilanzposten vgl. § 266 Abs. 2 Lit. D HGB.

- § 268 Abs. 8 Satz 3 HGB hat das sog. Planvermögen im Sinne des § 246 Abs. 2 Satz 2 HGB zum Gegenstand. Nach § 253 Abs. 1 Satz 4 HGB ist dieses Vermögen mit dem beizulegenden Zeitwert zu bewerten. Nach alter Rechtslage konnten solche Werte maximal mit ihren Anschaffungskosten angesetzt werden. Für den Überhang des beizulegenden Zeitwerts über dem jeweiligen Anschaffungswert gilt die Ausschüttungssperre.
- Im Regierungsentwurf war noch eine Sperre für Beträge aus der Bewertung von zu Handelszwecken erworbenen Finanzinstrumenten oder Vermögensgegenständen zum beizulegenden Zeitwert enthalten.[272] Dadurch sollte der Geschäftsrealität bestimmter Branchen, vor allem von Banken, Rechnung getragen werden. Dort könne der Unternehmenswert nur dann richtig dargestellt werden, sofern der Zeitwert von Finanzinstrumenten, welche einen Großteil des operativen Geschäfts ausmachen, berücksichtigt würden.[273] Dieses Vorhaben wurde jedoch aufgrund der Lehren aus der Finanzkrise des Jahres 2008 verworfen.

Abgesehen von der zentralen Ausschüttungsregelung in § 268 Abs. 8 HGB, haben die genannten Bilanzposten den gemeinsamen Zweck der Informationssteigerung.

---

271 Insbesondere der Einbezug von Verlustvorträgen aber auch die konzeptionelle Änderung der Steuerabgrenzung sowie die Abschaffung der umgekehrten Maßgeblichkeit führen künftig zu größeren Differenzen zwischen Handels- und Steuerbilanz.

272 RegE, BT-Drs. 16/10067, S. 8.

273 So vor allem Stimmen aus der Branche, vgl. etwa Jäger, in: 122. Protokoll des Rechtsausschusses des Bundestags (vgl. Fn. 215), S. 7 f. Dabei wird häufig auf den Vergleich der bilanziellen Situationen zweier vergleichbarer Unternehmen, die dasselbe Finanzinstrument zu unterschiedlichen Zeitpunkten erworben haben, hingewiesen. Es sei nicht einzusehen, warum ein Unternehmen, das das Finanzinstrument zu einem früheren und billigeren Zeitpunkt erworben hat, nur diesen billigeren Anschaffungswert ausweisen dürfe. Ein Unternehmen, das dasselbe Finanzinstrument zu einem späteren und teureren Zeitpunkt erwirbt kann das Finanzinstrument zu dem höheren Anschaffungswert ausweisen, obwohl es sich um dasselbe Finanzinstrument handelt. Diese Diskrepanz ist jedoch hinzunehmen und ein Resultat des Vorsichtsprinzips. Auch in anderen Branchen kann es zu solchen Diskrepanzen kommen, etwa wenn ein Unternehmen betriebsnotwendige Werkzeuge aufgrund von gestiegenen Rohstoffpreisen nur zu einem höheren Preis erwerben kann. In diesem Fall kann ein Unternehmen den Wert seiner billiger erworbenen Werkzeuge ebenfalls nicht nach oben korrigieren. Die Tatsache, dass Finanzinstrumente zu Handelszwecken erworben werden, rechtfertigt meines Erachtens noch keine Ausnahme von dem Grundsatz. Insoweit ist das Unternehmen gehalten, Gewinn zu realisieren. Die Finanzmarktkrise bewies, dass gerade Finanzmarktinstrumente eine hohe Volatilität aufweisen und eine Bilanzierung zu Marktwerten große Risiken birgt. Selbst wenn solche Beträge vor einer Ausschüttung geschützt würden, ließe sich durch die Aufnahme solcher Werte kaum mehr ein realistisches Bild der Lage einer solchen Gesellschaft darstellen.

Das in der Regierungsbegründung angegebene Ziel der Schaffung einer Alternative zu internationalen Rechnungslegungsvorschriften[274] wird vor allem durch diese Bilanzposten erreicht.

3.3.1 Selbst erstellte immaterielle Vermögensgegenstände des Anlagevermögens i.S.v. § 268 Abs. 8 Satz 1 HGB

Die wohl bedeutendste Neuregelung des BilMoGs ist die Aktivierbarkeit selbst geschaffener immaterieller Vermögensgegenstände des Anlagevermögens nach § 248 Abs. 2 Satz 1 HGB. *Moxter* bezeichnete jene Vermögensgegenstände 1979 als *„das ewige Sorgenkind des Bilanzrechts"*.[275] Diese Formulierung zeigt, dass sie schon damals Gegenstand zahlreicher Diskussionen waren. Zu Beginn des 20. Jahrhunderts vertrat *Herman Veit Simon* die Ansicht, dass auch originär geschaffene Rechte aktivierbar seien, wenngleich damit eine größere Unsicherheit bzgl. der Richtigkeit der Bilanz einhergeht.[276] Seitdem wurde die Aktivierbarkeit jener Güter immer wieder diskutiert, was letztlich auf die wirtschaftliche Bedeutung dieser Vermögensposten zurückzuführen ist. Die Aufnahme selbst geschaffener immaterieller Werte des Anlagevermögens ist vor dem Hintergrund zu sehen, dass sich die deutsche Wirtschaft von einer „produktions- zu einer wissensbasierten" wandelt.[277] Empirische Untersuchungen zeigen, dass Unternehmenswerte zu 50 v.H. bis 90 v.H. auf selbst geschaffene immaterielle Anlagegüter entfallen können.[278] Insbesondere Unternehmen in der IT-Branche oder Unternehmen in der Gründungsphase (start-up) verfügen häufig hauptsächlich über selbst geschaffene immaterielle Vermögensgüter des Anlagevermögens.

3.3.1.1 Einführung

§ 268 Abs. 8 Satz 1 HGB enthält die Ausschüttungssperre für aktivierte selbst geschaffene immaterielle Vermögensgegenstände des Anlagevermögens nach §§ 248 Abs. 2 Satz 1 HGB. Parallel dazu enthält § 301 Satz 1 AktG eine Abführungssperre[279] für diese Beträge bei Vorliegen eines Gewinnabführungsvertrags.

---

274 RegE BT-Drs. 16/10067. Inwiefern diese Entwicklung sinnvoll erscheint, ist nicht Gegenstand dieser Arbeit, wenngleich einige Fußnoten Aussagen dazu enthalten.

275 Moxter, BB 1979, S. 1102.

276 Vgl. Moxter, Bilanzlehre Band I, S. 8 mit Hinweis auf *Herman Simon Veit* in Fn. 2 („Die Bilanzen der Aktiengesellschaften und der Kommanditgesellschaften auf Aktien", 3. Aufl., Berlin 1899, S. 158)

277 Braun, in: Kölner Kommentar zur Rechnungslegung, § 248 Rn. 10, so auch RegE BT-Drs. 16/10067, S. 49; Dies liegt an der zunehmenden Bedeutung (selbst erstellter) immaterieller Vermögensgegenstände, vgl. Hüttche, in: StuB 2008, 163 (163).

278 Vgl. International Federation of Accountants, The Measurement and Management of Intellectual Capital. An introduction, New York 1998, S. 1 ff und Haller/Froschhammer/Groß, DB 2010, 681 ff., vgl. auch RegE BT-Drs. 16/10067, S. 49 ff.

279 Vgl. dazu Abschnitt 3.4.4.

Immaterielle Vermögensgegenstände sind vor allem nicht greifbare und daher schwer objektivierbare Vermögenswerte.[280] Zu ihnen gehören Rechte, rechtsähnliche Werte und sonstige nicht gegenständliche Vorteile.[281] Beispiele sind Patente, Markenrechte, Urheber- und Verlagsrechte, Belieferungsrechte[282], Optionsrechte, Konzessionen, Lizenzen, technisches Spezialwissen und auch der good-will eines Unternehmens[283]. Forderungen, Bankguthaben und Gesellschaftsanteile, obwohl nicht körperlich, gelten als materielle Vermögensgegenstände.[284] Dies spiegelt sich in § 266 Abs. 2 HGB wieder, der Forderungen den materiellen Vermögensgegenständen zuordnet. Die Abgrenzung ist nicht immer einfach, denn allein das Kriterium der Greifbarkeit bzw. Körperlichkeit vermag nicht alle erdenklichen Fälle zu lösen.[285] Eine trennscharfe Abgrenzung existiert nicht. Die Anknüpfung an die zivilrechtliche Unterscheidung von Sachen und Rechten ist nicht maßgeblich, wie auch § 266 HGB durch die davon abweichende Kategorisierung zeigt. Vermögensgegenstände sind im Sinne des Bilanzrechts daher immateriell, wenn sie nicht greifbar sind und durch das Rechnungslegungsrecht nicht den Sachanlagen oder Finanzanlagen zugeordnet sind.[286]

Immaterielle Werte, gleich ob selbst geschaffen oder erworben, bergen immer gewisse Unsicherheiten. Vor allem die Werthaltigkeit ist anders als bei materiellen Vermögensgegenständen volatiler. Betriebsrelevantes Sonderwissen (Know How) kann durch Entdeckungen der Konkurrenz entwertet werden oder es kann sich schlicht herausstellen, dass ein immaterieller Wert doch nicht, wie ursprünglich angenommen, verwertet werden kann.[287] Problematisch sind auch die Zuordnung von konkreten Kosten sowie die Bestimmung der Nutzungsdauer. Während man jedenfalls erworbenen immateriellen Werten einen Marktwert (Anschaffungskosten, § 253 Abs. 1 Satz 1 HGB) zuordnen kann, ist der bilanzielle Umgang mit selbst

280 Großfeld/Luttermann, Bilanzrecht, Rn. 615.

281 Vgl. zur Kategorisierung eingehend: Arbeitskreis Immaterielle Werte der Schmalenbachgesellschaft für Betriebswirtschaftslehre e.V., DB 2001, 989 passim.

282 BFH, BStBl. II 1994, 444 (446).

283 BFH, BStBl. II 1987, 809; 1989, 82; BGHZ 16, 172 (175).

284 Schubert/F. Huber, Beck'scher Bilanzkommentar, § 247, Rn. 372; Arbeitskreis Immaterielle Werte der Schmalenbachgesellschaft für Betriebswirtschaftslehre e.V., DB 2001, 989 (990) die eine negativ Abgrenzung vorschlagen und immaterielle Werte als nicht greifbare und nicht monetäre Wert definieren.

285 Vgl. zur Abgrenzung Kählert/Lange, BB 1993, 613 ff passim. Die Abgrenzung von materiellen und immateriellen Gegenständen ist nicht immer einfach. Zu nennen sind bspw. materielle Gegenstände, die einen immteriellen Wert verkörpern oder in sich tragen (Bsp.: Der Film auf der Filmrolle oder das Know-How, das in einem Produkt steckt). In solchen Fällen muss auf das Wertverhältnis, bzw. den überwiegenden Wertanteil abgestellt werden, vgl. Baetge/Fey/Weber/Sommerhof, in: Hdb. d. Rechnungslegung, § 248 HGB Rn. 21.

286 So Baetge/Kirsch/Thiele, Bilanzen, S. 244.

287 Patente können beispielsweise auch durch ein anderes besser entwickeltes unbrauchbar werden.

erstellten immateriellen Vermögensgegenständen des Anlagevermögens mir größeren Unsicherheiten verbunden.[288] Bei ihnen kann nur an den Herstellungsaufwand angeknüpft werden, da ein existierender oder angestrebter Markt als Bezugspunkt fehlt. Selbst erstellte immaterielle Werte des Umlaufvermögens, wie bspw. zum Verkauf entwickelte Software, unterliegen, aufgrund ihrer Bestimmung zum Verkauf, der Vermutung, dass die Monetarisierung gelingt und sind daher stets nach § 246 Abs. 1 Satz 1 HGB zu aktivieren.[289]

Auch die Abgrenzung zwischen erworbenen und selbst erstellten immateriellen Werten ist nicht immer leicht. Insbesondere immaterielle Werte in der Auftragsfertigung werfen bezüglich der Zurechnung des Vermögenswerts Fragen auf. Im Ergebnis kommt es dort auf die Verteilung des Fertigstellungs- und damit Preisrisikos zwischen Auftraggeber und herstellendem Unternehmen an.[290] Ein Erwerbsvorgang liegt jedenfalls bei Übertragung im zivilrechtlichen Sinne vor.[291] Dadurch kann die Vorschrift des § 268 Abs. 8 Satz 1 HGB im Ergebnis umgangen werden. Möchte ein Unternehmen das Produkt eines Entwicklungsprozesses aktivieren, ohne an die Ausschüttungsregelung gebunden zu sein, ist es möglich, die Entwicklung des Produktes auf eine eigenständige, nicht eingegliederte Zweckgesellschaft auszulagern.[292] Wenn diese das Ergebnis der anderen Gesellschaft käuflich überträgt, liegt ein Erwerbsprozess und somit kein selbst erstelltes immaterielles Gut mehr vor.[293]

Vor dem BilMoG war die Aktivierung selbst erstellter immaterieller Werte verboten, vgl. § 248 Abs. 2 HGB a. F. Grund hierfür waren die mit einer Aktivierung verbundenen Unsicherheiten.[294] Mangels Anschaffungskosten, aufgrund der Schwierigkeiten bei der Zurechnung konkreter Herstellungskosten und wegen der Ungewissheit bezüglich der künftigen wirtschaftlichen Nutzbarkeit und

---

288 Selbst erstellten immateriellen Vermögensgegenständen des Umlaufvermögens sind für den Absatz am Markt entwickelt worden. Deshlab besteht ein ausreichender Marktbezug. Diesen wiesen solche Werte des Anlagevermögens nicht auf, weil sie gedacht sind, um im Unternehmen zu verbleiben. Einen Eintritt in einen Markt findet für gewöhnlich nicht statt.

289 Vgl. auch Baetge/Fey, D./Weber, C.-P./Sommerhoff, in: Hdb. d. Rechnungslegung, § 248 HGB Rn. 35 f.

290 Siehe dazu mit weiteren Nachweisen: Baetge/Fey/Weber/Sommerhoff, Hdb. d. Rechnungslegung, § 248 HGB Rn. 29 ff.

291 Baetge/Fey/Weber/Sommerhoff, in: Hdb. d. Rechnungslegung, § 248 HGB Rn. 30 ff.: Kauf, Tausch, Schenkung, Werkvertrag, gesellschaftsrechtliche Einlage.

292 Findet ein Erwerbsvorgang innerhalb eines Konzerns statt, bleibt es dabei, dass die immateriellen Vermögensgegenstände selbst erstellt sind, vgl. Senger, in: MüKo Bilanzrecht, § 305 HGB Rn. 29.

293 Bei dieser Konstellation ist die Frage der Zurechnung des Herstellungsvorgangs entscheidend. Trägt die Zweckgesellschaft eigenverantwortlich die Risiken des Herstellungsvorgangs, ist die anschließende Übertragung ein Erwerbsvorgang. Die erworbenen immateriellen Vermögensgegenstände müssen gemäß § 246 Abs. 1 Satz 1 HGB beim erwerbenden Unternehmen aktiviert werden.

294 Vgl. insbesondere Marx, BB 1994, 2379 ff.

Nutzungsdauer[295] wurden diese Werte dem Vorsichtsprinzip folgend von der Bilanzierung ausgenommen.[296] Dennoch hat sich der BilMoG-Gesetzgeber nun zugunsten der nationalen und internationalen Vergleichbarkeit von Jahresabschlüssen für die Aufnahme eines diesbezüglichen Wahlrechts zur Informationssteigerung entschieden. Die Erweiterung von Anhangsangaben bzgl. solcher Werte wäre laut Regierungsentwurf des BilMoGs keine geeignete Alternative zum Ansatzwahlrecht gewesen.[297] Im Referentenentwurf war noch die gänzliche Streichung des § 248 Abs. 2 HGB a.F. vorgesehen. Resultat wäre eine generelle Aktivierungspflicht sämtlicher selbst erstellter immaterieller Vermögensgegenstände gewesen. Dies wurde zahlreich kritisiert, weil die Dokumentationsaufwendungen in keinem Verhältnis zum Nutzen der Aktivierung stünden.[298] Darüber hinaus böte selbst das Ansatzgebot so viel bilanzpolitischen Spielraum, dass faktisch sowieso ein Wahlrecht vorläge. Durch die Ausgestaltung als Wahlrecht soll es kleineren Unternehmen oder Unternehmen, in denen solche Werte keine bedeutende Rolle spielen, ermöglicht werden, den mit einer Aktivierung verbundenen Aufwand zu vermeiden.[299] Bei den in § 248 Abs. 2 Satz 2 HGB genannten Werten, welche von dem Wahlrecht ausgenommen sind, handelt es sich um Werte, denen Herstellungskosten nicht zweifelsfrei zugeordnet werden können. Eine Abgrenzung zu sofort zu verbuchendem Aufwand, der letztlich zur Erhöhung des good-wills[300] führt, ist dort kaum möglich. Parallel zu IAS 38 sind daher selbst geschaffene Marken, Drucktitel, Verlagsrechte, Kundenlisten oder vergleichbare immaterielle Vermögensgegenstände des Anlagevermögens von dem Aktivierungswahlrecht aus Satz 1 ausgenommen.

Wird vom Wahlrecht Gebrauch gemacht, sind die Herstellungskosten gem. § 255 Abs. 2a HGB zu ermitteln. Herstellungskosten von selbst geschaffenen immateriellen Vermögensgegenständen des Anlagevermögens sind diejenigen Kosten i.S.v. § 255 Abs. 2 HGB, welche in der Entwicklungsphase anfallen. Dies erfordert eine Abgrenzung zur Forschungsphase, da Aufwendungen zu Forschungszwecken

---

295 Petersen/Zwirner/Froschhammer, KoR 2010, S. 335.

296 RegE BT-Drs. 16/10067, S. 50.

297 RegE BT-Drs. 16/10067, S. 50. Gründe werden nicht genannt.

298 Vgl. etwa die zahlreiche Kritik im Protokoll zur 122. Sitzung des Rechtsausschuss zur öffentlichen Anhörung zum BilMoG, (vgl. Fn. 215), passim. Fast jeder Redner kritisiert das Ansatzgebot. Vgl. insbesondere die Kritik des DRSC zu den Werten in § 248 Abs. 2 Satz 2 HGB n.F., in: Stellungnahme zum BilMoG vom 21.01.2008, S. 6 (abrufbar unter: http://www.kapitalmarktrecht-im-internet.eu/de/Rechtsgebiete/Gesellschaftsrecht/Artikelgesetze/95/BilMoG.htm, zuletzt aufgerufen am: 02.10.2012).

299 Vgl. dazu die Kritik in BR-Drs. 344/08 (Beschluss), S. 7 und die zahlreichen Kritiken im Rahmen der Öffentlichen Anhörung des Rechtsausschusses des Bundestages, Protokoll der 122. Sitzung (vgl. Fn. 215), passim.

300 Baetge/Kirsch/Thiele, S. 249. Good Will ist der Teil eines Unternehmenskaufpreises, der den materiellen Wert, also das Gesamtsaldo aller Aktiva und Passiva, übersteigt.

nicht angesetzt werden dürfen, vgl. § 255 Abs. 2a Satz 4 HGB. Das gilt nach jetziger Rechtslage auch dann, wenn rückwirkend Forschungskosten zweifelsfrei einem entwickelten Produkt zugeordnet werden können.[301] Gelingt die Abgrenzung nicht zweifelsfrei, dürfen Aufwendungen nicht angesetzt werden, vgl. § 255 Abs. 2 Satz 4 HGB.

3.3.1.2 Personeller Anwendungsbereich von § 248 HGB

§ 248 HGB ist eine Vorschrift des allgemeinen Rechnungslegungsrechts. Daher kann grundsätzlich jeder Kaufmann von diesem Wahlrecht Gebrauch machen. Einzelkaufleute im Sinne von § 241a HGB sind jedoch von der Pflicht zur Erstellung eines Jahresabschlusses nach den §§ 238 bis 241 HGB befreit, können die Vorschriften aber freiwillig anwenden.[302] Der personelle Anwendungsbereich der entsprechenden Ausschüttungssperre hingegen wird gemäß der Ausführungen in Abschnitt 3.2 bestimmt.

3.3.1.3 Der Vermögensgegenstandsbegriff unter Berücksichtigung des § 248 Abs. 2 HGB

Änderungen des Rechnungslegungsrechts können stets die Grundsätze ordnungsmäßiger Bilanzierung (GoB) beeinflussen, da diese deduktiv aus den bestehenden Vorschriften ermittelt werden.[303] § 248 Abs. 2 Satz 1 HGB n.F. erweitert den Kreis der in den Jahresabschluss einzubeziehenden Vermögensgegenstände um selbst erstellte immaterielle Vermögensgegenstände des Anlagevermögens. Da sie als die kritische Menge gelten[304], stellt sich daher die Frage, ob damit die allgemeinen Regeln zum Ansatz von Vermögensgegenständen eine Änderung erfahren haben.[305] Die bis zum BilMoG entwickelten GoB zur Ansatzfähigkeit[306] gehen nämlich noch von einem Verbot des Ansatzes selbst erstellter immaterieller Vermögensgegenstände des Anlagevermögens aus, vgl. § 248 Abs. 2 HGB a. F. Mit dem Wegfall des Verbotes sind nicht nur der Anwender sondern auch die Wissenschaft und Rechtsprechung erstmals mit dem bilanziellen Umgang dieser Vermögenswerte konfrontiert. Lange wurde ihre bilanzielle Abbildung diskutiert und mehrheitlich abgelehnt.[307]

---

301 Eine rückwirkende Umbuchung von aufwandswirksam erfassten Ausgaben wäre zwar grundsätzlich denkbar, jedoch würde dadurch die periodengerechte Darstellung der Ausgaben nicht gewährleistet.

302 Winkeljohann/Lawall, in: Beck'scher Bilanzkommentar, § 241a HGB Rn. 6 ff.

303 Vgl. Leffson, Grundsätze ordnungsmäßiger Bilanzierung, S. 28.

304 „Sorgenkinder des deutschen Bilanzrechts", vgl. Moxter, BB 1979, 1102.

305 Siehe auch Herzig, DB 2008, 1 (4).

306 Vgl. Abschnitt 2.4.4.

307 Vgl. zuletzt die Kritik von Moxter, DB 2008, 1514 ff.; zur früheren Literatur vgl. Marx, BB 1994, 2379 ff m.w.N. (insbesondere Fn. 3).

Ob mit der Erweiterung der Aktivierungsfähigkeit tatsächlich die existierenden GoB zum Ansatz von Vermögensgegenständen beeinflusst werden, erscheint dennoch fraglich.[308] Der Gesetzgeber weist in seiner Begründung darauf hin, dass die Eckpunkte des HGB und die bisherigen GoB durch das BilMoG keine Änderung erfahren.[309] Das bedeutet, dass grundsätzlich die Kriterien der externen Einzelverwertbarkeit und Einzelbewertbarkeit weiterhin über die abstrakte Aktivierungsfähigkeit entscheiden.

3.3.1.3.1 Die Rolle des Kriteriums „Einzelbewertbarkeit“ nach § 248 Abs. 2 Satz 2 HGB

In der Literatur zum BilMoG wird aufgrund der Neuregelung in § 248 Abs. 2 Satz 2 HGB diskutiert, welche Bedeutung das Kriterium „Einzelbewertbarkeit“ zur Bestimmung eines Vermögensgegenstands hat.[310] Wie schon im einleitenden Abschnitt dieser Arbeit[311] beschrieben, wurde die Bedeutung des Kriteriums „Einzelbewertbarkeit“ auch vor dem BilMoG nicht einheitlich beurteilt. Während die Rechtsprechung zur Bestimmung eines aktivierungsfähigen Vermögensgegenstands hauptsächlich auf die „selbständige Bewertbarkeit“ abstellt, hält die herrschende Meinung des handelsrechtlichen Schrifttums das Kriterium „Einzelverwertbarkeit“ für maßgeblich, wobei dem Kriterium der „Einzelbewertbarkeit“ dabei unterschiedliche Rollen zugesprochen werden.[312] Manche halten das Kriterium der Einzelbewertbarkeit bei Vorliegen der Einzelverwertbarkeit für stets gegeben[313], andere betrachten die selbstständige Bewertbarkeit hingegen für ein selbstständiges sowie notwendiges und daher stets zu prüfendes Kriterium neben der „Einzelverwertbarkeit“.[314]

Im Folgenden wird untersucht, ob die Neuerungen des BilMoG bzw. die Gesetzesmaterialien Hinweise zum Umgang mit dem Kriterium der selbstständigen Bewertbarkeit enthalten.

§ 248 Abs. 2 Satz 2 HGB enthält das Verbot, selbst geschaffene Marken, Drucktitel, Verlagsrechte, Kundenlisten oder vergleichbare immaterielle Vermögensgegenstände des Anlagevermögens in die Bilanz aufzunehmen. § 248 Abs. 2 HGB a.F. enthielt noch ein generelles Verbot bzgl. der Aktivierung von selbst erstellten immateriellen

---

308 Herzig, DB 2008, 1 (4 ff.); Kahle/Günter, in: Schmiel/Breithecker, Steuerliche Gewinnermittlung nach BilMoG, S. 69, 88 halten eine Änderung für nicht ausgeschlossen.

309 Vgl. BT-DRs. 16/10067, S. 1.

310 Schülke DStR 2010, 992(995), Merkt, in: Baumbach/Hopt, § 246 HGB, Rn. 4; Arbeitskreis Immaterielle Werte der Schmalenbachgesellschaft für Betriebswirtschaft e.V., DB 2008, 1813 (1815).

311 Vgl. Abschnitt 2.4.4.1.

312 Vgl. auch Arbeitskreis Bilanzrecht der Hochschullehrer Rechtswissenschaft, BB 2008, 152 (157 f.).

313 Vgl. Baetge/Kirsch/Thiele, Bilanzen, S. 165.

314 ADS § 246 HGB Rn. 29: *„notwendig aber nicht hinreichend“*

Vermögensgegenständen des Anlagevermögens. Nun hat sich der Gesetzgeber im Sinne der Informationssteigerung für ein Ansatzwahlrecht entschieden. Durch § 248 Abs. 2 Satz 2 HGB sollte aber einen Teil des alten Verbots aufrechterhalten werden.[315] Die dort genannten Werte dürfen unter Berücksichtigung dieser gesetzgeberischen Intention *weiterhin* nicht angesetzt werden. Grund dafür ist laut Regierungsentwurf die nicht zweifelsfreie Zurechenbarkeit von Herstellungskosten.[316] Damit ist die Abgrenzung zu solchen Aufwendungen gemeint, die in den allgemeinen Geschäfts- und Firmenwert fließen. Es stellt sich daher tatsächlich die Frage, ob und wie das Kriterium „Einzelbewertbarkeit" in das Gesetz Eingang gefunden hat.

Über die Möglichkeit, einen Wert als Vermögensgegenstand in der Bilanz zu aktivieren entscheidet grundsätzlich § 246 Abs. 1 Satz 1 HGB. Entweder ist die abstrakte Aktivierungsfähigkeit gegeben, oder es liegt ein konkretes gesetzliches Ansatzrecht vor. Würde § 248 Abs. 2 HGB ein konkretes Ansatzrecht beinhalten, könnte § 248 Abs. 2 Satz 2 HGB als Norm betrachtet werden, welche die Voraussetzungen der Aktivierung konkretisiert. In diesem Fall ließe sich vertreten, dass die Einzelbewertbarkeit i.S.v. § 248 Abs. 2 Satz 2 HGB eine Voraussetzung der Aktivierung dem Grunde nach ist.

Tatsächlich aber handelt es sich bei § 248 Abs. 2 Satz 2 HGB um ein konkretes Ansatzverbot. Die Voraussetzungen eines konkreten Aktivierungsverbotes können aber nicht zugleich Voraussetzung der Aktivierung sein.[317] Die Aktivierungsmöglichkeit selbst erstellter immaterieller Werte ergibt sich eben nicht aus § 248 Abs. 2 Satz 1 HGB, sondern vielmehr aus § 246 Abs. 1 Satz 1 HGB. Dies bestätigt sich in dem konkreten Ansatzverbot des § 248 Abs. 2 HGB a.F., welches unnötig gewesen wäre, wenn schon keine Vermögensgegenstände gegeben gewesen wären. Dass der Gesetzgeber auch noch heute davon ausgeht, dass selbst erstellte immaterielle Vermögensgegenstände des Anlagevermögens auch ohne Erfüllung des Kriteriums der Einzelbewertbarkeit grundsätzlich Vermögensgegenstände im handelsrechtlichen Sinne sind, zeigt ein Blick in die Fassung des § 248 HGB im Regierungsentwurf.[318] Dort existiert, vergleichbar zur Rechtslage vor BilMoG, keine dem § 248 Abs. 2 Satz 1 HGB vergleichbare Vorschrift, welche die Aktivierbarkeit positiv aufgreift. Allein die Aufhebung des Verbots nach § 248 Abs. 2 HGB a.F. sollte dazu führen, dass gem. § 246 Abs. 1 Satz 1 HGB eine Pflicht zur Aktivierung der fraglichen Güter besteht. § 248 HGB des Regierungsentwurfs enthielt folglich allein die konkreten Ansatzverbote i.S.v. § 248 Abs. 2 Satz 2 HGB n.F. Der Implementierung des § 248 Abs. 2 Satz 1 HGB liegt nun kein verändertes Verständnis bzgl. der Ansatzvoraussetzungen zu

315 Vgl. RegE BT-Drs. 16/10067, S. 50; Insoweit spricht die Regierungsbegründung von einer nicht vollumfänglichen Aufhebung des Verbotes aus § 248 Abs. 2 HGB a.F.

316 Vgl. RegE BT-Drs. 16/10067, S. 50.

317 So auch Schülke, DStR 2010, 992 (996); vgl. auch ADS, § 248 HGB Rn. 12; Ballwieser, in: MüKo 2. Auflage 2008, § 248 HGB Rn. 2.

318 Vgl. RegE BT-Drs. 16/10067, S. 6, Schülke DStR 2010, 992 (995).

Grunde, sondern sie ist allein auf die Entscheidung für ein Wahlrecht zurückzuführen. Die Aktivierbarkeit bestimmt sich weiterhin gemäß § 246 Abs. 1 Satz 1 HGB.

Dennoch wird vertreten, dass § 248 Abs. 2 Satz 2 HGB die Voraussetzung „Einzelbewertbarkeit" jedenfalls beim Ansatz eines immateriellen selbst erstellten Vermögensgegenstands enthalte.[319] Die Regierungsbegründung hält einen Vermögensgegenstand für gegeben, wenn Einzelverwertbarkeit aus Sicht der Verkehrsauffassung im Einzelfall bejaht werden kann.[320] Die Definition entspricht dem vorherrschenden handelsrechtlichen Verständnis.[321] Darüber hinaus konstatiert der Gesetzgeber jedoch, dass eine Aktivierung nach § 248 Nr. 4 HGB-E ausgeschlossen sei, wenn sich ein Vermögensgegenstand nicht *selbstständig bewerten* lässt.[322] Dies könnte bedeuten, dass die selbstständige Bewertbarkeit als Voraussetzung des Vorliegens eines Vermögensgegenstands normiert wurde.[323] In der Tat macht es Sinn, nur bewertbare Güter als Vermögensgegenstände zu begreifen, da ohne beizulegenden Wert ein Ansatz nicht möglich wäre. Dass die Bewertbarkeit notwendig ist, spiegelt sich in dem Einzelbewertungsgrundsatz des § 252 Abs. 1 Nr. 3 HGB wieder, wenngleich es sich dabei um eine Bewertungsvorschrift und nicht um eine Ansatzvorschrift handelt. Darüber hinaus könnte die Formulierung des § 248 Abs. 2 Satz 2 HGB n.F. für die Notwendigkeit der „Einzelbewertbarkeit" sprechen. Die Norm nimmt nämlich nicht nur spezielle Werte im Sinne eines konkreten Ansatzverbotes von der Aktivierung aus, sondern verbietet auch den Ansatz jeglicher vergleichbarer Werte, vgl. § 248 Abs. 2 Satz 2 HGB am Ende. Der Norm könnte also ein abstrakter Grundsatz zugrunde liegen, der auf diese Weise die allgemeinen Ansatzvoraussetzungen erweitert.[324] Positiv formuliert käme eine Aktivierung nur in Betracht, wenn Verwertbarkeit sowie Bewertbarkeit durch eindeutige Zurechenbarkeit entsprechender Aufwendungen gelingt. Dies wäre dann nicht der Fall, wenn die betreffenden Aufwendungen alternativ auch dem allgemeinen Geschäfts- oder Firmenwert zugerechnet werden könnten. M.E. kann jedoch aus § 248 Abs. 2 Satz 2 HGB kein Rückschluss auf die Voraussetzungen eines Vermögensgegenstands

---

319 Vor allem: Merkt, in: Baumbach/Hopt, § 246 HGB, Rn. 4; Arbeitskreis Immaterielle Werte der Schmalenbachgesellschaft für Betriebswirtschaft e.V., DB 2008, 1813 (1815). Der Arbeitskreis betrachtet die selbstständige Bewertbarkeit als elementares Kriterium der Vermögensgegenstandseigenschaft und damit als zentrale Aktivierungsvoraussetzung. Die Ansicht stützt sich auf das Verbot aus § 248 Abs. 2 Satz 2 HGB.

320 Vgl. RegE BT-Drs. 16/10067, S. 50.

321 Siehe oben Abschnitt 2.4.4.1.1.

322 Ebenfalls RegE BT-Drs. 16/10067, S. 50.

323 Merkt, in: Baumbach/Hopt, § 246 HGB, Rn. 4; Herzig, DB 2008, 1 (4) hält eine Änderung der Kriterien für nicht ausgeschlossen; vgl. auch Hennrichs, DB 2008, 537 (540), der eine gesetzliche Klarstellung fordert; vgl. auch Moxter, Bilanzrechtsprechung, § 2 I 3b.

324 So vgl. Fn. 319.

gezogen werden. Allein die Offenheit der Formulierung ändert nicht den rechtlichen Charakter als konkretes Ansatzverbot.

Das Gesetz liefert an verschiedenen Stellen Hinweise auf die Bedeutung der Einzelbewertbarkeit. Dass die selbstständige Bewertbarkeit jedenfalls kein eigenständiges, einen Vermögensgegenstand begründendes Merkmal ist, zeigt § 246 Abs. 1 Satz 4 HGB.[325] Dort wird der derivative Geschäfts- und Firmenwert einer Vermögensgegenstandsfiktion unterzogen, was obsolet wäre, wenn Bewertbarkeit genügen würde. Der derivative Geschäfts- und Firmenwert hat seine Bewertbarkeit durch Rechtsgeschäft bewiesen. Was diesem Vermögenswert fehlt ist die Einzelverwertbarkeit, da der Geschäfts- und Firmenwert nicht unabhängig vom Unternehmen veräußert werden kann. In diesem Kontext passt auch der neue § 274 Abs. 1 HGB, wonach aktive latente Steuern als Sonderposten eigener Art in die Bilanz als eigene Gliederungspunkte aufgenommen wurden. Sie können ebenfalls nicht unabhängig vom Unternehmen übertragen, bzw. verwertet werden, sind jedoch selbstständig bewertbar. Somit kommt das Kriterium der zweifelsfreien Einzelbewertbarkeit nach geltender Rechtslage allenfalls als zusätzliches Vermögensgegenstandskriterium in Betracht.[326]

Gegen die Notwendigkeit der Einzelbewertbarkeit als Vermögensgegenstandskriterium, spricht neben der Systematik vor allem der Wortlaut des § 248 Abs. 2 Satz 2 HGB. Dieser setzt ausdrücklich „Vermögensgegenstände" voraus.[327] Auch die Regierungsbegründung spricht in diesem Zusammenhang von *Vermögensgegenständen*, die nicht selbstständig bewertet werden können.[328] Dies zeigt, dass das Gesetz und der Gesetzgeber davon ausgehen, dass die betroffenen Vermögensgegenstände grundsätzlich auch ohne selbstständige Bewertbarkeit abstrakt aktivierungsfähig sind.[329] Die fehlende selbstständige Bewertbarkeit i.S.d. § 248 Abs. 2 Satz 2 HGB ist nur für das konkrete Ansatzverbot relevant.[330] Ein allgemeines Aktivierungskriterium ist der Norm daher nicht zu entnehmen, diese bestimmen sich nach § 246 Abs. 1 Satz 1 HGB. Zur Bestimmung eines Vermögensgegenstandes nach handelsbilanziellem Verständnis ist weiterhin die selbstständige Verwertbarkeit ausschließlich maßgeblich.

Die gestiegene Bedeutung des dynamischen Kriteriums der Bewertbarkeit bzw. Zurechenbarkeit von Herstellungskosten ist dem Umstand geschuldet, dass das neue Wahlrecht große bilanzpolitische Spielräume gewährt und daher möglichst scharfe Grenzen abgesteckt werden müssen. Diese Grenzen sind notwendig, weil der Vermögensgegenstandsbegriff als solcher nicht ausreicht. Diesen Gedanken

---

325 So auch: Arbeitskreis Immaterielle Wert der Schmalenbachgesellschaft für Betriebswirtschaft e.V., DB 2008, 1813 (1815).

326 So auch: Schülke, DStR 2010, 995 (996).

327 So auch: Schülke, DStR 2010, 992 (995).

328 RegE-BT-Drs. 16/10067, S. 50.

329 So wohl auch Baetge/Kirsch/Thiele, Bilanzen, S. 248 f.

330 A.A. Arbeitskreis Immaterielle Wert der Schmalenbachgesellschaft für Betriebswirtschaft e.V., DB 2008, 1813 (1815).

beinhalten auch andere grenzziehende Vorschriften. § 255 Abs. 2a Satz 4 HGB und § 255 Abs. 2 Satz 4 HGB verneinen die Aktivierbarkeit von Herstellungskosten von selbst erstellten immateriellen Vermögensgegenständen, sofern sie Forschungsaufwendungen darstellen. Auch diese Normen sind ansatzbeschränkende Vorschriften, da es nach den allgemeinen Regeln auch in der Forschungphase zu einem Vermögensgegenstand im handelsrechtlichen Sinne kommen kann. Auch Forschungsergebnisse können veräußerbar sein. Zwar handelt es sich bei § 255 HGB um eine Bewertungsvorschrift[331], welche nur indirekt Rückschlüsse auf eine allgemeine Ansatzregel ziehen lässt[332], jedoch spiegelt sich auch darin der Versuch wieder, das Aktivierungswahlrecht zu begrenzen. Bei § 255 HGB handelt es sich jedoch keinesfalls um eine Vorschrift welche das Vorliegen eines Vermögensgegenstands konkretisiert, sondern um ein konkretes Einbeziehungsverbot von Aufwendungen.[333] Diese grenzziehenden Vorschriften tragen dem Vorsichtsprinzip Rechnung. In diesem Lichte ist auch § 248 Abs. 2 Satz 2 HGB zu verstehen. Insoweit verweist die Regierungsbegründung im Zusammenhang mit § 248 Nr. 4 HGB-RegE auf den Willen, die willkürliche Handhabung eines dem Grunde nach bestehenden Ansatzwahlrechtes einzuschränken.[334] Eine ähnliche Begründung unter Verweis auf das Vorsichtsprinzip findet sich bei § 255 Abs. 2a Satz 4 HGB.[335] § 248 Abs. 2 Satz 2 HGB dient daher primär zur Vermeidung, dass durch den weiten Vermögensgegenstandsbegriff der originäre Geschäfts- und Firmenwert „durch die Hintertür"[336] zur Aktivierung gelangt. Deshalb sind diejenigen Vermögensgegenstände von der Aktivierung ausgeschlossen, welche dem Bilanzierenden sozusagen als trojanisches Pferd für die Aktivierung von Teilen des allgemeinen Geschäfts- und Firmenwerts dienen könnten. § 248 Abs. 2 Satz 2 HGB enthält keine Konkretisierung des Vermögensgegenstandsbegriffs.[337]

Dem § 248 Abs. 2 Satz 2 HGB kann aber entnommen werden, dass verwertbare Vermögensgegenstände nicht stets auch zweifelsfrei selbstständig bewertbar sind.

---

331 Nicht aber bei § 255 Abs. 2a HGB. Dort findet sich lediglich eine Konkretsisierung miteinzubeziehender Herstellungskosten.

332 Aufgrund der deduktiven Ableitung der GoB müssen aber auch sie berücksichtigt werden. Die Trennung von Ansatz und Bewertung ist ohnehin fließend. So auch: ADS § 246 HGB Rn. 6.

333 So auch: Schubert/Pastor, in: Beck'scher Bilanzkommentar § 255 HGB Rn. 480 ff.

334 RegE-BT.Drs. 16/10067, S. 49.

335 RegE-BT.Drs. 16/10067, S. 60.

336 So: Schüttler/Berthold, DStR 2011, 932 (933).

337 Vgl. wohl auch: Baetge/Fey, D./Weber, C.-P./Sommerhof, in: Handbuch Rechnungslegung Einzelabschluss, § 248 HGB Rn. 20; van Hall/Kessler, Hdb. BilMoG, S. 184 f. erkennen wohl das Kriterium der Einzelverwertbarkeit an und sprechen sich aber zu Gunsten des Wirtschaftsgutsbegriffs für eine weite Auslegung aus.

Einzelbewertbarkeit liegt also nicht schon bei Bejahung der selbstständigen Verwertbarkeit vor, sondern ist stets zu prüfen.[338]

Die Heranziehung der Parallelnorm IAS 38, bzw. die Definition eines *Assets* im Sinne der IAS kann anders, als vielfach vorgeschlagen, nicht als Interpretationsgrundlage für diese Frage dienen. Das deutsche Rechnungslegungsrecht ist eigenständig.[339] Trotz der Tatsache, dass sich der Gesetzgeber bei der Ausarbeitung des BilMoG wohl an den IAS/IFRS orientierte, können sie nicht für die Auslegung deutscher Normen herangezogen werden. Im Gegensatz zum Referentenentwurf hat sich der Gesetzgeber bei Gesetzesbeschluss bewusst von den IAS/IFRS distanziert und eine eigenständige Alternative geschaffen.[340]

Praktische Auswirkungen hat der dargelegte Streit nicht. Nach der hier vertretenen Auffassung hat § 248 Abs. 2 Satz 2 HGB keinen Einfluss auf den Vermögensgegenstandsbegriff im Sinne von § 246 Abs. 1 Satz 1 HGB. Vielmehr liegt ein konkretes Ansatzverbot vor. Auch nach der anderen Auffassung ist die Aktivierung eines selbst geschaffenen immateriellen Vermögensgegenstands des Anlagevermögens jedoch ausgeschlossen, sofern eine zweifelsfreie Einzelbewertung nicht gelingt. Steuerrechtlich ergeben sich ebenfalls keine Auswirkungen, weil dort der Ansatz selbst erstellter immaterieller Vermögensgegenstände des Anlagevermögens weiterhin verboten ist, vgl. § 5 Abs. 2 EStG.

Im Ergebnis kann festgestellt werden, dass erstmals das Kriterium der Bewertbarkeit einen für den Ansatz von Vermögensgegenständen bedeutenden gesetzlichen Niederschlag gefunden hat und über eine Aktivierung entscheidet. Auch wenn es nicht als allgemeines Kriterium eines Vermögensgegenstands zu betrachten ist, lässt sich dadurch eine Tendenz zu dynamischen Ansatzregeln erkennen.[341] Diese neue Neigung des Rechnungslegungsrechts ist dem Willen geschuldet, die Information anzuheben und gleichzeitig an bewährten Prinzipien festzuhalten. Dieser Spagat

---

338 Hennrichs, DB 2008, 537 (540) mit dem Hinweis, dass deshalb die Bewertbarkeit als eigenständiges Ansatzkriterium zu betrachten sei; Arbeitskreis Immaterielle Wert der Schmalenbachgesellschaft für Betriebswirtschaft e.V., DB 2008, 1813 (1815) m.w.N.; Arbeitskreis Immaterielle Wert der Schmalenbachgesellschaft für Betriebswirtschaft e.V., BB 2008, 152 (158) wo das Beispiel der selbst geschaffenen Marke genannt wird, welche möglicherweise nicht selbstständig bewertet werden kann, jedoch verwertet werden kann; wohl auch ADS, § 246 HGB Rn. 29 die die Bewertbarkeit als notwendige, nicht aber ausreichende Bedingung zum Ansatz bezeichnen. A.A. vgl. Baetge/Kirsch/Thiele, Bilanzen, S. 165; Kleindiek , in: MüKo AktG, § 246 HGB Rn. 6.

339 Vgl. Bertram, Haufe Kommentar § 248 HGB Rn. 12; Arbeitskreis Immaterielle Wert der Schmalenbachgesellschaft für Betriebswirtschaft e.V., DB 2008, 1813 (1815). anders: Schülke, DstR 2010, 992 (995), wenn auch im Ergebnis ablehnend.

340 Vgl. Abschnitt 2.6. Schülke, DStR 2010, 992 (995). Im Ergebnis spricht sich der Autor richtigerweise gegen eine rein klarstellende Funktion von § 248 Abs. 2 Satz 2 HGB aus.

341 So wohl auch: Fülbier/Gassen, DB 2007, 2605 (2609).

und das neue Ansatzwahlrecht als solches erfordern neue Abgrenzungskriterien, die auf lange Sicht auch geeignet sind, die GoB zu ändern. Das zeigt sich schon jetzt in der Literatur.[342]

3.3.1.3.2 Verwertbarkeit selbst erstellter immaterieller Vermögensgegenstände des Anlagevermögens

Über die Frage der Rolle des Kriteriums der Einzelbewertbarkeit hinaus stellt sich eine weitere grundsätzliche Frage beim bilanziellen Umgang mit selbst erstellten immateriellen Vermögensgegenständen des Anlagevermögens. Von Betrieben selbst geschaffene Güter sind Produkte des unternehmerischen Wertschöpfungsprozesses. Am Anfang stehen die Idee und die Forschung. Deren Ergebnisse werden in der Entwicklungsphase zu verwertbaren Produkten ausgearbeitet, was weitere Forschungsaktivitäten erfordern kann. Der gesamte Prozess umfasst in der Regel mehrere Jahre, insbesondere wenn Unternehmen, etwa der Pharmabranche, zunächst Grundlagenforschung betreiben. Unternehmen stellen sich daher die Frage, ob selbst erstellte immaterielle Vermögensgegenstände des Anlagevermögens erst mit Vollendung im Sinne des Vorliegens eines nutzbaren Produkts in die Bilanz aufgenommen werden können, oder bereits zu einem früheren Zeitpunkt in Ansatz gebracht werden dürfen.

Es muss daher geklärt werden, ab welchem Zeitpunkt selbst erstellte immaterielle Vermögensgegenstände bilanziell erfasst werden dürfen. Diese Frage hat zunächst vor allem Auswirkung auf die zeitgerechte Vermittlung von Informationen. Ein später Ansatzzeitpunkt würde bedeuten, dass Unternehmen ihre Entwicklungstätigkeit erst im Nachhinein bzw. verspätet darstellen könnten. Darüber hinaus wirkt sich die Frage des Ansatzzeitpunktes je nach Zulässigkeit einer Nachaktivierung[343] auch in quantitativer Hinsicht auf die ansetzbaren Kosten aus. Während ein umfassender Ausweis der Entwicklungsaufwendungen den Wert eines selbst erstellten Vermögensgegenstandes besser darstellen würde, käme es bei einem beschränkten Ansatzrecht zu einem nicht wahrheitsgemäßen Abbild des Wertes des Vermögensgegenstands und somit zu einer Verkürzung des Informationsgehalts der Bilanz. Die Steigerung des Informationsgehalts ist aber ein wesentliches Anliegen des BilMoGs.

Im Schrifttum ist umstritten, wie das neue Ansatzrecht bezüglich selbst erstellter immaterieller Vermögensgegenstände des Anlagevermögens konkret ausgestaltet ist. Die Diskussionen fußen im Wesentlichen auf scheinbar widersprüchlichen Regierungsbegründungen zu § 255 Abs. 2a und § 248 HGB und ist geprägt von missverständlicher Verwendung des handelsrechtlichen Begriffs „Vermögensgegenstand" und den betriebswirtschaftlichen Bezeichnungen von Gütern im

342 Vgl. vor allem Merkt, in: Baumbach/Hopt, § 246 HGB Rn. 4.
343 Die Möglichkeit einer Nachaktivierung ist umstritten, vgl. dazu Abschnitt 3.3.1.6.

Herstellungsprozess, wie Zwischen- und Endprodukt.[344] Folgende Ansichten haben sich herauskristallisiert:

1. Selbst erstellte immaterielle Vermögensgegenstände des Anlagevermögens dürfen schon vor Entstehung angesetzt werden, sofern die Entstehung des Produkts, welches selbst die rechtliche Qualität eines Vermögensgegenstands aufweist, höchstwahrscheinlich ist (Ansatz noch nicht existenter Vermögensgegenstands).[345]
   a. Zur Frage der Ansatzfähigkeit kommt es allein auf den angestrebten Vermögensgegenstand an (Ansatz eines Noch-Nicht-Vermögensgegenstands).[346]
   b. Der Vermögensgegenstand in Entstehung kann nur angesetzt werden, wenn bereits abstrakte Aktivierungsfähigkeit gegeben ist.[347]

---

344 Teilweise ist es daher schwierig, die genannten Meinungen abzugrenzen. Stets wird auf die Entstehungswahrscheinlichkeit von Vermögensgegenständen in der Entstehung abgestellt. M.E. ist es jedoch notwendig klarzustellen, ob mit Vermögensgegenstand die produktionsbezogene Endstufe des anvisierten selbst erstellten immateriellen Vermögensgegenstands des Anlagevermögens gemeint ist, oder irgendein Vermögensgegenstand, der auch in einer Vorstufe des Endprodukts (halbfertige aber verkaufsfähige Software) gesehen werden könnte. Solch eine Unterscheidung findet sich jedenfalls nicht im Gesetz, vgl. § 266 Abs. 2 A I 1 HGB, der lediglich Vermögensgegenstände erwähnt. Eine Unterscheidung zwischen fertigen und unfertigen immateriellen Vermögensgegenständen wurde auch in den Gesetzesmaterialien nicht getroffen. Das Gliederungsschema des § 266 HGB enthält indessen nur ein Mindestmaß, eine Erweiterung wäre durch Gesellschaftsvertrag möglich, vgl. Schubert/Krämer, Beck'scher Bilanzkommentar, § 266 HGB Rn. 6. M.E. ist eine solche Aufgliederung geboten und sollte gesetzlich geregelt werden.

345 Die hier aufgeführten Autoren äußern sich nicht ausdrücklich, ob die angesetzten Herstellungskosten selbst abstrakt aktivierungsfähig sein müssen. Vgl. Ballwieser, in: MüKo HGB, § 248 HGB Rn. 16; Schubert/F. Huber, Beck'scher Bilanzkommentar, § 247 HGB Rn. 380; kritisch: Moxter, DB 2008, 1514 (1517). Mit Vorschlägen zu den konkreten Anforderungen der Aktivierung des entstehenden Vermögensgegenstands vgl. Arbeitskreis Immaterielle Wert der Schmalenbachgesellschaft für Betriebswirtschaft e.V., DB 2001, 989 (992) und DB 2008, 1813 ff.; Für Orientierung an den IAS: Eitzen/Moog/Pyschny, KoR 2010, 357 ff.

346 van Hall/Kessler, Handbuch BilMoG, S. 183 f.; Kessler, BB 1994, Beilage 12, S. 5 ff., die konstatieren, dass es zur Beurteilung der Aktivierungsfähigkeit von Herstellungskosten stets auf die rechtliche Qualität des Produkts und nicht etwaiger Vorprodukte ankomme; Petersen/Zwirner, BilMoG, Teil III, VI, 6.; Mindermann, StuB 2010, 658 (659) geht unter Kritik davon aus, dass nach § 255 Abs. 2a Satz 1 HGB es zum Ansatz von Nicht-Vermögensgegenständen kommt.

347 Küting/Ellmann, DStR 2010, 1300 (1303) stellen fest, dass es nicht zum Ansatz von Noch-Nicht-Vermögensgegenständen kommt und der angesetzte Wert nicht den den angestrebten Vermögensgegenstand verkörpert, aber abstrakte Verwertbarkeit dennoch vorliegen kann; Theile, WPg 2008, 1064 (1068); Bertram, in: Haufe Kommentar, § 248 HGB Rn. 17 mit Konkretisierungsvorschlägen. Küting/Ellmann, in: Handbuch der Rechnungslegung – Einzelabschluss, § 255 HGB Rn. 398 m.w.N.

2. Die Entstehungswahrscheinlichkeit eines selbst erstellten immateriellen Vermögensgegenstands des Anlagevermögens genügt nicht. Eine Aktivierung ist erst möglich, wenn der Vermögensgegenstand endgültig vorliegt und abstrakt aktivierungsfähig i.S.d. § 246 Abs. 1 Satz 1 HGB ist.[348]

3.3.1.3.2.1 Gesetzesmaterialien und Entstehung des BilMoG

Ausgangspunkt der Diskussionen zum Ansatzzeitpunkt von selbst erstellten immateriellen Vermögensgegenständen des Anlagevermögens i.S.v. § 248 Abs. 2 Satz 1 HGB sind die Ausführungen der Regierungsbegründung zu § 248 HGB und § 255 Abs. 2a HGB, weshalb auch hier mit der Untersuchung der Gesetzesmaterialien begonnen werden soll.

In der Regierungsbegründung zu § 255 Abs. 2a HGB wird ausdrücklich darauf hingewiesen, dass der Wortlaut der Norm *„bei dessen Entwicklung"* klarstelle, dass eine Aktivierung nicht erst mit Vorliegen eines selbst erstellten immateriellen Vermögensgegenstands erfolgen darf, sondern schon bei dessen Entwicklung, sofern eine Zukunftsprognose über das Entstehen eines Vermögensgegenstands positiv ausfalle.[349] Daraus schließen einige Autoren, dass die Aktivierung von Noch-Nicht-Vermögensgegenständen gewollt sei.[350]

Diese steht allerdings auf den ersten Blick im Widerspruch zur Regierungsbegründung zu § 248 HGB, die darauf hinweist, dass der Ausweis von selbst erstellten immateriellen Vermögensgegenständen des Anlagevermögens nur dann in Betracht komme, wenn Verwertbarkeit nach der Verkehrsauffassung im Einzelfall, also die abstrakte Aktivierungsfähigkeit, bejaht werden könne.[351] Einen ähnliche Aussage trifft die Regierungsbegründung dadurch, dass das neue Aktivierungsrecht mit Kopplung der entsprechenden Ausschüttungssperren i.S.v. § 268 Abs. 8 Satz 1 HGB

348 Schülke, DStR 2010, 992 ff. (998); Baetge/Kirsch/Thiele, Bilanzen, S. 254; Merkt, in: Baumbach/Hopt, § 248 HGB Rn. 3 (kritisch jedoch: Merkt, in: Baumbach/Hopt, § 255 HGB Rn. 22); Baetge/Fey D./Weber, C.-P./Sommerhoff, in: Hdb. der Rechnungslegung Einzelabschluss, § 248 HGB Rn. 18 die aber darauf hinweisen, dass durchaus die Kriterien des Vermögensgegenstandes auch vor Abschluss eines Entwicklungsprojekts vorliegen können; Arbeitskreis Immaterielle Wert der Schmalenbachgesellschaft für Betriebswirtschaft e.V., DB 2008, 1813 (1815), die feststellen, dass es mit dem RegE wohl bei der Forderung nach selbstständiger Verwertbarkeit bleibe; Arbeitskreis Bilanzrecht Hochschullehrer Rechtswissenschaft, BB 2008, 152 (157 f.), die zwar nicht auf die Frage des Ansatzzeitpunkts eingehen, aber einen Vermögensgegenstand fordern; Hüttche, StuB 2008, 163 (165 f.); Schulze-Osterloh, DStR 2008, 63 (67); Mindermann, WPg 2008, 273 (275) der erst mit Fertigstellung die Kriterien des Vermögensgegenstands als erfüllt ansieht und auf den Vorteil der Bestimmbarkeit hinweist.

349 RegE BT-Drs. 16/10067, S. 60.

350 Siehe oben die unter 3. genannten Autoren.

351 RegE BT-Drs. 16/10067, S. 50.

keine Abweichung vom bisherigen Vermögensgegenstandsbegriff darstelle.[352] Dieser setzt aber stets das Vorliegen der abstrakten Aktivierungsfähigkeit voraus, eine Entstehungswahrscheinlichkeit genügt herkömmlicherweise nicht.

Möchte man beide Aussagen in Einklang bringen, müsste man die Regierungsbegründung zu § 255 Abs. 2a HGB so verstehen, dass auch dort nicht das Vorliegen der abstrakten Aktivierungsfähigkeit für entbehrlich erklärt wird. Vielmehr könnte dann davon ausgegangen werden, dass ein wahrscheinlich entstehender Vermögensgegenstand mit seinen bisher angefallenen abstrakt aktivierungsfähigen Aufwendungen angesetzt werden soll. Diese Annahme liegt vor allem deshalb nahe, weil es sich bei § 255 HGB nicht um eine Ansatzvorschrift sondern um eine Bewertungsvorschrift handelt. Bei dieser Interpretation stellt sich allerdings die Folgefrage, inwiefern bilanziell sichtbar gemacht würde, dass noch kein endgültiger Vermögensgegenstand vorliegt.

Im Referentenentwurf hieß es noch[353]: „Kann die Vermögensgegenstandseigenschaft eines selbst geschaffenen immateriellen Gutes nicht zweifelsfrei bejaht werden, kommt die Aktivierung der in der Entwicklungsphase *angefallenen* Aufwendungen nicht in Betracht. Ist dies hingegen der Fall, ist die Aktivierung der in der Entwicklungsphase *angefallenen* Aufwendungen verpflichtend vorzunehmen"[354]. Diese Formulierung stellt klar, dass eine Aktivierung erst mit Vorliegen eines Vermögensgegenstands in Betracht kommt und erst anschließend die bereits entstandenen (*„angefallenen"*) Entwicklungskosten zugerechnet werden. Dies wurde vom Regierungsentwurf nicht übernommen. Fraglich ist daher, ob der Gesetzgeber tatsächlich ein anderes Ansatzkonzept vor Augen hatte, das auf die Entstehung verzichtet, oder lediglich die Entstehung eines Vermögensgegenstands für entbehrlich erklären wollte, dabei aber nicht auf die abstrakte Aktivierungsfähigkeit verzichtet sollte.

Einen weiteren Hinweis liefert die Beschlussempfehlung des Rechtsausschusses des Bundestages, in der zu § 248 HGB klarstellend hervorgehoben wird, dass eine Aktivierung erst in Frage komme, sofern die Vermögensgegenstandseigenschaft des selbst erstellten immateriellen Vermögensgegenstandes bejaht werden könne.[355] Weiter heißt es zu § 255 Abs. 2a HGB, dass die Formulierung *„sind zu aktivieren"* nicht zu einer Bewertungsvorschrift passe.[356] Dem wurde in der verabschiedeten Fassung entsprochen. Diese Tatsache spricht dafür, dass der Gesetzgeber in § 255 Abs. 2a HGB keine Aussagen zur Aktivierbarkeit dem Grunde nach treffen wollte, sondern nur über die Art und Weise des Ausweises. Dann wäre der Terminus *„entstehender Vermögensgegenstand"* zwar verwirrend, jedoch nicht falsch. In diesem Fall ginge es dem Gesetzgeber nämlich um den Ausweis der anfallenden Entwicklungskosten unter der Bezeichnung des angestrebten Vermögensgegenstands.

---

352 RegE BT-Drs. 16/10067, S. 50.
353 § 255 Abs. 2a HGB war damals noch nicht vorgesehen.
354 RefE BilMoG, S. 122.
355 BT-Drs. 16/12407, S. 85.
356 BT-Drs. 16/12407, S. 86.

Darüber hinaus ist auch die Aussage der Regierungsbegründung zu berücksichtigen, dass aufgrund der Ausschüttungssperren in § 268 Abs. 8 Satz 1 HGB kein Grund bestehe, anders zu verfahren als bei der Bilanzierung materieller Vermögensgegenstände.[357] Es wird jedoch nicht ausgeführt, wie dieser Vergleich zu verstehen ist. Daher ist mit den üblichen Ansatzkriterien bei materiellen Vermögensgegenständen davon auszugehen, dass ein Verzicht auf die abstrakte Aktivierungsfähigkeit jedenfalls nicht gewollt ist. Auf welche Art und Weise es zu einem Ausweis wahrscheinlich entstehender Vermögensgegenstände kommt, ist Gegenstand von Abschnitt 3.3.1.3.2.3.1.

Ein eindeutiger Wille der Regierungsbegründung lässt sich nicht ermitteln. Die Begründung zu § 255 Abs. 2a HGB enthält m.E. keine Aussagen über die Entbehrlichkeit der abstrakten Aktivierungsfähigkeit. Vielmehr macht die Formulierung deutlich, dass der Gesetzgeber die Aktivierung der anfallenden Entwicklungskosten unter der Nennung des angestrebten Vermögensgegenstands meint. Es heißt dort[358]: „Nach § 255 Abs. 2a Satz 1 HGB sind die bei der Entwicklung eines [...] anfallenden *Herstellungskosten* zu aktivieren. Der Wortlaut der Vorschrift macht deutlich, dass einen Aktivierung nicht erst vorzunehmen ist, wenn ein [...] *Vermögensgegenstand* [...] vorliegt" (Hervorhebungen durch den Verfasser). Die Formulierung differenziert zwischen den (abstrakt aktivierungsfähigen) Herstellungskosten und dem angestrebten Vermögensgegenstand. Daraus ergibt sich, dass es um den Ansatz der anfallenden Herstellungskosten unter Nennung des angestrebten Vermögensgegenstands geht. Bezüglich der Voraussetzungen der Aktivierung solcher Herstellungskosten enthält die Begründung in § 255 Abs. 2a HGB darüber hinaus keine Aussagen. Insoweit bleibt es bei den allgemeinen Aussagen der Begründung zu § 248 HGB, wonach die abstrakte Aktivierungsfähigkeit notwendig ist.

Betrachtet man den Regierungsentwurf als Einheit, liegt dennoch ein Widerspruch vor. Während bei § 248 HGB das Vorliegen der abstrakten Aktivierungsfähigkeit des zu aktivierenden Vermögensgegenstands gefordert wird, genügt es bei § 255 Abs. 2a HGB, wenn eine hinreichende Entstehungswahrscheinlichkeit vorliegt. Dabei ist davon auszugehen, dass der Gesetzgeber sowohl in der Begründung zu § 248 HGB als auch in der Begründung zu § 255 Abs. 2a HGB mit „Vermögensgegenstand" den angestrebten immateriellen Wert meint. Andernfalls hätte er dies durch eine geeignetere Begriffswahl klarstellen müssen. Der Widerspruch ließe sich nur auflösen, wenn man den Begriff „Vermögensgegenstand" im Rahmen von § 248 HGB lediglich als abstrakten Hinweis auf die Anforderungen der abstrakten Aktivierungsfähigkeit betrachtet. Dies liegt jedoch aufgrund der klaren Wortwahl eher fern. Ohne eine solche Interpretation liegt daher ein Widerspruch vor (§ 248 HGB: entstandener Vermögensgegenstand, § 255 HGB: wahrscheinlich entstehender Vermögensgegenstand).

357 Vgl. BT-Drs. 16/10067, S. 60.
358 Vgl. BT-Drs. 16/10067, S. 60.

Im Ergebnis ist daher festzuhalten, dass die Regierungsbegründung entweder widersprüchlich ist oder den Begriff „Vermögensgegenstand" unterschiedlich versteht. Der Ansatz von nicht abstrakt aktivierungsfähigen Aufwendungen ergibt sich m.E. jedoch an keiner Stelle der Regierungsbegründung. Vielmehr ist fraglich, ob ein Ausweis anfallender Herstellungskosten unter Bezeichnung des angestrebten Vermögensgegenstands gewollt ist, oder ein Ansatz des Vermögensgegenstands erst mit dessen Entstehung möglich ist.

3.3.1.3.2.2 Wortlaut der Ansatzvorschrift § 248 Abs. 2 Satz 1 und des § 255 Abs. 2a HGB

Der Wortlaut stellt stets die äußere Grenze möglicher Auslegungen dar. Im Folgenden wird daher untersucht, welche Interpretationen die Wortlaute der relevanten Vorschriften bezüglich der Ansatzvoraussetzungen bzw. des Ansatzzeitpunkts selbst erstellter immaterieller Vermögensgegenstände des Anlagevermögens zulassen. § 248 Abs. 2 und § 255 Abs. 2a HGB bieten taugliche Anknüpfungspunkte für diese Auslegung. Es soll insbesondere überprüft werden, ob der Wortlaut den Ansatz von Noch-Nicht-Vermögensgegenständen nahe legt.

§ 248 Abs. 2 Satz 1 HGB stellt lediglich fest, dass selbst geschaffene immaterielle *Vermögensgegenstände* des Anlagevermögens aktiviert werden dürfen. Weiter sind bestimmte Werte und vergleichbare *Vermögensgegenstände* nach § 248 Abs. 2 Satz 2 HGB davon ausgenommen. Begrifflich ist daher nicht erkennbar, dass auch die Aktivierung von entstehenden immateriellen Vermögensgegenständen des Anlagevermögens zulässig ist. Darüber hinaus findet sich kein entsprechender Gliederungspunkt in § 266 Abs. 2 A HGB, der ausdrücklich entstehende selbst erstellte immaterielle Vermögensgegenstände des Anlagevermögens nennt. Für bestimmte materielle Posten des Anlagevermögens („Anlagen im Bau") und Posten des Umlaufvermögens („unfertige Erzeugnisse, unfertige Leistungen") sind hingegen spezielle Gliederungsvorschriften vorgesehen, die sich ebenfalls mit Gütern vor Fertigstellung befassen, vgl. § 266 Abs. 2 A II Nr. 4 und B I Nr. 2 HGB. Somit sind den Wortlauten derjenigen Vorschriften, die sich mit dem Ansatz und der Gliederung anzusetzender Güter befassen, nicht zu entnehmen, dass selbst erstellte immaterielle Vermögensgegenstände des Anlagevermögens auch schon vor Vorliegen der abstrakten Aktivierungsfähigkeit angesetzt werden dürfen.

Laut Regierungsbegründung enthält § 255 Abs. 2a Satz 1 HGB eine Klarstellung bezüglich des Ansatzzeitpunktes.[359] Nach dieser Vorschrift sind Kosten, die bei der Entwicklung eines selbst geschaffenen immateriellen Vermögensgegenstands anfallen, Aufwendungen i.S.d. § 255 Abs. 2 HGB. Diese Vorschrift konkretisiert, welche Aufwendungen als Herstellungskosten zur Bewertung herangezogen werden dürfen. Dazu zählen beispielsweise Materialkosten und Fertigungskosten. Gemäß der Auffassung des Gesetzgebers stellt die Formulierung *„bei dessen Entwicklung*

359 BT-DRs. 16/10067, S. 60.

anfallen" klar, dass ein Ansatz der fraglichen Vermögensgegenstände schon vor dessen Entstehung, also bereits bei dessen Entwicklung, gewollt sei.[360] Die Formulierung wurde also bewusst gewählt. Weiter heißt es in der Regierungsbegründung dazu, dass ein Ansatz ab dem Zeitpunkt in Betracht kommt, ab dem von einer hohen Entstehungswahrscheinlichkeit des fraglichen Vermögensgegenstands ausgegangen werden kann.[361]

Abgesehen davon, dass die eigentlich relevanten Ansatznormen § 248 Abs. 2 Satz 1 HGB bzw. § 246 Abs. 1 Satz 1 HGB jeweils „*Vermögensgegenstände*" fordern und § 255 Abs. 2a HGB eine Bewertungsvorschrift ist, ergibt sich ein Ansatzzeitpunkt m.E. allenfalls mittelbar. Der Wortlaut ist, entgegen der Regierungsbegründung, nicht zwingend ein Hinweis auf den dort beschriebenen Ansatzzeitpunkt. Dies gilt insbesondere deshalb, weil die Norm keinen konkreten Ansatzzeitpunkt positiv formuliert.[362] Die Voraussetzung der Entstehungswahrscheinlichkeit wird nicht genannt. Sie kann der Norm auch nicht durch Auslegung entnommen werden. Vielmehr sind die allgemeinen Ansatzregeln entscheidend. Richtigerweise ist nicht auszuschließen, dass auch vor Fertigstellung bereits ein abstrakt aktivierungsfähiger Vermögensgegenstand existiert. Die Norm lässt nicht darauf schließen, dass die allgemeinen Ansatzvoraussetzungen um das Kriterium „Entstehungswahrscheinlichkeit" aufgeweicht würden. Hätte ein von den allgemeinen Ansatzkriterien abweichender Ansatzzeitpunkt geregelt werden sollen, hätte dies m.E. (1) positiv formuliert werden müssen und (2) in § 248 Abs. 2 HGB geregelt werden müssen.

Selbst erstellte Vermögensgegenstände werden mangels Anschaffungskosten mit ihren Herstellungskosten angesetzt, vgl. § 253 Abs. 1 Satz 1 HGB. „Herstellung" ist notwendigerweise ein „*zeitraumbezogener Wertumformungsprozess*"[363]. Daher ist es folgerichtig, dass Normen zur Konkretisierung der Herstellungskosten einen Bezug zu einem bestimmten Zeitraum aufweisen. Somit ist die Formulierung „*bei dessen Entwicklung anfallenden Aufwendungen*" geradezu eine typische und notwendige Formulierung, möchte man einen, für die Bewertung relevanten, Zeitraum definieren. § 255 Abs. 2a HGB ordnet diejenigen Herstellungskosten dem – nach allgemeinen Regeln aktivierbaren – Vermögensgegenstand zu, die bei dessen Entwicklung anfallen. Die Wahl des Präsens („*anfallen*") zeigt m.E. lediglich, dass der Ansatz sämtlicher Kosten i.S.d. § 255 Abs. 2 HGB, die in der Entwicklungsphase anfallen, einbezogen werden dürfen. Vergangene Kosten könnten dem Wortlaut folgend nachaktiviert werden und künftige zugeschrieben werden. Die Wahl des Präteritums hätte noch anfallende Kosten ausgeschlossen. Die Wahl des Futurs hätte

360 BT-Drs. 16/10067, S. 60.

361 So die Regierungsbegründung, vgl. BT-Drs. 16/10067, S. 60.

362 Es verwundert, dass in der einschlägigen Literatur der Wortlaut selten wirklich ausgelegt wird, sondern meist auf die Gesetzesmaterialien verwiesen wird und diese nahezu wortgetreu wiedergegeben werden. Darauf kann es bei der Auslegung des Wortlauts der Norm jedoch nicht ankommen. Fraglich ist, wie die Norm als solche zu verstehen ist.

363 So wörtlich: Schubert/Pastor, in: Beck'scher Bilanzkommentar § 255 HGB Rn. 362.

vergangene Kosten ausgeschlossen. Durch das Präsens wird hingegen der gesamte Zeitraum beschrieben.

Die noch im Referentenentwurf vorgeschlagene Formulierung „die bei dessen Entwicklung *angefallenen* Kosten", setzt aufgrund des Vergangenheitsbezugs eindeutig die Entstehung eines selbst erstellten immateriellen Vermögensgegenstands voraus. Allein die Aufgabe dieser Formulierung spricht m.E. aber noch nicht für die Beschreibung eines konkreten Ansatzzeitpunkts bzw. für die Aktivierbarkeit von Noch-Nicht-Vermögensgegenständen.

Die Formulierung *„bei dessen Entwicklung anfallenden"* bezieht sich nach der hier vertretenen Auffassung vielmehr auf die Abgrenzung von Forschung und Entwicklung. Nur die bei der Entwicklung anfallenden Kosten dürfen angesetzt werden. Aufgrund des Bezugs zur Entwicklungsphase als solcher und nicht zu einem konkreten Ansatzzeitpunkt, bezieht die Formulierung „bei Entwicklung anfallenden Kosten" nämlich auch bereits angefallene Kosten mit ein (vgl. Abbildung 2).[364] § 255 Abs.2a HGB gilt wortlautgemäß ab Beginn der Entwicklungsphase bis zu deren Ende.[365] Wann in diesem Zeitraum angesetzt werden darf, konkretisiert die Norm nicht.

Abbildung 2.

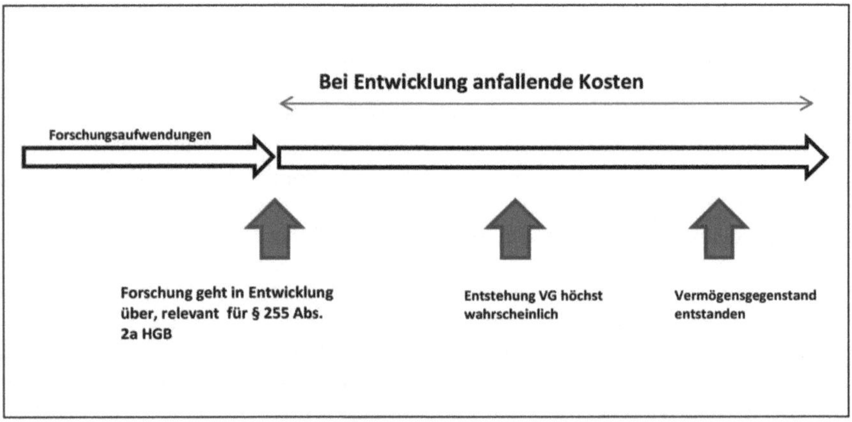

Natürlich könnte man mit guten Gründen behaupten, der Einbezug von vergangenen Kosten sei aufgrund des Kongruenzprinzips bzw. dem Prinzip des periodengerechten Erfolgsausweises gar nicht möglich. Dies setzt jedoch die Kenntnis und die Anwendung von Bewertungsprinzipien voraus, welche aber erst eine Rolle spielen,

364 Dies würde nur dann nicht gelten, wenn die Entstehungswahrscheinlichkeit auf den Zeitpunkt des Übergangs von Forschung zu Entwicklung fiele.

365 Vgl. hierzu noch die Ausführungen zum Bewertungszeitraum in Abschnitt 3.3.1.6.2.

nachdem festgestellt wurde, dass ein Vermögensgegenstand vorliegt.[366] Selbst dann könnte dem Wortlaut aber kein konkreter Ansatzzeitpunkt entnommen werden.

Zwar ist der Wille der Regierungsbegründung – schon entstehende Vermögensgegenstände anzusetzen – mit dem Wortlaut der Norm vereinbar, da der Ausdruck *„bei dessen Entwicklung“* eine zeitliche Abfolge indiziert: Ansatz und Bewertung bei Entwicklung, also vor Entstehung. Aufgrund des Gesagten ist der Wortlaut aber keinesfalls als Klarstellung zu betrachten.[367] Insbesondere ist dadurch nicht klar, dass ein Ansatz anderen, als den allgemeinen Regeln, folgt. Die Interpretation gelangt eher zu dem Ergebnis, dass § 255 Abs. 2a Satz 1 HGB als reine Zuordnungsnorm bezüglich Herstellungskosten zu verstehen ist, die den relevanten Zeitraum abgrenzt.[368] Dass bereits vor Entstehung des anvisierten Vermögensgegenstands abstrakt aktivierungsfähige Aufwendungen vorliegen können, ist auch nach allgemeinen Ansatzregeln nicht ausgeschlossen. Deshalb ist der Wortlaut „bei dessen Entwicklung“ kein Hinweis auf eine Aktivierbarkeit vor Vorliegen der Vermögensgegenstandskriterien.

Zudem ist zu beachten, dass selbst § 255 Abs. 2a HGB von Vermögensgegenständen spricht.[369] Sollte der Wortlaut eine Klarstellung bewirken, hätte auch diese Formulierung die Stellschraube sein müssen. Die Wahl der Formulierung „entstehende selbst erstellte immaterielle Vermögensgegenstände“ wäre eindeutig gewesen.

Zuletzt könnte in § 255 Abs. 2a Satz 3 HGB ein Hinweis auf die Entstehungswahrscheinlichkeit gegeben sein. Dort wird konstatiert, dass sich die Forschungphase dadurch charakterisiere, dass keine Aussagen über die technische Verwertbarkeit oder wirtschaftlichen Erfolgsaussichten getroffen werden könnten. Daraus könnte im Umkehrschluss abgleitet werden, dass über Vermögensgegenstände in der Entwicklungsphase grundsätzlich solche Aussagen getroffen werden könnten. Diese Kriterien setzen also ebenfalls eine gewisse Entstehungswahrscheinlichkeit voraus, andernfalls könnten die Aussagen nicht getroffen werden. Die Regierungsbegründung unterscheidet jedoch zwischen den Zeitpunkten Entwicklungsbeginn und Ansatzzeitpunkt (vgl. Abbildung 2). Deshalb kann der Norm kein Ansatzzeitpunkt entnommen werden.

Im Ergebnis legt der gesetzliche Wortlaut keinen Ansatzzeitpunkt nahe. Insbesondere ist nicht ersichtlich, dass der Ansatz von Noch-Nicht-Vermögensgegenständen gewollt ist. Deshalb muss untersucht werden, welcher Ansatzzeitpunkt sich aus systematischer und teleologischer Auslegung, insbesondere aus den GoB, ergibt.

---

366 Hier sei schon mal darauf verwiesen, dass dies nicht unumstritten ist, vgl. hierzu ebenfalls die Ausführungen zum Bewertungszeitraum in Abschnitt 3.3.1.6.2.

367 Auch Schubert/F. Huber, in: Beck'scher Bilanzkommentar, § 247 HGB Rn. 380 halten den Ansatzzeitpunkt für nicht eindeutig geregelt.

368 A.A. Ballwieser, in: MüKo § 248 HGB Rn. 15, 16 m.w.N.

369 Baetge/Kirsch/Thiele, Bilanzen, S. 254 folgern ebenfalls aus dem Wortlaut von § 255 Abs. 2a HGB, dass es zur Frage der Aktivierbarkeit auf das Vorliegen eines Vermögensgegenstands und nicht auf die Wahrscheinlichkeit der Entstehung eines VGs ankomme.

3.3.1.3.2.3 Systematik – § 255 Abs. 2a Satz 1 HGB als Ansatzvorschrift?

§ 255 Abs. 2a Satz 1 HGB als eine den Ansatzzeitpunkt konkretisierende Norm zu verstehen unterliegt systematischen Bedenken. Bei § 255 HGB handelt es sich um eine Bewertungsvorschrift, welche an den zulässigen Ansatz nach anderen Vorschriften anknüpft, aber keine Ansatzvoraussetzungen enthält. Denn die den § 248 Abs. 2 HGB und § 255 HGB zugrunde liegende Systematik, spricht für die Annahme, dass selbst erstellte immaterielle Güter grundsätzlich erst als Vermögensgegenstände aktiviert werden können. Bevor sich die Frage stellt, mit welchem Wert ein konkretes Gut in der Bilanz auszuweisen ist, muss entschieden werden, ob ein Ansatz dem Grunde nach überhaupt möglich ist. Diese gedanklich notwendige Trennung hat auch im Gesetz Niederschlag gefunden. Die §§ 246 ff. HGB enthalten Ansatzvorschriften – die §§ 252 ff. HGB enthalten Bewertungsvorschriften. Folgt man strikt dieser formalen Unterscheidung, kann allein § 248 Abs. 2 HGB als maßgebliche Ansatznorm betrachtet werden. In diesem Fall kommt ein Ansatz dann in Betracht, wenn ein Vermögensgegenstand nach allgemeinen Vorschriften, d.h. im Sinne des § 246 Abs. 1 Satz 1 HGB vorliegt.

Als Bewertungsvorschrift hat § 255 HGB primär eine Kostenzuordnungsfunktion. Die Norm fordert grundsätzlich ein abstrakt aktivierungsfähiges Zuordnungsobjekt. Aus diesem Grund ist die formale Trennung von Ansatz und Bewertung auch materiell rechtlich von Bedeutung. Der Regierungsbegründung folgend könnte das Bezugsobjekt in dem wahrscheinlich entstehenden Vermögensgegenstand zu sehen sein.[370] Tatsächlich liegt dann aber kein Bezugsobjekt vor, da es an einem bewertbaren Vermögensgegenstand gerade mangelt. Würde man hingegen die Regierungsbegründung so verstehen, dass das angezielte Endprodukt schon vor Entstehung angesetzt werden darf, ließe sich auf etwaige aktivierbare Zwischenprodukte abstellen.

Die Gesetzesmaterialien zum BilMoG zeigen, dass an der Unterscheidung von Ansatz- und Bewertungsvorschriften grundsätzlich festgehalten wird. So weist der Rechtsausschuss im Rahmen von § 255 HGB ausdrücklich darauf hin, dass die vorgeschlagene Formulierung des Referentenentwurfs nicht zu einer Bewertungsvorschrift passe.[371] Zum anderen wurde die Ansatzregelung zum derivativen Geschäfts- oder Firmenwert von der Bewertungsvorschrift § 255 Abs. 1 HGB zur Ansatzvorschrift § 246 Abs. 1 Satz 4 HGB verschoben. Beides spricht für das Bemühen des Gesetzgebers, Ansatzvorschriften von Bewertungsvorschriften formal zu trennen. Auch die Regierungsbegründung zu § 248 HGB knüpft daran an, und fordert das Vorliegen eines Vermögensgegenstandes als zwingende Voraussetzung der Aktivierung selbst erstellter Güter.[372] Selbst § 255 Abs. 2a HGB setzt wortlautgemäß das Vorliegen eines Vermögensgegenstands voraus. Dass eine gewisse Entstehungswahrscheinlichkeit ausreiche, wird wie oben beschrieben nicht deutlich.

370 BT-Drs. 16/10067, S. 60.
371 BT-Drs. 16/12407, S. 86.
372 RegE BT-Drs. 16/10067, S. 50.

Bewertet werden kann nur, was dem Grunde nach bilanziell zu erfassen ist, also ein handelsrechtlicher Vermögensgegenstand.[373] § 255 HGB konkretisiert allein die Höhe des anzusetzenden Wertes und bestimmt die dazu einzubeziehenden Kosten. In formaler Hinsicht bestätigt sich das in der Überschrift des einschlägigen Unterabschnitts: „Bewertungsvorschriften".

Zunehmend wird die Ansicht vertreten, die formale Unterscheidung von Ansatz und Bewertung sei materiell rechtlich nicht durchzuhalten.[374] Insbesondere bei selbst erstellten Vermögensgegenständen, könnten die Grenzen zwischen Ansatz und Bewertung verschwimmen. Herstellungsprozesse umfassen einen gewissen Zeitraum, der unabhängig von Ansatzzeitpunkten abgegrenzt werden muss. Insoweit enthalten entsprechende Bewertungsvorschriften notwendigerweise einen allgemeinen zeitlichen Bezug oder einen Bezug zum Ansatzzeitpunkt. Insofern könnten in systematischer Hinsicht Normen, welche den Beginn eines Herstellungsprozesses beschreiben, mittelbar über den Zeitpunkt der Aktivierung von Herstellungskosten entscheiden.[375] Dies ist meines Erachtens nur bei materiellen Vermögensgegenständen korrekt. Dort beginnt der Herstellungsprozess in der Regel mit dem Beginn der technischen Herstellung.[376] Zu diesem Zeitpunkt liegen aber zweifelfrei abstrakt aktivierbare, materielle Güter vor, die als „unfertiges Erzeugnis" oder als „Anlage im Bau" aktiviert werden können. Bei immateriellen Gütern hingegen fehlt es oft an abstrakt aktivierbaren Gütern in diesem Stadium. Daher geht auch die Regierungsbegründung nicht davon aus, dass eine Aktivierung in der Regel ab Beginn der Entwicklung möglich ist, sondern erst mit Vorliegen der hohen Entstehungswahrscheinlichkeit. Wann genau dieser Zeitpunkt vorliegt, bleibt aber offen.

Die materiell rechtliche Vermengung von Ansatz und Bewertung spiegelt sich auch in § 255 Abs. 2 Satz 4 HGB und § 255 Abs. 2a Satz 4 HGB wieder. Danach dürfen Kosten der Forschungsphase nicht angesetzt werden. Schon die Formulierung weist auf eine Ansatzvorschrift hin. Aber auch in tatsächlicher Hinsicht liegt eher eine Ansatzvorschrift vor. Der Grundsatz gilt nämlich selbst dann, wenn anhand üblicher Kriterien vom Vorliegen eines Vermögensgegenstands zu diesem Zeitpunkt ausgegangen werden könnte.[377] Dies ist unumstritten, jedoch nur dann nachvollziehbar, wenn man § 255 Abs. 2 HGB nicht als reine Bewertungsvorschrift begreift. Im Ergebnis wirkt § 255 Abs. 2a Satz 4 HGB in diesen Fällen nämlich als konkretes Aktivierungsverbot. Aus diesen Gründen soll hier nicht der strengen

---

373 Vgl. u.a. Künkele/Koss, in: Petersen/Zwirner, BilMoG, Teil III aa; Schülke, DStR 2010, 992 (997), Merkt, in: Baumbach/Hopt, § 255 HGB Rn. 22. Die §§ 252 ff. HGB stehen im Dritten Titel, welcher ausweislich der Überschrift Bewertungsvorschriften enthält.

374 Vgl. Auch ADS § 246 HGB Abs. Rn. 6 m.w.N. die die scharfe formale Trennung in materieller Hinsicht ebenfalls bezweifeln.

375 So Schubert/Pastor: in Beck'scher Bilanzkommentar, § 255 HGB Rn. 362.

376 So Schubert/Pastor: in Beck'scher Bilanzkommentar, § 255 HGB Rn. 362.

377 Dies ist grundsätzlich denkbar, vgl. auch Baetge/Fey, D./Weber, C.-P./Sommerhof, in: Hdb. der Rechnungslegung, § 248 HGB Rn. 19.

formalen Unterscheidung gefolgt werden. Vielmehr ist der konkrete Inhalt einer Norm entscheidend. Bestätigung findet dieses Ergebnis m.E. in der Art und Weise der Ermittlung von GoB bzw. der Auslegung im Handelsrecht. Was ein Vermögensgegenstand ist, ist nicht gesetzlich definiert. Zur Auslegung sind sämtliche existenten Normen und handelsbilanziellen Zwecke heranzuziehen.[378] Dadurch können trotz formaler Trennung, Bewertungsnormen und deren Zwecke auf die Auslegung von Ansatzvorschriften ausstrahlen. Deshalb ist der materielle Gehalt maßgeblich.

Abgesehen davon, dass der Wortlaut von § 255 Abs. 2a HGB nach der hier vertretenen Auffassung inhaltlich schon gar nicht auf einen Ansatzzeitpunkt hinweist, ist in systematischer Hinsicht weiter zu beachten, dass § 255 Abs. 2a HGB inhaltlich sogar weniger als eine Bewertungsvorschrift ist. Die Norm konkretisiert lediglich Herstellungskosten nach § 255 Abs. 2 Satz 4 HGB. Systematisch betrachtet bleibt es bei den Bewertungsregeln für selbst hergestellte Vermögensgegenstände nach § 255 Abs. 2 HGB. § 255 Abs. 2a HGB ist daher primär als Norm zu verstehen, die die Abgrenzung der Forschungskosten von den Entwicklungskosten aufgrund der tatsächlichen Schwierigkeiten und der großen Kritik im Gesetzgebungsverfahren konkretisiert. Dies sagt noch nichts über den Ansatzzeitpunkt des selbst erstellten Guts als solchem aus.

Darüber hinaus macht das Verständnis als Ansatzvorschrift wenig Sinn. Würde man in der Formulierung einen Hinweis für den Ansatz ab Vorliegen der Entstehungswahrscheinlichkeit sehen, könnte man konsequenter Weise aufgrund des bei dieser Interpretation maßgeblichen Präsens der Formulierung nur die noch anfallenden Entwicklungskosten berücksichtigen (vgl. Abbildung 2). Dann aber wäre, die von § 255 Abs. 2a HGB hauptsächlich vorgenommene, Abgrenzung von Forschung und Entwicklung in den meisten Fällen obsolet. Denn nur, wenn die Entstehungswahrscheinlichkeit genau auf den Zeitpunkt des Übergangs von Forschung zu Entwicklung fiele, wäre ein Abgrenzung notwendig, da man sich andernfalls bereits in der Entwicklungsphase befände und jegliche Kosten ansetzbar wären. Auf eine solche Zweiteilung der Entwicklungsphase, in ansetzbare und nicht ansetzbare Entwicklungskosten, ist § 255 Abs. 2a HGB aber nicht angelegt. Das wiederspräche im Übrigen auch dem Sinn und Zweck der Norm, wie später noch eingehender dargelegt wird. Zudem zeigen die Diskussionen zur Abgrenzung von Forschung und Entwicklung, dass diese Abgrenzung, die für die Aktivierung maßgebliche Frage ist.[379] M.E. ist daher auch die innere Systematik des § 255 Abs. 2a HGB ein Argument dafür, dass die Vorschrift keinen Hinweis auf einen Ansatzzeitpunkt enthält.

---

378 Vgl. Abschnitt 2.4.

379 Vgl. etwa die zahlreiche Kritik im Rahmen der Öffentlichen Anhörung des Rechtsausschusses zum BilMoG, vgl. Protokoll der 122. Sitzung (vgl. Fn. 215), passim. Diese Kritik wäre inhaltslos, käme es zur Aktivierung auf eine Entstehungswahrscheinlichkeit an, die in der Regel nach dem Übergang von Forschung in Entwicklung läge. Jedenfalls in Hinblick auf die Frage des Ansatzzeitpunktes müssen m.E. Fragen der Nachaktivierung von Entsicklungsaufwendungen zunächst außer Betracht bleiben.

Nach der hier vertretenen Auffassung ist zwar an der formalen Trennung zwischen Ansatz und Bewertungsvorschriften nicht zwingend festzuhalten. Maßgeblich ist allein der Inhalt einer Norm. Jedoch lassen der Wortlaut und die innere Systematik von § 255 Abs. 2a HGB nicht auf eine Ansatzvorschrift schließen. Der Wille des Gesetzgebers, einen Ansatzzeitpunkt zu regeln, wird nicht deutlich.[380]

Damit scheidet die Auffassung, nach welcher es durch das BilMoG zum Ansatz von Noch-Nicht-Vermögensgegenständen käme, aus. Es ist stets das Vorliegen von abstrakt aktivierungsfähigen Aufwendungen zu fordern. Fraglich ist weiterhin, wann von einem selbst erstellten immateriellen Vermögensgegenstand im Sinn der GoB ausgegangen werden kann. Dies könnte nämlich auch schon vor Vorliegen eines angestrebten Produkts der Fall sein, sodass dieser Vermögensgegenstand schon während seiner Entwicklung angesetzt werden könnte. In diesem Fall wäre die Formulierung der Regierungsbegründung zwar verwirrend, jedoch nicht falsch. Zu klären bliebe dann, unter welcher Bezeichnung ein Ausweis stattfinden kann.

3.3.1.3.2.4 Zwischenergebnis

Ein Hinweis auf das Ausreichen einer gewissen Entstehungswahrscheinlichkeit findet sich allein der Regierungsbegründung zu § 255 Abs. 2a HGB. Dies hat jedoch keinen gesetzlichen Niederschlag gefunden. Darüber hinaus ist auch die Regierungsbegründung nicht eindeutig, weshalb die Aktivierungsfähigkeit von selbst erstellten materiellen Vermögensgegenständen an den herkömmlichen Kriterien zu bemessen ist. Der Ansatz von Noch-Nicht-Vermögensgegenständen im Sinne eines Verzichts auf die abstrakte Aktivierungsfähigkeit liegt fern.

3.3.1.3.2.5 Abstrakte Aktivierungsfähigkeit

Im Folgenden wird untersucht, wann ein selbst erstellter immaterieller Vermögensgegenstand des Anlagevermögens vorliegt. Dies erachten auch die Regierungsbegründung und der Rechtsausschuss als Grundvoraussetzung.[381] Auf welche Weise es zum Ansatz eines noch nicht fertiggestellten Vermögensgegenstands kommen kann richtet sich, mangels spezieller Regelung, ebenfalls nach den Voraussetzungen der abstrakten Aktivierungsfähigkeit. Spezielle Grundsätze zum Ansatz von selbst erstellten immateriellen Vermögensgegenständen des Anlagevermögens existieren nicht, da dieses Ansatzrecht neu ist. Es gilt daher auch zu überprüfen, ob die Aussage des Gesetzgebers, dass mit dem BilMoG keine Änderungen des Vermögensgegenstandsbegriffs bewirkt wird[382], richtig ist. Die Herausforderungen beim bilanzielles Umgang mit solchen Werten und die anhaltenden Diskussionen indizieren eher

---

380 So auch Künkele/Koss, in: Petersen/Zwirner, BilMoG, Teil III b.; A.A. Ballwieser, in: MüKo § 248 HGB Rn. 15, 16 m.w.N.

381 Vgl. oben, siehe auch: Arbeitskreis Bilanzrecht Hochschullehrer Rechtswissenschaft, BB 2008, 152 (157).

382 RegE BT-Drs. 16/10067, S. 35: „Ebenso behält auch die bisherige Interpretation des handelsrechtlichen Vermögensgegenstandsbegriffs ihre Bedeutung".

Gegenteiliges. Das Kriterium der Entstehungswahrscheinlichkeit könnte auch als Erweiterung der Kriterien zur abstrakten Aktivierungsfähigkeit verstanden werden.

3.3.1.3.2.5.1 Vergleich zu selbst erstellten materiellen Vermögensgegenständen

Laut der Regierungsbegründung ist es aufgrund der Ausschüttungssperre nach § 268 Abs. 8 Satz 1 HGB gerechtfertigt, selbst erstellte immaterielle Vermögensgegenstände des Anlagevermögens bilanziell wie materielle Vermögensgegenstände zu behandeln.[383, 384] Diese Annahme muss in zweierlei Hinsicht überprüft werden. Erstens könnten die Sachverhalte aufgrund sachlich relevanter Unterschiede trotz § 268 Abs. 8 HGB nicht vergleichbar sein und zweitens ist fraglich, welcher Schluss aus der Bilanzierungsweise materieller (selbst erstellter) Vermögensgegenstände überhaupt gezogen werden kann.

3.3.1.3.2.3.5.1.1 Vergleichbarkeit immaterieller und materieller Vermögensgegenstände

Ein Vergleich zwischen der Bilanzierung materieller und immaterieller Vermögensgegenstände kann nur dann gezogen werden, wenn die fraglichen Bilanzierungssachverhalte tatsächlich vergleichbar sind.

Da Herstellung von Vermögensgegenständen ist grundsätzlich ein erfolgsneutraler Wertumformungsprozess.[385] Rohstoffe, Betriebsmittel oder andere Hilfsmittel werden durch Einsatz von Arbeitskraft zusammengesetzt bzw. umgeformt. Daraus entsteht ein neuer Vermögensgegenstand einer höheren Produktionsstufe. Materielle Vermögensgegenstände werden hauptsächlich aus anderen materiellen Vermögensgegenständen erstellt. Diese sind zweifelsohne selbstständig verwertbar und können daher auch schon in ihrer Ausgangsform bilanziell abgebildet werden. Die benötigten materiellen Ressourcen befinden sich dabei entweder schon in der

---

383 RegE BT-Drs. 16/10067, S. 50. Kritisch schon vor BilMoG, Arbeitskreis Immaterielle Wert der Schmalenbachgesellschaft, DB 2001, 989 (992).

384 Zum einen kann aber nicht die Ausschüttungssperre jegliche Brüche mit dem Vorsichtsprinzip rechtfertigen, zumal es eine Sondervorschrift für Kapitalgesellschaften ist. Durch eine überzogene Darstellung, zu stark rein informationsorientierte Bilanzierung werden Gläubiger auch dann gefährdet, wenn eine Ausschüttung nicht möglich ist. Reine Informationsvermittlung um jeden Preis wird daher kritisch beurteilt, vgl. Moxter, DB 2008, 1514 (1516) und die Kritik im Rahmen der Öffentlichen Anhörung des Rechtsausschusses des Bundetags, Protokoll der 122. Sitzung (vgl. Fn. 215), passim. Vielmehr steht der neue Informationszweck neben den herkömmlichen Zwecken und ist mit diesen in Ausgleich zu bringen (vgl. sogleich die zweckorientierte Auslegung). Zum anderen ist fraglich, ob die Behandlung selbst erstellter immaterieller Werte des Umlaufvermögens in der Entstehung aufgrund höherer Vergleichbarkeit nicht treffender gewesen wäre.

385 Schubert/Pastor, in: Beck'scher Bilanzkommentar § 255 Rn. 332 ff.

Bilanz des Herstellers (etwa als Rohstoffe, § 266 Abs. 2 B I. 1. HGB) oder müssen für den Herstellungsvorgang erworben werden. Buchungstechnisch ist die Herstellung materieller Vermögensgegenstände ein Aktivtausch. Werden Materialien beispielsweise vor der Herstellung eines Produkts erworben, sind die Konten „Kasse" und „Rohstoffe" bzw. „Vorräte" betroffen. Werden diese weiterverarbeitet, sind die Konten „Rohstoffe" und „unfertige Erzeugnisse" oder „fertige Erzeugnisse" betroffen.[386] Dabei aufgewandte sog. Gemeinkosten und rein immaterielle Aufwendungen, wie Planungskosten, können in einem gewissen Umfang bei der Bewertung nach § 255 HGB ebenfalls zugeordnet und aktiviert werden.[387] Dass solche immateriellen Kosten im Einzelfall miteinbezogen werden dürfen, ist m.E. noch kein Hinweis auf die grundsätzliche Aktivierbarkeit von immateriellen Vermögensgegenständen als solchen, sondern eine Konsequenz der Zuordnung durch Bewertungsregeln.[388] Hinzu kommt, dass bei materiellen Vermögensgegenständen von einer Fertigstellung ausgegangen werden kann. Darüber hinaus ist auch schon vor Fertigstellung dessen Nutzbarkeit bzw. Verwertbarkeit beurteilbar und es existiert bereits ein materielles Zuordnungsobjekt. Immaterielle Vermögensgegenstände sind nicht so werthaltig wie materielle, denn sie erweisen sich oft auch noch kurz vor Fertigstellung als unverwertbar. Ihnen ist eine hohe Entstehungsunsicherheit immanent. Bei der Herstellung selbst erstellter immaterieller Vermögensgegenstände des Anlagevermögens steht am Anfang meist rein die Idee, welche nicht unbedingt selbstständig verwertbar ist. Es werden keine Rohstoffe umgeformt, sondern es wird im Schwerpunkt etwas „aus dem Nichts" geschaffen. Dieser Unterschied spiegelt sich auch in der Aufzählung von § 255 Abs. 2 HGB wieder. Dort werden der Verbrauch von Gütern und die Inanspruchnahme von Diensten genannt, welche jedoch Aufwendungen sind, die typischerweise bei der Erstellung von materiellen Vermögensgegenständen anfallen. Bei der Herstellung von selbst erstellten immateriellen Vermögensgegenständen des Anlagevermögens entstehen in erster Linie Personalkosten bzw. allgemeiner Arbeitsaufwand. Insofern erweist sich ein Vergleich zu materiellen Vermögensgegenständen in der Herstellung als schwierig. Bei selbst erstellten immateriellen Vermögensgegenständen des Anlagevermögens fehlt in der Regel jeglicher Bezugspunkt, der für eine Bilanzierung aber notwendig ist.[389]

Diese Unterschiede zeigen, dass selbst geschaffene immaterielle Vermögensgegenstände nicht per se wie materielle behandelt werden können. Es bestehen wesentliche Unterschiede. Vor allem ist der Herstellungsfortschritt immaterieller Vermögensgegenstände nicht greifbar und nicht *ablesbar*[390].

---

386 Vgl. zur Buchungstechnik, Wöhe/Kußmaul, S. 157 ff.

387 Baetge/Kirsch/Thiele, Bilanzen, S. 203 m.w.N.

388 A.A. wohl van Hall/Kessler, Handbuch BilMoG, S. 183 Fn. 157.

389 Kessler, BB Beilage 1994, S. 7. Der Autor spricht sich heute aber für die Aktivierung vor Vorliegen des Vermögensgegenstands aus, vgl. van Hall/Kessler, in Handbuch BilMoG, S. 183 f.

390 So wörtlich: Schülke, DStR 2010, 992 (997).

Auch wenn die Ausschüttungssperre des § 268 Abs. 8 HGB primär dazu dient, die Risiken existenter Vermögensgegenstände abzufedern, ist sie in zeitlicher Hinsicht blind. Unabhängig davon, wann Entwicklungskosten aktiviert werden, entfaltet sie ihre Wirkung. Das beseitigt jedoch nur die Risiken, welche die Bilanz hinsichtlich ihrer Gläubigerschutzfunktion erfährt. Neben diesen Bilanzzweck tritt aber spätestens seit BilMoG die Informationsfunktion. Die Ausschüttungssperre vermag es nicht, eine übertriebene bzw. optimistische Informationsvermittlung zu kompensieren. Eben darum geht es aber, wenn man dem Ausweis selbst erstellter immaterieller Vermögensgegenstände Schranken auferlegen möchte. Das neue Ansatzrecht darf keinen übermäßigen bilanzpolitischen Spielraum eröffnen. Daher erscheint es zumindest bezweifelbar, entstehende immaterielle Vermögensgegenstände mit dem Hinweis auf die Existenz des § 268 Abs. 8 HGB wie entstehende materielle Vermögensgegenstände zu behandeln. Diese Frage kann jedoch dahin stehen, wenn der Vergleich zur Bilanzierung von entstehenden materiellen Vermögensgegenständen ergibt, dass eine Aktivierung erst bei Vorliegen der herkömmlichen Ansatzvoraussetzungen in Betracht kommt.

3.3.1.3.2.5.1.2 Die Bilanzierung entstehender materieller Vermögensgegenstände

Die Bilanzierung selbst erstellter materieller Vermögensgegenstände richtet sich grundsätzlich nach § 246 Abs. 1 Satz 1 HGB. Eine Aktivierung kommt nur in Betracht, wenn Einzelverwertbarkeit, etwa in Form abstrakter Einzelveräußerbarkeit, vorliegt.[391] Es wird vertreten, dass sich der Ansatz von Noch-Nicht-Vermögensgegenständen bzw. entstehenden Vermögensgegenständen aus den Regeln zur Bilanzierung von materiellen Vermögensgegenständen ableiten ließe.[392] Deshalb soll die Bilanzierung eines entstehenden materiellen Vermögensgegenstands näher durchleuchtet werden.

§ 266 Abs. 2 A II Nr. 4 und Abs. 2 B I Nr. 3 HGB enthalten für materielle Vermögensgegenstände Gliederungsebenen namens „unfertige Erzeugnisse“ und „Anlagen im Bau“. Sinngemäß handelt es sich dabei um entstehende Vermögensgegenstände, sofern man das fertige Erzeugnis oder die fertiggestellte Anlage im Auge hat. Deshalb könnte es gerechtfertigt sein, entsprechend der Regierungsbegründung, auch entstehende immaterielle Vermögensgegenstände so zu bilanzieren.[393] Fraglich ist jedoch, welche Rückschlüsse tatsächlich aus genannten Vorschriften gezogen werden können.

---

391 Vgl. nur Baetge/Kirsch/Thiele, Bilanzen, S. 163.

392 Vgl. vor allem BT-Drs. 16/10067, S. 60; vgl. auch: Arbeitskreis Immaterielle Werte der Schmalenbachgesellschaft, DB 2008, 1813 (1815, 1817), die aber zugleich nicht auf zusätzliche Kriterien verzichten möchten und daher nur den grundsätzlichen Gedanken übertragen wollen.

393 So: Küting/Ellmann, DStR 2010, 1300 (1303).

Die Aktivierbarkeit von Anlagen im Bau und unfertigen Erzeugnissen ist unumstritten und spiegelt sich in den eben genannten Gliederungsvorschriften wieder. Teilweise wird im Schrifttum vertreten, dass die Gliederungsvorschriften entweder als eine Art Bilanzierungshilfe oder als Rechnungsabgrenzungsposten zur periodengerechten Gewinnermittlung zu betrachten seien, denn ein Vermögensgegenstand müsse noch nicht vorliegen.[394] Dies würde für die Bilanzierungsfähigkeit von Noch-Nicht-Vermögensgegenständen sprechen. In einem Urteil sprach sich der BFH zur Frage der rechtlichen Qualität von „unfertigen Erzeugnissen" bzw. „Anlagen im Bau" aus und stellt fest, dass diese Vermögensgegenstände bzw. Wirtschaftsgüter sein müssen und sein können.[395] Schließlich seien auch unfertige Erzeugnisse geldwerte Vorteile, die sich bewerten ließen und bilanziell greifbar sein können.[396] Unabhängig davon, dass ein steuerliches Wirtschaftsgut nicht mit einem handelsrechtlichen Vermögensgegenstand gleichgesetzt werden kann, zeigt dies, dass der BFH nicht auf die Voraussetzungen der abstrakten Aktivierungsfähigkeit verzichtet. Er widerspricht ausdrücklich der Meinung, es handele sich bei den Gliederungsvorschriften um eine Bilanzierungshilfe oder einen Rechnungsabgrenzungsposten.[397] Der BFH urteilte in einem anderen Fall, dass grundsätzlich auch unfertige selbst erstellte immaterielle Vermögensgegenstände des Umlaufvermögens als unfertige Erzeugnisse (in diesem Fall unfertige Leistungen) zu aktivieren sein können.[398] Dort ging es um die bilanzielle Darstellung einer Filmauftragsproduktion. Im Ergebnis wurde auf den bereits vorliegenden handelsbilanziellen Vermögensgegenstand des Urheberrechts vor Fertigstellung des Films abgestellt und daraus die Pflicht zur Bilanzierung als „unfertige Leistung" abgeleitet. Das zeigt wiederum, dass der BFH nicht auf abstrakte Aktivierungsvoraussetzungen verzichtet. Hinzuweisen ist auch darauf, dass der BFH ausdrücklich das Vorliegen eines handelsrechtlichen Vermögensgegenstands fordert.[399] Auch die Aktivierung von selbst erstellten immateriellen Vermögensgegenständen des Umlaufvermögens setzt demnach das Vorliegen eines Vermögensgegenstands voraus.[400] Das ist richtig und auch auf das handelsrechtliche Vermögensgegenstandsverständnis zu übertragen. Weder der Wortlaut von

394 Siehe dazu Reiner/Haußer, in: MüKo § 266 HGB Rn. 60 m.w.N., Vgl. BFH vom 7. 9. 2005 - VIII R 1/03; DStR 2005, 1975 (1977) m.w.N.

395 Vgl. BFH vom 7. 9. 2005 - VIII R 1/03; DStR 2005, 1975 (1977). m.w.N.

396 Vgl. BFH vom 7. 9. 2005 - VIII R 1/03; DStR 2005, 1975 (1977). m.w.N.

397 Vgl. BFH vom 7. 9. 2005 - VIII R 1/03; DStR 2005, 1975 (1977). m.w.N.

398 BFH v. 20.09.1995, BStBl 1997 II, 320; NJW 1996, 1013 ff.; vgl. auch Schubert/Krämer, in: Beck'scher Bilanzkommentar, § 266 Rn. 95.

399 BFH v. 20.09.1995, BStBl 1997 II, 320; NJW 1996, 1013 (1014).

400 Van Hall/Kessler, Handbuch BilMoG, S. 181 stellen fest, dass es zur Aktivierung von selbst erstellten immateriellen Vermögensgegenständen des Anlagevermögens auf die Entstehungswahrscheinlichkeit ankomme und es im Übrigen, also beim Umlaufvermögen, bei der Grundregel des § 246 HGB bleibe. Dieses erweiternde Kriterium, das die Regierungsbegründung zwar nennt, hat m.E. jedoch keinen gesetzlichen Niederschlag gefunden.

§ 266 HGB noch die allgemeinen Grundsätze legen den Verzicht auf das Vorliegen eines Vermögensgegenstands nahe. § 266 HGB als Ansatzvorschrift zu verstehen ist systemwidrig, da es dort lediglich um die Gliederung der Bilanz geht. „Unfertige Erzeugnisse" sind darüber hinaus keine Noch-Nicht-Vermögensgegenstände, sondern es sind Vermögensgegenstände, die nur noch nicht in verkaufsbereitem Zustand sind.[401] Deshalb ist § 266 HGB keine Sondervorschrift zur Aktivierung. Entsprechende Aufwendungen können nur dann aktiviert werden, wenn sie selbst abstrakt aktivierungsfähig sind.[402] Selbst wenn man die genannten Gliederungsvorschriften als Bilanzierungshilfe bzw. Rechnungsabgrenzungsposten begreifen möchte, ließe dies m.E. keinen Rückschluss auf den Ansatz unfertiger selbst erstellter immaterieller Vermögensgegenstände zu. Erstens fehlte es dann ja gerade an einer spezialgesetzlichen Bilanzierungshilfe und zweitens wären solch spezielle Vorschriften nicht im Wege einer Analogie auf die hier fraglichen Sachverhalte übertragbar. Im Ergebnis regeln die genannten Bilanzierungsvorschriften nicht die Aktivierbarkeit von Noch-Nicht-Vermögensgegenständen. Daher ist dies auch nicht bei selbst erstellten immateriellen Vermögensgegenständen möglich.

Darüber hinaus ist fraglich, ob sich den Vorschriften entnehmen lässt, dass es zur Aktivierung eines wahrscheinlich entstehenden Vermögensgegenstands kommt. Der Oberbegriff „unfertige Erzeugnisse" beinhaltet in sachlicher Hinsicht Zwischenprodukte, die vor Erreichen der endgültigen Produktionsstufe, als teilfertiges Endprodukt angesetzt werden dürfen. Voraussetzung für die Bilanzierung unter Nennung der anvisierten Produktionsstufe mit dem Zusatz „unfertig", sind folgende: (1) Das Endprodukt muss bei Fertigstellung aktivierungsfähig sein[403]; (2) dessen Entstehung darf nicht ausgeschlossen sein und (3) das Zwischenprodukt muss hinreichenden Bezug zum Endprodukt („ein Weniger") aufweisen.[404] Im Unterschied zum endgültigen Produkt ist das Zwischenprodukt noch nicht im verkaufsfähigen Zustand.[405] Schon die Existenz der Gliederungsposten „fertige Erzeugnisse und Waren" gem. § 266 Abs. 2 B I 3 HGB sowie „technische Anlagen" und „andere Anlagen" gem. § 266 Abs. 2 A II 2 und 3 HGB zeigt, dass es nicht zu einem Ausweis der entstehenden Erzeugnisse kommt. Der Wortlaut der Gliederungsposten verdeutlicht, dass nicht das anvisierte Endprodukt, sondern das Zwischenprodukt

401 ADS § 266 HGB Rn. 107; Böcking/Gros, in: Ebenroth/Boujong/Joost/Strohn, § 266 HGB Rn. 30.

402 Vgl. ADS § 266 HGB Rn. 65.

403 Das gilt auch für die Aufwendungen, die unter dem Posten aktiviert werden sollen, vgl. ADS § 266 Rn. 65. Beachte jedoch den Hinweis von *ADS,* dass die Sammlung zunächst nicht aktivierungsfähiger Kosten unter diesem Posten möglich erscheint.

404 BFH II R 1/87 vom 13.9.89, BStBl II 90, 47, m.w.N.; Schubert/F. Huber, in: Beck'scher Bilanzkommentar, § 247 Rn. 561 und Reiner/Haußer, in MüKo § 266 HGB Rn. 60 ff.

405 Winnefeld, Bilanzhandbuch, Kapitel F Rn. 385. Es kann zu Abgrenzungsproblemen kommen, wenn das Unternehmen die Zwischenprodukte einerseits weiterverarbeitet und andererseits verkauft.

ausgewiesen wird.[406] Der begriffliche Bezug zum anvisierten Produkt ist lediglich ein Hinweis darauf, was aus dem unfertigen Erzeugnis einmal entstehen soll, bspw. „unfertiges Fahrzeug".

Sinn und Zweck des Ausweises ist die möglichst wahrheitsgemäße Darstellung der Investitionen eines Unternehmens. Daher darf das bereits angestrebte Produkt genannt werden, obwohl es noch nicht vorliegt, wenn die oben genannten Voraussetzungen vorliegen. Es muss aber als unfertig kenntlich gemacht werden. Ein Unternehmen der Automobilbranche darf daher ein halbfertiges Auto als solches ausweisen. Die bilanzielle Darstellung etwa allein der „Karosserie samt Motor" würde nicht den tatsächlichen Nutzen für das Unternehmen darstellen, da es den Verkauf eines fertiggestellten Autos anstrebt. Dieser Vermögensgegenstand darf begrifflich antizipiert werden. Der BFH erblickt darin auch eine Möglichkeit, unnötiges Hin-und-Her-Buchen zu vermeiden. So hat er für den Fall der abgeschlossenen Bauplanung entschieden, dass diese Kosten bereits als „Anlagen im Bau" zu aktivieren seien, um eine Nachaktivierung der Kosten ab Beginn des eigentlichen Baus zu vermeiden.[407]

Im Ergebnis setzt der Ansatz materieller Zwischenprodukte das Vorliegen abstrakt aktivierungsfähiger Aufwendungen voraus.[408] Beispielhaft sei auf die Lagerung von Wein oder Whiskey verwiesen. Zum Zeitpunkt der Einlagerung liegt ein nach herkömmlicher Betrachtung zu aktivierender Vermögensgegenstand vor, der letztlich nur noch nicht die angezielte Produkteigenschaft für den Verkauf hat und deshalb die Bezeichnung unfertiges Erzeugnis erhält.[409] Auch bei Anlagen im Bau des Anlagevermögens liegen in der Regel aktivierbare Vermögensgegenstände vor.[410] Darüber hinaus kommt es nicht zum Ausweis des angestrebten Produkts, sondern des Zwischenprodukts unter der Bezeichnung „unfertiges Endprodukt".[411]

Fraglich ist nun, welche Schlüsse daraus für die Bilanzierung von selbst erstellten immateriellen Vermögensgegenständen des Anlagevermögens zu ziehen sind. Folgende Grundsätze wurden festgestellt.

---

406 Reiner/Haußer, in: MüKo § 266 HGB Rn. 61.

407 Sog. vorweggenommene Herstellungskosten, vgl. BFH IV R 176/72 vom 11.3.1976 = BeckRS 1976 22003477.

408 Vgl. ADS § 266 HGB Rn. 65; Koss/Lemmen/Niemann/Wohlgemuth, in: Jahres und Konzernabschluss, Band B. Rn. 354w.; Schubert/Pastor, in: Beck'scher Bilanz-Kommentar, § 255 HGB Rn. 370 ff.; Baetge/Kirsch/Thiele, Bilanzen, S. 203.

409 Vgl. Reiner/Haußer, in: MüKo § 266 HGB Rn. 61.

410 Abgesehen von der Rechtsprechung zu den Bauplanungskosten i.S.v. vorweggenommen Herstellungskosten.

411 Vgl. Küting/Ellmann, in: Handbuch der Rechnungslegung – Einzelabschluss, § 255 HGB Rn. 398. Die Autoren weisen darauf hin, dass nicht die Aktivierung von Noch-Nicht-Vermögensgegenständen erlaubt sei, sondern nur die Aktivierung von Vermögensgegenständen in Betracht kommt. Dabei verkörpere der angesetzte Wert analog der Anlagen im Bau noch nicht das angestrebte Produkt. Daraus lässt sich aber wohl schließen, dass sie den Ansatz als Endprodukt zulassen möchten.

1. Zunächst ist zu betonen, dass der Ansatz von Noch-Nicht-Vermögensgegenständen nicht im Recht der Bilanzierung materieller Vermögensgegenstände angelegt ist. Die abstrakte Aktivierungsfähigkeit wird stets vorausgesetzt.
2. Entstehende Güter dürfen unter der Bezeichnung des angestrebten Produkts ausgewiesen werden, jedoch nur unter der Bezeichnung „unfertig" oder „im Bau".

Punkt eins ist m.E. zweifelsfrei auch auf selbst erstellte immaterielle Vermögensgegenstände des Anlagevermögens anzuwenden. Was für materielle Vermögensgegenstände gilt, muss erst recht für immaterielle gelten. Ein Ansatz von nicht abstrakt aktivierungsfähigen Werten ist weder gesetzlich angelegt noch ergibt sich das aus den allgemeinen GoB.

Auch die Anwendung des zweiten Punktes ist m.E. möglich. Problematisch ist allerdings, dass das Gliederungsschema des § 266 HGB eine vergleichbare Gliederungsebene für selbst erstellte immaterielle Vermögensgegenstände des Anlagevermögens nicht vorsieht. Eine solche Bezeichnung ist aber aus dem gleichen Gründen in jedem Fall zu fordern. Erstens ergibt sich das „Ausreichen einer Entstehungswahrscheinlichkeit" nicht aus dem Gesetz und zweitens kann das Recht bzgl. immaterieller Werte nicht weitergehen als das für materielle. Käme es zu einem Ansatz wahrscheinlich entstehender immaterieller Werte unter der Bezeichnung eines fertiggestellten Erzeugnisses, wäre die Bilanz falsch. Das ist nicht mit den erhöhten Risiken von selbst erstellter immaterieller Werten und der Informationsfunktion vereinbar. Ein Vergleich zu materiellen Vermögensgegenständen in der Herstellung ist hier einerseits nicht gerechtfertigt und zweitens nicht ergiebig, da selbst dort solch ein Ausweis nicht möglich ist. Ohne gesetzliche Regelung ist eine solche Untergliederung des § 266 Abs. 2 A I 1 HGB in entstehende und fertiggestellte immaterielle Vermögensgegenstände allenfalls bei entsprechender gesellschaftsvertraglicher Regelung möglich.

3.3.1.3.2.5.2 Externe Verwertbarkeit selbst erstellter immaterieller Vermögensgegenstände

Entsprechend der Regierungsbegründung zu § 248 HGB ist in jedem Einzelfall zu prüfen, ob nach der Verkehrsauffassung Einzelverwertbarkeit des selbst erstellten immateriellen Vermögensgegenstands des Anlagevermögens vorliegt. In diesem Zusammenhang stellt die Regierungsbegründung fest, dass das BilMoG keine Änderung des Vermögensgegenstandsbegriffs bewirke, es also bei den herkömmlichen Kriterien bleibt.

Im Schrifttum haben sich verschiedenen Kriterien zur Bestimmung der Verwertbarkeit herausgebildet.[412] Gemeinhin wird Verwertbarkeit bei Vorliegen von abstrakter Veräußerbarkeit, Möglichkeit der Einräumung eines Nutzungsrechts, Möglichkeit des bedingten Verzichts oder bei Zwangsvollstreckbarkeit angenommen.[413]

412 Vgl. Abschnitt 2.4.4.1.1.
413 Vgl. Baetge/Kirsch/Thiele, Bilanzen, S. 163.

Daher ist auch das Vorliegen eines selbst erstellten immateriellen Vermögensgegenstands des Anlagevermögens an diesen Kriterien zu messen.

Es muss folglich untersucht werden, ab welchem Zeitpunkt die fraglichen Vermögensgegenstände in diesem Sinne als verwertbar angesehen werden können. Selbst erstellte immaterielle Güter des Anlagevermögens können auch schon vor Fertigstellung des Endprodukts diese Kriterien im Einzelfall erfüllen.[414] Beispielsweise ist nicht einzusehen, warum etwa ein EDV Programm nicht schon vor Fertigstellung verwertbar sein kann, wenn es beispielsweise schon abgrenzbare Neuerungen enthält, die auch von anderen Unternehmen genutzt werden könnten und somit ein potentieller Markt existiert. Selbst Forschungsergebnisse können marktfähig sein. Auch für wissenschaftliche Ergebnisse, wissenschaftliche Studien, Softwaremodule[415], Entwicklungszwischenergebnisse und Fuge-Projekte[416] gibt es einen Markt. So kann nach Ansicht des BFH auch schon Knowhow oder technisches Spezialwissen ein Wirtschaftsgut darstellen und es ist nicht ersichtlich, warum diese im Einzelfall nicht auch Verwertungspotential, beispielsweise abstrakte Veräußerbarkeit, besitzen sollten.[417] Solche geldwerten Vorteile können bilanziell erfasst werden.

Festgestellt werden soll daher im Ergebnis, dass sich die Frage der Aktivierung vor Entstehung des endgültigen Gutes gar nicht erst stellt, wenn schon früh ein extern verwertbares immaterielles Zwischenprodukt entsteht und als solches ausgewiesen wird.[418] Daher ist der Regierungsbegründung zuzustimmen, dass jeder Einzelfall geprüft werden muss. Entsprechend der Regierungsbegründung ist zur näheren Bestimmung auf die Verkehrsauffassung abzustellen. Dort wo ein Dritter potentiell Geld bezahlt, um den bereits vorliegenden immateriellen Gegenstand zu erwerben oder zu nutzen, liegt ein Vermögensgegenstand im handelsrechtlichen Sinne vor. Vor diesem Hintergrund lässt sich die Frage aufwerfen, ob nicht bei Vorliegen der hohen Entstehungswahrscheinlichkeit in vielen Fällen bereits ein (extern) verwertbares Zwischenprodukt vorliegen könnte, das selbst abstrakt aktivierungsfähig ist.

---

414 Vgl. Bertram, Haufe Kommentar, § 248 HGB Rn. 18.

415 Vgl. Bertram, Haufe Kommentar, § 248 HGB Rn. 18.

416 Vgl. Aufzählung in: Küting/Ellmann, Handbuch der Rechnungslegung Einzelabschluss, § 255 HGB, Rn. 398.

417 BFH v. 02.06.1976, I R 20/74, BSTBl II 1976, 666, BeckRS 1976, 22003542; vom 3.7.1987, III R 7/86, BStBl II 1987, 728, BeckRS 1987, 22008137; vom 23.11.1988, II R 209/82, BstBl II 1989, 82, BeckRS 1988, 22008785, vgl. auch BMJ, Wesentliche Änderungen des BilMoG im Überblick, März 2009, S. 3 (abrufbar unter www.bmj.de, zuletzt abgerufen am 02.10.2013).

418 So wohl auch Küting/Ellmann, in: Handbuch der Rechnungslegung Einzelabschluss, § 255 HGB, Rn. 398. Die Autoren gehen hingegen wohl von der Aktivierbarkeit des angestrebten Vermögensgegenstands aus.

3.3.1.3.2.5.2.1 Zwischenergebnis

Ohne gesetzliche oder gesellschaftsvertragliche Regelung ist nur der Ausweis eines endgültig entstandenen immateriellen Vermögensgegenstands des Anlagevermögens möglich. Dies ist im Einzelfall anhand üblicher Kriterien zu prüfen. Damit ist der Ausweis entstehender Vermögensgegenstände nur dann möglich, wenn das abstrakt aktivierungsfähige Zwischenprodukt selbst ausgewiesen wird. Sofern man den Ansatz entstehender Vermögensgegenstände zulassen möchte, ist daher eine entsprechende gesetzliche Untergliederung von § 266 Abs. 2 A I 1 HGB zu fordern, die selbst geschaffene immaterielle Vermögensgegenstände in der Entstehung betrifft.[419]

3.3.1.3.2.5.3 Vorschlag: Erweiterung der Vermögensgegenstandskriterien

3.3.1.3.2.5.3.1 Die Kriterien interne und wirtschaftliche Nutzbarkeit

Die bisherigen Ausführungen gehen vom klassischen handelsrechtlichen Vermögensgegenstandsverständnis aus. Vorherrschend wird auf das Kriterium der externen Einzelverwertbarkeit abgestellt.[420] Nur in diesen Fällen läge das notwendige Schuldendeckungspotential vor, denn im Vordergrund stehe die Frage der Wandelbarkeit in Geld zur Erfüllung von Schulden.[421] Konkretisierend wird (externe) Einzelverwertbarkeit angenommen, wenn das fragliche Gut Gegenstand einer Veräußerung, der Einräumung eines Nutzungsrechts, eines bedingten Verzichts oder der Zwangsvollstreckung sein kann.[422]

Den genannten Kriterien liegt ein Drittbezug zu Grunde. Dies ist damit zu begründen, dass die wesentliche Frage zur Bestimmung eines Vermögensgegenstands aus Sicht der statischen Bilanztheorie lautet: Kann ein Gläubiger durch die Verwertung der konkreten Werte Befriedigung erlangen? Für materielle Vermögensgegenstände wird die Frage aufgrund der Greifbarkeit und damit Werthaltigkeit stets bejaht.

Diese Herangehensweise kann aber beim Umgang mit Werten des Anlagevermögens Probleme bereiten. Vermögensgegenstände des Anlagevermögens haben oft keinen Drittbezug, da sie dazu bestimmt sind, dauerhaft dem Betrieb zu dienen. Zwar können Werte des Anlagevermögens durchaus extern verwertbar sein[423], oft haben sie aber durch ihre Anpassung auf die betrieblichen Anforderungen einen rein internen Nutzen, der außerhalb des Unternehmens nicht verwertet bzw. genutzt werden kann.[424] Hierzu zählen beispielsweise speziell für betriebliche Zwecke

419 So auch: Theile, WPg 2008, 1064 (1068); Fülbier/Gassen, DB 2007, 2609 f.; Mindermann, WPg 2008, 273 (275).

420 Vgl. beispielhaft Baetge/Kirsch/Thiele, Bilanzen, S. 162.

421 Vgl. statt vieler: Baetge/Kirsch/Thiele, Bilanzen, S. 161.

422 Vgl. statt vieler: Baetge/Kirsch/Thiele, Bilanzen, S. 163.

423 Beispielsweise der Fuhrpark ist zweifelsfrei extern verwertbar.

424 Vgl. Arbeitskreis Immaterielle Werte, DB 2001, 989 (991), die zunächst auf die externe Verwertbarkeit abstellen, im Anschluss aber Kriterien zur Objektivierung eines selbst erstellten immateriellen Vermögensgegenstands entwickeln, was im

ausgestaltete Fertigungs- und Verfahrenstechniken[425], Unternehmens-Webseiten oder spezielle EDV-Programme, die besondere Abläufe des Betriebs berücksichtigen. Das betrifft nicht nur immaterielle Vermögensgegenstände des Anlagevermögens, sondern auch speziell angefertigte materielle Anlagen und Maschinen. Solche rein intern nutzbaren Vermögensgegenstände würden nur dann die oben genannten Kriterien erfüllen, wenn man externe Verwertbarkeit auch bei theoretischer Veräußerbarkeit annehmen würde, selbst wenn damit kein wirtschaftlicher Vorteil bzw. ein sonstiger Nutzen für den Vertragspartner verbunden wäre. Man könnte daran denken, diese Vermögensgegenstände wären schon von der Theorie der abstrakten Veräußerbarkeit erfasst. Allerdings ging es den Vertretern dieser Theorie vielmehr darum, auch solche Vermögensgegenstände zu erfassen, die einem vertraglichen oder gesetzlichen Veräußerungsverbot unterliegen. Rein abstrakt betrachtet ist schließlich jeder Wert veräußerbar. Problematisch ist jedoch, dass solch eine Herangehensweise die Bereitschaft eines Käufers fingieren würde. Zur Bestimmung des Schuldendeckungspotentials müssen aber objektive Kriterien dienen, die vor allem den wirtschaftlichen Wert für Gläubiger berücksichtigen. Nur so lässt sich das notwendige Schuldendeckungspotential beurteilen. Für rein intern nutzbare materielle Vermögensgegenstände genügt scheinbar allein schon die Materialität. Maschinen und andere Anlagen werden üblicherweise im Sachanlagevermögen gebucht. Dies ist nicht unbedingt nachvollziehbar, denn auch solche können außerhalb des Unternehmens wertlos sein. Der einzig objektive Wert liegt dann in deren Schrottwert. Trotzdem werden auch solche Vermögensgegenstände mit den Herstellungskosten bzw. Anschaffungskosten angesetzt. Dieser Widerspruch wird hingenommen, da ein körperlicher Wert vorliegt. Es geht nach herkömmlichem Verständnis aber zu weit, dies auf immaterielle Vermögensgegenstände des Anlagevermögens zu übertragen. Diese sind weder greifbar noch besitzen sie einen Schrottwert. Deshalb sind bei Anlegung der üblichen Kriterien ausschließlich intern nutzbare, selbst erstellte immaterielle Vermögensgegenständen des Anlagevermögens nicht aktivierbar, denn sie können Gläubigern nicht durch Wandelung in Geld zur Befriedigung ihrer Forderungen dienen und besitzen somit kein Schuldendeckungspotential. § 248 Abs. 2 Satz 1 HGB gilt nach bisherigem Vermögensgegenstandsverständnis daher nur für solche selbst erstellten immateriellen Vermögensgegenstände des Anlagevermögens, die ausnahmsweise extern verwertet werden können. Die Abgrenzung zwischen rein intern und extern verwertbaren Vermögensgegenständen hängt bei immateriellen Vermögensgegenständen von der Existenz eines Marktes ab. Die Regierungsbegründung stellt dazu auf die Verkehrsauffassung ab. Dies ist

---

Ergebnis dem Kriterium interne Verwertbarkeit nahe kommt; vgl. auch Arbeitskreis Bilanzrecht Hochschullehrer Bilanzrecht, BB 2008, 152 (157 f.), die insoweit darauf hinweisen, dass der Vermögensgegenstandsbegriff deshalb hinter dem des Assets-Begriffs zurückbleibt.

425 Vgl. Baetge/Kirsch/Thiele, Bilanzen, S. 245.

ein unscharfes Kriterium, denn die Beurteilung darüber, ob externe Verwertbarkeit im herkömmlichen Sinn gegeben ist, hat demnach der Bilanzierende zu treffen.

Fraglich ist, ob entgegen der bisherigen Meinung zur vollständigen Erfassung der werttreibenden Faktoren und damit des gesamten Schuldendeckungspotentials eines Unternehmens nicht auch rein intern nutzbare, selbst erstellte immaterielle Vermögensgegenstände erfasst werden sollten. Die Erweiterung des Vermögensgegenstandsbegriffs war und ist Gegenstand von zahlreichen wissenschaftlichen Diskussionen[426] und soll hier dem Grundsatz nach nicht erneut aufgegriffen werden, denn das ist eine rechtspolitische Entscheidung. M.E. bieten aber §§ 248, 255 HGB, die Gesetzesmaterialien, insbesondere die dort erwähnte Entstehungswahrscheinlichkeit und auch der Zweck des neuen Ansatzrechts Anhaltspunkte dafür, dass sich die Ansatzvoraussetzungen im Wandel befinden. Das ist nicht überraschend, da mit § 248 Abs. 1 Satz 1 HGB eine völlig neue Materie Eingang in das Bilanzrecht gefunden hat. Bewährte Prinzipien werden daher herausgefordert, mit dem Unbekannten umzugehen. § 248 Abs. 2 Satz 1 HGB dient primär der Informationsvermittlung, was man schon ohne Lektüre der Gesetzesmaterialien daran erkennt, dass daraus resultierende Beträge von einer Ausschüttung durch § 268 Abs. 8 Satz 1 HGB ausgenommen sind. Der Informationszweck widerspricht dem Objektivierungsbestreben des Bilanzrechts. Beides lässt sich nur schwer in Einklang bringen. Möchte man den Informationszweck ernst nehmen, könnte es geboten sein, sämtliche wertbildenden Faktoren eines Unternehmens darzustellen. Eine Aufspaltung der selbst erstellten immateriellen Vermögensgegenstände des Anlagevermögens in solche, die extern verwertet werden können und daher ansetzbar sind und solche, die aufgrund ihrer rein internen Verwertbarkeit nicht angesetzt werden können, ist m.E. nicht zweck- und zeitgemäß und auch im Gesetz nicht angelegt. Vielmehr könnte auf das Schuldendeckungspotential aus rein wirtschaftlicher Betrachtung abgestellt werden.

Insofern steht die Aussage der Regierungsbegründung, dass sich der Vermögensgegenstandsbegriff in seiner bisherigen Form nicht ändere, auf dem Prüfstand.[427] Das neue Wahlrecht erfordert und bewirkt m.E. ein neues, zusätzliches Ansatzkonzept bzw. neue Konkretisierungsmerkmale. Einen gesetzlichen Anhaltspunkt bieten wiederum die materiellen Vermögensgegenstände. Es ist unumstritten, dass auch rein intern nutzbare Anlagen oder Maschinen gem. § 246 Abs. 1 Satz 1 HGB und § 266 Abs. 2 A II 2 HGB in die Bilanz aufzunehmen sind. Zwar mögen spezielle Maschinen abstrakt veräußerbar sein, jedoch geht diese Herangehensweise ebenfalls von der Bereitschaft eines Käufers aus. Bei wirtschaftlicher Betrachtung des Kriteriums „externe Verwertbarkeit", können speziell auf den Betrieb angepasste Anlagen außerhalb des Unternehmens wertlos sein oder lediglich einen Schrottwert besitzen. Ihr tatsächliches Schuldendeckungspotential besitzt eine solche rein intern nutzbare Anlage, wenn sie im laufenden Betrieb zur Erwirtschaftung von Vermögen beiträgt. Fraglich ist, warum sie dann nicht auch aus diesem Grund aktiviert werden sollte.

---

426 Vgl. etwa Hennrichs, in: MüKo AktG, § 246 HGB Rn. 29.

427 So auch: Herzig, DB 2008, 1 (4); Bertram, in: Haufe Kommentar, § 248 HGB Rn. 12.

Im Folgenden soll geprüft werden, ob der rein interne wirtschaftliche Nutzen das Vorliegen eines aktivierungsfähigen Vermögensgegenstands rechtfertigen kann. Als ein erstes Indiz sollen die Aussagen der Regierungsbegründung dienen. Selbst erstellte immaterielle Vermögensgegenstände ab einer hohen Entstehungswahrscheinlichkeit auszuweisen, zeigt schon für sich, dass besondere Ansatzkonzepte beim Umgang mit selbst erstellten immateriellen Vermögensgegenständen notwendig sind, die sich nicht direkt aus den GoB ableiten lassen (siehe oben). M.E. wird auch in der Regierungsbegründung letztlich auf das Kriterium der „interne Nutzbarkeit" abgestellt. Denn ein Erzeugnis, das sich in der Entwicklung befindet, hat zunächst nur internen Nutzen. Ein halbfertiges Produkt hat nämlich den rein internen Nutzen, zu einem fertigen Produkt weiterentwickelt werden zu können. Ein weiteres Indiz liefert der Referentenentwurf. Dort wird hinsichtlich der Aktivierung beschrieben, dass abstrakte Aktivierungsfähigkeit bei Möglichkeit des Verbrauchs oder der Verarbeitung vorliegen könne.[428] Die Weiterentwicklung, kann als besondere Form der Verarbeitung von Zwischenerzeugnissen betrachtet werden. Die Kriterien des Referentenentwurfs haben zudem ebenfalls keinen Drittbezug sondern beziehen sich auf rein interne Vorgänge. Zwar wurde diese Formulierung nicht in den Regierungsentwurf übernommen, jedoch wird dort Verwertbarkeit angenommen, sofern die Verkehrsauffassung dafür spricht.[429] Dieses Merkmal ist sehr weit und wurde nicht auf externe Verwertbarkeit beschränkt. So könnte sich auch aus der Verkehrsauffassung ergeben, dass ein Gut durch interne Nutzung verwertbar ist.

Zugleich ist zu betonen, dass die Anlegung einer Entstehungswahrscheinlichkeit, wie es der Gesetzesentwurf vorschlägt, nichts anderes ist, als die Übertragung des *going-concern* Gedankens auf den Ansatz von Vermögensgegenständen. Es wird die Fortführung bzw. Weiterentwicklung des Produkts und damit des gesamten Betriebs vorausgesetzt und auch für ausreichend erklärt. Das Kriterium der Entstehungswahrscheinlichkeit kann somit auch zur Objektivierung der internen Nutzbarkeit dienen, denn wenn die Entstehung wahrscheinlich ist, können Aussagen über die technische Realisierbarkeit und die wirtschaftlichen Verwertungsmöglichkeiten getroffen werden, was einen intern nutzbaren wirtschaftlichen Vorteil begründet. Der *going-concern* Gedanke lässt sich auch in den Definitionen zur Abgrenzung von Forschung und Entwicklung gem. § 255 Abs. 2 Satz 2 und 3 HGB wiederfinden. Dort werden im Umkehrschluss aus § 255 Abs. 2a Satz 3 HGB Entwicklungskosten durch zukünftige technische Realisierbarkeit und wirtschaftliche Erfolgsaussichten charakterisiert. Den Kriterien liegt zwangsläufig die Annahme der Unternehmensfortführung zu Grunde. Die Übertragung des *going-concern* Gedankens i.S.d. § 252

428 Vgl. RefE BilMoG, S. 122.
429 Vgl. BT-Drs. 16/10067, S. 60.

Abs. 1 Nr. 2 HGB auf den Ansatz von Vermögensgegenständen findet sich auch teilweise in der Literatur wieder.[430]

Entgegen der früher angewandten „Zerschlagungs-Statik“[431] des ROHG[432] ist heute bei der Erstellung des Jahresabschlusses von einer Fortführung des Betriebs auszugehen, es ist die zukünftige Nutzung zu berücksichtigen.[433] Auch *Simon* vertrat schon früher, dass zur Frage, welche Vermögensgegenstände in die Bilanz aufgenommen werden sollen und wie sie zu bewerten sind, von der Fortführung auszugehen sei – sog. Fortführungsstatik.[434] Es soll eben nicht der momentan im Wege einer Zerschlagung erzielbare Erlös abgebildet werden, sondern die unternehmerische Tätigkeit des Unternehmens berücksichtigt werden. Zur Deckung von Schulden tragen auch maßgeblich die betriebsnotwendigen Faktoren bei. Ist ein Gut in der Entwicklung schon so weit, dass die Entstehung bei Fortführung des Betriebs wahrscheinlich ist, aber eventuell keinen aktuellen Zerschlagungswert besitzt, kann man vertreten, dass unter Anlegung diesen Gedankens bereits ein aufzunehmender Vermögensvorteil vorliegt. In diesen Fällen liegt aufgrund der internen Verwertbarkeit und damit ein Vermögensgegenstand vor.[435]

Hennrichs schlägt ebenfalls die Anwendung des *going-concern* Gedankens auf die Frage der Aktivierbarkeit vor und stellt dabei fest, dass das Schuldendeckungspotential richtigerweise nicht allein durch externe Verwertbarkeit oder Veräußerbarkeit ermittelt werden könne, sondern es auf den „wahrscheinlich zukünftigen wirtschaftlichen Nutzen und selbstständige zuverlässige Bewertbarkeit“[436] ankomme. Rein intern nutzbare Vermögensgegenstände und auch entstehende Vermögensgegenstände können ein solches wirtschaftliches Potential bereits besitzen. Für dieses Verständnis spricht, dass das wirtschaftliche Potential eines Unternehmens und damit auch die Fähigkeit, Schulden zu begleichen, nur unter Berücksichtigung der gesamten, zum wirtschaftlichen Erfolg beitragenden Faktoren möglich ist. Auch betriebsspezielle Maschinen entfalten ihr wirtschaftliches Potential nur durch ihre Nutzung und ihren Beitrag zur Produktion. Ohne diese ist eine Produktion gar nicht erst möglich. Daher besitzen sie sogar wirtschaftlich erhebliches Schuldendeckungspotential.

In der Literatur wird auch die interne Verwertungsmöglichkeit im Sinne der Nutzbarkeit genannt. Allerdings wird nicht darauf eingegangen, ob die interne

430 So auch: Theile, WPg 2008, 1064 (1067); Hennrichs, in: MüKO AktG, § 246 HGB Rn. 29.
431 Der Begriff stammt von Moxter, Bilanzlehre, Bd. I, S. 6.
432 ROHG, Entscheidung vom 03.12.1873, Rep. 934/73, ROHGE Bd. 12, S. 15 ff.
433 Vgl. Winkeljohann/Büssow, in: Beck'scher Bilanzkommentar, § 252 HGB Rn. 9.
434 Vgl. Moxter, Bilanzlehre, Bd. I, S. 6.
435 So wohl auch Küting/Ellmann, Handbuch der Rechnungslegung Einzelabschluss, § 255 HGB Rn. 398. Wobei das Kriterium der internen Verwertbarkeit und dessen Reichweite nicht angesprochen wird.
436 Hennrichs, in: MüKo AktG, § 246 HGB Rn. 29.

Verwertbarkeit für sich genommen genügt und wann genau diese vorliegt.[437] So nennen *ADS* beispielsweise auch die Möglichkeit der Verwertung durch Verarbeitung und Nutzung, was aber schon rein begrifflich internen Bezug aufweist. Darüber hinaus formulieren sie die Folgerungen des statischen Ansatzkonzepts offener: Nach ihrer Ansicht liegt ein Vermögensgegenstand vor, wenn „wirtschaftlich verwertbares Potential zur Deckung der Schulden des Unternehmens"[438] vorliegt. Auch diese Formulierung knüpft nicht an das Schuldendeckungspotential des Vermögensgegenstands selbst an, sondern an dessen wirtschaftliches Potential, zur Deckung der Schulden beizutragen.

Im Ergebnis ist m.E. daher zur Bestimmung eines Vermögensgegenstands auf dessen wirtschaftliches Potential abzustellen. Auch rein intern nutzbare Vermögensgegenstände des Anlagevermögens tragen zum Schuldendeckungspotential bei. Das neue Ansatzwahlrecht erfordert zudem neue Kriterien zur korrekten Erfassung der selbst erstellten immateriellen Vermögensgegenstände. Der Gesetzgeber ist m.E. mit dem Kriterium der Entstehungswahrscheinlichkeit einen Schritt auf das hier vorgestellte Verständnis zugegangen.

Weitet man den Vermögensgegenstand um die rein interne wirtschaftliche Nutzbarkeit aus, muss jedoch eine Grenze zum nicht aktivierungsfähigen Geschäfts- und Firmenwert gezogen werden. Letzterer hat keinen internen Nutzen, sondern ist Resultat der Tätigkeit des Unternehmens als Ganzem. Insofern ließe sich die Abgrenzung durch das gebräuchliche Kriterium der Einzelbewertbarkeit ziehen. Dieses findet sich in § 248 Abs. 2 Satz 2 HGB wieder (vgl. schon Abschnitt 3.3.1.3.1). Zugleich kann die Existenz der Norm als Indiz für ein weites Vermögensgegenstandsverständnis gewertet werden, da sie die Grenzen weit steckt.

Aus dem Kriterium der internen Verwertbarkeit, durch Nutzung, Verarbeitung oder Weiterentwicklung, können auch Schlussfolgerungen für den Ansatzzeitpunkt bzw. Zeitpunkt des Vorliegens eines Vermögensgegenstands gezogen werden. Entwicklungs- bzw. Forschungsergebnisse auf dem Weg zur Entstehung eines Endprodukts, können auf jeder Stufe zumindest intern für die Weiterentwicklung, Verarbeitung oder Verbrauch nutzbar sein. Entsprechend des Willens der Regierungsbegründung und im Sinne des Vorsichtsprinzips muss das Wahlrecht jedoch Schranken erhalten. Das interne wirtschaftliche Potential muss sich hinreichend objektiviert haben. Beginnt ein Unternehmen mit der Entwicklung eines Produkts wird m.E. das wirtschaftliche Potential regelmäßig vorliegen.[439] Ein wirtschaftlich handelnder Betrieb entwickelt nicht „ins Blaue hinein", sondern wird intern die Realisierbarkeit und Wirtschaftlichkeit eines Entwicklungsprojekts vorab prüfen.

---

437 Bertram, Haufe Kommentar, § 248 HGB Rn. 18; Ballwieser, in: MüKo § 248 HGB Rn. 18; Gelhausen/Fey/Kämpfer, § 248 HGB Rn. 60; ADS, § 246 HGB Rn. 26 ff. die bspw. den Verbrauch als Beispiel der Verwertbarkeit nennen.

438 ADS, § 246 HGB Rn. 28.

439 So wohl auch Küting/Ellmann, in: Handbuch der Rechnungslegung Einzelabschluss, § 255 HGB Rn. 398.

Somit kommt es bei Anlegung dieser Kriterien auf eine funktionierende Abgrenzung von Forschung und Entwicklung an. Bereits die aktuell geltende Rechtslage erklärt grundsätzlich sämtliche Kosten der Entwicklung für aktivierbar. Die einzige Diskrepanz zum Regierungsentwurf liegt darin, dass die Regierungsbegründung wohl die Entstehungswahrscheinlichkeit unabhängig vom Beginn der Entwicklungsphase beurteilen möchte. Hält man sich jedoch vor Augen, dass diese Abschätzung in den Händen der Bilanzierenden liegt, kann m.E. jedoch davon ausgegangen werden, dass es tatsächlich nicht schwer fällt, zum Beginn der Entwicklung die Entstehungswahrscheinlichkeit hinreichend zu begründen. Andernfalls liegt Forschung vor.

Dass grundsätzlich eine Tendenz zu einer wirtschaftlichen Betrachtungsweise im Handelsrecht besteht, zeigt auch die Neuformulierung des § 246 Abs. 1 Satz 2 HGB. Seit dem BilMoG ist erstmals der Grundsatz der wirtschaftlichen Zurechnung von Vermögensgegenständen niedergelegt. Es kommt nicht auf die zivilrechtlichen Eigentumsverhältnisse an. Natürlich setzt diese Norm das Vorliegen eines Vermögensgegenstands voraus, jedoch lässt sie erkennen, dass für bilanzielle Darstellungen nicht an starren rechtlichen Konzepten festzuhalten ist, sondern die wirtschaftliche Betrachtung maßgeblich ist.

Im Ergebnis wird, nach den hier vertretenen Auffassungen, vorgeschlagen, dass das Kriterium der internen Verwertbarkeit bei Anlegung einer wirtschaftlichen Betrachtungsweise genügen muss, um die Vermögensgegenstandseigenschaft zu bejahen. Sobald ein Vermögensgegenstand intern für betriebliche Zwecke genutzt wird, trägt er zur Schaffung von Vermögen und daher auch zum Schuldendeckungspotential bei. Bei entstehenden immateriellen Vermögensgegenständen ist in der Regel ab Entwicklung von einer internen Nutzbarkeit auszugehen. Zuletzt soll betont werden, dass an dem oben gefundenen Ergebnis festgehalten wird und ein Ansatz entstehender immaterieller Vermögensgegenstände nur unter Kenntlichmachung des Entwicklungsstadiums möglich ist. Eine Aktivierung der Entwicklungsaufwendungen unter Nennung des angestrebten Produkts scheidet auch bei weitem Vermögensgegenstandsbegriff aus.

3.3.1.3.2.5.3.2 Zweck- und prinzipienorientierte Auslegung

Die teleologische Auslegung ist eine wesentliche Erkenntnisquelle in der bilanzrechtlichen Hermeneutik. Sie spielt eine besondere Rolle, insbesondere wenn Normen ausweislich der Regierungsbegründung einen ganz bestimmten Zweck verfolgen. Daher verwundert es, dass diese Auslegungsmethode in der Literatur zu § 248 HGB n.F. allenfalls beiläufig angewandt wird. Eine Norm die für ganz bestimmte Zwecke geschaffen wurde, muss auch daran gemessen werden.

Die Abschaffung des Verbotes aus § 248 Abs. 2 HGB und damit das Recht selbst erstellte immaterielle Vermögensgegenstände des Anlagevermögens anzusetzen, dient ausweislich der Regierungsbegründung rein zu Informationszwecken, damit Unternehmen ihre Außendarstellung verbessern können.[440] Gerade wissensbasierte

440 BT-Drs. 16/10067, S. 50.

Unternehmen und auch *start-ups* profitieren davon.[441] Das hat grundsätzlich Potential, das Verständnis eines Vermögensgegenstands zu beeinflussen, da die GoB im Wesentlichen von bilanziellen Zwecken geprägt sind.[442] Vor dem Hintergrund der bezweckten Informationsvermittlung wird das Anliegen des Gesetzgebers deutlicher. Ähnlich wie bei den materiellen Vermögensgegenständen in der Herstellung soll es Unternehmen ermöglicht werden, wesentliche Investitionen des Unternehmens in die Entwicklung von Vermögensgegenständen rechtzeitig abzubilden. Mangels Materialität wird in der Regierungsbegründung stattdessen auf die Entstehungswahrscheinlichkeit des immateriellen Endprodukts abgestellt. Der Ausweis erst mit Entstehung des selbst erstellten immateriellen Vermögensgegenstands, würde bei weitem nicht denselben Informationsgehalt haben, wie der Ausweis entstehender Vermögensgegenstände.

Das BilMoG möchte allerdings zugleich traditionelle handelsrechtliches Prinzipien und damit auch Zwecke aufrechterhalten. Damit gemeint ist vor allem die Ausschüttungsbegrenzungsfunktion und damit primär das Vorsichtsprinzip.[443] Letzteres tritt nun neben die Informationsfunktion, womit aber punktuell eine andere Gewichtung zugunsten der Informationsfunktion nicht ausgeschlossen sei.[444] § 248 Abs. 2 Satz 1 HGB kann in diesem Lichte ausgelegt werden, denn gerade dieses Ansatzrecht war dem traditionellen deutschen Bilanzrecht völlig fremd. § 248 Abs. 2 HGB a. F. verkörpert geradezu das Vorsichtsprinzips bzw. Imparitätsprinzip.[445] Auch wenn mit dessen Abschaffung keine Abkehr von den herkömmlichen Prinzipien gewollt war, ist dies als jene punktuelle Zuwendung zur Bilanz als Mittel zur Information zu sehen. Ließe man die Aktivierung erst mit der Entstehung zu, so müsste man von einer Nachaktivierbarkeit von bereits entstandenen Kosten ausgehen[446] um den gleichen, allerdings zeitlich verspäteten, Informationsgehalt zu erhalten. Dies widerspricht allerdings dem Bestandsschutz von Jahresabschlüssen und bewertungsrechtlichen Prinzipien, wie dem Kongruenzprinzip und dem Prinzip der periodengerechten Erfolgsdarstellung (siehe dazu sogleich).[447] Daher ist eine Bilanz informativer, wenn sie schon früh die Investitionen in Entwicklungsprojekte abbildet.

---

441 BT-Drs. 16/10067, S. 49.

442 So auch Herzig, DB 2008, 1 (4).

443 Vgl. auch: Dörner/Neubert, IRZ 2008, 449.

444 BT-Drs. 16/10067, S. 35.

445 Arbeitskreis Immaterielle Werte der Schmalenbachgesellschaft für Betriebswirtschaftslehre e.V., DB 2001, 989 (989).

446 So auch Stellungnahme des Bundesverbandes der Deutschen Industrie und des Deutschen Industrie- und Handelskammertages zum Referentenentwurf des Bilanzrechtsmodernisierungsgesetzes (BilMoG), (abrufbar unter: http://www.bwi-bau.de/uploads/media/Stellungnahme.pdf, zuletzt aufgerufen 15.01.2013), S. 4 f.

447 Dies ist wiederum ein Beweis dafür, dass sich Ansatz und Bewertung nicht immer trennscharf unterscheiden lassen und könnte ein Argument dafür sein, warum der Gesetzgeber den Ansatz entstehender immaterieller Vermögensgegenstände des Anlagevermögens im Bewertungsrecht regeln wollte.

Die zeitgemäße Darstellung der internen Entwicklungsvorgänge fördert darüber hinaus eine den tatsächlichen Verhältnissen entsprechende, bilanzielle Darstellung des Unternehmens i.S.v. § 264 Abs. 2 Satz 1 HGB. Dies spricht ebenfalls für den frühen Ausweis von entstehenden Vermögensgegenständen. Für eine weite Auslegung des Vermögensgegenstandsbegriffs spricht zudem noch das Anliegen des BilMoGs, eine Annäherung an international gebräuchliche Rechnungslegungsstandards zu bewirken. Dort ist, wie etwa der *Asset*-Begriff der IAS, das Verständnis eines Vermögensgegenstands wesentlich weiter und umfasst auch intern nutzbare Güter. Eine Adaption der IFRS ist indessen nicht möglich und auch nicht gewollt. Kriterien des IAS 38 können jedoch als Vorbilder genutzt werden.

3.3.1.3.2.5.3.3 Zwischenergebnis

Nach der hier vertretenen Auffassung sollten auch rein interne und lediglich wirtschaftlich nutzbare Vermögensgegenstände des Anlagevermögens aktiviert werden dürfen. Dadurch würden sämtliche werttreibende Faktoren des Unternehmens abgebildet. Dies wird der Informationsfunktion der Bilanz am ehesten gerecht. Auch bezüglich des Ansatzzeitpunktes sollte m.E. auf die wirtschaftlichen Vorteile abgestellt werden. Zwar hängt dies von der subjektiven Einschätzung des Unternehmers ab, dies ist jedoch auch bei Anlegung der Entstehungswahrscheinlichkeit der Fall. Insoweit bietet die Neuregelung § 248 Abs. 2 Satz 1 HGB einen Ansatzpunkt für die Neuinterpretierung des handelsrechtlichen Vermögensgegenstandsbegriffs.

Es ist aber darauf hinzuweisen, dass *de lege lata* und nach hier vertretener Auffassung, eine Aktivierung nach herkömmlichen Verständnis erst mit Vorliegen eines externen verwertbaren und fertiggestellten Vermögensgegenstand in Betracht kommt. Eine etwaige Entstehungswahrscheinlichkeit genügt hingegen nicht.

3.3.1.3.2.5.3.4 Nachweise für wirtschaftlichen Vorteil

Wann genau interne Verwertbarkeit bzw. ein wirtschaftlicher Vorteil angenommen werden kann, muss im Sinne des Vorsichtsprinzips konkretisiert werden. In der Literatur und auch dem Referentenentwurf des BilMoGs wurden bereits Kriterien zur Konkretisierung der Entstehungswahrscheinlichkeit ausgearbeitet, welche in der Literatur vielfach wiedergegeben werden.[448] Die Kriterien lauten wie folgt:

IAS 38.57/Referentenentwurf[449]:

- Der immaterielle Wert muss zum Zwecke der Nutzung oder Veräußerung technisch realisierbar sein.
- Eine Fertigstellungsabsicht muss vorliegen.
- Das Unternehmen muss fähig sein, den immateriellen Wert zu nutzen oder zu veräußern.

---

448 Vgl.etwa Mindermann, WPg 2008, 273 ff.; Schubert/F. Huber, in: Beck'scher Bilanzkommentar, § 247 HGB Rn. 380.

449 RefE BilMoG S. 122.

- Der Nachweis der künftigen wirtschaftlichen Nutzbarkeit muss gelingen, sei es durch Nachweis eines Marktes oder der internen Nutzbarkeit.
- Fähigkeit der Fertigstellung des immateriellen Werts.
- Verlässliche Bewertbarkeit bzw. Abgrenzbarkeit der Ausgaben in der Entwicklungsphase.

AK Immaterielle Werte[450]:

- Projekt ist initiiert worden (Geschäftsführungsbeschluss; Budgetfreigabe)
- Projektabgrenzung und -beschreibung sind möglich (Präzise Abgrenzung; Zurechenbarkeit der Ausgaben)
- Möglicher Projektnutzen ist darstellbar (Nutzen i.S.d. selbstständigen Verwertbarkeit)

Grundsätzlich sind die genannten Kriterien m.E. taugliche Anknüpfungspunkte. In den Vordergrund sollte dabei die Prüfung der wirtschaftlichen Verwertbarkeit rücken. Diese umschließt alle anderen Kriterien. Ein Wert ist nur dann wirtschaftlich einsetzbar, wenn er technisch realisierbar ist und einen wirtschaftlichen messbaren Vorteil für das Unternehmen bedeutet. Natürlich beinhaltet diese Herangehensweise ebenfalls Spielraum für Bilanzpolitik. Dies ist aber auch bei Anwendung einer Entstehungswahrscheinlichkeit der Fall. Deshalb macht es im Ergebnis keinen Unterschied, wenn zur Beurteilung der abstrakten Aktivierungsfähigkeit auf den weiteren Begriff der wirtschaftlichen Verwertbarkeit abgestellt würde. Entsprechende Nachweise sind natürlich zu fordern. Diese wird ein Unternehmen in der Entwicklungsphase nach erfolgter Wirtschaftlichkeitsprüfung in der Regel beibringen können.

3.3.1.3.3 Ergebnis

Aus dem Gesetz und den bisherigen GoB ergibt sich ein Ansatz selbst erstellter immaterieller Vermögensgegenstände des Anlagevermögens in der Entstehung ohne zusätzliche Untergliederung des § 266 HGB erst bei Vorliegen des angestrebten, abstrakt aktivierungsfähigen Produkts. Ein Ansatz noch in der Entstehung befindlicher Produkte ist stets kenntlich zu machen. Zur Bestimmung eines Vermögensgegenstands ist nach herkömmlicher Auslegung auf die externe Verwertbarkeit abzustellen, was dazu führt, dass nicht jeder selbst erstellte immaterielle Wert des Anlagevermögens angesetzt werden kann.

Daher wird vorgeschlagen, in Anlehnung an das Kriterium Entstehungswahrscheinlichkeit der Regierungsbegründung und allgemeine Vorschläge in der Literatur von einem weiten Vermögensgegenstandsbegriff auszugehen, der vor allem auch rein intern nutzbare Vermögensgegenstände, die rein wirtschaftliches Potential besitzen und so zur Schuldendeckung beitragen, umfasst. Für die Frage des Ansatzes eines entstehenden Erzeugnisses, könnte an die bisher entwickelten Kriterien

450 Arbeitskreis Immaterielle Wert der Schmalenbachgesellschaft für Betriebswirtschaft e.V., DB 2001, 989 (992 f.).

zur Entstehungswahrscheinlichkeit angeknüpft werden. Nach der hier vertretenen Auffassung manifestiert sich in der Regel die wirtschaftliche Nutzbarkeit mit Beginn der Entwicklungsphase. Insofern ist darüber nachzudenken bisher vorgeschlagene Kriterien zur Konkretisierung der Entstehungswahrscheinlichkeit auch als Kriterien zur Bestimmung der Entwicklung zu betrachten. Auch bei weitem Verständnis, könnte das angestrebte Gut in der Entstehung nur mit dem Zusatz „in der Entstehung" angesetzt werden. Sämtliche nach dem weiten Verständnis angesetzten Beträge würden durch § 268 Abs. 8 Satz 1 HGB ausschüttungsgesperrt.

3.3.1.4 Abgrenzung zum Verbot des § 248 Abs. 2 Satz 2 HGB

§ 248 Abs. 2 Satz 2 HGB verbietet den Ansatz von selbst geschaffenen Marken, Drucktiteln, Verlagsrechten, Kundenlisten oder von vergleichbaren selbst erstellten immateriellen Vermögensgegenständen des Anlagevermögens. Diesen Werten ist gemein, dass eine eindeutige Abgrenzung von Aufwendungen für den Geschäfts- und Firmenwert nicht möglich ist.

Durch die Formulierung „...oder vergleichbare selbst erstellte immaterielle Vermögensgegenstände" wird klar, dass die Norm nicht abschließend ist, sondern jegliche selbst erstellte immaterielle Vermögensgegenstände des Anlagevermögens umfasst, bei denen eine klare Abgrenzung nicht möglich ist. Wie bereits in Abschnitt 3.3.1.3.1. erörtert, setzt die Norm das Vorliegen eines abstrakt aktivierungsfähigen Vermögensgegenstands voraus. Daraus ergibt sich, dass § 248 Abs. 2 Satz 2 HGB nicht lediglich der Abgrenzung zum allgemeinen Geschäft- und Firmenwert dienen kann, denn diesem mangelt es schon an der Einzelverwertbarkeit und damit an der Vermögensgegenstandseigenschaft.

Laut Regierungsbegründung ist die Aktivierung von Aufwendungen gem. § 248 Abs. 2 Satz 2 HGB immer dann ausgeschlossen, wenn die Aufwendungen alternativ *auch* dem Geschäfts- oder Firmenwert zugerechnet werden könnten.[451] Die Norm setzt dem Aktivierungswahlrecht aus § 248 Abs. 2 Satz 1 HGB also Schranken. Davon betroffen sind nur solche Vermögensgegenstände, die sozusagen, wie ein trojanisches Pferd, Herstellungskosten in sich tragen können, welche alternativ dem allgemeinen Geschäfts- oder Firmenwert zugerechnet werden könnten. Damit wird die Aktivierung von Teilen des originären *good-will* „durch die Hintertür"[452] vermieden.

Fraglich ist, welche Werte von dem konkreten Ansatzverbot noch erfasst sind. *Van Hall/Kessler* nennen folgende vergleichbare, selbst erstellte immaterielle Vermögensgegenstände des Anlagevermögens: Aufwendungen für die Ingangsetzung und Erweiterung des Betriebs, Aufwendungen für das Anwerben oder Ausbilden von Mitarbeitern, Reorganisationsaufwendungen und Aufwendung für

451 Vgl. Oser/Roß/Wader/Drogemüller, WPg 2008, 675 (679).

452 Vgl. Schüttler/Berthold, DStR 2011, 932, (933 f).

Werbemaßnahmen.[453] Nach *Förschle/Usinger* zählen zu den vergleichbaren selbst erstellten immateriellen Vermögensgegenständen: *„Geschmacks- und Gebrauchsmuster, Kennzeichen (Name, Firma oder besondere Bezeichnung eines Geschäftsbetriebs oder eines Unternehmens; § 5 Abs. 2 MarkenG), sonstige Werktitel (Namen oder besondere Bezeichnungen von Film- und Tonwerken, Bühnenwerken oder sonstigen vergleichbaren Werke; § 5 Abs. 3 MarkenG) und Urheberrechte sowie Internet-Domain-Namen"*.[454]

Dabei ist meines Erachtens jedoch schon fraglich, ob in den genannten Fällen überhaupt Vermögensgegenstände vorliegen. Insbesondere Aufwendungen für die Ingangsetzung und Erweiterung des Betriebs stellen schon keine extern verwertbaren Vermögensgegenstände dar. Mit ähnlicher Argumentation wird vertreten, dass vergleichbare, selbst erstellte immaterielle Vermögensgegenstände nicht existieren bzw. dieser Zusatz inhaltslos sei.[455] Der Zusatz schadet zwar nicht, jedoch kann eine Abgrenzung im Einzelfall schwierig und aufwendig sein. Streng betrachtet müsste der Unternehmer jede Aufwendung darauf hin überprüfen, ob sie alternativ in den allgemeinen Geschäfts- und Firmenwert fließen könnte.[456]

3.3.1.5 Zuordnung zum Anlagevermögen

§ 248 Abs. 2 Satz 1 HGB bezieht sich nur auf Werte des Anlagevermögens. Insofern ist eine Abgrenzung zu den selbst erstellten immateriellen Vermögensgegenständen des Umlaufvermögens vorzunehmen. Letztere sind zwingend zu aktivieren[457] und unterliegen nicht einer Ausschüttungsbegrenzung.

Gemäß § 247 Abs. 2 HGB gehören Gegenstände dann zum Anlagevermögen, wenn sie dazu bestimmt sind, dem Geschäftsbetrieb dauernd zu dienen. Erfüllt ein Vermögensgegenstand im Sinn von § 246 Abs. 1 HGB nicht diese Definition, ist dieser zwingend im Umlaufvermögen zu verbuchen, da keine weitere Vermögensart existiert.[458] Die Unterscheidung von Anlagevermögen und Umlaufvermögen lässt sich anhand der Entwicklung von Software treffend verdeutlichen. Entwickelt ein Unternehmen ein EDV-System für interne Verwaltungszwecke, fehlt es am Marktbezug. Beispielsweise besitzen Banken (Bargeldsteuerung) oder Fluggesellschaften

453 Van Hall/Kessler, in: Handbuch-BilMoG, S. 182 f.

454 Fröschle/Usinger, in: Beck'scher Bilanzkommentar § 248 HGB Rn. 20.

455 So: Schüttler/Berthold, DStR 2011, 932, (933 f.), welche den Zusatz „vergleichbare Vermögensgegenstände" als inhaltslose Absicherung des Gesetzgebers betrachten. In der Sache ging es nach Ansicht der Autoren allein um die Grenzziehung zur unzulässigen Aktivierung des originären good-wills, welche aber schon an den Voraussetzungen der Aktivierbarkeit scheitert. Vgl. auch Kritik von Ballwieser, in: MüKo § 248 HGB Rn. 28 und Gelhausen/Fey/Kämpfer, S. 87 Rn. 83.

456 Vgl. auch Ballwieser, in: MüKo § 248 HGB Rn. 28.

457 Dies ergab sich aus dem Umkehrschluss von § 248 Abs. 2 HGB a.F., vgl. Hömberg/König, in: Baetge/Kirsch/Thiele, Bilanzrecht, § 248 HGB Rn. 32.

458 Braun, in: KölnerKomm zur Rechnungslegung § 247 HGB Rn. 27; Breithaupt, in: Baetge/Kirsch/Thiele, Bilanzrecht, § 247 Rn. 281.

(Ticketing) oft aufwendige Programme zur Bewältigung interner Abläufe.[459] Es handelt sich um Vermögensgegenstände des Anlagevermögens, da sie dauerhaft im Betrieb eingesetzt werden. Eine Verwertung außerhalb des Unternehmens ist nicht geplant. Software, die hingegen im Auftrag von Dritten hergestellt wird und zum Verkauf bestimmt ist und dadurch ausreichend Marktbezug hat, muss im Umlaufvermögen bilanziert werden.[460] Entwickelt ein Softwareunternehmen Programme, die extern verwertet werden sollen, kann dennoch ein Vermögensgegenstand des Anlagevermögens vorliegen. Verbleibt die Software nämlich beim Hersteller, weil sie etwa dem Kunden nur zugänglich gemacht wird oder kurzfristig verliehen wird, dient sie schwerpunktmäßig langfristig dem Unternehmen. Es handelt sich dann um Anlagevermögen. Wird die Software hingegen vom Kunden abgenommen und liegt das Risiko dann nur noch beim Abnehmer, liegt Umlaufvermögen vor. Es hängt also einerseits von der Verwendungsabsicht des Herstellers und andererseits von den konkreten Vertragsgestaltungen zwischen Herstellern und Kunden ab, ob ein Produkt im Anlage- oder Umlaufvermögen gebucht werden muss.[461]

3.3.1.6 Bewertung nach § 255 Abs. 2 und 2a HGB

Nachdem festgestellt wurde, unter welchen Voraussetzungen ein immaterieller Vermögensgegenstand des Anlagevermögens vorliegt und vor allem, wann er angesetzt werden darf, stellt sich die Frage, welche Herstellungskosten in Ansatz gebracht werden dürfen.

Die Frage der Bewertung wird hier *de lege lata* behandelt. Wie oben festgestellt wurde, kann es nach der hier vertretenen Auffassung nur dann zu einem Ansatz von selbst erstellten immateriellen Vermögensgegenständen des Anlagevermögens kommen, wenn die Voraussetzungen der abstrakten Aktivierungsfähigkeit endgültig vorliegen. Dies ist auch bei Anlegung der üblichen Kriterien nicht unbedingt erst dann der Fall, wenn der angestrebte Vermögensgegenstand endgültig vorliegt. Auch Vor- und Zwischenprodukte können einzeln verwertbar sein, müssen aber nach der hier vertretenen Auffassung als solche ausgewiesen werden, da der angestrebte Vermögensgegenstand tatsächlich noch nicht vorliegt. Der Ansatz des angestrebten Vermögensgegenstands mit dem Zusatz „in Entstehung" kommt nur dann in Betracht, wenn der Jahresabschluss dementsprechend aufgegliedert wird.

Die maßgeblichen Bewertungsvorschriften sind §§ 255 Abs. 2 i.V.m. 253 Abs. 1 HGB.[462] Danach sind die Herstellungskosten anzusetzen, da bei selbst erstellten

459 Hüttche, in: StuB 2008, 163 (165); vgl. zur Unterscheidung bei Filmrechten Gabert, StuB 2010, 891 ff.

460 Zur detaillierten Abgrenzung vgl. Kessler, BB Beilage 1994, Nr. 12, 1–24; Walleyo, BC 2001, 25 ff.

461 Beispiel nach Hüttche, StuB 2008, 163 (164).

462 So auch Schubert/Pastor, in: Beck'scher Bilanzkommentar, § 255 HGB Rn. 481. § 255 Abs. 2a HGB ist keine Bewertungsvorschrift sondern nur eine Zuordnungsvorschrift.

Werten in der Regel keine Anschaffungskosten vorliegen. § 255 Abs. 2a HGB konkretisiert die Herstellungskosten nach § 255 Abs. 2 Satz 4 HGB und bestimmt, dass diejenigen Herstellungskosten berücksichtigt werden dürfen, welche bei der Entwicklung selbst geschaffener immaterieller Vermögensgegenstände des Anlagevermögens anfallen und liefert Definitionen zur Abgrenzung von Forschung und Entwicklung. Während § 255 Abs. 2a HGB primär den zeitlichen Rahmen bzw. funktionalen Aufwendungszusammenhang absteckt, richtet sich die Art der anzusetzenden Kosten nach § 255 Abs. 2 HGB. Als Herstellungskosten gelten danach Aufwendungen, die durch den Verbrauch von Gütern oder die Inanspruchnahme von Diensten anfallen. Dazu zählen gem. § 255 Abs. 2 Satz 2 HGB Materialkosten, Fertigungskosten, Sonderkosten der Fertigung sowie angemessene Teile der Materialgemeinkosten, Fertigungsgemeinkosten und Kosten des Werteverzehrs des Anlagevermögens, soweit sie durch die Fertigung verursacht sind.

Bei der Zuordnung von Herstellungskosten im Rahmen von selbst erstellten immateriellen Vermögensgegenständen des Anlagevermögens stellen sich insbesondere folgende Fragen: zum einen ist zu klären, wie ansetzbare Entwicklungsaufwendungen von nicht ansetzbaren Forschungsaufwendungen abgegrenzt werden können. Für letztere besteht das Ansatzverbot nach § 255 Abs. 2 Satz 4 HGB, welches in § 255 Abs. 2a Satz 4 HGB auf nicht zweifelsfrei der Entwicklungsphase zurechenbare Kosten ausgeweitet wird. Zum anderen ist zu klären, wie die Formulierung *„bei dessen Entwicklung“* des § 255 Abs. 2a Satz 1 HGB zu verstehen ist. Rein begrifflich bezieht die Formulierung nach der hier vertretenen Auffassung jede in der Entwicklungsphase entstandene Aufwendung mit ein, unabhängig davon, wann der Vermögensgegenstand entstanden ist. Daher ist zu klären, ob eine Nachaktivierung bereits aufwandswirksam verbuchter Aufwendungen vorgesehen ist.[463]

3.3.1.6.1 Abgrenzung von Forschung und Entwicklung, § 255 Abs. 2a HGB

Gem. § 255 Abs. 2 Satz 4 HGB und § 255 Abs. 2a Satz 1 HGB können nur Kosten der Entwicklung angesetzt werden. Können Aufwendungen nicht zweifelsfrei der Entwicklungstätigkeit zugeordnet werden, kommt ein Ansatz ebenfalls nicht in Betracht, vgl. § 255 Abs. 2a Satz 4 HGB.

Zur Unterscheidung liefert das Gesetz für Forschung und Entwicklung in §§ 255 Abs. 2a Satz 2 und 3 HGB Definitionen. Danach ist Forschung die eigenständige und planmäßige Suche nach neuen wissenschaftlichen oder technischen Erkenntnissen oder Erfahrungen allgemeiner Art, über deren technische Verwertbarkeit und wirtschaftliche Erfolgsaussichten grundsätzlich keine Aussagen gemacht werden können, vgl. § 255 Abs. 2a Satz 3 HGB. Entwicklung ist dagegen die Anwendung von Forschungsergebnissen oder von anderem Wissen für die Neuentwicklung von

463 Letzteres würde dem Willen des Gesetzgebers Rechnung tragen, der eigentlich schon die Aktivierung von Noch-Nicht-Vermögensgegenständen zulassen will, was hier aber aufgrund des Wortlauts und der Systematik abgelehnt wurde, vgl. dazu Abschnitt 3.3.1.3.2.

Gütern oder Verfahren oder die Weiterentwicklung von Gütern oder Verfahren mittels wesentlicher Änderungen, vgl. § 255 Abs. 2a Satz 2 HGB. Den Definitionen liegt ein lineares Verständnis von Forschung und Entwicklung zugrunde, d.h. erst Forschung und anschließend Entwicklung. Die Definitionen werden oft als zu allgemein bezeichnet, wenngleich nur selten treffendere Abgrenzungen geliefert werden (können).[464]

Abbildung 3: unternehmerische lineare Produktentwicklung.

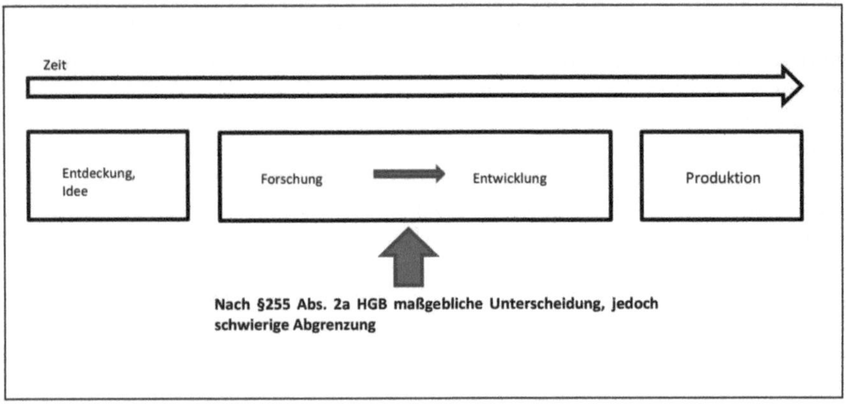

Abbildung 3 zeigt die Phasen des betrieblichen Innovationsprozesses. Zu Beginn steht die Entdeckung einer neuen Erkenntnis oder auch die Entstehung einer neuen Idee. Am Ende des gesamten Prozesses entsteht ein produktionsfähiges Gut. Dazwischen findet Forschung und Entwicklung statt, deren Übergänge fließend sein können.

Zwar ist nach dem Wortlaut der §§ 255 Abs. 2 a Satz 2 und 3 HGB klargestellt, dass die Forschung der Entwicklung zeitlich vorgelagert ist, jedoch ist der Übergang von Forschung auf Entwicklung nicht eindeutig. Nur frühe oder späte Aufwendungen im betrieblichen Produktentwicklungsprozess lassen sich zweifelsfrei zuordnen. Die Grenzen der angewandten Forschung und der experimentellen

464 Vgl. Küting/Ellman, DStR 2010, 1300 (1301) Sie fassen die Definitionen wie folgt zusammen: Forschung sei die Suche nach neuen Wegen, Entwicklung die Anwendung dieser Wege. Daneben weisen sie darauf hin, dass die vom Gesetzgeber zur Verfügung gestellten Definitionen auf technische Vorgänge ausgerichtet seien, der Anwendungsbereich aber auch andere Branchen, wie Finanz- und Dienstleistungsbetriebe, umfasse. Hennrichs, Öffentliche Anhörung zum BilMoG (vgl. Protokoll der 122. Sitzung des Rechtsausschusses (vgl. Fn. 215)), S. 2, bestätigt die Objektivierungsprobleme und hält eine treffendere Abgrenzung kaum für möglich.

Entwicklung verschwimmen und hängen vor allem von subjektiven Kriterien ab.[465] Zur Überprüfung bzw. zur Nachvollziehbarkeit des Produktentwicklungsprozesses ist daher die Installation eines internen, objektiven Kontrollsystems notwendig. Dieses muss die betrieblichen Vorgänge ausschöpfend erfassen und dokumentieren, was nicht nur schwierig, sondern vor allem sehr aufwendig und in aller Regel auch kostenintensiv ist.[466] Viele betrachten diese Stelle als Einfallstor für Bilanzpolitik, da die Zuordnung der Kosten mangels harter Kriterien letztlich im Ermessen des Bilanzierenden liegt.[467]

Der Referentenentwurf zum BilMoG geht auf diese Problematik ein und konstatiert, dass die Abgrenzung anhand verschiedenster Kriterien „recht einfach" vorgenommen werden kann[468]:

Forschungsaktivitäten[469]:

- Aktivitäten, die auf Erlangung neuer Kenntnisse gerichtet sind
- Suche nach Alternativen für Materialien, Vorrichtungen, Produkte, Verfahren, Systeme oder Dienstleistungen
- Formulierung, Entwurf und Abschätzung sowie Auswahl von Alternativen für neue oder verbesserte Materialien, Vorrichtungen, Produkte, Verfahren oder Dienstleistungen

465 Hüttche, in: StuB 2008, 163 (164 f.), Küting/Ellmann, DStR 2010, 1300 (1300); vgl. auch. Protokoll der 122. Sitzung des Rechtsausschusses des Bundestages (vgl. Fn. 215): *Hennrichs* weist auf S. 2 f darauf hin, dass die Angabe dieser immateriellen Werte durchaus wünschenswert ist, jedoch eine klare Abgrenzung nicht möglich ist. Aus diesem Grund spricht sich *Hoffmann-Becking* im Protokoll auf S. 6 für ein Verbot der Aktivierung aus. *Küting* bestätigt auf S. 6, dass eine Objektivierbarkeit nicht vorliegt und selbst eine striktere Regelung, wie IAS 38, faktisch zu einem Wahlrecht führe. *Müller* kritisiert auf S. 16 das Problem der branchenspezifischen Unterschiede bei der Beurteilung, ob Entwicklungskosten vorliegen. So würden insbesondere Pharmaunternehmen erst mit der notwendigen arzneimittelrechtlichen Genehmigung in die Entwicklungsphase gelangen, wohingegen Automobilhersteller schon sehr früh Aufwendungen als Entwicklungskosten aktivieren könnten. Für die Filmindustrie schlägt *Gabert* zur Abgrenzung eine Orientierung an den US-GAAP vor, vgl. Gabert, StuB 2010, 891 ff.

466 RegE BT-Drucks. 16/10067, S. 60; insbesondere auch die Stellungnahme des Bundesrates, BR-Drucks. 344/08, S. 7 f. Der Bundesrat hebt hervor, dass die Kosten nicht unangemessen sind, sofern die Regelung ein Wahlrecht enthält. So können Unternehmen selbst entscheiden, ob sich der zusätzliche Aufwand lohnt, was bei einem innovativen Unternehmen regelmäßig der Fall sei.

467 vgl. Ekkenga, in: KölnerKomm zur Rechnungslegung § 255 HGB Rn. 9.

468 RefE BilMoG, S. 123; RegE BT-Drs. 16/10067, S. 60: wobei im Regierungsentwurf bei ansonsten gleicher Begründung das „recht einfach" gestrichen wurde.

469 Die Aufzählung entspricht derjenigen in: RegE BT-Drs. 16/10067, S. 60 f.

Entwicklungsaktivitäten:

- Entwürfe, Konstruktion und Test neuer Prototypen und Modelle vor der eigentlichen Produktion
- Entwerfen, Konstruieren und Testen einer gewählten Alternative für neue Materialien, Vorrichtungen, Produkte, Verfahren, Systeme oder Dienstleistungen
- Entwurf, Konstruktion und der Betrieb einer Pilotanlage, die für kommerzielle Nutzung ungeeignet ist, sondern nur als Prototyp dient
- Entwurf von Werkzeugen, Spannvorrichtungen, Prägestempeln oder Gussformen unter Verwendung neuer Technologien

Kompliziert wird die Abgrenzung laut Gesetzesmaterialien nur dann, wenn Forschung und Entwicklung sich zueinander alternierend verhalten. Nicht jede Entwicklung basiert auf einem vollkommen erforschten Gedanken. In der Entwicklung können neue Forschungsaktivitäten notwendig werden.

M.E. ist die Abgrenzung von Forschung und Entwicklung kein tatsächliches Problem. Zum einen ist nicht einzusehen, warum Unternehmen diese Unterscheidung nicht treffen können sollten[470], zum andern liefert das Gesetz für Zweifelsfälle ja eine eindeutige Lösung, vgl. § 255 Abs. 2a Satz 4 HGB. Nur wenn eindeutig Entwicklungsaufwendungen vorliegen, kommt der Ansatz in Betracht. Dies dürfte den Beginn der Phase, in der aktivierungsfähige Kosten anfallen, etwas in die Entwicklungsphase hinein verschieben. Richtig ist aber, dass das Wahlrecht einerseits enormen Raum für Bilanzpolitik bietet und andererseits hohe Dokumentationskosten verursacht.

M.E. umfassen die gesetzlichen Definitionen darüber hinaus nicht nur den linearen sondern auch den alternierenden Entwicklungsprozess. Entwicklung, als Anwendung von Forschungsergebnissen, setzt immer das Vorliegen von bereits gefundenen Forschungsergebnissen voraus. Somit ist der Prozess der Produktentstehung dem Grunde nach stets linear. Die Definitionen knüpfen zudem nicht an zeitliche Momente an, sondern sind tätigkeitsbezogen. Das schließt den alternierenden Prozess nicht aus. Richtig ist nur, dass der Abgrenzungsaufwand höher wird. Das Gesetz geht jedoch nicht davon aus, dass die Forschung in der Entwicklungsphase komplett abgeschlossen sein muss.

3.3.1.6.2 Zeitliche Zuordnung von Entwicklungskosten

Gem. § 255 Abs. 2a Satz 1 HGB sind die Herstellungskosten eines selbst erstellten immateriellen Vermögensgegenstands die bei dessen Entwicklung anfallenden Aufwendungen. In Abschnitt 3.3.1.3.2.2 wurde der Wortlaut dieser Norm dahingehend untersucht, ob Aussagen über einen Aktivierungszeitpunkt getroffen werden. Dies

470 Vgl. etwa Küting/Ellmann, DStR 2010, 1300 (1302) m.w.N. weisen auf ein geeignetes FuE-Controlling (Forschung und Entwicklung Controlling) hin, das je nach Umständen die Einrichtung gesonderter Kostenstellen erfordere oder gar einzelnen Projekten eigene Kostenträger zugeordnet werden müssten.

wurde verneint, da die Norm als Zuordnungsvorschrift lediglich Entwicklungskosten für aktivierungsfähig erklärt. Wann indessen ein Vermögensgegenstand vorliegt, beurteilt sich nach herkömmlichen Kriterien. Für die Bewertung ist nun zu klären, ob § 255 Abs. 2a HGB auch den Ansatz von Entwicklungskosten erlaubt, die vor dem Entstehen der Aktivierungsvoraussetzungen angefallen sind. Diese Frage stellt sich unabhängig davon, welche Ansatzvoraussetzungen man fordert, sofern diese nicht zeitgleich zu Beginn der Entwicklungsphase vorliegen. Problematisch ist die Frage deshalb, weil nicht aktivierungsfähige Kosten sofort aufwandswirksam verbucht werden und es deshalb bei Einbezug vergangener Kosten zu einer unerwünschten Nachaktivierung käme.

Der Wortlaut der Norm ist in diesem Punkt ebenfalls nicht eindeutig. Entweder könnte die Formulierung „anfallenden Kosten" darauf hinweisen, dass nur aktuelle und zukünftige Kosten berücksichtigt werden dürfen. Zugleich kann die Formulierung „bei der Entwicklung anfallenden Aufwendungen" so verstanden werden, dass sich das zeitliche Moment auf die gesamte Entwicklungsphase bezieht und demzufolge eine Aktivierung sämtlicher Entwicklungskosten, ob vergangen oder noch anfallend, in Betracht kommt. Folgende Ansichten werden vertreten:

1. Ansatz der gesamten Entwicklungskosten des Vermögensgegenstands unabhängig vom handelsrechtlich maßgeblichen Ansatzzeitpunkt. Nachaktivierungen müssten in diesem Fall vollumfänglich zulässig sein.[471]
2. Ansatz von Entwicklungskosten ab dem Zeitpunkt des Vorliegens der abstrakten Ansatzfähigkeit
   a. Dabei dürfen nur die noch anfallenden Entwicklungskosten berücksichtigt werden, eine Nachaktivierung ist gänzlich ausgeschlossen.[472]
   b. Dabei können die in der relevanten Periode bereits entstandenen, Entwicklungskosten angesetzt, also nachaktiviert werden.[473]

---

471 Küting/Ellmann, in: Handbuch der Rechnungslegung Einzelabschluss, § 255 HGB Rn. 396; Fülbier/Gassen, DB 2007, 2605 (2609); Hennrichs, DB 2008, 537 (540).

472 Küting/Ellmann, DStR 2010, 1300 (1304); Bertram, in: Haufe Kommentar, § 255 HGB Rn. 175.

473 Schubert/Pastor, in: Beck'scher Bilanzkommentar, § 255 HGB Rn. 489.

Abbildung 4: mögliche Ansatzzeiträume nach § 255 Abs. 2a Satz 1 HGB.

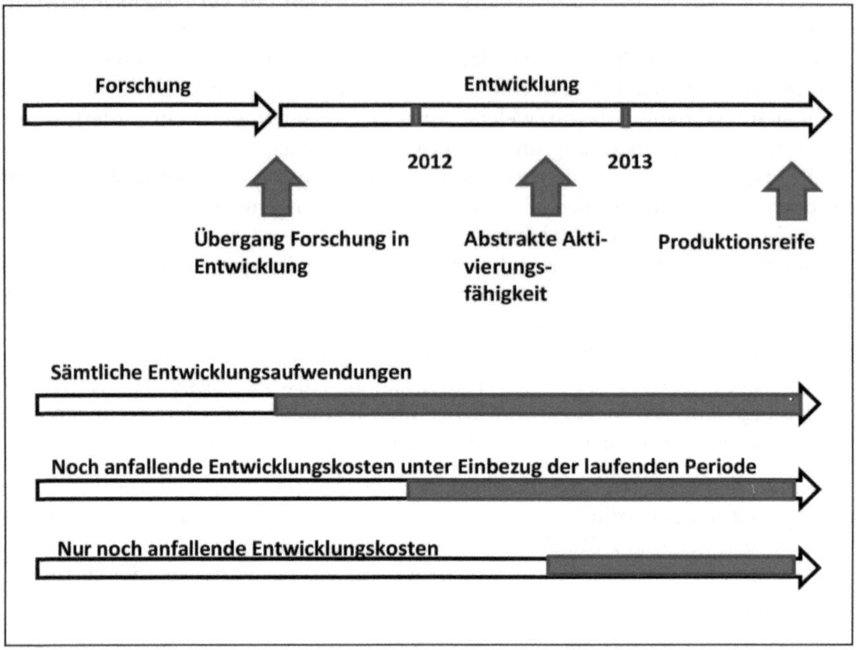

Wie schon erörtert, lässt der Wortlaut verschiedene Auslegungen zu.[474] Die eingangs erwähnten Ansichten sind alle mit dem Wortlaut in Einklang zu bringen.

Geht man gemäß der wohl herrschenden Ansicht der Literatur davon aus, dass § 255 Abs. 2a HGB auf einen Ansatzzeitpunkt hinweise, könnten konsequenterweise nur noch anfallende Entwicklungskosten berücksichtigt werden, da insoweit das Präsens der Formulierung maßgeblich wäre. Bereits vor dem Aktivierungszeitpunkt angefallene Entwicklungskosten wären von der Norm nicht umfasst. Dann aber käme es auf die Abgrenzung von Forschung und Entwicklung nur noch in zwei Fällen an: (1) Bei iterativen Prozessen, bei denen während der Entwicklung noch weitere Forschungsergebnisse notwendig werden oder (2) wenn das Vorliegen der Ansatzkriterien zeitlich genau auf den Übergang von Forschung zu Entwicklung fällt. Die herrschende Ansicht vertritt aber zugleich, dass das Gesetz von einem linearen FuE Prozess ausgeht, weshalb nach diesem Verständnis die Abgrenzung von Forschung und Entwicklung entbehrlich wäre. Zur Frage der Aktivierung von Forschungskosten könnte es gar nicht erst kommen. Aber auch wenn man

474 Hennrichs, DB 2008, 537 (540) betrachtet den Wortlaut als Hinweis auf die Zulässigkeit einer vollumfänglichen Nachaktivierung, kritisiert dies aber.

den iterativen Prozess betrachtet, ist es zweifelhaft, ob es auf die Abgrenzung von Forschung und Entwicklung ankommen kann. Wenn in der Entwicklungsphase noch weitere Forschungstätigkeiten notwendig werden, kann eigentlich nicht von einer hohen Entstehungswahrscheinlichkeit gesprochen werden. Schließlich ist der Forschung immanent, dass keine Aussagen über technische Verwertbarkeit getroffen werden können. Erfordert die Entwicklung eines Vermögensgegenstands tatsächlich noch weitere Forschungsergebnisse, kann eine Entstehungswahrscheinlichkeit daher nicht angenommen werden. Ist dies dennoch möglich, liegt in aller Regel keine Forschungstätigkeit, sondern eine Entwicklungstätigkeit vor. Darüber hinaus unterscheidet die herrschende Meinung zwischen dem Vorliegen von Entwicklungstätigkeiten und dem Vorliegen der für die Aktivierung notwendigen Entstehungswahrscheinlichkeit. Dies indiziert, dass beides in der Regel nicht zum selben Zeitpunkt vorliegt.

Wie schon beschrieben, sprechen die besseren Argumente dafür, dass § 255 Abs. 2a HGB keinen Ansatzzeitpunkt konkretisiert. Insoweit bezieht sich die Norm sozusagen „ansatzneutral" auf die gesamte Entwicklungstätigkeit. Nach dem hier vorgeschlagenen weiten Vermögensgegenstandverständnis ist die Abgrenzung zwischen Forschung und Entwicklung stets von Bedeutung, da eine Aktivierung ab Beginn der Entwicklungsphase in Betracht kommt. Stellt man mit der herrschenden Ansicht auf die Entstehungswahrscheinlichkeit ab, müssten wortlautgemäß bis dahin angefallene Entwicklungskosten von einer Aktivierung ausgeschlossen sein. Möchte man das dennoch zulassen, oder fordert man, wie hier vertreten, einen endgültig entstandenen Vermögensgegenstand zur Aktivierung, stellt sich die Frage der Nachaktivierung und nur dann die Frage der Abgrenzung von Forschung und Entwicklung. Man könnte vertreten, dass § 255 Abs. 2a HGB indiziere, dass der Gesetzgeber eine stetige Abgrenzung vorsieht und daher entweder die Nachaktivierung zulässig sein muss oder aber eine frühe Aktivierung im Zeitpunkt des Phasenübergangs möglich sein müsste. Natürlich ist diese Argumentation nicht zwingend, denn es besteht ja keine Anwendungspflicht einer Norm. Die andernfalls anzunehmende geringe Bedeutung einer Norm spricht noch nicht für ihre Anwendung. M.E. ist dies angesichts der Diskussionen jedoch ein Indiz dafür, dass ein Ansatzzeitpunkt nicht geregelt wurde. Hinsichtlich dieser Frage soll hier an den Ergebnissen der Arbeit zur Frage des Ansatzzeitpunkts angeknüpft werden. § 255 Abs. 2a HGB beschreibt keinen Ansatzzeitpunkt, sondern erklärt Kosten, die in der Entwicklungsphase anfallen, für Entwicklungskosten i.S.d. § 255 Abs. 2 HGB.[475] Eine Nachaktivierung wäre dem Wortlaut folgend somit zulässig. Fraglich ist jedoch, ob

475 Nach der hier vertretenen, weiten Auffassung zum Vermögensgegenstandsbegriff käme es in der Regel auf die Abgrenzung Forschung und Entwicklung an, da die Kriterien der Entwicklung nach der hier vertretenen Auffassung häufig zugleich einen wirtschaftlich nutzbaren, internen Vermögensgegenstand begründen können. Dies ist im Übrigen auch bei engem Verständnis nicht ausgeschlossen, da selbst Forschungsergebnisse extern verwertbar sein können.

dies gegen sonstige GoB verstößt. Die Regierungsbegründung äußert sich zu dieser Frage nicht explizit. Weitere Anhaltspunkte können deshalb nur die allgemeinen Bewertungs- und auch Ansatzprinzipien liefern.

Gegen die vollumfängliche Aktivierung im Wege der Nachaktivierung könnte zunächst der rechtliche Charakter von § 255 Abs. 2a HGB sprechen. Es handelt sich dabei um eine Bewertungsvorschrift, die, wenn man eine Nachaktivierung zuließe, quasi doch über den Ansatz entschiede. Im Grundsatz ist aber zwischen Ansatz und Bewertung zu unterscheiden, wobei sich Fragen der Aktivierungsfähigkeit, formal betrachtet, nur an Ansatzvorschriften orientieren können. Materiell rechtlich kann die Trennung jedoch nicht streng durchgezogen werden. Gerade bei Herstellungsprozessen wirken Bewertungsvorschriften wie Ansatzvorschriften. Dabei ist zu beachten, dass der Ansatz dem Grunde nach dennoch den Ansatzvorschriften überlassen ist. § 255 Abs. 2a HGB ordnet einem entstandenen angesetzten Vermögensgegenstand lediglich bewertbare Kosten zu und setzt daher ein aktiviertes Bezugsobjekt voraus. Dies ist daher kein Argument für die Ablehnung einer Nachaktivierung.

Fraglich ist jedoch, ob andere Prinzipien einer Nachaktivierung widersprechen. Dabei ist insbesondere an das Prinzip der periodengerechten Erfolgsermittlung und an den damit verwandten Bestandschutz[476] von abgeschlossenen Jahresabschlüssen zu denken. Zwar handelt es sich bei Herstellungsvorgängen primär um erfolgsneutrale Vorgänge, jedoch würde eine Nachaktivierung von bereits erfolgswirksam verbuchten Aufwendungen den periodengerechten Ausweis stark gefährden.[477] Vielmehr entspricht es dem periodengerechten Ausweis, Aufwand dann abzubilden, wenn er anfällt. Nur so wird ein den tatsächlichen Verhältnissen entsprechendes Bild im Sinne des Wahrheitsgebots vermittelt. Auch der BFH spricht sich regelmäßig für die Vermeidung von Umbuchungen aus.[478]

Die Möglichkeit einer Nachaktivierung wird in der Literatur daher mehrheitlich abgelehnt. Eine erfolgsneutrale Nachaktivierung wiederspräche dem Kongruenzprinzip, da die abermalige Berücksichtigung von Aufwendungen zu planmäßigen Abschreibungen und somit erneuten Aufwendungen führe.[479] Eine ergebniswirksame Nachaktivierung würde hingegen den periodengerechten Erfolgsausweis in nicht unerheblichen Umfang „*verzerren*“[480].[481] Eine Nachaktivierung sei daher

476 Seidel/Grieger/Muske, BB 2009, 1286 (1288).

477 So: Hüttche, in: StuB 2008, 163 (165).

478 BFH IV R 176/72 v. 11.03.1976; BStBl II 76, 614 (616) bestätigend Buciek, in: Blümich, § 5 EStG Rn. 313.

479 Vgl. Seidel/Grieger/Muske, BB 2009, 1286 (1288); AK Immaterielle Werte, DB 2008, 1813 (1819) sprechen sich gegen eine Nachaktivierung in jeglicher Form aus, erkennen aber die Offenheit des Gesetzes an; Mindermann, WPg 2008, 273 (275) spricht sich aus diesem Grund für eine ergebniswirksame Nachaktivierung aus.

480 Vgl. AK Immaterielle Werte, DB 2008, 1813 (1819)

481 Hüttche, StuB 2008, 163 (165) der zudem anführt, dass die Nachaktivierung gegen den Grundsatz der zutreffenden Darstellung der wirtschaftlichen Verhältnisse verstößt.

generell auszuschließen.[482] *Grottel/Pastor* vertreten die Ansicht, dass zumindest die (Nach-)Aktivierung unterjähriger Entwicklungsaufwendungen möglich sein muss, da eine laufende FuE-Abgrenzung nicht gewollt sein kann, sondern nur zum Stichtag vorzunehmen sei.[483] Dem wird wiederum entgegen gehalten, dass der Stellenwert der Abgrenzung gerade zeige, dass ein laufendes FuE-Controlling gewollt sei, um den Übergang von Forschung in Entwicklung bestimmen zu können.[484]

M.E. ist es tatsächlich sinnwidrig, abgeschlossene Jahresabschlüsse wieder zu eröffnen und eine Nachaktivierung zuzulassen. Eine ergebniswirksame Nachaktivierung führt tatsächlich zu erheblichen Verzerrungen und eine erfolgsneutrale Nachaktivierung kann zu erneutem Aufwand in Form von Abschreibungen führen. Insoweit können m.E., entsprechend der h.M. in der Literatur, nur noch anfallende Kosten berücksichtigt werden. Begreift man § 255 Abs. 2a HGB als reine Bewertungsvorschrift, ist dies auch mit dem Wortlaut vereinbar. Nach erfolgter Aktivierung gemäß den allgemeinen Regeln zur abstrakten Aktivierbarkeit können die anfallenden Kosten berücksichtigt werden. Dies schließt jedoch nicht aus, dass die Kosten der laufenden Periode berücksichtigt werden können. Insoweit wird der Bestandsschutz abgeschlossener Jahresabschlüsse nicht gefährdet und im Übrigen einem periodengerechten Ausweis Rechnung getragen.

Das Nichtzulassen einer Nachaktivierung kann im Einzelfall dazu führen, dass Entwicklungstätigkeiten nur in geringem Maße, nämlich, gem. der h.M., ab Vorliegen der hohen Entstehungswahrscheinlichkeit und nach der hier vertretenen Auffassung ab Vorliegen externer Verwertbarkeit, abgebildet werden. Dies könnte den Zweck der Informationsvermittlung unterlaufen. Insbesondere lange andauernde Entwicklungstätigkeiten würden so nur unzureichend abgebildet. Selbst die Zulassung einer Nachaktivierung hätte nicht den bestmöglichen Informationsgehalt, da es zu einem verspäteten Ausweis käme. Bei materiellen Vermögensgegenständen ist eine Aktivierung hingegen schon zu Beginn des Herstellungsprozesses möglich, wodurch Investitionen des Unternehmens abgebildet werden. Dort kommt es erst gar nicht zur Frage einer etwaigen Nachaktivierung. Dies alles spricht m.E. für den hier vorgeschlagenen weiten Vermögensgegenstandsbegriff, der interne Verwertbarkeit einschließt und einen entstandenen wirtschaftlichen Vorteil zur Aktivierung ausreichen lässt, der schon ab Beginn der Entwicklung vorliegen kann. So ließe sich das Problem einer etwaigen Nachaktivierung umgehen, da ein ausreichend früher Ausweis der Investitionen stattfände. Damit wäre zugleich weitestgehend Gleichlauf mit materiellen Vermögensgegenständen in der Herstellung erreicht. Die Ausschüttungssperre bei Kapitalgesellschaften sowie die persönliche Haftung von

482 Küting/Ellmann, DStR 2010, 1300 (1304); Bertram, in: Haufe Kommentar, § 255 HGB Rn. 175.

483 Schubert/Pastor, in: Beck'scher Bilanzkommentar, § 255 HGB Rn. 489.

484 Knop/Küting, in: Handbuch der Rechnungslegung Einzelabschluss, § 255 HGB Rn. 400.

Einzelkaufleuten oder Gesellschafter von Handelsgesellschaften können die damit verbundenen Unsicherheiten abfedern.

3.3.1.6.3 Ergebnis

Zwar bezieht sich der Wortlaut von § 255 Abs. 2a Satz 1 HGB auf sämtliche Entwicklungskosten, jedoch muss die Nachaktivierung aufgrund des Prinzips der periodengerechten Gewinnermittlung und des Kongruenzprinzips auf die in der laufenden Perioden angefallenen Kosten beschränkt bleiben. Damit ist der Zweck der Informationsvermittlung in Frage gestellt, da es zu einem relativ späten Ausweis kommt und die Höhe der angefallenen Investitionen nur unzureichend dargestellt wird.

Das hier vorgeschlagene weite Vermögensgegenstandsverständnis würde hingegen eine allenfalls geringe „zeitliche Lücke" verursachen, in welcher Entwicklungskosten nicht angesetzt werden dürfen.

3.3.1.7 Kritik am Ansatzwahlrecht § 248 Abs. 2 Satz 1 HGB

Die Diskussionen zum Zeitpunkt des Vorliegens eines Vermögensgegenstands, zum Umfang der Aktivierung und zum Ansatzwahlrecht als solchem zeigen, dass selbst erstellte immaterielle Vermögensgegenstände des Anlagevermögens heute erst recht ein „Sorgenkind" im deutschen Bilanzrecht darstellen. Durch die Neuregelung muss mit ihnen nun bilanziell umgegangen werden. Die Aufnahme des neuen Wahlrechts stellt die Bilanzierenden vor einige Herausforderungen und führt momentan noch zu Rechtsunsicherheiten. Dem Gläubigerschutz ist indessen durch die Implementierung der Ausschüttungssperre hinreichend geholfen, auch wenn sie, wie gezeigt werden wird, zu Anwendungsproblemen und Verkomplizierung der Bilanzanalyse führt.

Darüber hinaus fällt auf, dass vor allem das Bestreben, Informationszwecke mit den herkömmlichen handelsrechtlichen Prinzipien zu vereinen, zu deutlichen Reibungspunkten führt. Die Implementierung des einen geht nur unter Zurückdrängung des anderen. Eine scharfe Grenzziehung ist nicht möglich und eröffnet Spielraum. Dort, wo neue Zwecke existieren, müssen sie in Einklang mit den bisherigen Zwecken gebracht werden. Dort, wo nicht Vergleichbares gleich behandelt werden soll (materielle und immaterielle Vermögensgegenstände), bedient man sich neuer Kriterien zur Bestimmung der abstrakten Aktivierungsfähigkeit (Entstehungswahrscheinlichkeit).

Entgegen der Regierungsbegründung findet gegenwärtig tatsächlich eine Weiterentwicklung der GoB statt. Auch zeigt sich in diesem Zusammenhang eine generelle Tendenz zum *asset*-Begriff nach IAS/IFRS, wenn auch über die Hintertür der Entstehungswahrscheinlichkeit. Viele Autoren greifen aufgrund der fehlenden Definitionen im deutschen Recht auf die Kriterien der IAS/IFRS bezüglich des Ansatzes von selbst geschaffenen immateriellen Vermögensgegenständen des Anlagevermögens zurück. Zwar können die IAS/IFRS als Vorbild dienen, dennoch ist diese Entwicklung kritisch zu betrachten, da eine Annäherung an international gebräuchliche

Vorschriften zwar gewollt ist, jedoch eben kein Gleichlauf. Das HGB ist eigenständig und unterscheidet sich hinsichtlich der Voraussetzungen von den IAS/IFRS.

Der Nutzen des neuen Ansatzrechts wird vielfach bezweifelt, vor allem weil die Wahrnehmung des Wahlrechts mit hohem Aufwand verbunden ist.[485] Teilnehmer des Finanzmarktes neigen darüber hinaus dazu, als unsicher betrachtete Werte aus der Bilanz zu eliminieren, um ein verlässlicheres Bild von der finanziellen Situation des untersuchten Unternehmens zu erhalten.[486] So wird behauptet, dass gerade Kreditinstitute das Eigenkapital um entsprechende Beträge im Rahmen der Bilanzanalyse kürzen[487] und ein schlecht geführtes FuE Controlling gar Anlass für ein schlechtes Rating böte.[488] Tatsächlich wird die wirtschaftliche Potenz von Unternehmen im Geschäftsleben nicht anhand der Bilanz, sondern anhand bestimmter Finanzkennzahlen, Bonitätsprüfungen, Business-Plänen, Einstufungen durch Rating-Agenturen oder gar durch umfängliche Unternehmensprüfung bestimmt.

Gerade das hier in Frage stehende Ansatzrecht ist in hohem Maße von subjektiven Kriterien geprägt und somit manipulationsanfällig. „Erfinder sind Optimisten, sie neigen zu Wertüberschätzung“[489]. Der eröffnete Ermessenspielraum sei daher zu groß.[490] Darüber hinaus beruhe die von der Regierungsbegründung aufgeworfene Frage der Aktivierung ab einer gewissen Entstehungswahrscheinlichkeit lediglich auf Hoffnungen und Erwartungen.[491,492] Hinzu komme die Tatsache, dass besonders immaterielle Vermögensgegenstände, trotz begründetem Optimismus, oft erst

485 Vgl. bspw. Arbeitskreis Bilanzrecht Hochschullehrer Rechtswissenschaft, BB 2008, 152 (156 f.).

486 Vgl. Hennrichs, in: 122. Protokoll des Rechtsausschusses des Bundestags (vgl. Fn. 215), S. 3; Arbeitskreis Bilanzrecht Hochschullehrer Rechtswissenschaft, BB 2008, 152 (156 f.).

487 Vgl. Hennrichs, in: 122. Protokoll des Rechtsausschusses des Bundestags (vgl. Fn. 215), S. 3.

488 Velte/Sepetauz, BC 2010, 349 (352).

489 Großfeld/Luttermann, Bilanzrecht, Rn. 617.

490 So auch Velte/Sepetauz, BC 2010, 349 (352), vgl. auch Schüttler/Berthold, DStR 2011, 932 (932 ff.); Moxter, DB 2008, 1514,(1516 f.) Deren Ausführungen sind zuzustimmen.

491 Vgl. insoweit das 122. Protokoll des Rechtsausschusses über die Öffentliche Anhörung zum BilMoG (vgl. Fn. 215), darin: Hoffmann-Becking S. 6 der sich aufgrund der damit verbundenen Unsicherheiten für ein Ansatzverbot selbst erstellter immaterieller Güter ausspricht.

492 „Erfinder sind Optimisten, sie neigen zu Wertüberschätzung“, vgl. Großfeld/Luttermann, Bilanzrecht, Rn. 617. Dies ist zwar etwas polemisch dargestellt, trifft jedoch den Kern des Problems. In der Verhaltenspsychologie nennt man diese Wertüberschätzung den „IKEA-Effekt“, oder schlicht „Aufwandsbegründung“. Es sind Spezialfälle einer kognitiven Dissonanz. Wer viel Aufwand in etwas steckt, neigt dazu, das Ergebnis zu überschätzen, vgl. Michael I. Norton, The IKEA Effect: When Labor Leads to Love, in: 87 Harvard Business Review 2009, S. 30.

bei Markteinführung bzw. Fertigstellung scheitern.[493] Dies führe den eigentlichen Zweck der Information ad absurdum.[494] Übertriebene und zu optimistische Informationen sind wertlos. Dem Ansatzwahlrecht wird daher aufgrund seiner Unschärfe in vielerlei Hinsicht eine gewisse Skepsis entgegengebracht werden. Dies stellt zugleich das Ansatzrecht in Frage. An anderer Stelle wird gar kritisiert, dass Ansatzrecht greife zu kurz.[495] Die Ausgrenzung der Forschungsinvestitionen verkürze die Außendarstellung der unternehmerischen Investitionen womit durch das neue Ansatzrecht nicht viel gewonnen sei.

M.E. ist die Kritik berechtigt. Die HGB-Bilanz wurde nicht als reiner Informationsträger ausgestaltet. Vielmehr wurde versucht die verschiedenen Bilanzzwecke (s.o.) zu vereinen. Soll die Informationsvermittlung im Vordergrund stehen, ist deshalb ein eigens dafür geschaffenes Rechnungswerk zu fordern.[496]

3.3.1.8 Der ausschüttungsgesperrte Betrag gem. § 268 Abs. 8 Satz 1 HGB

Die angesetzten Entwicklungskosten nach §§ 248, 255 Abs. 2 und 255 Abs. 2a HGB werden durch § 268 Abs. 8 Satz 1 HGB an das Unternehmen gebunden. Beträge, die auf einem solchen Ansatz beruhen, können nur dann an Gesellschafter ausgeschüttet werden, wenn genügend andere freie Rücklagen (abzüglich eines Verlustvortrags, zuzüglich eines Gewinnvortrags) in Höhe der angesetzten Beträge i.S.v. § 248 Abs. 2 Satz 1 HGB abzüglich hierauf gebildeter passiver latenter Steuern nach der Ausschüttung noch vorhanden sind. Folglich dürfen im Falle der Aktivierung selbst geschaffener immaterieller Vermögensgegenstände des Anlagevermögens Gewinne nur ausgeschüttet werden, wenn auch ohne diese Aktivierung eine Ausschüttung möglich wäre.

Abbildung 1: § 268 Abs. 8 HGB.

<table>
<tr><th colspan="3">Eine Ausschüttung ist zulässig, wenn nach der Ausschüttung folgendes gilt</th></tr>
<tr><td>Frei verfügbare Rücklagen
- Verlustvortrag
+ Gewinnvortrag</td><td>≥</td><td>Der Gesamtbetrag der ergebnis-erhöhenden Beträge aus:
Betrag aus Aktivierung von selbst erstellten immateriellen VG des Anlagevermögens
- dafür gebildete passive latente Steuern</td></tr>
</table>

Die neutrale Formulierung „frei verfügbare Rücklagen“ umfasst im Gegensatz zur Formulierung der früheren Ausschüttungssperren („jederzeit auflösbare

493 Hüttche, in: StuB 2008, 163 (165).
494 Moxter, DB 2008, 1514 (1516 ff.)
495 Vgl. Stellungnahme, BDI und DIHK (vgl. Fn. 217), S. 4.
496 So auch Schön, ZGR 2000, 706 (739). Mit weiteren Alternativen.

Gewinnrücklagen") neben den Gewinnrücklagen auch die Kapitalrücklage i.S.v. § 272 Abs. 2 Nr. 4.[497] Der Abzug etwaiger Verlustvorträge und die Addition etwaiger Gewinnvorträge sind notwendig, um die vorherigen Jahresergebnisse zu berücksichtigen. Andernfalls könnte eine Ausschüttung einen bestehenden Verlustvortrag vertiefen bzw. eine Ausschüttung trotz existenter vorgetragener Gewinne mangels aktuell ausreichender freier Rücklagen unzulässig sein.

Ist eine Ausschüttung zulässig, da nach der Ausschüttung genug andere freie Rücklagen zur Abdeckung des gesperrten Betrags i.S.d. § 268 Abs. 8 Satz 1 HGB existieren, ist es unerheblich, welche freien Rücklagen ausgeschüttet werden. So kann die Ausschüttung aus Gewinnrücklagen, Kapitalrücklagen, aus dem Gewinnvortrag oder dem aktuellen Bilanzgewinn, der auch die Beträge i.S.v. § 268 Abs. 8 HGB enthält, erfolgen. Sind keine freien Rücklagen vorhanden, darf solange nicht ausgeschüttet werden, bis der gesperrte Betrag i.S.v. § 268 Abs. 8 HGB aufgefüllt ist bzw. diesen übersteigt.[498]

Anders als noch im Regierungsentwurf vorgesehen, ist der gesperrte Betrag von Jahr zu Jahr fortzuschreiben, sodass keine nur einjährige Ausschüttungssperre vorliegt.[499] Die Sperre *„atmet"*[500] gemäß der Erhöhung und Verminderung der angesetzten Beträge mit.

3.3.1.9 Abzug passiver latenter Steuern

Der Ansatz der Herstellungskosten i.S.v. §§ 248 Abs. 1 Satz 1 und § 255 Abs. 2 HGB führt gem. § 274 Abs. 1 HGB[501] zum Ausweis passiver latenter Steuern in Höhe des jeweiligen Ertragssteuersatzes[502], denn das Steuerrecht verbietet den Ansatz dieser Werte, vgl. § 5 Abs. 2 EStG.

Die Ausblendung der kompensatorisch[503] wirkenden passiven latenten Steuern zur Berechnung der Ausschüttungssperre gem. § 268 Abs. 8 Satz 1 und 3 HGB ist auf die Erfahrungen vor dem BilMoG zurückzuführen.[504] Im Recht vor dem BilMoG konnte es aufgrund der gesetzlichen Verweisung in § 274 Abs. 1 HGB a.F. auf § 249 HGB a.F. zu einer ungerechtfertigten Schlechterstellung derjenigen Unternehmen kommen, die von dem Aktivierungswahlrecht aus § 269 HGB a.F. Gebrauch gemacht haben. Deren Ausschüttungspotential wurde doppelt vermindert: zum einen

---

497 Vgl. BT-Drs. 16/10067, S. 64.
498 Vgl. auch: Gelhausen/Althoff, WPg 584 (588).
499 Vgl. noch Stellungnahme des Arbeitskreis „Steuern und Revision" im Bund der Wirtschaftsakademiker e.V., DStR 2008, 1299 ff.
500 Von der Laage, WM 2013, 1322 (1323).
501 Vgl. zum Entstehen passiv latenter Steuer die Ausführungen in Abschnitt 3.3.2.1.4.
502 Momentan ca. 30 %.
503 Kompensatorisch deshalb, weil passiv latente Steuern aus angesetzten Beträgen gem. § 248 Abs. 2 Satz 1 HGB und § 246 Abs. 2 Satz 2 HGB automatisch die das freie Kapital erhöhende Wirkung vermindern.
504 Vgl. BT-Drs. 16/10067, S. 64.

in voller Höhe um den angesetzten Betrag i.S.v. § 269 HGB a.F., und zum anderen um die aus der Aktivierung resultierende Rückstellung für entsprechende passive latente Steuern gem. § 249 HGB a.F. Damit lag im Ergebnis das Ausschüttungspotential eines Unternehmens bei Wahrnehmung von § 269 HGB a.F. niedriger als bei Verzicht auf das Wahlrecht. Die alte Regelung sperrte fälschlicherweise den gesamten angesetzten Betrag i.S.v. § 269 HGB a.F. Passive latente Steuern aber wirken schon selbst wie eine Ausschüttungssperre[505], weshalb sich eine Ausschüttungssperre nur auf den noch verbleibenden Differenzbetrag beziehen muss. Eine Ausschüttungssperre bezweckt nicht die Verminderung des Ausschüttungspotentials als solchem, sondern die Kompensation der Unsicherheiten durch den Ansatz unsicherer Werte. Deshalb ist eine Ausschüttungssperre nur in der Höhe zu fordern, in der das Ausschüttungsvolumen aufgrund des Ansatzes der unsicheren Beträge erhöht wird. Zur Veranschaulichung dienen die folgenden vereinfachten Bilanzen der X-GmbH, die einmal auf das Wahlrecht aus § 248 Abs. 2 HGB[506] verzichtet (Abbildung 5) und es ein anderes Mal, bei sonst gleichen Bedingungen, wahrnimmt (Abbildung 6):

Abbildung 5: ohne Ausweis selbst erstellter immaterieller Vermögensgegenstände.

Aktiva		**Passiva**	
sonstige	100	Gez. Kapital	80
		Freie Rücklagen	**20**
	100		**100**

Abbildung 5 zeigt die Ausgangssituation der X-GmbH. Das Stammkapital beträgt 80. Die GmbH besitzt Aktiva in Höhe von 100. Da gem. §§ 30, 31 GmbHG allein das Stammkapital nicht ausgeschüttet werden darf, ergibt sich ein freies Kapital in Höhe von 20. Dieses steht zur Ausschüttung zur Verfügung.

Abbildung 6: Ausweis von selbst erstellten immateriellen Vermögensgegenständen.

Aktiva		**Passiva**	
Selbst erstellte immaterielle VG des AV	100	Stammkapital	80
Sonstige Aktiva	100	**Freie Rücklagen**	**90**
		Passiv latente Steuern	30
	200		**200**

Nimmt die X-GmbH hingegen das Recht aus § 248 Abs. 1 Satz 1 HGB wahr und aktiviert die Herstellungskosten eines selbst erstellten Vermögensgegenstands des

505 Vgl. ADS § 274 HGB Rn. 1.

506 Dieselben Ausführungen gelten für die (zusätzliche) Aktivierung von unsicheren Beträgen im Sinne von § 268 Abs. 8 Satz 3 HGB.

Anlagevermögens in Höhe von 100, verlängert sich die Bilanz um diesen Betrag. Da die Beträge i.S.v. § 248 Abs. 1 Satz 1 HGB nicht in eine Rücklage eingestellt werden müssen[507], erhöhen sich die freien Rücklagen. Wie Abbildung 6 zeigt, fließt nicht der gesamte angesetzte Betrag in die freien Rücklagen, sondern nur in Höhe von 70. Dies ist darauf zurückzuführen, dass der Ansatz der Beträge i.S.v. § 248 Abs. 1 Satz 1 HGB zu passiven latenten Steuern gem. § 274 Abs. 1 HGB in Höhe des Ertragssteuersatzes von ca. 30 % führen. Abbildung 6 verbildlicht, dass eine Ausschüttungssperre zur Kompensation der Risiken, die durch § 248 Abs. 2 Satz 1 HGB entstehen, nur in Höhe des angesetzten Betrags abzüglich der hierauf gebildeten latenten Steuern notwendig ist. Andernfalls würden diese passiven latenten Steuern doppelt berücksichtigt: einmal durch die Ausschüttungssperre des § 268 Abs. 8 HGB selbst und ein zweites Mal durch die ausschüttungsbegrenzende Wirkung von § 274 Abs. 1 HGB. Laut Regierungsbegründung liegt der Zweck des Abzugs der passiven latenten Steuern richtigerweise in der Vermeidung dieser Doppelberücksichtigung.[508]

3.3.1.10 Zusammenfassung

1. Der personelle Anwendungsbereich von § 268 Abs. 8 HGB umfasst gem. § 264a HGB auch Kapital & Co.-Gesellschaften.
2. Der in § 248 Abs. 2 Satz 2 HGB enthaltene Hinweis auf das Kriterium der Einzelbewertbarkeit durch zweifelsfreie Zurechenbarkeit von Herstellungskosten ist kein Kriterium der abstrakten Aktivierungsfähigkeit. § 248 Abs. 2 Satz 2 HGB setzt das Vorliegen eines Vermögensgegenstands voraus.
3. § 255 Abs. 2a HGB enthält keinen Ansatzzeitpunkt, sondern stellt lediglich fest, dass die in der Entwicklung anfallenden Kosten zu berücksichtigende Kosten i.S.v. § 255 Abs. 2 HGB sind.
4. Der Ansatz eines selbst erstellten immateriellen Vermögensgegenstands des Anlagevermögens richtet sich *de lege lata* nach den Regeln der abstrakten Aktivierungsfähigkeit gem. § 246 Abs. 1 Satz 1 HGB. Es ist die Existenz eines extern und einzeln verwertbaren Vermögensgegenstands zu fordern. Solch ein Vermögensgegenstand muss nicht erst bei Erreichen der anvisierten Produktionsstufe vorliegen.
5. Der Ansatz eines entstehenden Vermögensgegenstands setzt voraus, dass dies den entstehenden materiellen Vermögensgegenständen entsprechend („Anlagen im Bau", „unfertigen Erzeugnissen") kenntlich gemacht wird. Es kommt daher nicht zum Ansatz des angestrebten Vermögensgegenstands, sondern des Vermögensgegenstands „in Entstehung". Dies setzt voraus, dass für einen solchen Ansatz die Voraussetzungen geschaffen werden. Dazu muss satzungsgemäß die Gliederung des § 266 HGB entsprechend angepasst werden. Zur Klarstellung ist eine gesetzliche Regelung zu fordern.

507 Vgl. dazu noch Abschnitt 3.4.1.

508 RegE BT-Drs. 16/10067, S. 64.

6. Es wird vorgeschlagen, dass nicht allein die externe, sondern auch die interne Verwertbarkeit einen Vermögensgegenstand begründen können sollte. Dies ist erforderlich, um den besonderen Anforderungen hinsichtlich des bilanziellen Umgangs mit selbst erstellten immateriellen Vermögensgegenständen des Anlagevermögens gerecht werden zu können. Darüber hinaus wird vorgeschlagen, dass zur Beurteilung der Aktivierungsfähigkeit ein existenter wirtschaftlicher Vorteil genügen sollte. Ein solcher liegt nicht erst mit Fertigstellung eines Vermögensgegenstands vor, sondern kann in der Regel bereits ab Entwicklung bejaht werden. Die Entwicklungsphase ist gem. § 255 Abs. 2a HGB davon geprägt, dass Aussagen über die Umsetzbarkeit und die wirtschaftlichen Erfolgsaussichten getroffen werden können. Dies begründet einen bereits existenten wirtschaftlichen Vorteil. Die schon in der Literatur genannten Objektivierungserfordernisse für die in der Regierungsbegründung geforderte Entstehungswahrscheinlichkeit lassen sich auch für diese Bestimmung heranziehen. Zur Begründung dieser Erweiterung wird an die Definitionen in § 255 Abs. 2a Satz 2 und 3 HGB, an die in der Regierungsbegründung beschriebene, Entstehungswahrscheinlichkeit, dem *going-concern* Gedanken und an den Zweck von § 248 Abs. 2 Satz 1 HGB angeknüpft.
7. Folgt man der herrschenden Ansicht in der Literatur und fordert eine gewisse Entstehungswahrscheinlichkeit für den Ansatz von entstehenden immateriellen Vermögensgegenständen des Anlagevermögens und hält man eine umfängliche Nachaktivierung für ausgeschlossen, kommt es auf die Abgrenzung von Forschung und Entwicklung in der Regel nicht an.
8. Bei alternierenden Forschungs- und Entwicklungsprozessen wird darauf hingewiesen, dass, solange noch Forschung notwendig ist, schwerlich vom Vorliegen, der von der Literatur und der Gesetzesbegründung geforderten hohen Entstehungswahrscheinlichkeit ausgegangen werden kann. Einem Forschungsprozess ist die Ungewissheit über das Auffinden von Ergebnissen immanent. Deshalb wird in der Regel eine hohe Entstehungswahrscheinlichkeit nicht vorliegen. Daraus kann wiederum der Schluss gezogen werden, dass eine Entstehungswahrscheinlichkeit erst begründet ist, wenn nur noch Entwicklung notwendig ist.
9. Gem. § 255 Abs. 2 und § 255 Abs. 2a HGB ist ein selbst erstelltes immaterielles Gut mit den Entwicklungskosten zu aktivieren. Dabei können nur solche Kosten berücksichtigt werden, die in dem Wirtschaftsjahr der Aktivierung angefallen sind und noch anfallen. Eine vollumfängliche Nachaktivierung sämtlicher Entwicklungskosten verstößt gegen das Kongruenzprinzip und gegen das Prinzip der periodengerechten Erfolgsermittlung. Daher kommt es in der Praxis auf die Abgrenzung von Forschung und Entwicklung nur in den Fällen an, in denen die Entstehungswahrscheinlichkeit auf den Zeitpunkt des Übergangs der Forschungstätigkeit zur Entwicklungstätigkeit fällt oder wenn der Übergang von Forschung und Entwicklung und die Entstehungswahrscheinlichkeit im selben Geschäftsjahr liegen. Der begrenzte Umfang einbeziehbarer Kosten wird als weiteres Argument für einen weiten Begriff des Vermögensgegenstands gewertet, da nur so die Investitionen eines Unternehmens vollumfänglich und rechtzeitig abgebildet würden.

10. In der Literatur ist darüber hinaus Folgendes feststellbar: einerseits findet entgegen der Regierungsbegründung eine Diskussion über die Auswirkungen des BilMoG auf die GoB und die allgemeinen Ansatzregeln bereits statt. Andererseits wird in der Literatur häufig an Tatbestände oder Konkretisierungsmerkmale international gebräuchlicher Rechnungslegungsstandards wie des IAS 38 angeknüpft[509]. Letzteres ist mit der Eigenständigkeit des HGB-Rechnungslegungsrechts nicht vereinbar.
11. Das Ansatzrecht unterliegt zahlreicher berechtigter Kritiken, insbesondere hinsichtlich des Kosten-Nutzen Verhältnisses. Dies ist darauf zurückzuführen, dass sich Ansatzrechte, die rein der Information dienen, nur schwerlich mit dem Objektivitätsgebot der HGB-Bilanz vereinbar sind. Insofern wäre es konsequent, für jeden Rechnungslegungzweck eine eigene Bilanz aufzustellen.
12. Zur Berechnung der Ausschüttungssperre nach § 268 Abs. 8 Satz 1 HGB sind richtigerweise, wie im Gesetz vorgesehen, passive latente Steuern abzuziehen.

3.3.2 Aktive latente Steuern i.S.v. § 268 Abs. 8 Satz 2 HGB

Latente Steuern resultieren aus Differenzen zwischen handels- und steuerbilanziellen Wertansätzen, vgl. § 274 Abs. 1 HGB. Ergeben sich aus handelsbilanzieller Sicht zu erwartende Steuerentlastungen, spricht man von aktiven latenten Steuern. Diese dürfen gem. § 274 Abs. 1 Satz 2 HGB aktiviert werden. Passive latente Steuern, also zu erwartende Steuerbelastungen, sind gem. § 274 Abs. 1 Satz 1 HGB stets zu passivieren. Aktive latente Steuern sind grundsätzlich mit passiven latenten Steuern zu verrechnen. Die Posten dürfen aber auch unverrechnet angesetzt werden, vgl. § 274 Abs. 1 Satz 3 HGB. Etwaige Vermögensvorteile, die sich aus einem Überhang aktiver latenter Steuern ergeben können, sind gemäß § 268 Abs. 8 Satz 2 HGB i.V.m. § 268 Abs. 8 Satz 1 HGB ausschüttungsgesperrt.

Vor dem BilMoG war die Steuerabgrenzung samt dazugehöriger Ausschüttungssperre in § 274 HGB a.F. geregelt. Auch heute ist der Anwendungsbereich der „neuen“ Ausschüttungssperre nur im Zusammenhang mit § 274 HGB n.F. greifbar, denn dort ist weiterhin die Steuerabgrenzung als solche geregelt. Darüber hinaus müssen auch die Schwestervorschriften des § 268 Abs. 8 Satz 1 und Satz 3 HGB berücksichtigt werden, da sich der dortige Regelungsbereich aufgrund des vorgeschriebenen Abzugs passiv latenter Steuern mit dem Regelungsbereich des § 268 Abs. 2 Satz 2 HGB überschneidet.

Der ansonsten viel gelobte Entwurf des Bilanzrechtsmodernisierungsgesetzes, hat an dieser Stelle einige Kritiker gefunden.[510] So bezeichnete *Hennrichs* insbesondere aktive latente Steuern als Fremdkörper „im System der Grundsätze ordnungsmäßiger Wirtschaft“ und bezweifelt ihren Nutzen in Hinblick auf den

509 Vgl. stellvertretend: Köster, BB 2007, 2791 ff.
510 Bspw. Küting, DB 2009, 922 (922) m.w.N.

hohen Ermittlungsaufwand.[511] *Küting*[512] sprach sich darüber hinaus im Namen der Saarbrückener Professoren[513] generell gegen eine Erfassung aktiver latenter Steuern aus, ebenso für die Bundessteuerberaterkammer *Vinken*.[514] Die Kritik fußte zusammengefasst vor allem darauf, dass aktive latente Steuern als solche keine Vermögensgegenstände darstellen und die Werte auf bloßen Erwartungen beruhen. So bezeichnete *Hoffmann-Becking* insbesondere aktiv latente Steuern aus steuerlichen Verlustvorträgen als „Kaffeesatzlesen in die Zukunft"[515].

Neben diesen grundsätzlichen Fragen zur Aktivierung aktiver latenter Steuern birgt der neue Regelungsbereich in § 274 HGB und § 268 Abs. 8 Satz 2 HGB einige Anwendungsprobleme. Durch § 274a HGB wirft die Neuregelung darüber hinaus Fragen außerhalb des personellen Anwendungsbereiches von § 274 HGB und § 268 Abs. 8 HGB auf.[516]

3.3.2.1.1 Gesetzgeberische Entwicklung der Steuerabgrenzung

Erst im Jahr 1985 wurde die Steuerabgrenzung durch das Bilanzrichtlinien Gesetz (BiRiLiG)[517] in das deutsche Rechnungslegungsrecht integriert. Latente Steuern besaßen jedoch keine große Bedeutung, weil Differenzen zwischen handels- und steuerbilanziellen Wertansätzen kaum auftraten. Das steuerliche Maßgeblichkeitsprinzip und dessen reziprokes Pendant, die umgekehrte Maßgeblichkeit, sorgten für weitgehenden Einklang der Wertansätze beider Rechnungswerke.[518] Latente

511 Vgl. Protokoll der 122. Sitzung des Rechtsausschusses des Bundestages (vgl. Fn. 215), S. 3; so auch Hoffmann-Becking im selben Protokoll S. 6. Dabei sei darauf hingewiesen, dass die zitierten Redner gemäß dem Referentenentwurf des BilMoGs noch von einer Aktivierungspflicht aktiv latenter Steuern ausgehen.

512 Vgl. Protokoll der 122. Sitzung des Rechtsausschusses des Bundestages (vgl. Fn. 215) S. 13.

513 Gemeint sind die Professoren Kussmaul, Waschbusch und Küting selbst.

514 Vinken, Protokoll der 122. Sitzung des Rechtsausschusses des Bundestages (vgl. Fn. 215), S. 28.

515 Vgl. Protokoll der 122. Sitzung des Rechtsausschusses des Bundestages (vgl. Fn. 215), S. 6.

516 Vgl. dazu Abschnitt 3.4.3.

517 BiRiLiG vom 19.12.1985 (BGBl. I 2355).

518 Vgl. Küting/Pfitzer/Weber, Hdb. der Rechnungslegung, § 274 HGB Rn. 1. Dort werden als weitere Ursachen für die Bedeutungslosigkeit latenter Steuern die Gesamtbetrachtung aktiver und passiver latenter Steuern sowie das Aktivierungswahlrecht genannt. Aufgrund der Gesamtbetrachtung kam es wohl kaum zu nennenswerten Unterschiedsbeträgen, wobei zudem auf die Aktivierung etwaiger latenter Steuern oft verzichtet wurde. Meyer/Loitz/Linder/Zerwas, Rn. 3 weisen daneben auf die Angst vor einer betrieblichen Außenprüfung, für die die Steuerabgrenzung den Behörden Hinweise liefern kann, hin. *Küting* äußerte sich dahingehend, dass er kein deutsches Unternehmen kenne, das im Einzelabschluss latente Steuern ausweise, vgl. S. 13 des 122. Protokolls des Rechtsausschusses des Bundestages vom 17. Dezember 2008 (vgl. Fn. 215).

Steuern im Allgemeinen und aktive latente Steuern im Besonderen wurden in den Jahresabschlüssen daher nur selten ausgewiesen.[519] Mittlerweile haben sich jedoch die maßgeblichen Parameter durch Fortentwicklung des Bilanzrechts verändert. Vor allem die Annäherung an internationale Gepflogenheiten und die damit einhergehende Änderung des grundlegenden Steuerabgrenzungskonzepts, führen zu einer deutlichen Anhebung ihrer Bedeutung. Unterschiede zwischen Steuer- und Handelsbilanz und damit latente Steuern werden in Zukunft vermehrt auftreten. Zusätzlich zum paradigmatischen Wechsel wurden Steuer- und Handelsbilanz weiter entkoppelt. Neben dem steuerlichen Ansatzverbot von Rückstellungen für drohende Verluste aus schwebenden Geschäften (§ 5 Abs. 4a EStG) ist die Abschaffung der umgekehrten Maßgeblichkeit (§ 5 Abs. 1 Satz 2 EStG a.F.) sowie entsprechender handelsrechtlicher Öffnungsklauseln (bspw. §§ 247 Abs. 3, 280 Abs. 2, 281 HGB a.F. HGB) in dieser Hinsicht besonders bedeutend.[520] Die Erstellung einer Einheitsbilanz wird immer weniger möglich sein.[521] Mit dem zunehmenden Auftreten von Steuerlatenzen nimmt auch die Bedeutung der entsprechenden Ausschüttungssperre zu, wenngleich es bei einem Aktivierungswahlrecht latenter Steuern geblieben ist.[522]

3.3.2.1.2 Qualitative Einordnung des Postens „aktive latente Steuern"

Gem. § 274 Abs. 1 Satz 1 HGB sind passive latente Steuern stets zu passivieren. Aktive latente Steuern hingegen können wahlweise aktiviert werden, vgl. § 274 Abs. 1 Satz 2 HGB. Die Aktivierung latenter Steuern ist somit aufgrund spezialgesetzlicher Regelung zulässig und die Passivierung zwingend.[523]

---

519 Auch vor dem BilMoG regelte § 274 HGB die Steuerabgrenzung. § 274 Abs. 2 Satz 1 HGB a.F. ermöglichte die Bildung einer aktivischen Bilanzierungshilfe für voraussichtliche Steuerentlastungen. Diese Beträge wurden durch dessen Satz 3 vor einer Ausschüttung ausgenommen: § 274 Abs. 2 Satz 3 HGB a.F.: *„Wird ein solcher Posten ausgewiesen, so dürfen Gewinne nur ausgeschüttet werden, wenn die nach der Ausschüttung verbleibenden, jederzeit auflösbaren Gewinnrücklagen zuzüglich eines Gewinnvortrags und abzüglich eines Verlustvortrags dem angesetzten Betrag mindestens entsprechen".*

520 Küting/Pfitzer/Weber, Hdb. der Rechnungslegung, § 274 Rn. 1.

521 In Betracht kommt eine Einheitsbilanz allenfalls für kleinere Unternehmen, auf die sich die Änderungen des BilMoGs nicht auswirken, also Unterschiede zwischen Handels- und Steuerbilanz weiterhin gar nicht oder kaum vorliegen.

522 Im Laufe des Gesetzgebungsverfahrens wurde über die Pflicht, aktive latente Steuern zu aktivieren, unter Verbot der Verrechnung mit den passive latenten Steuern diskutiert, vgl. RegE BT-Drs. 16/10067 S. 9 und 67 und vor allem: Referentenentwurf zum BilMoG S. 139, die darauf hinweisen, dass dies kein zusätzlichen Aufwand bedeuten würde. **Dagegen jedoch**: Beschlussempfehlung und Bericht des Rechtsausschusses BT-Drs. 16/12407 S. 87 und Stellungnahme des Bundesrates BR-Drs. 344/08 S. 8, der den damit verbundenen zusätzlichen Kostenaufwand mittelständischer Unternehmen kritisiert.

523 Zur rechtlichen Einordnung passiver latenter Steuern vgl. Abschnitt 3.3.2.1.2.

Im Rahmen des Gesetzgebungsverfahrens des BilMoG wurde zunächst über eine Ansatzpflicht bezüglich aktiver latenter Steuern nachgedacht.[524] Eine ausdrückliche Ansatzpflicht[525] wäre indessen nur notwendig gewesen, wenn es sich nicht schon um einen anzusetzenden Posten i.S.v. § 246 Abs. 1 Satz 1 HGB handelte.[526] Das dort niedergelegte Vollständigkeitsgebot schreibt vor, dass sämtliche Vermögensgegenstände, Rechnungsabgrenzungsposten sowie Erträge aktiviert werden müssen.

Vor dem BilMoG durften aktive latente Steuern gem. § 274 Abs. 2 Satz 1 HGB a.F. als Bilanzierungshilfe in die Bilanz aufgenommen werden. Dies zeigt, dass sich eine Pflicht zum Ansatz aus allgemeinen Vorschriften, namentlich § 246 Abs. 1 HGB, wohl nicht ergab. Daher handelte es sich bei aktiven latenten Steuern nicht um Vermögensgegenstände. Dies gilt unverändert auch nach Verabschiedung des BilMoG.[527] Zum einen sind aktive latente Steuern reine Erwartungen und keine aktuell nutzbaren bzw. sicheren wirtschaftlichen Vorteile. Zum anderen leiten sie sich aus den sonstigen Wertansätzen ab, womit sie in jedem Fall nicht selbstständig bewertet werden können. Sie werden aus den angesetzten Vermögensgegenständen und Schulden abgeleitet, erfüllen selbst aber nicht diese Kriterien. Verwertbarkeit im herkömmlichen Sinne liegt keinesfalls vor, da latente Steuern an das Unternehmen gebunden sind und sie deshalb kein externes Schuldendeckungspotential besitzen.[528, 529]

---

524 Vgl. Art. 1 Nr. 25 des RefE zum BilMoG (S. 11) sowie RegE BT-Drs. 16/10067, Art. 1 Nr. 25 (S. 9). Vor dem BilMoG mussten passive latente Steuern angesetzt werden, wohingegen für aktive latente Steuern ein Ansatzwahlrecht bestand, vgl. § 274 HGB a.F.

525 Sog. konkrete Ansatz- bzw. Passivierungspflicht, die abweichend von den Grundsätzen ordnungsmäßiger Buchführung eine konkrete gesetzliche Vorschrift fordert, vgl. Baetge/Kirsch/Thiele, S. 158.

526 Sog. abstrakte, den Grundsätzen ordnungsmäßiger Buchführung folgende Bilanzierungsfähigkeit, vgl. Baetge/Kirsch/Thiele, S. 158 m.w.N.

527 Küting/Pfitzer/Weber, Hdb. der Rechnungslegung, § 274 Rn. 69.

528 Küting/Pfitzer/Weber, Hdb. der Rechnungslegung, § 274 Rn. 69.

529 Möchte man einen weiten Vermögensgegenstandsbegriff anwenden, wäre darüber nachzudenken, ob auch aktive latente Steuern diese Voraussetzungen erfüllen. Rein wirtschaftlich betrachtet stellen aktive latente Steuern einen bewertbaren wirtschaftlichen Vorteil dar, der sich mittelbar auf das Schuldendeckungspotential auswirken kann. Erreichen aktive latente Steuern einen hinreichenden Grad an Gewissheit, ist m.E. bei weitem Vermögensgegenstandsbegriff ein Ansatz zwingend vorzunehmen. Bei dieser Interpretation enthielte § 274 Abs. 1 Satz 2 HGB ein konkretes Recht, auf einen gebotenen Ansatz zu verzichten. Vgl. auch den ehemaligen DRS 10, nachdem insbesondere aktive latente Steuern aus steuerlichen Verlustvorträgen anzusetzen waren, sofern die Realisierung des steuerlichen Verlustvortrags hinreichend wahrscheinlich war. Siehe dazu auch: Grottel/Larenz, in: Beck'scher Bilanzkommentar, § 274 HGB Rn. 16, wonach bei DRS 10 maßgeblich auf einen bewertbaren wirtschaftlichen Nutzen abgestellt wurde.

Aktive latente Steuern sind auch keine anzusetzenden Rechnungsabgrenzungsposten. Solche dienen zur Bestimmung des periodengerechten Erfolgs[530] und damit zur Bestimmung des konkreten Steueraufkommens einer Periode. Latente Steuern führen aber nicht zur Steigerung oder Verringerung des steuerlichen Gewinns. Mit anderen Worten, aktive latente Steuern unterliegen keiner Besteuerung und stellen daher keine Rechnungsabgrenzungsposten dar.

§ 274 Abs. 1 Satz 2 HGB existiert also nicht nur deshalb, weil ein Aktivierungswahlrecht geschaffen werden sollte. Die Norm ist zugleich notwendige Ansatzvoraussetzung. Bilanzierungshilfen, wie sie beispielsweise nach § 269 HGB a.F. oder eben § 274 Abs. 2 Satz 1 HGB a.F. gebildet wurden, erfüllen spezielle, vom Gesetzgeber vorgesehene Zwecke und sollen dem Bilanzierenden eine Hilfe sein. So diente die erstgenannte Bilanzierungshilfe etwa zur Vermeidung einer Überschuldung von *„start-up"* Unternehmen, indem sie Ingangsetzungs- und Entwicklungskosten aktivieren konnten.[531] Zwar könnte § 274 Abs. 1 Satz 2 HGB als eine solche Bilanzierungshilfe betrachtet werden, jedoch ist sie dies ausweislich der Regierungsbegründung nicht.[532] Die Gliederung des § 266 HGB zeigt latente Steuern als gesonderte Posten (Abs. 2 D und Abs. 3 D), laut Regierungsbegründung stellen sie Sonderposten eigener Art dar.[533]

Eine andere Frage ist, wann aktive latente Steuern bilanzierungsfähig sind. Der Gesetzestext im Allgemeinen und § 274 HGB im Besonderen äußern sich dazu nicht. Der Wortlaut des § 274 Abs. 1 Satz 2 HGB zeigt, dass latenten Steuern prognostische Unsicherheiten inne wohnen: „...voraussichtlich abbauen...".[534] Daher muss eine hinreichende Wahrscheinlichkeit bzgl. des zukünftigen Abbaus der Differenzen zwischen Handels- und Steuerbilanz genügen. Wann diese vorliegt, bestimmt sich anhand diverser objektiver Kriterien, die sich in der Wissenschaft und Praxis entwickelt haben und dem Vorsichtsprinzip geschuldet sind.[535]

3.3.2.1.3 Neukonzeption der Steuerabgrenzung

Wie schon beschrieben, ist die Erfassung latenter Steuern nicht gänzlich neu. Mit dem BilMoG wurde jedoch das zugrunde liegende Konzept geändert. Der deutsche Gesetzgeber hat sich dabei internationalen Gepflogenheiten geöffnet und ist den Schritt von einer Gewinn und Verlust bezogenen Steuerabgrenzung auf ein bilanzorientiertes Konzept zugegangen. Folglich sind nun auch erfolgsneutrale und rein bilanzielle Wertunterschiede in die Abgrenzung miteinzubeziehen, wodurch diese

530 Vgl. Wöhe/Kußmaul, S. 278 f. mit Rechenbeispiel.
531 Wiedmann, in: Ebenroth/Boujong/Joost/Strohn (Jahr 2008), § 269 HGB Rn. 1.
532 RegE BT-Drs. 16/10067, S. 67.
533 BT-Drs. 16/10067, S. 67; Meyer/Loitz/Linder/Zerwas, Rn. 4.
534 § 274 Abs. 1 Satz 1 HGB: „...voraussichtlich abbauen...".
535 Zu den relevanten Kriterien, vgl. Küting/Pfitzer/Weber, Hdb. der Rechnungslegung, § 274 HGB Rn. 60 unter Verweis auf IDW ERS HFA 27, Rn. 7.

wesentlich umfassender vorzunehmen ist. Zugleich steigt damit der Informationsgehalt der Bilanz.

Vor dem BilMoG folgte das gesetzliche System gem. § 274 HGB a.F. dem sog. „*Timing-Konzept*", welches auf dem dynamischen Bilanzverständnis[536] fußt. Diese auf *Schmalenbach*[537] zurückgehende Auffassung begreift den primären Zweck des Jahresabschlusses in der Ermittlung des betriebswirtschaftlichen Erfolges und nicht in einem reinen Vermögensstatus.[538] Folglich war der Hauptzweck der Steuerabgrenzung die periodengerechte Darstellung des betrieblichen Erfolges. Dafür durften nur erfolgswirksame Wertunterschiede in die Steuerabgrenzung einfließen.

Seit dem BilMoG gilt das „*Temporary-Konzept*". Dabei steht die korrekte Abbildung der Vermögenslage im Vordergrund.[539] „Ziel des *temporary concept* ist es nämlich, die aus der Realisierung von Vermögensgegenständen resultierenden steuerlichen Mehr- und Minderbelastungen zu antizipieren"[540]. Hierfür müssen latente Steuern auch auf temporäre Differenzen, steuerliche Verlustvorträge, quasi-permanente und vor allem auch erfolgsneutrale[541] Wertunterschiede gebildet werden.[542] Somit umfasst die Steuerabgrenzung nun auch solche Unterschiede, deren Umkehrungen von zukünftigen Entscheidungen des Unternehmers (Bsp.: Verkauf von Vermögensgegenständen) oder gar einer Liquidation abhängen.[543] Gesetzlich wurde die Änderung dadurch deutlich gemacht, dass nicht mehr, wie in § 274 HGB a.F., auf den Gewinn abgestellt wird, sondern auf eine sich insgesamt ergebende Differenz aus unterschiedlichen Wertansätzen von Vermögensgegenständen, Schulden und Rechnungsabgrenzungsposten.

Zwar ist das Wahlrecht, aktive latente Steuern zu aktivieren, ebenfalls neu, jedoch unterliegt dieses Wahlrecht nun gemäß § 246 Abs. 3 HGB dem Stetigkeitsgrundsatz. Ein Unternehmer kann nicht ohne besondere, dies rechtfertigende Gründe, in jedem Jahr neu entscheiden, ob latente Steuern aktiviert werden oder nicht. Es ist nicht davon auszugehen, dass mit § 274 Abs. 1 Satz 2 HGB ein echtes Wahlrecht geschaffen werden sollte, das es ermöglicht, jedes Jahr neu zu entscheiden. Ausweislich der Gesetzesmaterialien bietet das Wahlrecht Unternehmern lediglich eine Entlastungsmöglichkeit.[544]

---

536 Zum dynamischen Bilanzverständnis vgl. Abschnitt 2.3.3. § 274 Abs. 1 Satz 1 HGB a. F. stellte auf den Unterschied zwischen handelsrechtlicher und steuerlicher Gewinnermittlung ab.

537 Schmalenbach, Zeitschrift für handelswissenschaftliche Forschung, passim – siehe oben.

538 Siehe auch Baetge/Kirsch/Thiele, S. 17 ff.

539 Küting/Pfitzer/Weber, Hdb. der Rechnungslegung, § 274 HGB Rn. 9.

540 Prinz/Ruberg, Der Konzern 2009, 343 (350).

541 RegE BT-Drs. 16/10067, S. 67.

542 Aufzählung nach: Küting/Pfitzer/Weber, Hdb. der Rechnungslegung, § 274 HGB Rn. 9; vgl. auch Baetge/Kisch/Thiele, S. 548.

543 Vgl. auch Hoffmann, StuB 2012, 249 (249); Baetge/Kisch/Thiele, S. 548.

544 Vgl. BR-DRs. 344/08 (Beschluss), S. 8; siehe auch: Karrenbrock, BB 2011, 683 (685).

3.3.2.1.4 Die Funktionsweise der Steuerabgrenzung

Während die Steuerbilanz als Besteuerungsgrundlage dient, zielt die Handelsbilanz in erster Linie auf die Errechnung des ausschüttungsfähigen Gewinns ab.[545] Dies erfordert teils unterschiedliche Wertansätze. Führen solch unterschiedliche (Wert-) Ansätze zu Differenzen, die sich in den Folgejahren abbauen und so aus handelsbilanzieller Sicht entweder Mehr- oder Weniger-Belastungen erwarten lassen, ist es möglich, diese als latente Steuern in der Handelsbilanz zu berücksichtigen. Sie stellen mithin fiktive Steuererstattungsansprüche bzw. fiktive Steuerschulden dar, welche zur umfassenden Vermögensdarstellung künftige Steuereffekte antizipieren und so das handelsbilanzielle Bild eines Unternehmens vervollständigen. Dauerhafte Wertunterschiede, die sich nicht abbauen, führen hingegen nicht zu latenten Steuern, da sie keine Steuereffekte erwarten lassen. Folgende Wertunterschiede sind denkbar und müssen unterschieden werden:

1. Ein Aktivposten wird in der Handelsbilanz höher angesetzt als in der Steuerbilanz
2. Ein Aktivposten wird in der Handelsbilanz niedriger angesetzt als in der Steuerbilanz
3. Ein Passivposten wird in der Handelsbilanz höher angesetzt als in der Steuerbilanz
4. Ein Passivposten wird in der Handelsbilanz niedriger angesetzt als in der Steuerbilanz

Zu erwartende Mehrbelastungen sind gemäß § 274 Abs. 1 Satz 1 HGB als passive latente Steuern anzusetzen. Mehrbelastungen sind dann zu erwarten, wenn der handelsbilanzielle Wertansatz höher ist als der steuerliche, da dann aus handelsbilanzieller Sicht zu wenig Steuern entrichtet werden. Daraus folgt, dass die Situationen unter 1.) und 4.) zu passiven latenten Steuern führen. Gleiches gilt für die Fälle, in denen ein Vermögensgegenstand oder eine Schuld gar nicht in der Steuer- oder Handelsbilanz angesetzt wird.

Zu erwartende Steuerentlastungen können nach § 274 Abs. Satz 2 HGB als aktive latente Steuern aktiviert werden. Entlastungen sind dann zu erwarten, wenn der handelsbilanzielle Wertansatz niedriger ist als der steuerliche, da dann aus handelsbilanzieller Sicht zu viele Steuern entrichtet werden. Daraus ergibt sich, dass die Situationen unter 2.) und 3.) zu aktiven latenten Steuern führen.

Folgende Sachverhalte führen beispielsweise zu latenten Steuern[546]:

545 Vgl. dazu die Ausführungen zum Zweck des Jahresabschlusses in Abschnitt 2.3.5.

546 Für einen umfassenden Überblick über mögliche Differenzen, siehe: Herzig/Briesemeister, in: Herzig/Fuhrmann, Handbuch latente Steuern im Einzelabschluss, S. 117, 169 ff. Die angeführten Beispiele sind diesem Werk entnommen.

- Zu **passiven latenten Steuern** kommt es, wenn in der Handelsbilanz selbst erstellte immaterielle Vermögensgüter nach §§ 248 Abs. 2 Satz 1, 255 Abs. 2a HGB aktiviert werden. Diesbezüglich existiert ein steuerliches Ansatzverbot, vgl. § 5 Abs. 2 EStG. Damit ist der Gewinnausweis in der Steuerbilanz niedriger als in der Handelsbilanz, wodurch eine Steuermehrbelastung zu erwarten ist. Dieser Unterschied ist temporärer Natur, da er sich durch Veräußerung oder Abschreibungen abbaut.
- Des Weiteren kann es zu **passiven latenten Steuern** aufgrund von § 246 Abs. 2 Satz 3 HGB und § 253 Abs. 1 Satz 4 HGB kommen. Wird das Deckungsvermögen mit dem beizulegenden Zeitwert gesondert angesetzt, ist der handelsrechtliche Wertansatz höher als in der Steuerbilanz. Dort kann das Deckungsvermögen gem. § 6 Abs. 1 Nr. 1, 2 EStG maximal mit den fortgeführten Anschaffungskosten angesetzt werden, was aus handelsrechtlicher Sicht aufgrund der Zeitbewertung nach § 253 Abs. 1 Satz 4 HGB ebenfalls zu absehbaren Steuermehrbelastungen führt.
- **Passive latente Steuern** liegen bspw. auch dann vor, wenn steuerliche Abschreibungszeiträume kürzer sind als handelsrechtliche. Dies kann etwa auf die Wahrnehmung steuerlicher Wahlrechte i.S.d. § 5 Abs. 1 EStG zurückzuführen sein. Dazu zählen steuerrechtliche Sonderabschreibungen nach § 7g Abs. 1 Satz 2 EStG und die erhöhten Absetzmöglichkeiten nach § 7h EStG oder § 7i EStG. Durch geringere Abschreibung in der Handelsbilanz ist der Wertansatz handelsbilanziell höher, weshalb aus handelsrechtlicher Sicht mit einer Steuerbelastung zu rechnen ist. Unterschiedliche Wertansätze aufgrund unterschiedlicher Abschreibungszeiträume bauen sich durch erfolgte Abschreibungen ab. Liegen hingegen handelsrechtlich höhere planmäßige Abschreibungen etwa des Geschäfts- und Firmenwerts vor, können **aktive latente Steuern** angesetzt werden.
- Handelsbilanziell sind gem. § 249 Abs. 1 Satz 1 HGB Rückstellungen für drohende Verluste aus schwebenden Geschäften zu bilden. Steuerbilanziell ist die Bildung solcher Rückstellungen verboten, vgl. § 5 Abs. 4a Satz 1 HGB. Dadurch sind die Wertansätze in der Steuerbilanz höher, was eine Steuerentlastung erwarten lässt. Es kann eine **aktive latente Steuer** gebildet werden. Durch Eintritt der Verluste oder Auflösung der Rückstellung bauen sich die unterschiedlichen Wertansätze ab.
- Die nach dem Temporary-Konzept nun ebenfalls abzugrenzenden, quasipermanenten Differenzen entstehen beispielsweise durch die handelsbilanzielle Abschreibung eines aus steuerlicher Sicht nicht abnutzbaren Vermögensgegenstandes.[547] In der Steuerbilanz taucht der Wert also unverändert auf, während er handelsbilanziell durch Abschreibung sinkt. Erst durch einen Verkauf oder Liquidation des Unternehmens schlägt das Geschäft auch steuerlich zu Buche (Bsp.: Verkauf des betriebsnotwendigen Grundstücks[548]), wodurch sich die Unterschiede abbauen. Auch wenn dieser Zeitpunkt ungewiss ist und in ferner

547 Beispiel nach: Baetge/Kirsch/Thiele, S. 548.

548 Vgl. Hoffmann, StuB 2012, 249 (249); Fuhrmann/Gellrich, in: Herzig/Fuhrmann, Handbuch latente Steuern im Einzelabschluss, S. 115.

Zukunft liegen mag, sind nach dem Temporary-Konzept Steuerentlastungen zu erwarten, welche als **aktive latente Steuern** angesetzt werden dürfen.

Die ausgewiesenen Posten müssen die insgesamt auftretenden Wertdifferenzen umfassen und dürfen sich somit nicht nur auf einzelne Sachverhalte beziehen. Die jeweiligen Beträge der aktiven und passiven latenten Steuern sind zu summieren und miteinander zu verrechnen. Eine nur teilweise Steuerabgrenzung würde dem Wortlaut des § 274 Abs. 1 Satz 2 HGB nicht gerecht: Danach kommt es auf eine sich *insgesamt* ergebende Steuerentlastung oder Steuerbelastung an.[549] Latente Steuern dürfen jedoch netto oder brutto ausgewiesen werden, vgl. § 274 Abs. 1 Satz 3 HGB.[550] Das bedeutet, dass entweder die Summen sämtlicher aktiver und passiver latenten Steuern ausgewiesen werden oder nur ein jeweiliger aktiver oder passiver Überhang. Erstmals sind latente Steuern auf steuerliche Verlustvorträge mit einzubeziehen. Solche sind jedoch beschränkt auf solche Verlustvorträge, die wahrscheinlich innerhalb der nächsten fünf Jahre verrechnet werden können, vgl. § 274 Abs. 1 Satz 4 HGB.[551]

Die nun folgenden, vereinfachten Beispiele zeigen, wie latente Steuern berechnet werden:

Fall 1: Aktivierung selbst erstellter immaterieller Vermögensgegenstände § 248 Abs. 2 Satz 1 HGB

Ein Unternehmen aktiviert selbst geschaffene immaterielle Vermögensgegenstände des Anlagevermögens in Höhe von 2000. Diese werden innerhalb von 4 Jahren linear abgeschrieben. Zur Vereinfachung soll ein konstanter Jahresgewinn von 3000 vor Abschreibung vorliegen, d.h. die Gewinne steigen von Jahr zu Jahr. Es gilt ein Ertragssteuersatz von 30 %. Es ist daher eine passive latente Steuer in Höhe von 600 auszuweisen, welche sich in den Folgejahren abbaut:

Abbildung 7.

Geschäftsjahr	**1**	**2**	**3**	**4**	**5**
Buchwert HGB	2000	1500	1000	500	0
Abschreibung HB	0	500	500	500	500
Buchwert StB	0	0	0	0	0

549 So auch Baetge/Kirsch/Thiele, S. 543 m.w.N.

550 § 274 Abs. 1 Satz 3 HGB nennt den Bruttoausweis ausdrücklich. Im Umkehrschluss ergibt sich, dass § 274 Abs. 1 HGB grundsätzlich den Nettoausweis vorsieht, was durch die Formulierung „...*insgesamt* ergebende Steuerentlastung" (*Hervorhebung d. Verf.*) deutlich wird.

551 Dies ist einer der Hauptkritikpunkte des BilMoGs, denn aktive latente Steuern auf zu verrechnende Verlustvorträge gehen den meisten Experten klar zu weit, vgl. nur Küting, in: 122. Prtokoll des Rechtsausschusses des Bundestages, S. 3.

Geschäftsjahr	1	2	3	4	5
Abschreibung StB	0	0	0	0	0
Differenz Buchwerte	**2000**	**1500**	**1000**	**500**	**0**
Jahresgewinn HGB vor Abschreibung	3000	3000	3000	3000	3000
Jahresgewinn StB vor Abschreibung	1000	1500	2000	2500	3000
Steuer HB	900	900	900	900	900
Steuer StB	300	450	600	750	900
Differenz = Passive latente Steuer gem. § 274 HGB	**600**	**450**	**300**	**150**	**0**

Fall 2: Unterschiedliche Abschreibungszeiträume
Das Jahresergebnis des Unternehmens sei erneut zur Vereinfachung konstant. Es geht um einen Vermögensgegenstand im Wert von 1200. Der handelsrechtliche Abschreibungszeitraum beträgt 5 Jahre (linear), der steuerliche 3 Jahre (linear). Es gilt ein Ertragssteuersatz in Höhe von 30 %. Daraus ergibt sich folgende Berechnung:

Abbildung 8.

Geschäftsjahr	1	2	3	4	5
Buchwert HGB	960	720	480	240	0
Abschreibung HB	240	240	240	240	240
Buchwert StB	800	400	0	0	0
Abschreibung StB	400	400	400	0	0
Differenz Buchwerte	**160**	**320**	**480**	**240**	**0**
Jahresgewinn vor Abschreibung in HGB / StB	600	600	600	600	600
Jahresgewinn HGB nach Abschreibung	360	360	360	360	360
Gewinn StB nach Abschreibung	200	200	200	600	600
Steuer HB	108	108	108	108	108
Steuer StB	60	60	60	180	180
Differenz	48	48	48	-72	-72
Passive Latenz	48	48	48	0	0
Aktive Latenz	0	0	0	72	72

3.3.2.1.5 Die Doppelnatur latenter Steuern in der Bilanz

Wie schon beschrieben, stellen latente Steuern Sonderposten eigener Art dar. Die Besonderheiten dieser Posten liegen vor allem darin, dass sich ihre Existenz und ihre Werte von den sonstigen Bilanzpositionen ableiten und sie somit keiner eigenständigen Wertbildung unterliegen. Werden beispielsweise Herstellungskosten für selbst geschaffene immaterielle Vermögensgegenstände des Anlagevermögens in Höhe von 1000 aktiviert, ist gleichzeitig ein Posten für passive latente Steuern in Höhe des Ertragssteuersatzes bei 30 % in Höhe von 300, zu bilden. Durch die Aktivierung von 1000 und Passivierung von 300 erhöht sich das Eigenkapital im Ergebnis lediglich um die Differenz in Höhe von 700. Ohne den Ansatz von Vermögensgegenständen, Schulden oder Rechnungsabgrenzungsposten entstehen weder passive noch aktive latente Steuern. Ihre Existenz ist von den sonstigen Ansätzen abhängig.

Obwohl der Charakter latenter Steuern derivativer Natur ist, werden sie bilanziell wie echte Vermögensgegenstände behandelt. So existiert im Gliederungsschema des § 266 HGB für sie jeweils ein eigener Posten (Abs. 2 D und Abs. 3 E). Dadurch wird ihnen eine eigenständige Bedeutung zugesprochen. Zwar leiten sie sich aus anderen Werten ab, dennoch bilden sie einen aus handelsrechtlicher Sicht eigenständigen Wert, der sich auf das Eigenkapital auswirkt. Deshalb kann von einer Doppelnatur gesprochen werden. Zwar leiten sie sich aus den sonstigen angesetzten Bilanzposten ab, dennoch werden sie aber als eigenständige Posten behandelt.

3.3.2.1.6 Personeller Anwendungsbereich des § 274 HGB

3.3.2.1.6.1 Zur Steuerabgrenzung nach § 274 HGB Verpflichtete

§ 274 HGB ist eine Sondervorschrift des Rechnungslegungsrechts für Kapitalgesellschaften (GmbH, AG) und ist somit von diesen verpflichtend anzuwenden. Ebenso unmittelbar anzuwenden ist die Vorschrift von haftungsbeschränkten Handelsgesellschaften, vgl. § 264a Abs. 1 HGB. Kleine Kapitalgesellschaften[552] sind hingegen gem. § 274a Nr. 5 HGB von der Pflicht, Steuern abzugrenzen, befreit.

Darüber hinaus existieren spezialgesetzliche Verweisungsnormen wie etwa § 5 Abs. 1 Satz 2 PublG[553], nach denen auch einfache Handels- oder Personengesellschaften der Steuerabgrenzungspflicht unterliegen können. Weitere Verweisungen enthalten[554]: § 336 Abs. 2 HGB für eingetragene Genossenschaften, §§ 340a Abs. 1, 340 Abs. 1 und 4 HGB für Kredit- und Finanzdienstleistungsinstitute sowie §§ 341 Abs. 4 Satz 1, 341a Abs. 1 HGB für Versicherungsunternehmen und Pensionsfonds.

---

552 Die Merkmale einer kleinen Kapitalgesellschaft ergeben sich aus § 267 Abs. 1 HGB; vgl. dazu auch die Diskussion zu § 249 HGB in Abschnitt 3.4.3.

553 Das Publizitätsgesetz findet rechtsformunabhängig Anwendung, wenn die Voraussetzungen des § 1 PublG vorliegen.

554 Vgl. ausführliche Aufzählung in: Fuhrmann, in: Herzig/Fuhrmann, Handbuch latente Steuern, S. 25.

Bei Vorliegen einer Konzernstruktur kann die Pflicht, Steuern abzugrenzen, entfallen, vgl. §§ 264 Abs. 3, 264b HGB bzw. § 5 Abs. 6 PublG.

3.3.2.1.6.2 Freiwillige Anwendung von § 274 HGB

Gesellschaften, die nicht verpflichtet sind § 274 HGB anzuwenden, können die Regelung nach allgemeiner Meinung freiwillig anwenden und latente Steuern ausweisen.[555] Dabei ist das sog. *„cherry-picking"* nicht zulässig. Wenn sich ein Unternehmen zur Anwendung von § 274 HGB entscheidet, muss es eine umfassende Steuerabgrenzung i.S.d. § 274 HGB vornehmen und kann nicht bspw. allein aktive latente Steuern aktivieren oder nur gewisse Posten in die Steuerabgrenzung miteinbeziehen. Damit wird vermieden, dass bspw. aktive latente Steuern in einem unerwarteten Verlustjahr aufgrund der steuerlichen Verlustverrechnungsmöglichkeit zur Aufbesserung des Eigenkapitalausweises dieser Periode genutzt werden können.[556] Dennoch enthält dieses Wahlrecht, trotz des Stetigkeitsgebotes aus § 246 Abs. 3 HGB, enormes bilanzpolitisches Potential, da nach Ansicht einiger Autoren die Voraussetzungen des § 252 Abs. 2 HGB künstlich geschaffen werden können.[557]

3.3.2.1.7 Ansatz und Ausweismöglichkeiten latenter Steuern nach § 274 HGB

§ 274 Abs. 1 HGB hält zwei Wahlrechte für den Bilanzierenden bereit. Gemäß § 274 Abs. 1 Satz 2 HGB steht die Aktivierung der sich insgesamt ergebenden aktiven latenten Steuern im Ermessen des Bilanzierenden. Nach § 274 Abs. 1 Satz 3 HGB können die sich ergebende Steuerbelastung und die sich ergebende Steuerentlastung auch unverrechnet angesetzt werden. Passive latente Steuern sind hingegen gem. § 274 Abs. 1 Satz 1 HGB stets zu aktivieren. Daraus ergeben sich folgende Parameter für den Ansatz und Ausweis latenter Steuern:

1. Insgesamt ergebende Steuerbelastung: Passivierungspflicht nach § 274 Abs. 1 Satz 1 HGB .
2. Insgesamt ergebende Steuerentlastung: Aktivierungswahlrecht nach § 274 Abs. 1 Satz 2 HGB.
3. Grundsatz: Verrechnung der sich insgesamt ergebenden aktiven und passiven latenten Steuern (Nettoausweis).
4. § 274 Abs. 1 Satz 3 HGB: Die sich ergebenden Steuerbelastungen und Steuerentlastungen können auch unverrechnet angesetzt werden (Bruttoausweis).

---

555 ADS § 274 HGB Rn. 7; Grottel/Larenz in: Beck'scher Bilanzkommentar, § 274 HGB Rn. 85.

556 Lüdenbach/Freiberg, BB 2011, 1579 (1579 f).

557 Vgl. Lüdenbach/Freiberg, BB 2011, 1579 (1580) die darauf hinweisen, dass einmalige und besondere Situationen (etwa außergewöhnliche Verluste) es rechtfertigen können, in einer Periode die Steuerabgrenzung einmalig für bestimmte Zwecke zu nutzen. Diese vom Stetigkeitsgebot ausgenommenen besonderen Situationen ließen sich zum einen häufig finden und zum anderen auch bewusst provozieren.

Aus diesen Parametern ergeben sich verschiedene Ansatz- und Ausweismöglichkeiten. Dabei stellt sich die Frage, wie die beiden Wahlrechte aus § 274 Abs. 1 Satz 2 und Satz 3 HGB kombiniert werden können, bzw. inwieweit das Wahlrecht aus § 274 Abs. 1 Satz 2 HGB ausgeübt werden kann, wenn von dem Wahlrecht nach § 274 Abs. 1 Satz 3 HGB Gebrauch gemacht wird.

In tatsächlicher Hinsicht können folgende Konstellationen auftreten:

1. Passive latente Steuern > Aktive latente Steuern
2. Passive latente Steuern < Aktive latente Steuern
3. Passive latente Steuern = Aktive latente Steuern

Daraus ergeben sich die in Abbildung 9 dargestellten Ansatz- und Ausweismöglichkeiten:

Abbildung 9 – Möglichkeiten der Darstellung latenter Steuern.

Nr.	Sachverhalt	Denkbare Möglichkeiten	Passiv	Aktiv
1	**passiv (60) > aktiv (40)**	Bruttoausweis, § 274 Abs. 1 Satz 1 und 3 HGB	60	40
2		Nettoausweis, § 274 Abs. 1 Satz 1 und 2 HGB	20	0
3	unzulässig	§ 274 Abs. 1 Satz 2 und 3 HGB: Bruttoausweis unter Verzicht auf Ansatz der sich ergebenden aktiven latenten Steuern	60	0
4	**passiv (40) < aktiv (60)**	Bruttoausweis, § 274 Abs. 1 Satz 1 und 3 HGB	40	60
5		Nettoausweis, § 274 Abs. 1 Satz 1 und 2 HGB	0	20
6		Nettoausweis unter Verzicht auf Wahlrecht gem. § 274 Abs. 1 Satz 2 HGB	0	0
7	unzulässig	§ 274 Abs. 1 Satz 2 und 3 HGB: Bruttoausweis unter Verzicht auf Ansatz der sich ergebenden aktiven latenten Steuern	40	0
8	zulässig	Bruttoausweis gem. § 274 Abs. 1 Satz 3 HGB kombiniert mit Verzicht auf Ansatz des Überhangs gem. § 274 Abs. 1 Satz 2 HGB	40	40

Nr.	Sachverhalt	Denkbare Möglichkeiten	Passiv	Aktiv
9	**Passiv (60) = aktiv (60)**	Bruttoausweis, § 274 Abs. 1 Satz 3 HGB	60	60
10		Nettoausweis nach § 274 Abs. 1 Satz 1 und 2 HGB	0	0
11	unzulässig	Bruttoausweis, Verzicht auf Ansatz gem. § 274 Abs. 1 Satz 2 HGB	60	0

Untersuchung der Möglichkeiten:

Abbildung 9 enthält die theoretisch denkbaren Ansatz- und Ausweismöglichkeiten. Fraglich ist, wie das Wahlrecht aus § 274 Abs. 1 Satz 2 HGB verstanden werden kann, insbesondere bei Wahl des Bruttoausweises nach § 274 Abs. 1 Satz 3 HGB (vgl. Abbildung 9, Nummern: 3, 7, 8 und 11). Zur Klärung dieser Fragen wird zunächst das grundlegende Ausweissystem latenter Steuern dargestellt.

Dem Wortlaut von § 274 Abs. 1 Satz 1 und 2 HGB folgend ist auf die sich „*insgesamt*" ergebenden Steuerbelastungen oder Steuerentlastungen abzustellen. Damit ist klargestellt, dass dem Ausweis latenter Steuern rechnerische Schritte vorausgehen. Dabei ist zu klären, worauf sich die Formulierung „insgesamt" bezieht. Es kommen zwei Möglichkeiten in Betracht. Einerseits könnte die Formulierung bedeuten, dass sich die einzelnen latenten Steuern, die sich aus den einzelnen unterschiedlichen Wertansätzen ergeben, addiert werden müssen und als Gesamtheit ausgewiesen werden müssen. Daraus würde folgen, dass es einen Gesamtposten „aktive latente Steuern" und einen Gesamtposten „passive latente Steuern" gäbe, die grundsätzlich getrennt voneinander zu behandeln wären. So gesehen, könnte man das Wahlrecht aus § 274 Abs. 1 Satz 2 HGB so verstehen, dass jedenfalls die in Abbildung 9 unter den Nummern 3, 7 und 11 genannten Alternativen zulässig wären. Andererseits könnte sich das Wort „insgesamt" auch auf die Gesamtbetrachtung der Steuerabgrenzung beziehen.[558] Zwar ist der Wortlaut insoweit nicht eindeutig, jedoch ergibt sich letzteres aus der Systematik und dem Sinn und Zweck. § 274 Abs. 1 Satz 3 HGB, der den Bruttoausweis ermöglicht, wäre sinnlos, wenn dieser schon nach § 274 Abs. 1 und 2 HGB möglich wäre. Daraus ist im Umkehrschluss zu schließen, dass grundsätzlich ein verrechneter Ansatz der zu erwartenden Steuerbelastungen und Steuerentlastungen zu wählen ist, also eine Gesamtbetrachtung vorzunehmen ist. Die Formulierung „insgesamt" bezieht sich daher auf die Differenz bzw. die Abgrenzungsspitze aus jeglichen aktiven und passiven latenten Steuern. Dafür spricht auch, dass eine Steuerentlastung bzw. eine Steuerbelastung tatsächlich nur bei einem jeweiligen Überhang zu erwarten ist, da sich im Übrigen die Positionen in aufrechenbarer Weise gegenüberstehen.

Zunächst sind also relevante Differenzen zwischen den Wertansätzen von Vermögensgegenständen, Schulden und RAP in der Handels- und der Steuerbilanz zu

558 So jedenfalls eindeutig: BT-Drs. 16/12407, S. 87: „...Saldierung („insgesamt")..."

ermitteln.[559] Anschließend sind die jeweils aktiven und jeweils passiven latenten Steuern zu einer Gesamtsumme zu addieren. Im nächsten Schritt sind bei einem Ausweis nach § 274 Abs. 1 Satz 1 und 2 HGB die jeweiligen Gesamtsummen zu vergleichen und zu subtrahieren. Ergibt sich eine Abgrenzungsspitze „passive latente Steuern", sind diese gem. § 274 Abs. 1 Satz 1 HGB zwingend auszuweisen. Ergibt sich eine Abgrenzungsspitze „aktive latente Steuern", kann diese wahlweise gem. § 274 Abs. 1 Satz 2 HGB ausgewiesen werden. Daraus ergibt sich, dass die in Abbildung 9 genannten Varianten in den Nummern 2,5,6 und 10 der gesetzlichen Regelung entsprechen. Sie stellen die Grundfälle dar.

Diese Grundfälle werden durch § 274 Abs. 1 Satz 3 HGB erweitert. Abweichend vom Ausweis der Abgrenzungsspitzen dürfen die Gesamtsummen auch unverrechnet ausgewiesen werden. Dies führt zu weiteren unproblematischen Grundfällen. Unabhängig davon, ob eine Seite der latenten Steuern überwiegt oder nicht, können ihre Gesamtsummen ungekürzt ausgewiesen werden. Die in Abbildung 9 in den Nummern 1, 4 und 9 dargestellten Varianten entsprechen somit der gesetzlichen Regelung. Der Zweck des § 274 Abs. 1 Satz 3 HGB ist vor allem auch die Vermittlung von Informationen. Durch den Bruttoausweis erhält der Bilanzleser ohne Blick in den Anhang der Bilanz den größtmöglichen Überblick über existente latente Steuern. Ausgehend von diesen Grundvarianten des Bruttoausweises stellt sich die Frage, inwieweit zusätzlich das Wahlrecht nach § 274 Abs. 1 Satz 2 HGB ausgeübt werden kann (vgl. die Varianten Nr. 3, 7, 8 und 11 in Abbildung 9). Fraglich ist vor allem, ob bei einem Bruttoausweis ein solches Wahlrecht überhaupt bestehen kann.

Die Formulierung „angesetzt werden" in § 274 Abs. 1 Satz 3 HGB spricht dafür, dass es sich bei der Norm um ein echtes Ansatzwahlrecht handelt, das, so betrachtet, vom Konzept der § 274 Abs. 1 und 2 HGB abweichen könnte.[560] Dann wäre es folgerichtig, § 274 Abs. 1 Satz 2 HGB mit der Maßgabe anzuwenden, dass sich das Wahlrecht nunmehr auf den ganzen unverrechneten Betrag bezieht. Dies würde es Unternehmen ermöglichen, den Aufwand zur Ermittlung aktiver latenter Steuern zu vermeiden. Letzteres lässt sich der Stellungnahme des Bundesrates entnehmen, wo es heißt, dass ein Ansatzwahlrecht bzgl. aktiver latenter Steuern den Ermittlungs- und Dokumentationsaufwand reduziere.[561] Würde man hingegen stets nur auf Abgrenzungsspitzen abstellen, wäre die Ermittlung aktiver latenter Steuern unabhängig von der Art des Ausweises stets notwendig. Darüber hinaus wird vertreten, dass sich § 274 Abs. 1 Satz 2 HGB auch deshalb nicht lediglich auf die Abgrenzungspitze beziehen könne, weil so eine ungerechtfertigte Teilung der aktiven latenten Steuern vorläge.[562] Einerseits wäre ein Betrag, der den passiven latenten

559 Dazu treten noch aktive latente Steuern aus der Verlustverrechnung nach § 274 Abs. 1 Satz 4 HGB.

560 Vgl. zum Verständnis des Wortlauts auch Herzig/Vossel, BB 2009, 1174 (1177), mit Hinweis auf Empfehlung des Rechtsausschusses.

561 Vgl. BR-Drs. 344/08 (Beschluss), S. 8.

562 Vgl. Herzig/Vossel, BB 2009, 1174 (1177).

Steuern entspricht, stets zu berücksichtigen und jedenfalls rechnerisch in Ansatz zu bringen, während andererseits der Ausweis eines etwaigen Aktivüberhangs in das Ermessen des Bilanzierenden gestellt würde.

Gegen diese Auslegung sprechen jedoch gewichtige Argumente. Zunächst ist § 274 Abs. 1 Satz 3 HGB in systematischer Hinsicht trotz des Wortlauts lediglich ein Ausweiswahlrecht und kein echtes Ansatzwahlrecht. Dies folgt m.E. daraus, dass § 274 Abs. 1 Satz 3 systematisch an die nach den § 274 Abs. 1 Satz 1 und 2 HGB ermittelten latenten Steuern anknüpft und im Weiteren lediglich von dem verrechnetem Ausweis abweicht.

Ließe man die Wahrnehmung des Wahlrechts aus § 274 Abs. 1 Satz 2 HGB beim Bruttoausweis zu, käme es zu einer Durchbrechung der Gesamtbetrachtung der existenten latenten Steuern. Dies widerspricht nach bisher herrschender Meinung in der Literatur[563] dem Zweck des neuen Steuerabgrenzungskonzepts. Durch die gewählte Gesamtbetrachtung und der Umstellung auf das „temporary-concept" soll ein möglichst den tatsächlichen Verhältnissen entsprechendes Abbild geschaffen werden. Es geht primär um die vollumfängliche Aufklärung des Bilanzlesers. Dem wiederspräche es, ließe man die gänzliche Nichtbeachtung aktiver latenter Steuern in den genannten Fällen zu. Denn dann würden Steuerbelastungen ausgewiesen, die aufgrund bilanziell verborgener aktiver latenter Steuern tatsächlich nicht zu erwarten wären. Dies stünde nicht in Einklang mit der maßgeblichen Ansatzpflicht nach § 274 Abs. 1 Satz 1 HGB, wo auf die *„insgesamt"* zu erwartende Steuerbelastung abgestellt wird. In Höhe der aktiven latenten Steuern ist keine effektive Steuerschuld zu erwarten. Deshalb ist der Ausweis passiver latenter Steuern unter Nichtberücksichtigung vorhandener aktiver Steuerlatenzen unzulässig.

Aus diesen Gründen sind die Varianten in Abbildung 9 der Nummern 3, 7 und 11 nicht zulässig. In all diesen Fällen käme es zu einem Ausweis tatsächlich nicht zu erwartender Steuerschulden. Keine Bedenken bestehen hingegen in Variante 8 der Abbildung 9.[564] Dort wird das Wahlrecht nach § 274 Abs. 1 Satz 2 HGB regelgemäß auf die Abgrenzungsspitze angewandt. Dass es zu einer zweigeteilten bilanziellen Behandlung von aktiven latenten Steuern kommt, steht dem nicht entgegen. Diese Zweiteilung ist bereits in § 274 Abs. 1 Satz 1 und Satz 2 HGB angelegt, da es regelmäßig nur auf die Abgrenzungsspitzen ankommt, im Übrigen aber eine Verrechnung stattfindet.

563 Vgl. Karrenbrock, BB 2011, 683 (683); Küting/Seel, DB 2009, 922 (924); Herzig/Vossel; BB 2009, 1174 (1177); Loitz, DB 2009, 918; Grottel/Larenz, in: Beck'scher Bilanzkommentar, § 274 HGB Rn. 14.

564 So auch: Herzig/Vossel; BB 2009, 1174 (1177).

3.3.2.1.8 Latente Steuern aus steuerlichen Verlustvorträgen

Seit dem BilMoG können gem. § 274 Abs. 1 Satz 4 HGB auch aktive latente Steuern aus steuerlichen Verlustvorträgen aktiviert werden.[565] Das gilt allerdings nur, sofern die Verlustvorträge wahrscheinlich innerhalb der nächsten fünf Jahre verrechnet werden können. Im Unterschied zu den aktiven latenten Steuern i.S.d. § 274 Abs. 1 Satz 2 HGB, leiten sich aktive latente Steuern aus steuerlichen Verlustvorträgen nicht aus Differenzen zwischen handelsrechtlichen und steuerlichen Wertansätzen ab, sondern direkt aus einem etwaigen Verlustvortrag i.S.v. § 10d Abs. 2 EStG, § 8 c KStG und § 10a GewStG.

In der Sache handelt es sich bei diesen aktiven latenten Steuern um aufschiebend bedingte Forderungen, die vom Eintreten zukünftiger Gewinne abhängen, mit denen die Verlustvorträge verrechnet werden können.[566] Maßgeblich ist die Verrechnungswahrscheinlichkeit im Sinne einer Prognose. Je weiter man die Prognose in die Zukunft verlegt, desto unsicherer ist die Verrechnungswahrscheinlichkeit. § 274 Abs. 1 Satz 4 HGB ist notwendig, weil nach dem herkömmlichen Verständnis eine Aktivierung einerseits an der fehlenden abstrakten Aktivierungsfähigkeit scheitert und andererseits daran, dass § 274 Abs. 1 Satz 2 HGB Verlustvorträge nicht umfasst.[567] Verlustvorträge und daraus abgeleitete aktive latente Steuern sind an das Unternehmen gebunden und können nicht einzeln extern verwertet werden. Sie sind daher selbst nicht abstrakt aktivierungsfähig. Des Weiteren erfüllen Verlustvorträge nicht die Voraussetzungen des § 274 Abs. 1 Satz 2 HGB.[568] Bei Verlustvorträgen handelt es sich weder um Vermögensgegenstände, Schulden oder Rechnungsabgrenzungsposten, noch um zu erwartende Steuerentlastungen aus temporären Differenzen zwischen Wertansätzen in Handels- und Steuerbilanz.

Nach § 274 Abs. 1 Satz 4 HGB können Steuererleichterungen, welche aus steuerlichen Verlustvorträgen stammen, nur dann berücksichtigt werden, wenn deren Realisierung innerhalb der nächsten fünf Jahre die notwendige Wahrscheinlichkeit erreicht. Für den Ansatz kommt es somit entscheidend auf die Prognose der zukünftigen Verrechnungswahrscheinlichkeit des Verlustvortrags an.[569] Dabei wird kritisiert, dass die Begrenzung auf den 5-Jahreszeitraum einen teleologischen Bruch

---

565 Bei hinreichender Wahrscheinlichkeit käme nach dem hier vertretenen weiten Vermögensgegenstandsverständnis eine Aktivierung schon deshalb in Betracht, weil ein eigenständiger wirtschaftlich nutzbarer und bewertbarer Vorteil vorläge; vgl. zum weiteren Verständnis Abschnitt 3.3.1.3.2.3.3.

566 Aufgrund des Entstehens eines Verlustvortrags ist ein künftiger Gewinn gerade bezweifelbar.

567 Vgl. zur gesamten Diskussion die übersichtliche Darstellung von Marten/Weiser/Köhler, BB 2003, 2335 (2336 ff.).

568 Herzig/Götsch/Liekenbrock, in: Herzig/Fuhrmann, Handbuch latente Steuern im Einzelabschluss, S. 274; Grottel/Larenz, in: Beck'scher Bilanzkommentar, § 274 HGB Rn. 16 m.w.N.

569 Herzig/Götsch/Liekenbrock, in: Herzig/Fuhrmann, Handbuch latente Steuern im Einzelabschluss, S. 275.

zum sonstigen Regelungsgehalt der Norm darstelle.[570] Im Mittelpunkt steht dabei die Frage, ob steuerliche Verlustvorträge bei der Verrechnung mit passiven latenten Steuern umfassender berücksichtigt werden dürfen als beim Ausweis eines sich ergebenden Überhangs aktiver latenter Steuern.[571] Ausgangspunkt der Diskussionen ist die Tatsache, dass § 274 Abs. 1 Satz 4 HGB wörtlich nicht zwischen Ansatz und Verrechnung unterscheidet. Aus der Formulierung „Berechnung“ und dem Sinn und Zweck der Norm wird teilweise die Schlussfolgerung gezogen, dass die Berücksichtigung von Verlustvorträgen zur Verrechnung mit passiven latenten Steuern auch außerhalb des 5-Jahreszeitraums möglich sei.

Zunächst äußerte sich der Rechtsausschuss in klarstellender Weise zu diesem Thema und konstatierte in seiner Beschlussempfehlung zum BilMoG, dass weiterreichende Verlustvorträge auch nicht zur Verrechnung mit passiven Steuerlatenzen angesetzt werden dürften, also keine Unterscheidung von Ansatz des Aktivüberhangs und Verrechnung mit passiven latenten Steuern zu machen sei.[572] Dem folgend hielt der Entwurf des DRS 24[573] eine solch weitgehende Berücksichtigung steuerlicher Verlustvorträge ebenfalls für unzulässig.

Diese Meinung änderte sich jedoch mit der Verabschiedung des IDW ERS HFA 27. Nunmehr wird vertreten, dass, entsprechend der verschiedenen Stellungnahmen und herrschenden Ansicht in der Literatur[574], auch außerhalb des fünf Jahres Prognosezeitraumes eine Berücksichtigung steuerlicher Verlustvorträge jedenfalls zu Verrechnungszwecken zulässig sei, vgl. DSR 18.[575] Am 03.09.2010 wurde der DRS 18 durch das BMJ gemäß § 342 Abs. 2 HGB bekannt gemacht. Dieser Standard gilt zwar unmittelbar nur für die Konzernrechnungslegung, jedoch wird die Anwendung auf Jahresabschlüsse empfohlen. Aufgrund der wesentlichen Übereinstimmung von DSR. 18 und IDW ERS HFA 27 beschloss der IDW am 09.09.2010 die Aufhebung von IDW ERS HFA 27.

Dem DRS 18 folgend, müssen zunächst die passiven und aktiven latenten Steuern aus den temporären Differenzen (§ 274 Abs. 1 Satz 2 HGB) errechnet werden. Verbleibt ein Passivüberhang, darf dieser auch mit steuerlichen Verlustvorträgen außerhalb des 5-Jahreszeitraums verrechnet werden. Verbleibt danach noch ein Aktivüberhang und soll dieser aktiviert werden, dürfen gem. § 274 Abs. 1 Satz 4 HGB nur solche Verlustvorträge berücksichtigt werden, die wahrscheinlich innerhalb

570 Prinz/Ruberg, Der Konzern, 2009, 343 (348); Karrenbrock, BB 2011, 683 (684); IDW ERS HFA 27, FN-IDW 2009, 337 ff. Tz.14; Kühne/Melcher/Wesemann, WPg 2009, 1005 ff.

571 Vgl. Karrenbrock, BB 2011, 683.

572 Beschlussempfehlung Rechtsausschuss, BT-Drs. 16/12407, S. 87.

573 Abrufbar unter http://www.drsc.de/docs/press_releases/091118_E-DRS24_website.pdf (zuletzt: 10.01.2013)

574 Vgl. Meyer/Ruberg, DStR 2010, 2094 (2095) mit zahlreichen weiteren Nachweisen.

575 Vgl. IDW ERS HFA 27 Rn. 14.

der nächsten fünf Jahre verrechnet werden können. Die folgenden Rechnungen veranschaulichen den Rechnungsgang von IDW ERS HFA 27 und DRS 18[576]:

Insgesamt besteht Passivüberhang:

Abbildung 10.

Aktive latente Steuern aus Vermögensgegenständen, Schulden, RAP (temporäre Differenzen) gem. § 274 Abs. 1 Satz 2 HGB	**200**
Passive latente Steuern aus Vermögensgegenständen, Schulden, RAP (temporäre Differenzen) gem. § 274 Abs. 1 Satz 1 HGB	**500**
Sich insgesamt ergebende zu erwartende Steuerbelastung	**300**
Steuerliche Entlastung aufgrund von Verlustvorträge insgesamt, ohne Begrenzung auf 5 Jahres Prognosezeitraum	**200**
Ausweis nach IDW ERS HFA 27/DRS 18: Verrechnete passive latente Steuern	**100**

Insgesamt besteht Aktivüberhang:

Abbildung 11.

Aktive latente Steuern aus Vermögensgegenständen, Schulden, RAP gem. § 274 Abs. 1 Satz 2 HGB	**200**
Passive latente Steuern aus Vermögensgegenständen, Schulden, RAP gem. § 274 Abs. 1 Satz 1 HGB	**500**
Sich insgesamt ergebende zu erwartende Steuerbelastung	**300**
Steuerliche Entlastung aufgrund von Verlustvorträge insgesamt, ohne Begrenzung auf 5 Jahres Prognosezeitraum	**400**
Verbleibender Aktivüberhang	**100**
Erlaubter Ansatz des verbleibenden Aktivüberhangs nur für jene aktive latente Steuern aus Verlustvorträgen, die wahrscheinlich innerhalb der nächsten 5 Jahre verrechnet werden können (hier angenommen: 350 von den 400 können innerhalb 5 Jahren verrechnet werden)	**50**

576 Die Rechenbeispiele folgen dem Rechengang, wie er in IDW ERS HFA 27 Rn. 14 ff. vorgegeben ist. Vgl. auch die Rechenbeispiele bei: Meyer/Ruberg, DStR 2010, 2094 ff.

Überhang temporärer aktiver latenter Steuern

Abbildung 12.

Aktive latente Steuern aus Vermögensgegenständen, Schulden, RAP gem. § 274 Abs. 1 Satz 2 HGB	**200**
Passive latente Steuern aus Vermögensgegenständen, Schulden, RAP gem. § 274 Abs. 1 Satz 1 HGB	**100**
Sich insgesamt ergebende zu erwartende Steuerentlastung	**100**
Steuerliche Entlastung aufgrund von Verlustvorträgen insgesamt, ohne Begrenzung auf 5 Jahres Prognosezeitraum	**400**
Davon innerhalb des 5 Jahresprognosezeitraums	**350**
Erlaubter Ansatz des Aktivüberhangs	**450**

Der umfassende Ausweis latenter Steuern durch Umstellung auf das *„temporary-concept"* und durch Einbezug der Verlustvorträge dient in erster Linie der Darstellung eines den tatsächlichen Verhältnissen entsprechendes Bild des Unternehmens.[577] Vor diesem Hintergrund erscheine es inkonsequent, solche Verlustvorträge auszuschließen, deren Verrechnungsmöglichkeit erst nach fünf Jahren eintreten wird, denn dadurch könnte nach herrschender Ansicht in der Literatur eine zu erwartende Steuerbelastung ausgewiesen werden, die tatsächlich gar nicht vorläge.[578] Daher können nach Ansicht des IDW HFA entgegen den Gesetzesmaterialien[579] auch solche Verlustvorträge berücksichtigt werden, deren Verrechenbarkeit erst nach fünf Jahren zu erwarten ist. Dafür spräche der insoweit eindeutige Wortlaut sowie der Sinn und Zweck der Norm.[580] Der Wortlaut *„bei der Berechnung aktiver latenter Steuern"* beziehe sich eben nicht auf die Verrechnung mit passiven latenten Steuern, vgl. § 274 Abs. 1 Satz 4 HGB. Ein möglichst wahrheitsgetreues Abbild könne darüber hinaus nur bei Berücksichtigung sämtlicher latenter Steuern geschehen. Solange Verlustvorträge existieren, könne daher eine noch bestehende passive Latenz nicht ungekürzt ausgewiesen werden, denn tatsächlich ist die Steuermehrbelastung dann nicht zu erwarten. Insofern solle § 274 Abs. 1 Satz 4 HGB so verstanden werden, dass nur bei der Abbildung des Überhangs aktiver latenter Steuern die Fünf-Jahres-Beschränkung gilt. Bei

577 RegE BT-DRs 16/10067, S. 67.

578 Vgl. Karrenbrock, BB 2011, 683 (684) sowie IDW RS HFA 27, Rn. 14.

579 Vgl. insbesondere Beschlussempfehlung Rechtsausschuss, BT-Drs. 16/12407, S. 87 die explizit darauf hinweist, dass steuerliche Verlustvorträge, die sich voraussichtlich erst nach fünf Jahren auswirken, auch nicht bloß zur Verrechnung mit sonstigen passiv latenten Steuern verwendet werden dürfen. Der Hinweis des Rechtsausschusses macht indessen deutlich, dass der Wortlaut dies im Grundsatz wohl zuließe.

580 Vgl. IDW ERS HFA 27, FN-IDW 2009, 337 ff. Tz.14.

der Ermittlung der sich insgesamt ergebenden passiven latenten Steuern könnten hingegen alle zu erwartenden aktiven Steuerlatenzen aus steuerlichen Verlustvorträgen berücksichtigt werden. Wie die Abbildungen 10 bis 12 zeigen, differenziert der IDW bei der Ermittlung der sich insgesamt ergebenden Steuerbelastung oder Steuerentlastung zwischen aktiven latenten Steuern nach § 274 Abs. 1 Satz 2 HGB und solchen nach § 274 Abs. 1 Satz 4 HGB.

Indessen ist nicht nachvollziehbar, warum bei Verrechnung und Berechnung etwas anderes gelten sollte.[581] Vielmehr setzt die Berechnung eines Aktivüberhangs die Verrechnung der nach dem Gesetz einzubeziehenden latenten Steuern voraus. Die 5-Jahresbegrenzung dient dem Vorsichtsprinzip und verhindert die Aktivierung allzu vager Prognosen. Aber auch bei der Verrechnung aktiver latenter Steuern erhöht sich das rechnerische Jahresergebnis durch Kürzung des gewinnminimierenden Betrags der passiven latenten Steuern. Somit wirken sich jene Beträge nicht nur bei Aktivierung, sondern auch bei Verrechnung ergebniswirksam aus.[582] Das Vorsichtsprinzip würde so umgangen. Die Steuerabgrenzung ist vielmehr immer eine Gesamtberechnung. Latente Steuern aus steuerlichen Verlustvorträgen können nicht vor Ermittlung eines Aktivüberhangs die passiven latenten Steuern eliminieren, sondern sind im gesetzlichen Umfang bei der Berechnung sofort miteinzubeziehen. Dabei gilt die vom Gesetzgeber gewählte Beschränkung auf den 5-Jahres-Horizont. Der Einbezug weiterer Verlustvorträge basiert letztlich auf bloßer Hoffnung des Entstehens von Gewinnen, daher können diese auch nicht zur Verrechnung herangezogen werden.

Die Trennung von Berechnung und Verrechnung ist meines Erachtens auch nicht im Wortlaut des Gesetzes angelegt.[583] Durch die Formulierung des § 274 Abs. 1 Satz 4 HGB *„bei der Berechnung aktiver latenter Steuern"* wird ein Bezug zur Berechnung nach § 274 Abs. 1 Satz 2 HGB hergestellt. Das lässt darauf schließen, dass die steuerlichen Verlustvorträge schon dabei zu berücksichtigen sind und nicht erst in einem zweiten Schritt. Dafür spricht auch, dass der Gesetzgeber im Regierungsentwurf noch von einer Aktivierungspflicht ohne Verrechnungsmöglichkeit ausgeht.[584] Ob die Änderungen in der verabschiedeten Fassung die Möglichkeit einer umfassenderen Verrechnungsmöglichkeit schaffen sollte, kann bezweifelt werden, da schon der § 274 HGB-E aufgrund der generellen Unsicherheiten von aktiven latenten Steuern heftig kritisiert worden war.[585] Die Änderungen gehen wohl auf die gewünschte

581 So aber ohne Begründung Karrenbrock, BB 2011, 683 (685).

582 So wohl auch Meyer/Ruberg, DStR 2010, 2094 (2098) die sich für eine gesetzliche Klarstellung in dieser Frage aussprechen. Vgl. auch die Darstellung zu latenten Steuern im bilanziellen Gesamtzusammenhang unter Abschnitt 3.3.2.1.5.

583 So auch: Ernst/Seidler, BB 2009, 766 (768); Herzig/Bohn/Götsch, DStR 2009, 2615 (2618).

584 BT-Drs. 17/10067, S. 9.

585 Vgl. etwa Öffentliche Anhörung des Rechtsausschuss des Bundestags, Protokoll der 122. Sitzung (vgl. Fn. 215), passim.

Annäherung an internationale Standards zurück, die regelmäßig einen verrechneten Ausweis zulassen.

Die zeitliche Begrenzung des Prognosezeitraums ist in erster Linie dem Vorsichtsprinzip geschuldet. Der Ansatz aktiver latenter Steuern widerspricht im Grunde dem Realisationsprinzip, da es zum Ausweis nicht realisierter bzw. noch nicht eingetretener Steuererleichterungen kommt. Verlustjahre bergen besondere Unsicherheiten. Sie indizieren gerade, dass ein Unternehmen momentan nicht in der Lage ist, Gewinne zu erzielen.[586] In solchen Situationen erscheint es besonders optimistisch, aktive latente Steuern zu bilden, die auf der Hoffnung einer finanziellen Besserung beruhen. Auch ist eine solche Information wertlos und dient gerade nicht dazu, ein tatsächliches Abbild zu schaffen. *Hennrichs* fasst dies treffend zusammen und sieht darin zu Recht die Gefahr eines „Brandbeschleunigers". Wenn zusätzlich zur schlechten wirtschaftlichen Lage klar wird, dass die erhofften Steuervorteile nicht eintreten werden, verschlechtert sich die wirtschaftliche Lage zusätzlich durch zwingend vorzunehmende Abschreibungen auf die gebildeten aktiven latenten Steuern.[587] *Hoffmann-Becking* hält latente Steuern aus Verlustvorträgen gar für reine *„Kaffesatzleserei"* und *Küting* bezeichnet sie als *„Sahnehäubchen"* des generell unvertretbaren Ansatzes aktiver latenter Steuern.[588] Eine zeitlich unbegrenzte Berücksichtigung von wahrscheinlich verrechenbaren Verlustvorträgen ist daher sowohl aus Informationsgesichtspunkten als auch aus Vorsichtsaspekten und, vor allem, in Hinblick auf die eindeutige Aussage des Rechtsausschusses entschieden abzulehnen.[589]

Darüber hinaus überzeugt die konkrete Berechnung nach IDW ERS HFA nicht. Es ist nicht einzusehen, warum zunächst die unsichereren Verlustvorträge oberhalb von fünf Jahren verrechnet werden und so denen innerhalb der fünf Jahre den Weg zur Aktivierung bereiten. Die Aufspaltung in verrechenbare und ansetzbare Verlustvorträge ist nicht nachvollziehbar, zumal wirtschaftlich betrachtet kein Unterschied zwischen Verrechnung und Ansatz besteht. Dies zeigt sich auch an der Alternative des § 274 Abs. 1 Satz 3 HGB. Wählt ein Unternehmen den Bruttoausweis, könnten Verlustvorträge oberhalb von 5 Jahren nicht berücksichtigt werden, da sie sich selbst nach IDW nicht zum Ansatz eignen. So gesehen würde aber die Wahl des Ausweises über den Ansatz bzw. die Art der Berechnung entscheiden.[590] Dies spricht

586 Vgl. auch Prinz/Ruberg, Der Konzern, 2009, 343 (348).

587 Vgl. Protokoll der 122. Sitzung des Rechtsausschusses des Bundestags (vgl. Fn. 215), S. 3.

588 Beide in Protokoll der 122. Sitzung des Rechtsausschusses des Bundestags (vgl. Fn. 215), S. 6 und 13.

589 So auch Lüdenbach/Freiberg, BB 2010, 1971 (1974) a.A. Karrenbrock, BB 2011, 683 (684) der darauf hinweist, dass gem. § 272 Abs. 2 Satz 2 HGB die Posten aufzulösen sind, wenn mit dem Eintritt nicht mehr zu rechnen ist, was dem Vorsichtsprinzip genüge; Bertram, in: Haufe Kommentar, § 274 HGB, Rn. 50.

590 So auch: Herzig/Bohn/Götsch, DStR 2009, 2615 (2618).

vielmehr dafür, dass generell nur Verlustvorträge innerhalb des 5-Jahreszeitraums berücksichtigt werden können.

Als weiteres Argument kann die Ausschüttungssperre des § 268 Abs. 8 Satz 2 HGB angeführt werden. Sie bezieht sich lediglich auf einen etwaig ausgewiesenen Aktivüberhang latenter Steuern. Bei Anwendung des IDW ERS HFA 27 käme es zu dem Ergebnis, dass die Ausschüttungssperre zwar jegliche Beträge aus latenten Steuern auf Verlustvorträge innerhalb des 5-Jahreszeitraums sperrte, jedoch ergibt sich durch Eliminierung der passiven latenten Steuern mit unsicheren aktiven latenten Steuern ein höheres Ausschüttungspotential.

Beispiel:
Unternehmen X hat:

- Passive latente Steuern: 500
- Aktive latente Steuern aus Differenzen: 400
- Aktive latente Steuern aus Verlustvorträgen innerhalb 5 Jahresprognose: 50
- Aktive latente Steuern aus Verlustvorträgen außerhalb 5 Jahresprognose: 350
- Stammkapital: 1000
- Kasse: 2000

Abbildung 13: ausschüttbar 950, Nettoausweis, Berechnung nach hier vertretener Ansicht.

Aktiva		**Passiva**	
Kasse	2000	Stammkapital	1000
		Passive lt. Steuer	50
		Freies Kapital	950
	2000		**2000**

Nach der hier vertretenen Auffassung müssen die 350 aktiven latenten Steuern außerhalb des 5-Jahreszeitraums unberücksichtigt bleiben. Bei der Saldierung der sonstigen aktiven und passiven latenten Steuern ergibt sich ein Passivüberhang von 50. Daraus ergibt sich ein Ausschüttungspotential von 950.

Abbildung 14: Berechnung nach IDW ERS HFA 27, DRS 18.

Aktiva		**Passiva**	
Kasse	2000	Stammkapital	1000
Aktive lt. Steuer	50	Freies Kapital	1050
	2050		**2050**

Nach Auffassung des DRS und des IDW sind in diesem Fall zunächst die latenten Steuern aus Differenzen zu verrechnen. Vorliegend ergibt sich dadurch ein Passivüberhang von 100. Dieser Passivüberhang darf nach dieser Ansicht durch aktive latente Steuern auf Verlustvorträge eliminiert werden. Dafür stehen insgesamt 400 zur Verfügung. Von den nach der Verrechnung verbleibenden Verlustvorträgen in Höhe von 300 dürfen nur jene angesetzt werden, die auf Verlustvorträge innerhalb des 5-Jahreszeitraums entfallen. Immerhin bleiben in diesem Fall dafür 50 übrig.[591] Dadurch steigt das freie Kapital auf 1050 an. Zwar sind davon gemäß § 268 Abs. 8 Satz 2 HGB 50 ausschüttungsgesperrt, jedoch ergibt sich insgesamt dadurch ein höheres Ausschüttungspotential in Höhe von 1000. Dies ist allein auf die Eliminierung der passiven latenten Steuern zurückzuführen. Diese Ansicht müsste also entweder ein höheres Ausschüttungsvolumen hinnehmen oder die Ausschüttungssperre nach § 268 Abs. 8 HGB auf Verrechnungsvorgänge analog anwenden. Die Berechnung des Aktivüberhangs vollzieht sich daher nicht in unterschiedlichen Schritten, sondern ist im Wege einer Gesamtschau unter Anwendung des gesetzlichen Rahmens vorzunehmen.

Ergebnis

Abbildung 15.

Aktive latente Steuern aus Vermögensgegenständen, Schulden, RAP **sowie Verlustvorträgen** (innerhalb 5-Jahres Prognose, Größe: 100) gem. § 274 Abs. 1 Satz 2 und 4 HGB	**400**
Passive latente Steuern aus Vermögensgegenständen, Schulden, RAP gem. § 274 Abs. 1 Satz 1 HGB	**500**
Sich insgesamt ergebende zu erwartende Steuerbelastung	**100**
Steuerverlustvorträge die sich nach 5 Jahren wahrscheinlich verrechnen lassen (300)	-
Erlaubter Ansatz aktiver latenter Steuern bei Nettoausweis, § 274 Abs. 1 Satz 2 HGB	**0**
Ausschüttungsgesperrt nach § 268 Abs. 8 Satz 2 HGB	**0**

Insgesamt betrachtet sprechen die besseren Argumente dafür, dem IDW und dem DRS nicht zu folgen und eine Verrechnung von Verlustvorträgen außerhalb des 5 Jahreszeitraums nicht zuzulassen. Eine gesetzliche Klarstellung ist in Anbetracht des DRS 18 wünschenswert.

591 Diese Ansicht geht davon aus, dass diese Verlustvorträge nicht zur Verrechnung eingesetzt werden.

3.3.2.1.9 Ausschüttungssperre gemäß § 268 Abs. 8 Satz 2 HGB

3.3.2.1.9.1 Das Problem der Doppelberücksichtigung passiver latenter Steuern

Gem. § 268 Abs. 8 Satz 2 i.V.m. Satz 1 HGB sind Beträge, die aus dem Ausweis eines Aktivüberhangs latenter Steuern resultieren, ausschüttungsgesperrt.[592] Die Sperre bezieht sich nicht auf sämtliche aktiven latenten Steuern, sondern nur auf solche, denen keine passiven latenten Steuern gegenüberstehen. Nur die Abgrenzungsspitze führt nämlich zu einer realen Erhöhung des Ausschüttungspotentials.[593] Die Regierungsbegründung verweist in diesem Zusammenhang auf den Grund für den Abzug passiver latenter Steuern im Rahmen von § 268 Abs. 8 Satz 1 HGB.[594] Dort werden zur Berechnung der Ausschüttungssperre passiv latente Steuern vom angesetzten Betrag abgezogen. Dies ist konsequent, da das zugrunde liegende Aktivierungsrecht zwangsläufig zur Bildung passiver latenter Steuern führt und die angesetzten Beträge daher nicht in voller Höhe in das freie Kapital einfließen. Folglich ist auch nur eine, um die passiven latenten Steuern verminderte, Ausschüttungssperre notwendig. Zwar ist die Bemessung der Ausschüttungssperre nach § 268 Abs. 8 Satz 2 HGB richtig, jedoch lässt sich entgegen der Regierungsbegründung der Gedanke des § 268 Abs. 8 Satz 1 HGB nicht auf die Steuerabgrenzung übertragen. Aktive latente Steuern führen nicht zur Bildung passiver latenter Steuern, insoweit fehlt es an einem inneren Zusammenhang von aktiven und passiven latenten Steuern. Zudem resultieren aktive und passive latente Steuern aus unterschiedlichen Sachverhalten und werden daher unabhängig voneinander ermittelt. In diesem Zusammenhang ist insbesondere an aktive latente Steuern aus Verlustvorträgen zu denken. Ihnen steht kein Pendant auf der Passivseite gegenüber. Zudem kennt die Pflicht, passive latente Steuern zu bilden, keine zeitliche Begrenzung, wie es etwa bei aktiven latenten Steuern aus Verlustvorträgen der Fall ist. Es stehen sich somit bilanzielle Posten gegenüber, die auf unterschiedlichen Sachverhalten beruhen und auch zeitlich nicht kongruent sind. Daher wirken aktive latente Steuern grundsätzlich in voller Höhe ergebniserhöhend. Aktive latente Steuern werden dennoch nicht als eigenkapitalerhöhend betrachtet, solange ihnen (irgendwelche) passive latente Steuern gegenüberstehen oder sie gar nicht erst ausgewiesen werden.[595] Hintergrund dafür ist die Annahme, dass sich aktive und passive latente Steuern grundsätzlich in aufrechenbarer Weise gegenüberstehen, bzw. dass im Ergebnis nur eine Steuerforderung

---

592 So jedenfalls der Wortlaut von § 268 Abs. 8 Satz 2 HGB. Tatsächlich aber reicht die Ausschüttungssperre weiter, vgl. Abschnitt 3.3.2.1.9.2.

593 Vgl. BT-Drs. 16/10067, S. 64; siehe auch: Abschnitt 3.3.1.8.

594 Vgl. BT-Drs. 16/10067, S. 64.

595 Vgl. zur Unterscheidung von kompensatorischer Wirkung und „Entsperrwirkung" passiver latenter Steuern Ruberg, NZG 2011, 1048 (1049 ff.).

oder Steuerschuld entstehen wird. Daher genügt eine Ausschüttungssperre in Höhe eines etwaig verbleibenden *„originär ausschüttungsschädlichen“*[596] Betrags.[597]

Wie schon erwähnt, liegt der Grund für den Abzug passiver latenter Steuern im Rahmen von § 268 Abs. 8 HGB nach der Regierungsbegründung in der Vermeidung einer Doppelberücksichtigung.[598] In der Tat lässt sich so die Doppelberücksichtigung passiv latenter Steuern vermeiden, wenn man die einzelnen Sachverhalte nach § 268 Abs. 8 Satz 1 und 3 HGB betrachtet. Sobald jedoch aktive latente Steuern neben den Werten i.S.v. § 268 Abs. 8 Satz 1 und 3 HGB aktiviert werden, kommt es aufgrund von Überschneidungen erneut zu einer Doppelberücksichtigung passiv latenter Steuern. Im Gegensatz zur Rechtslage vor BilMoG führt diese Doppelberücksichtigung hingegen nicht zu einer Schlechterstellung des Unternehmers durch ungerechtfertigte Verminderung des Ausschüttungspotentials[599], sondern zu einer ungerechtfertigten Erhöhung des Ausschüttungspotentials und damit zu einer Gefährdung der Gläubiger. Diese Art der Doppelberücksichtigung wurde vom Gesetzgeber nicht antizipiert, widerspricht jedoch unstreitig dem Grundgedanken einer Ausschüttungssperre für unsichere Bilanzpositionen. Zur Kompensation der Informationssteigerung, die unter Bruch mit dem Vorsichtsprinzip erfolgt, müssen sämtliche ergebniserhöhende Beträge aus unsicheren Vermögenswerten thesauriert werden. Dies leistet § 268 Abs. 8 HGB bei Anwendung gemäß dem Wortlaut nicht in jedem Fall.

Aktiviert ein Unternehmen zugleich selbst erstellte immaterielle Vermögensgegenstände des Anlagevermögens nach § 248 Abs. 2 Satz 1 HGB[600] und latente Steuern gemäß § 274 Abs. 1 Satz 2 HGB, kommt es bei wortgetreuer Anwendung von § 268 Abs. 8 HGB unumstritten zu einer zu geringen Ausschüttungssperre aufgrund der Doppelberücksichtigung von passiven latenten Steuern aus selbst erstellten immateriellen Vermögensgegenständen des Anlagevermögens. Die passiven latenten Steuern werden in diesen Fällen zur Berechnung der Ausschüttungssperre nicht nur vom Wert der entsprechenden angesetzten Vermögensgegenstände abgezogen, sondern fließen zusätzlich in die Berechnung des Aktivüberhangs latenter Steuern nach § 274 Abs. 1 Satz 2 HGB ein. Dadurch verringert sich der berechnete Gesamtbetrag der Ausschüttungssperre in doppelter Weise. Rechnerisch lässt sich dieser Effekt durch Vergleich zweier Bilanzen desselben Unternehmens darstellen. Einmal wird

---

596 Vgl. Ruberg, NZG 2011, 1048 (1049).

597 Vgl. Abschnitt 3.3.2.1.10, in dem diese Grundwertung kritisiert wird.

598 BT-Drs. 16/10067, S. 64; vgl. zum Grundproblem „Doppelberücksichtigung passiver latenter Steuern“ Abschnitt 3.3.1.8.

599 Vgl. Abschnitt 3.3.1.8.

600 Die Ausführungen gelten sinngemäß auch für jene Sachverhalte bei denen nur oder parallel zu den selbst erstellten immateriellen Vermögensgegenständen das Pensionsdeckungsvermögen zum beizulegenden Zeitwert nach § 246 Abs. 2 Satz 2 HGB angesetzt wird. Die folgenden Ausführungen beschränken sich der Einfachheit halber auf Sachverhalte, in denen nur selbst erstellte immaterielle Vermögensgegenstände des Anlagevermögens aktiviert werden.

auf den Ansatz unsicherer Werte gänzlich verzichtet und ein anderes Mal werden die unsicheren Werte ausgewiesen.

Ausgangssituation

Abbildung 16: keine Aktivierung unsicherer Werte.

Aktiva		Passiva	
Sonstige Aktiva	100	Gez. Kapital	80
		Freies Kapital	20
	100		**100**

Grundvariante:

Abbildung 17: Aktivierung unsicherer Werte.

Aktiva		Passiva	
Sonstige Aktiva	100	Gez. Kapital	80
Selbst erstellte immaterielle Güter AV	100	Freies Kapital	150
Aktive latente Steuern	60	Passiv latente Steuern	30
	260		**260**

Den Ausgangspunkt bildet die Bilanz, bei deren Erstellung auf den Ansatz der unsicheren Werte gänzlich verzichtet wurde (vgl. Abbildung 16). Dort bemisst sich das Ausschüttungspotential anhand des bilanziell frei verfügbaren Kapitals in Höhe von 20. Dem wird zum Vergleich die Bilanz desselben Unternehmens gegenübergestellt, wobei selbst erstellte immaterielle Vermögensgegenstände des Anlagevermögens (100) und ein Aktivüberhang latenter Steuern (30) angesetzt wurden (vgl. Abbildung 17). Zur Veranschaulichung werden die latenten Steuern gemäß § 274 Abs. 1 Satz 3 HGB unverrechnet ausgewiesen. Dem Grundgedanken der Ausschüttungssperre folgend, müsste sich bei korrekter Ermittlung des gesperrten Betrags auch bei dieser bilanziellen Darstellung ein Ausschüttungspotential in Höhe von 20 ergeben. Daraus folgt, dass eine Ausschüttungssperre in Höhe von 130 notwendig ist, da das freie Kapital in dieser Situation 150 beträgt. Dieser Betrag entspricht der Erhöhung des freien Kapitals durch den Ansatz der unsicheren Werte. Zwar werden in der Grundvariante Aktiva insgesamt in Höhe von 160 angesetzt, jedoch fließen davon 30 in passiv latente Steuern. Daher existieren unsichere, ausschüttungsfähige Beträge nur in Höhe von 130.

Aktiviert das Unternehmen die unsicheren Werte, dann weist das Unternehmen bilanziell freie Rücklagen in Höhe von 150 aus, vgl. Abbildung 17. Nach § 268 Abs. 8 Satz 1 HGB sind aufgrund der Aktivierung selbst erstellter immaterieller Vermögensgegenstände des Anlagevermögens Beträge in Höhe von 70 von der Ausschüttungssperre umfasst (angesetzter Wert abzüglich darauf zu bildende passive latente Steuern: 100 – 30 = 70). Zusätzlich ist nach § 268 Abs. 8 Satz 2 HGB ein Betrag in Höhe von 30 aufgrund der Aktivierung aktiver latenter Steuern gesperrt (Wert aktive latente Steuern insgesamt abzüglich der passiven latenten Steuern insgesamt: 60 – 30 = 30). Durch Addition ergibt sich ein ausschüttungsgesperrter Betrag in Höhe von 100 (30 + 70). Demnach könnte ein Betrag in Höhe von 50 ausgeschüttet werden (freies Kapital – ausschüttungsgesperrter Betrag: 150 – 100 = 50). Der Vergleich zeigt, dass die Aktivierung der selbst erstellten immateriellen Vermögensgegenstände des Anlagevermögens und des Aktivüberhangs latenter Steuern bei wortlautgemäßer Anwendung von § 268 Abs. 8 HGB zu einer Steigerung des Ausschüttungspotentials um 30 führt. Dies entspricht dem Betrag der passiven latenten Steuern aus den selbst erstellten immateriellen Vermögensgegenständen des Anlagevermögens. Die Erhöhung des Ausschüttungspotentials ist Folge der Doppelberücksichtigung der passiven latenten Steuern i.S.d. § 268 Abs. 8 Satz 1 und 3 HGB bei gleichzeitiger Anwendung des § 268 Abs. 8 Satz 2 HGB.

Um die Berechnung zu korrigieren, muss die doppelte Berücksichtigung der jeweiligen passiven latenten Steuern eliminiert werden. In der einschlägigen Literatur lässt sich ein gewisser Drang zur Findung einer allgemein gültigen Berechnungsmethodik finden, die unabhängig von Ansatz und Ausübung von Wahlrechten stets das korrekte Ergebnis liefert und zugleich mit dem gesetzlichen Wortlaut vereinbar ist. Indessen gibt es eine solch allgemein gültige Lösung bei derzeitiger Gesetzeslage nicht. Aufgrund der Komplexität ist stets eine Einzelfalluntersuchung notwendig, die die Bilanzanalyse zusätzlich erschwert (siehe sogleich). Im Folgenden werden die vertretenen Lösungsansätze dargestellt und anhand von Beispielsfällen überprüft.

<u>Lösungsweg 1</u>: in den problematischen Fällen wird zur Korrektur an § 268 Abs. 8 Satz 1 oder 3 HGB angeknüpft. Nach *Karrenbrock* lässt sich die Ausschüttungssperre *stets* zutreffend ermitteln, wenn „*eine Minderung der Ausschüttungssperre nur in dem Umfang erfolgt, in dem in der Bilanz für die betreffenden Sachverhalte auch tatsächlich passiv latente Steuern ausgewiesen werden*“[601].

Für diese Ansicht spricht zunächst der gesetzgeberische Grundgedanke von § 268 Abs. 8 Satz 1 und 3 HGB. Der Abzug passiver latenter Steuern macht nur in den Fällen Sinn, in denen es ansonsten zu einer Doppelberücksichtigung käme. Werden keine passiven latenten Steuern angesetzt (weil sie mit aktiven verrechnet wurde), sei auch ein Abzug der passiven latenten Steuern im Rahmen von § 268 Abs. 8 Satz 1 und 3 HGB nicht gerechtfertigt, da in diesen Fällen der angesetzte Betrag in voller Höhe in das freie Kapital einfließt. Weiter lässt sich die Lösung mit dem Wortlaut vereinbaren, da dieser auf die „*hierfür* gebildeten passiven latenten

601 vgl. Karrenbrock BB 2011, 683 (688), der Autor untersucht ebenfalls die hier wiedergegebenen Fälle. Soweit im Folgenden Lösungsweg 1 diskutiert wird, ist die Ansicht des Autors gemeint. Auf einzelne Zitierungen innerhalb der Beispielsfälle wird verzichtet.

Steuern“ abstellt.[602] Wird also nur ein Bruchteil der für selbst erstellte immaterielle Vermögensgegenstände des Anlagevermögens gebildeten passiven latenten Steuern angesetzt, muss auch nur dieser Bruchteil von dem angesetzten Betrag abgezogen werden (vgl. sogleich Fall 3). Werden gar keine passiven latenten Steuern angesetzt muss der Abzug entsprechend gänzlich unterbleiben.

Lösungsweg 2: mit der wohl herrschenden Meinung[603] in der Literatur muss bei Vorliegen eines Aktivüberhangs latenter Steuern der Einbezug der schon berücksichtigten passiven latenten Steuern bei der Ermittlung der Ausschüttungssperre im Rahmen von § 268 Abs. 8 Satz 2 HGB unterbleiben. Hierfür soll zunächst im Wege einer Schattenrechnung der korrekte Bemessungsbetrag für den Aktivüberhang latenter Steuern ermittelt werden.[604] Dieser ergibt sich durch Abzug der gesamten passiven latenten Steuern vermindert um die bereits im Rahmen von § 268 Abs. 8 Satz 1 und 3 HGB berücksichtigten passiven latenten Steuern von den insgesamt vorliegenden aktiven latenten Steuern.[605] Innerhalb dieser Lösungsmöglichkeit wird vertreten, diese Korrektur sei in jeder bilanziellen Situation richtig.[606] Andere wiederum zeigen, dass diese Korrektur nur bei tatsächlichem Ausweis aktiver latenter Steuern korrekt ist oder aber entgegen dem Wortlaut von § 268 Abs. 8 Satz 2 HGB unabhängig von einem Ausweis des Aktivüberhangs anzuwenden sei.[607] Mittlerweile sind die Veröffentlichungen zu diesem Thema jedoch differenzierter – eine allgemein gültige Berechnungsmethode wird kaum noch angeboten. Vielmehr wird das Ausschüttungspotential im Einzelfall untersucht.[608]

602 vgl. Karrenbrock BB 2011, 683 (688) [Hervorhebung durch den Verf.].

603 Althoff, DStR 2012, 868 ff.; Küting/Seel, DB 2009, 922 (925); Küting/Lorson/Eichenlaub/Toebe, GmbHR 2011, 1 (5); Grottel/F. Huber, in: Beck'scher Bilanzkommentar, § 268 HGB Rn. 143 m.w.N.; Lanfermann/Röhricht, DStR 2009, 1217; Zülch/Hoffmann, DB 2010, 909; Petersen/Zwirner/Frischhammer, KoR 2010, 336; Fuhrmann/Langseder, in: Herzig/Fuhrmann, Handbuch latente Steuern im Einzelabschluss, S. 89 m.w.N.; Küting/Lorson, in: Handbuch der Rechnungslegung Einzelabschluss, § 268 HGB Rn. 272 ff.; Gelhausen/Fey/Kämpfer, Rechnungslegung und Prüfung, Abschnitt N. Rn. 50. Wird im Folgenden von Lösungsweg 2 gesprochen sind die hier aufgeführten Autoren gemeint. Auf einzelne Verweise innerhaöb der Beispielsfälle wird im Folgenden verzichtet.

604 Zülch/Hoffmann, DB 2010, 909 (910) m.w.N.

605 Korrekter Bemessungsbetrag = Aktive latente Steuern insgesamt – (passive latente Steuern insgesamt – passive latente Steuern aus selbst erstellten immateriellen Vermögensgegenständen des Anlagevermögens – passiv latente Steuern aus dem zum Zeitwert aktivierten Deckungsvermögen).

606 Lüdenbach/Freiberg, BB 2010, 1973.

607 Zülch/Hoffmann, DB 2010, 910.

608 So Karrenbrock, BB 2011, 683 ff., der seine gefundene Lösung für stets richtig hält; vgl. auch Althoff, DStR 2012, 868, der differenzierte Untersuchungen anstellt und zu dem Ergebnis kommt, dass die Berechnung der Ausschüttungssperre ebenso wie die Steuerabgrenzung als solche sehr kompliziert sei; *Küting/Seel* weisen auf

Für eine Korrektur innerhalb von § 268 Abs. 8 Satz 2 HGB spricht der Umstand, dass erst die Anwendung von § 268 Abs. 8 Satz 2 HGB zu den problematischen Schnittmengen führt. Weiter ist zu berücksichtigen, dass sich (aktive) latente Steuern und die von § 268 Abs. 8 Satz 1 und 3 HGB betroffenen Güter qualitativ unterscheiden. Selbst erstellte immaterielle Vermögensgegenstände des Anlagevermögens führen stets zur Bildung passiv latenter Steuern und erhöhen daher rechnerisch in jedem Fall das freie Kapital nicht in voller Höhe. Dies gilt unabhängig von einem Ausweis der passiven latenten Steuern. Insofern trifft dieser Lösungsweg die gesetzliche Intention besser. Latente Steuern hingegen stellen insgesamt einen rechnerischen Sammelposten dar, der Raum für Korrekturen ließe.

Im Ergebnis unterscheiden sich die vorgeschlagenen Lösungen nicht, da es in beiden Fällen rechnerisch zur Neutralisierung der doppelt berücksichtigten Beträge aus den passiven latenten Steuern kommt.

Die unter (2) genannte Ansicht liefert in der Grundvariante (Abbildung 17) eine korrekte Lösung. Durch die Schattenrechnung ergibt sich ein Aktivüberhang latenter Steuern in Höhe von 60, da die passiven latenten Steuern aus selbst erstellten immateriellen Vermögensgegenständen des Anlagevermögens nicht berücksichtigt werden. Dieser Betrag ist nach § 268 Abs. 2 Satz 2 HGB gesperrt. Zusätzlich ist gem. § 268 Abs. 8 Satz 1 HGB ein Betrag in Höhe von 70 aufgrund der Aktivierung von selbst erstellten immateriellen Vermögensgegenständen des Anlagevermögens ausschüttungsgesperrt. So ergibt sich eine Sperre von insgesamt 130. Ein Vergleich mit den freien Rücklagen und der bilanziellen Situation ohne Aktivierung der unsicheren Beträge zeigt, dass sich so ein korrektes Ausschüttungspotential in Höhe von 20 ermitteln lässt.

Die erste Ansicht überzeugt in der Grundvariante (Abbildung 17) jedoch nicht. Dieser Rechenart folgend ergibt sich wiederum ein zu hohes Ausschüttungspotential. Die Sperre aus § 268 Abs. 8 Satz 1 HGB errechnet sich wortlautgemäß, da ein Ausweis passiver latenter Steuern vorliegt. Daraus resultiert eine Sperre in Höhe von 70. Bei der Berechnung nach § 268 Abs. 8 Satz 2 HGB ist dieser Ansicht folgend keine Korrektur vorzunehmen, woraus sich ein gesperrter Betrag von 30 ergibt. Dadurch errechnet sich eine Sperre in Höhe von 100 und ein Ausschüttungspotential in Höhe von 50, welches um 30 zu hoch ist. Möchte man zur Korrektur der Doppelberücksichtigung in diesem Fall an § 268 Abs. 8 Satz 1 HGB anknüpfen, müsste man trotz des Ausweises passiver latenter Steuern den Abzug entgegen dem Wortlaut verbieten.

3.3.2.1.9.2 Einzelfalluntersuchung[609]

In den folgenden Fällen wird dargestellt, in welchen bilanziellen Situationen Korrekturen zur Vermeidung einer Doppelberücksichtigung notwendig sind und in welcher Höhe. Die Fälle unterscheiden sich zum einen durch die verschiedenen

das Verwirrspiel durch die Verrechungsmöglichkeit innerhalb der Steuerabgrenzung hin, vgl. Küting/Seel, DB 2009, 922 (924).

609 Die gewählten Einzelfälle entsprechen im Wesentlichen den Fällen, die in der Literatur diskutiert werden. Vgl. dazu Fn. 601, 603. Im Folgenden, wird auf die

Ausweismöglichkeiten innerhalb der Steuerabgrenzung und beruhen zum andern auf unterschiedlichen Wertansätzen.

Fall 1 unterscheidet sich von der Grundvariante (Abbildung 17) allein aufgrund des verrechneten Ausweises der latenten Steuern gem. § 274 Abs. 1 Satz 3 HGB. Fraglich ist, ob sich dadurch andere Anforderungen an die Berechnung der Ausschüttungssperre ergeben.

Fall 1:

Abbildung 18: Verrechneter Ausweis latenter Steuern, ansonsten wie Grundfall.

Aktiva		Passiva	
Selbst erstellte immaterielle Güter	100	Gez. Kapital	80
Sonstige	100	Freies Kapital	150
Aktiv latente Steuern	30		
	230		**230**

Abbildung 19: Darstellung ohne Aktivierung der unsicheren Werte.

Aktiva		Passiva	
sonstige	100	Gez. Kapital	80
		Freie Rücklagen	20
	100		**100**

Aufgrund des verrechneten Ausweises der latenten Steuern wird allein die Abgrenzungsspitze der aktiven latenten Steuern in Höhe von 30 abgebildet, vgl. Abbildung 18. Der Ausweis passiver latenter Steuern erfolgt nicht, da sie insoweit durch die aktiven latenten Steuern kompensiert wurden. Mangels Ausweis passiver latenter Steuern könnte der Schluss nahe liegen, dass sich auch der Betrag des freien Kapitals erhöht. Dies ist hingegen nicht der Fall, da sich bei einem verrechneten Ausweis parallel der Betrag für angesetzte aktive latente Steuern vermindert. Daher ändert sich im Vergleich zum Grundfall die Höhe des freien Kapitals nicht. Auch in diesem Fall müsste sich bei korrekter Ermittlung der Ausschüttungssperre ein Ausschüttungspotential von 20 ergeben (vgl. Abbildung 19).

Die wortlautgemäße Anwendung von § 268 Abs. 8 HGB führt in diesem Fall abermals zu einem zu hohen Ausschüttungspotential. Nach § 268 Abs. 8 Satz 1 HGB wären Beträge in Höhe von 70 gesperrt. Dem folgen gesperrte Beträge in Höhe von 30 gem. § 268 Abs. 8 Satz 2 HGB für den Aktivüberhang latenter Steuern. Insgesamt wären so Beträge in Höhe von 50 ausschüttbar (150 – 70 – 30). Ein Blick in die

wiederholte Zitierung verzichtet, da es lediglich um die Darstellung und Diskussion der Rechnungswege geht.

bilanzielle Situation zeigt, dass bei dieser Berechnung die unsicheren Beträge nicht gänzlich gesperrt würden – die Ausschüttungssperre ist um 30 zu niedrig.

Beide in der Literatur vorgeschlagenen Lösungswege führen hier zum richtigen Ergebnis. Nach Lösungsweg 1 hat der Abzug der passiven latenten Steuern im Rahmen von § 268 Abs. 8 Satz 1 HGB zu unterbleiben, da für diese Beträge tatsächlich keine passiven latenten Steuern ausgewiesen werden. § 268 Abs. 8 Satz 2 HGB ist wortlautgemäß anzuwenden. Es ergibt sich folglich eine Ausschüttungssperre in Höhe von 130 (100 + 30 = 130). Nach dem zweiten Lösungsweg liegt für selbst erstellte immaterielle Vermögensgegenstände des Anlagevermögens eine Sperre in Höhe von 70 (100 – 30) vor. Darüber hinaus ergibt sich eine Sperre für aktive latente Steuern in Höhe von 60, da die passiven latenten Steuern aus selbst erstellten immateriellen Vermögensgegenständen des Anlagevermögens bei der Berechnung des Aktivüberhangs zu eliminieren sind. Insgesamt sind damit ebenfalls sämtliche ergebniserhöhenden Beträge (130) ausschüttungsgesperrt.

Es ist hervorzuheben, dass in diesem Fall der 1. Lösungsweg eleganter erscheint, da sich der 2. Lösungsweg nicht allein durch Betrachten der Bilanz ermitteln lässt. Zur Durchführung der Schattenrechnung ist es notwendig, die genauen Steuerabgrenzungsdaten zu kennen. Diese müssen und können aus dem Anhang der Bilanz gem. § 285 Nr. 29 HGB entnommen werden.

Fall 2

Abbildung 20: Wiederholung Grundfall, unverrechneter Ansatz.

Aktiva		**Passiva**	
Selbst erstellte immaterielle Güter	100	Gez. Kapital	80
Sonstige Aktiva	100	Freies Kapital	150
Aktive latente Steuern	60	Passiv latente Steuern	30
	260		**260**

Abbildung 21: Ausübung Wahlrecht gem. § 274 Abs. 1 Satz 2 HGB.

Aktiva		**Passiva**	
Selbst erstellte immaterielle Güter	100	Gez. Kapital	80
Sonstige Aktiva	100	Freies Kapital	120
	200		**200**

Abbildung 22: Grundfall, kein Ausweis unsicherer Werte.

Aktiva		**Passiva**	
Sonstige Aktiva	100	Gez. Kapital	80
		Freies Kapital	20
	100		**100**

Fall 2 zeigt in Abbildung 21 dieselbe bilanzielle Situation des ersten Falls, jedoch unter Verzicht auf das Wahlrecht gem. § 274 Abs. 1 Satz 2 HGB. Der Aktivüberhang latenter Steuern wird nicht ausgewiesen. Passive latente Steuern sind nicht auszuweisen, da keine Abgrenzungsspitze „passive latente Steuern" existiert – sie wurden gänzlich von den aktiven latenten Steuern kompensiert. Abbildung 22 zeigt wiederum den Grundfall und damit das korrekte Ausschüttungspotential.

Die Anwendung von § 268 Abs. 8 HGB ohne Korrektur führt auch in dieser bilanziellen Situation zu einem falschen Ergebnis. Nach § 268 Abs. 8 Satz 1 HGB ergäbe sich eine Ausschüttungssperre in Höhe von 70. Die Ausschüttungssperre gem. § 268 Abs. 8 Satz 2 HGB entfällt, da kein Aktivüberhang ausgewiesen wird. Dadurch ergibt sich im Ergebnis abermals ein zu hoher ausschüttungsfähiger Betrag aufgrund der Doppelberücksichtigung passiver latenter Steuern in Höhe von 30.

Lösungsweg 1 führt in diesem Fall wiederum zum richtigen Ergebnis. Mangels Ausweis passiver latenter Steuern fließt der gesamte Betrag der angesetzten, selbst erstellten immateriellen Vermögensgegenstände des Anlagevermögens in die Berechnung der Ausschüttungssperre ein. So ergibt sich nach diesem Lösungsweg gem. § 268 Abs. 8 Satz 1 HGB ein gesperrter Betrag in Höhe von 100. Mangels Ausweis aktiver latenter Steuern kommt § 268 Abs. 8 Satz 2 HGB nicht zur Anwendung. Daher ergibt sich ein zutreffendes Ausschüttungspotential in Höhe von 20.

Lösungsweg 2 steht vor der Herausforderung, § 268 Abs. 8 Satz 2 HGB anwenden zu müssen, obwohl es an dem notwendigen Ausweis eines Aktivüberhangs fehlt. Auch wenn man sich darüber hinwegsetzten möchte, führt die Anwendung des 2. Lösungswegs aus eben diesem Grund zu einer zu hohen Ausschüttungssperre. Dotiert man die Ausschüttungssperre aus § 268 Abs. 8 Satz 2 HGB abermals auf 60 (passive latente Steuern aus selbst erstellten immateriellen Vermögensgegenstände des Anlagevermögens werden zur Überhangsberechnung eliminiert und auf den Ausweis des Aktivüberhangs verzichtet) und diejenige aus § 268 Abs. 8 Satz 1 HGB wortlautgemäß auf 70, übersteigt der gesperrte Betrag das freie Kapital, und eine Ausschüttung ist nicht möglich. Die Schattenrechnung dürfte in diesen Fällen allenfalls einen gesperrten Betrag nach § 268 Abs. 8 Satz 2 HGB trotz Nichtausweis in Höhe von 30 liefern. Somit wäre in diesen Fällen die vorgeschlagene Schattenrechnung in zweierlei Hinsicht zu korrigieren. Zum einen wäre sie trotz Nichtausweis eines Aktivüberhangs vorzunehmen. Zusätzlich wäre dabei der Betrag der passiven latenten Steuern aus selbst erstellten immateriellen Vermögensgegenständen des Anlagevermögens ausnahmsweise zur Berechnung des Aktivüberhangs nicht zu eliminieren bzw. nur ein etwaiger (nicht ausgewiesener) Aktivüberhang zu berücksichtigen. Lösungsweg 2 ließe sich dann konsequent anwenden, wenn man auf den ergebniserhöhenden Effekt der Verrechnung angeknüpft.[610] Die Verrechnung geschieht beim Nettoausweis nach § 274 Abs. 2 Satz 2 HGB bilanziell „unbemerkt". Problematisch ist aber in jedem Fall, dass § 268 Abs. 8 HGB wortlautgemäß nicht

610 Vgl. auch Karrenbrock, BB 2011, 683 (687).

anwendbar ist. Ein Aktivüberhang ist nicht ausgewiesen, und auf die Verrechnung bezieht sich § 268 Abs. 8 HGB nicht.

Aus bilanzieller Sicht, ergibt sich ein reiner Anwendungsfall des § 268 Abs. 8 Satz 1 HGB. Es liegt daher nahe, in diesen Fällen § 268 Abs. 8 Satz 1 HGB teleologisch zu reduzieren (Lösungsweg 1) und den Abzug der entsprechenden passiven latenten Steuern zu unterlassen. Die Voraussetzungen für die Doppelberücksichtigung, die der Gesetzgeber verhindern wollte, liegen nicht vor. Die Lösung ließe sich also mit dem Zweck der Norm vereinen.

Fraglich ist jedoch, ob diese – rechnerisch korrekte – Lösung das Problem richtig erfasst. Die Erhöhung des ausschüttungsfähigen Betrags beruht nämlich nicht auf der Nicht-Bildung der passiven latenten Steuern für selbst erstellte immaterielle Vermögensgegenstände, sondern beruht abermals auf der Gesamtbetrachtung innerhalb der Steuerabgrenzung. Aufgrund der Verrechnung der latenten Steuern wird der Betrag der passiven latenten Steuern aus selbst erstellten immateriellen Vermögensgegenständen des Anlagevermögens eliminiert. Dadurch erhöht sich letztlich das Ausschüttungspotential, zwar nicht durch Ansatz aktiver latenter Steuern, jedoch durch Verrechnung. Insofern liegt ein zu § 286 Abs. 8 Satz 2 HGB vergleichbarer Fall vor, denn es kommt zu einer Erhöhung des freien Kapitals aufgrund von aktiven latenten Steuern. Da aber kein Ausweis des Aktivüberhangs stattfindet, ist die Schattenrechnung auf den verrechneten Betrag zu begrenzen. § 268 Abs. 8 Satz 2 HGB ist seinem Zweck entsprechend analog anzuwenden. Dies zeigt einerseits, dass der 2. Lösungsansatz nicht in jeder bilanziellen Situation zu einem korrekten Ergebnis führt und andererseits, dass auch Verrechnungsfälle gläubigergefährdend sein können. Die wortlautgemäße Anwendung des § 268 Abs. 8 Satz 1 HGB erfasst die Situation nicht korrekt und führt ohne teleologische Reduktion nicht zum richtigen Ergebnis.

Fall 3:

Abbildung 23: aktive latente Steuern: 60, passive: 70; verrechneter Ansatz.

Aktiva		**Passiva**	
Selbst erstellte immaterielle Güter	100	Gez. Kapital	80
Sonstige Aktiva	100	Freies Kapital	110
		Passiv latente Steuern	10
	200		**200**

Abbildung 24: ohne Aktivierung selbst erstellter immaterieller Vermögensgegenstände des Anlagevermögens (Verringerung der passiven latenten Steuern dadurch um 30).

Aktiva		**Passiva**	
Sonstige Aktiva	100	Gez. Kapital	80
Aktive latente Steuern	20	Freies Kapital	40
	120		**120**

Abbildung 25: ohne Aktivierung jeglicher Werte (Wahrnehmung § 274 Abs. 1 Satz 2 HGB).

Aktiva		**Passiva**	
Sonstige Aktiva	100	Gez. Kapital	80
		Freies Kapital	20
	100		**100**

Fall 3 unterscheidet sich von den ersten beiden Fällen. Es existieren weniger aktive als passive latente Steuern aufgrund von unterschiedlichen sonstigen Wertansätzen im Vergleich zu den ersten Fällen. Dabei ist die Differenz zwischen aktiven und passiven latenten Steuern kleiner als der Betrag der passiven latenten Steuern aus selbst erstellten immateriellen Vermögensgegenständen des Anlagevermögens.

Die Ausgangssituation ist in Abbildung 23 unter Verrechnung der latenten Steuern dargestellt. Nur die Abgrenzungsspitze der passiven latenten Steuern in Höhe von 10 muss ausgewiesen werden, vgl. § 274 Abs. 1 Satz 1 HGB. In Abbildung 24 wird die bilanzielle Situation desselben Unternehmens unter Verzicht auf das Aktivierungswahlrecht nach § 248 Abs. 2 Satz 1 HGB abgebildet. Zu beachten ist dabei, dass zugleich die entsprechenden passiven latenten Steuern wegfallen. Der Betrag der passiven latenten Steuern vermindert sich daher um 30, womit im Ergebnis nun ein Aktivüberhang latenter Steuern in Höhe von 20 vorliegt. Abbildung 25 zeigt schließlich die Situation unter gänzlichem Verzicht auf Aktivierung unsicherer Werte und dient deshalb zugleich zur Bestimmung des angemessenen Ausschüttungspotentials. Es existiert freies Kapital in Höhe von 20, welches frei verwendet werden kann.

Die wortlautgemäße Anwendung von § 268 Abs. 8 HGB bereitet in der bilanziellen Situation, die in Abbildung 24 dargestellt ist, keine Probleme. Es kommt allein § 268 Abs. 8 Satz 2 HGB zur Anwendung. Da freies Kapital in Höhe von 40 vorliegt und die sich auf den Aktivüberhang latenter Steuern beziehende Ausschüttungssperre 20 beträgt, ergibt sich ein Ausschüttungspotential von 20. Eine etwaige Korrektur im Sinne der beiden Lösungsmöglichkeiten ist nicht vorzunehmen, da das Ausschüttungspotential zutreffend ermittelt wird.

Die Berechnung des ausschüttungsgesperrten Betrags bei Vorliegen der bilanziellen Situation, welche Abbildung 23 zeigt, bereitet hingegen größere Schwierigkeiten. Die wortlautgemäße Anwendung von § 268 Abs. 8 HGB führt nicht zu einer korrekt berechneten Ausschüttungssperre. Aus § 268 Abs. 8 Satz 1 HGB ergäbe sich eine Ausschüttungssperre in Höhe von 70, was ein Ausschüttungspotential von 40 bedeutet. Dieses ist um 20 zu hoch. Es fällt auf, dass die Differenz zum korrekten Ausschüttungspotential in diesem Fall nicht dem Wert der passiven latenten Steuern aus selbst erstellten immateriellen Vermögensgegenständen des Anlagevermögens entspricht. Die Differenz ist um 10 kleiner, da nach Verrechnung aktiver und passiver latenter Steuern ein Passivüberhang in Höhe von 10 bestehen bleibt, der das Ausschüttungspotential bereits in dieser Höhe mindert. Dieser Effekt ist bei Berechnung der Ausschüttungssperre zu berücksichtigen.

Die Korrektur lässt sich jedoch anders als im Grundfall (S. 159) nicht durch Herausrechnen des eigentlich vorgeschriebenen Abzugs der passiven latenten Steuern in § 268 Abs. 8 Satz 1 HGB erreichen, denn danach wäre das Ergebnis ja um 30 (passive latente Steuern aus selbst erstellten immateriellen Vermögensgegenständen des Anlagevermögens) zu korrigieren. So läge eine Ausschüttungssperre in Höhe von 100 vor, was zu einem ausschüttungsfähigen Kapital in Höhe von 10 führen würde, was augenscheinlich zu niedrig ist. Im vorliegenden Fall kommt es nämlich nicht pauschal zu einer Doppelberücksichtigung der passiven latenten Steuern aus selbst erstellten immateriellen Vermögensgegenständen des Anlagevermögens. Sondern es muss im Einzelfall das bilanzielle Gesamtbild betrachtet werden. In Fall 3 wird nur ein Teil der passiven latenten Steuern doppelt in die Berechnung einbezogen. Die aktiven latenten Steuern reichen nicht aus, um den Passivausweis latenter Steuern gänzlich zu kompensieren. Dies bedeutet, dass nach Verrechnung der latenten Steuern in Höhe von 10 eine Ausschüttungssperre in Form von passivier latenter Steuern bestehen bleibt. Damit fließen bilanziell betrachtet Beträge aus der Aktivierung selbst erstellter immaterieller Vermögensgegenstände des Anlagevermögens nur Beträge in Höhe von 90 in das freie Kapital ein. Daher ist auch nur eine Ausschüttungssperre in dieser Höhe notwendig. Insoweit ergibt der Abzug der latenten Steuern in § 268 Abs. 8 Satz 1 HGB nur teilweise Sinn.

Lösungsweg 1 käme hier zu einem korrekten Ergebnis, da danach der Abzug passiver latenter Steuern im Rahmen von § 268 Abs. 8 Satz 1 HGB nur in dem Umfang vorzunehmen ist, wie ein Ausweis entsprechender passiver latenter Steuern stattfindet. Folglich sind von dem angesetzten Betrag (100) Beträge in Höhe von 10 (verbleibender Passivüberhang latenter Steuern) abzuziehen. Die so ermittelte Ausschüttungssperre sperrt Beträge in Höhe von 90, womit Beträge in Höhe von 20 ausschüttungsfähig wären.

Lösungsweg 2 kann wiederum nur angewendet werden, sofern man § 268 Abs. 8 Satz 2 HGB trotz fehlenden Ausweises eines Aktivüberhangs anwendet. Nach dieser Lösung ergäbe sich eine Sperre aus § 268 Abs. 8 Satz 1 in Höhe von 70. Hinzu tritt die Sperre aus § 268 Abs. 8 Satz 2 HGB, die in der oben beschriebenen Schattenrechnung auf 20 dotiert werden müsste (60 – (70–30)). Hieraus ergäbe sich ebenfalls eine Sperre in Höhe von 90, was zu einem korrekten Ergebnis führt.

3.3.2.1.9.3 Beurteilung

Durch Betrachtung der einzelnen bilanziellen Situationen bzw. Darstellungsmöglichkeiten wird klar, dass die korrekte Berechnung der Ausschüttungssperre den besonderen Umständen im Einzelfall gerecht werden muss. Gerade die Verrechnungsmöglichkeit und auch die (Ausweis-)Wahlrechte innerhalb der Steuerabgrenzung erschweren die Anwendung von § 268 Abs. 8 HGB. Wie gezeigt wurde, gibt es keinen Berechnungsweg, der allgemeingültig jede Situation korrekt erfasst. Weder Lösung 1 noch Lösung 2 erfassen sämtliche Sachverhalte, sondern bedürfen im Einzelfall einer Korrektur.

Auch wenn in manchen Fällen Lösungsweg 1 als der elegantere erscheint, erfasst nur Lösungsweg 2 die Problematik der Doppelberücksichtigung korrekt. Der Abzug passiver latenter Steuern im Rahmen von § 268 Abs. 8 Satz 1 und 3 HGB ist abstrakt betrachtet stets korrekt. In diesen Fällen kommt es stets zur Bildung entsprechender passiver latenter Steuern, die entweder selbst als direkte Ausschüttungssperre angesetzt werden oder im Wege der Verrechnung die ergebniserhöhenden Beträge aus aktiven latenten Steuern schmälern. Der Aktivüberhang latenter Steuern ist hingegen eine rechnerische Größe, die Raum bietet, um Korrekturen vorzunehmen. Deshalb ist § 268 Abs. 8 Satz 2 HGB insoweit teleologisch zu reduzieren, dass passiv latente Steuern aus selbst erstellten immateriellen Vermögensgegenständen des Anlagevermögens und/oder aus zum Zeitwert bewerteten Pensionsdeckungsvermögen nicht doppelt berücksichtigt werden. Inwieweit eine doppelte Berücksichtigung vorliegt, ist im Einzelfall zu prüfen. Weiter ist zu berücksichtigen, dass § 268 Abs. 8 Satz 2 HGB aus diesem Grund entgegen dem Wortlaut selbst dann Anwendung finden kann, wenn ein Aktivüberhang nicht angesetzt wird.

M.E. bietet es sich an, den berechneten Betrag der Ausschüttungssperre durch Ermittlung der ergebniserhöhenden Beträge aufgrund der Ansatzrechte i.S.d. § 268 Abs. 8 HGB zu überprüfen. Folgende, das Eigenkapital erhöhende Beträge können auftreten:

1. Beträge i.S.v. § 268 Abs. 8 Satz 1 HGB erhöhen das Ausschüttungsvolumen immer nur um den angesetzten Betrag abzüglich der hierfür gebildeten passiven latenten Steuern. Dies gilt auch dann, wenn passive latente Steuern im Wege der Verrechnung bilanziell nicht in Erscheinung treten. Entsprechendes gilt für den Betrag i.S.v. § 268 Abs. 8 Satz 3 HGB
2. Aktive latente Steuern, bzw. § 268 Abs. 8 Satz 2 HGB:
   a. Ein aktivierter **Aktivüberhang** erhöht stets das Ausschüttungsvolumen, wobei bei der Ermittlung passiver latenter Steuern i.S.v. § 268 Abs. 8 Satz 1 und 3 HGB in der Berechnung des Aktivüberhangs dann nicht zu berücksichtigen sind, soweit von den Ansatzrechten in § 268 Abs. 8 Satz 1 und 3 HGB parallel dazu Gebrauch gemacht wird.
   b. Die Norm muss auch ohne Ausweis eines Aktivüberhangs analog auf **Verrechnungssachverhalten** angewandt werden, soweit durch die Verrechnung passive latente Steuern aus den Ansatzrechten i.S.v. § 268 Abs. 8 Satz 1 und 3 HGB bilanziell eliminiert werden. Nur so kann die Doppelberücksichtigung der fraglichen passiven latenten Steuern vermieden werden. (vgl. Fälle 2, 3). Dennoch ist in jedem Einzelfall zu prüfen in welcher Höhe eine Ausschüttungssperre notwendig ist. Aufgrund der Verrechnungsmöglichkeit latenter Steuern und dem Ansatzwahlrecht nach § 274 Abs. 1 Satz 2 HGB lässt sich eine einheitliche Lösung nicht finden. Zur Berechnung der Ausschüttungssperre ist die Kenntnis der einzelnen latenten Steuern notwendig, welche sich dem Anhang entnehmen lassen, vgl. § 285 Nr. 29 HGB.

Somit ist nicht nur die Steuerabgrenzung als solche ein kompliziertes Feld, sondern bereitet zusätzlich Probleme bei der Berechnung des ausschüttungsfähigen Kapitals. Eine gesetzliche Vereinfachung erscheint daher geboten.

3.3.2.1.10 Vorschlag einer gesetzlichen Korrektur

Wie schon gezeigt, lassen sich mit der Steuerabgrenzung einhergehende Probleme bei der Ermittlung der Ausschüttungssperre nicht einheitlich lösen. § 268 Abs. 8 HGB lässt sich nicht allgemeingültig modifizieren. Die Bilanzanalyse verkompliziert sich, die Bilanz lässt sich nicht ohne Blick in den Anhang verstehen. Das Ziel der Informationssteigerung wird untergraben. Dies wurde vom Gesetzgeber nicht antizipiert und wiederspricht den Zwecken der zugrunde liegenden Ansatzrechte.

Im Referentenentwurf des BilMoG war noch eine Pflicht zur Aktivierung latenter Steuern vorgesehen.[611] Dies diente einerseits der Steigerung des Informationsniveaus und andererseits der Abschaffung unerwünschter Wahlrechte.[612] Zu betonen ist, dass der Wortlaut des Referentenentwurfs keine Verrechnungsmöglichkeit, sondern nur den Bruttoausweis zuließ. Richtigerweise wurde im Referentenentwurf noch darauf hingewiesen, dass die Pflicht zur Ermittlung aktiver latenter Steuern keine Mehrbelastung für Unternehmen darstelle, da diese sowieso zu Abgrenzung latenter Steuern bereits verpflichtet seien.[613] Dies gilt auch heute. Selbst wenn keine aktiven latenten Steuern ausgewiesen werden sollen, müssen diese zur Verrechnung mit passiven latenten Steuern ermittelt werden, denn es kommt auf die Abgrenzungsspitzen an.[614] Das Ziel, Unternehmen von der Last der Ermittlung aktiver latenter Steuern zu befreien, wie es in der Beschlussempfehlung des Bundesrats genannt wird[615], wurde damit verfehlt.

So gesehen spricht aus heutiger Sicht nichts gegen eine Pflicht, aktive latente Steuern im Sinne des Bruttoausweises zu aktivieren. Vielmehr erscheint es im Sinne des Zwecks der Informationssteigerung geboten. Nur so erhält der Bilanzleser sämtliche Informationen direkt aus der Bilanz. Zugleich ließe sich die Problematik der Anwendung der Ausschüttungssperre mit dem Vorschlag der Vertreter der 2. Lösungsmöglichkeit gesetzlich lösen. Dies erscheint ebenfalls geboten. Ein System, das auf bilanziellen Ausschüttungssperren beruht, muss dafür Sorge tragen, dass die dazu notwendigen Informationen durch die Bilanz vermittelt werden. Die Verrechnungsmöglichkeit verstößt nicht nur gegen das Prinzip des Saldierungsverbots, sondern verkompliziert auch das System der bilanziellen Kapitalerhaltung. Folgende gesetzliche Änderungen werden daher vorgeschlagen:

In § 274 Abs. 1 Satz 2 HGB ist das Wort „kann“ durch „ist“ zu ersetzen. Damit entfiele das problematische und unnötige Wahlrecht. Darüber hinaus müsste § 274

611 Vgl. RefE BilMoG, S. 137 ff.
612 Vgl. BT-Drs. 16/10067, S. 34.
613 Vgl. RefE BilMoG, S. 139.
614 Vgl. auch RefE BilMoG, S. 139.
615 Vgl. BR DRs. 344/08 (Beschluss), S. 8; Beschlussempfehlung Rechtsausschuss BT-Drs. 16/12407, S. 87.

Abs. 1 Satz 3 HGB einen unverrechneten Ausweis vorschreiben: **„Die sich ergebenden Steuerbe- und sich ergebende Steuerentlastungen sind unverrechnet auszuweisen"**. Alternativ könnte auch die Formulierung des Referentenentwurfs herangezogen werden.[616]

§ 268 Abs. 8 Satz 2 HGB müsste folglich geändert werden und als Satz 3 eingefügt werden. Der bisherige Satz 3 würde zu Satz 2. Neuer Wortlaut: **„Satz 1 ist auf den Betrag anzuwenden, um den die aktiven latenten Steuern die passiven latenten Steuern abzüglich bereits berücksichtigter passiver latenter Steuern im Sinne von Satz 1 und 2 übersteigen"**

Bei dieser Gesetzeslage wäre einerseits dem Informationszweck bestmöglich gedient und andererseits die Problematiken bei der Berechnung der Ausschüttungssperre beseitigt.

In Fall 2 und 3 wären Unternehmen verpflichtet latente Steuern auszuweisen:

Wiederholung Fall 2

Abbildung 26.

Aktiva		**Passiva**	
Selbst erstellte immaterielle Güter	100	Gez. Kapital	80
Sonstige Aktiva	100	Freies Kapital	150
Aktive latente Steuern	60	Passiv latente Steuern	30
	260		**260**

Wiederholung Fall 3

Abbildung 27.

Aktiva		**Passiva**	
Selbst erstellte immaterielle Güter	100	Gez. Kapital	80
Sonstige Aktiva	100	Freies Kapital	110
Aktive latente Steuern	60	Passiv latente Steuern	70
	260		**260**

Bei Anwendung der neu formulierten Ausschüttungssperre gem. § 268 Abs. 8 Satz 3 Vorschlag-HGB ist entsprechend des 2. Lösungsweges die Sperre unter Eliminierung der passiv latenten Steuern aus selbst erstellten immateriellen Vermögensgegenständen des Anlagevermögens zu eliminieren, was in beiden Fällen stets zur korrekten Dotierung der Ausschüttungssperre führen würde.

616 Vgl. RefEntwurf BilMoG, S. 11.

Fall 2:

§ 268 Abs. 8 Satz 1 HGB: 100 – 30 = 70
§ 268 Abs. 8 Satz 3 Vorschlag-HGB: 60 – (30 – 30) = 60

➔ Ausschüttungssperre = 130; Ausschüttungspotential = 20

Fall 3:

§ 268 Abs. 8 Satz 1 HGB: 100 – 30 = 70
§ 268 Abs. 8 Satz 3 Vorschlag-HGB: 60 – (70 – 30) = 20

➔ Ausschüttungssperre = 90; Ausschüttungspotential = 20

Die von den Vertretern des Lösungswegs 2 vorgeschlagene Schattenrechnung, die in den Änderungsvorschlag Eingang gefunden hat, könnte aufgrund des vorgeschriebenen Bruttoausweises nach § 274 Vorschlag-HGB anhand der Bilanz vorgenommen werden.

3.3.2.1.11 Zusammenfassung der wesentlichen Ergebnisse

1. Das Ausweiswahlrecht nach § 274 Abs. 1 Satz 3 HGB in Kombination mit dem Ansatzwahlrecht gem. § 274 Abs. 1 Satz 2 HGB führt nicht dazu, dass nur die passiven latenten Steuern in voller Höhe ausgewiesen werden dürften. Sofern auf den Ansatz aktiver latenter Steuern verzichtet wird, müssen sie jedenfalls mit den passiven latenten Steuern verrechnet werden, sodass sich der Ausweis passiver latenter Steuern entsprechend kürzt.
2. Aktive latente Steuern aus steuerlichen Verlustvorträgen, welche erst nach 5 Jahren verrechnet werden können, dürfen entgegen DRS 18 auch nicht nur zu Verrechnung nach § 274 Abs. 1 Satz 1 HGB herangezogen werden. Der Ansatz und die Verrechnung von aktiven latenten Steuern unterscheiden sich wirtschaftlich nicht. Eine Differenzierung ist zudem nicht gesetzlich angelegt. Bei der Verrechnung und dem Ausweis aktiver latenter Steuern aus steuerlichen Verlustvorträgen ist die 5-Jahre-Prognose zu berücksichtigen.
3. Die wortlautgetreue Anwendung von § 268 Abs. 8 Satz 2 HGB führt zu einer nicht gewollten Doppelberücksichtigung der passiven latenten Steuern i.S.v. § 268 Abs. 8 Satz 1 und 3 HGB. Eine Korrektur ist bei derzeitiger gesetzlicher Lage nur bei Betrachtung des Einzelfalls möglich. Die Bilanzanalyse wird dadurch erheblich erschwert. Es werden gesetzliche Änderungen von § 274 HGB und § 268 Abs. 8 HGB vorgeschlagen, welche die Bilanzanalyse erleichtern, ohne dass es zu einem zusätzlichen Aufwand für Unternehmen käme.

3.3.3 Vermögensgegenstände i.S.v. § 268 Abs. 8 Satz 3 HGB

§ 268 Abs. 8 Satz 3 i.V.m. Satz 1 HGB enthält eine Ausschüttungssperre für angesetzte Beträge, die die Anschaffungskosten von Vermögensgegenständen i.S.v. § 246 Abs. 2 Satz 2 HGB übersteigen.

Vermögensgegenstände i.S.v. § 246 Abs. 2 Satz 2 HGB sind solche, die dem Zugriff aller übrigen Gläubiger entzogen sind und ausschließlich der Erfüllung von Altersversorgungsverpflichtungen oder vergleichbaren langfristig fälligen Verpflichtungen dienen, sog. Planvermögen.[617] Ein Vermögensgegenstand gehört dem Planvermögen an, wenn es zweckgebunden ausschließlich Altersversorgungsverpflichtungen erfüllt. Dies ist dann gegeben, wenn weder die sonstigen Gläubiger[618] des Unternehmens noch die Gesellschaft bzw. Gesellschafter auf dieses Vermögen Zugriff haben. Es ist dabei sicherzustellen, dass das Vermögen weder der Einzel- noch der Gesamtvollstreckung der Gläubiger unterliegt.[619] Das ist anerkanntermaßen der Fall, wenn die Voraussetzungen des § 7e Abs. 2 SGB IV vorliegen.[620] Nach dieser Norm liegt ein isoliertes Vermögen vor, wenn das Vermögen ein Dritter führt, der einerseits selbst kein Zugriff auf das Vermögen hat und andererseits nicht zur Rückführung verpflichtet ist. Das kann im Wege von Treuhandverhältnissen zwischen dem Unternehmen und einem Dritten erreicht werden. Eine Rückführungsvereinbarung abhängig und bezogen auf eine Überdotierung spricht nach Ansicht des IDW indessen nicht gegen die notwendige Ausschließlichkeit.[621] Vermögensgegenstände gelten als zweckgebunden, wenn sie (1) jederzeit zur Erfüllung von Altersversorgungsverpflichtungen verwertet werden können und (2) nicht gleichzeitig einem anderen Zweck dienen. Betriebsnotwendiges Anlagevermögen kann daher nicht zum Planvermögen gerechnet werden, da es jedenfalls auch dem Betrieb des Unternehmens dient.[622]

---

617 Zum Planvermögen gehören Pensionszusagen, Altersteilzeitverpflichtungen, Lebensarbeitszeitmodelle, etc. vgl. BT-DRs. 16/10067, S. 48; Morck, in: Koller/Roth/Morck, § 246 HGB Rn. 15; Förschle/Ries, in: Beck'scher Bilanzkommentar, § 246 HGB Rn. 120. Speziell in Bezug auf § 246 Abs. 2 Satz 2 HGB wird mittlerweile mehrheitlich vom sog. Deckungsvermögen gesprochen, da § 246 Abs. 2 Satz 2 HGB eine Verrechnung mit den entsprechenden Schulden vorsieht.

618 Außer den Altersversorgungsberechtigten.

619 Als insolvenzfest gilt eine Forderung, wenn ein Aussonderungsrecht gem. § 47 InsO besteht. Um den in der Praxis verbreiteten CTA-Strukturen (treuhänderische Verwaltung) gerecht werden zu können, konstatiert der IDW, dass auch ein Absonderungsrecht genüge, sofern wirtschaftlich ein vergleichbarer Schutz erreicht wird, vgl. IDW RS HFA 30, Rn. 24. Siehe auch Fey/Ries/Lewe, BB 2012, 823 (826).

620 BT-DRs. 16/12407, S. 86; Merkt, in: Baumbach/Hopt, § 246 HGB Rn. 26; Morck, in: Koller/Roth/Morck, § 246 HGB Rn. 15. Sog. Pensionstreuhand bzw. *Contractual Trust Agreements – „CTA"*.

621 IDW RS HFA 30, Rn. 33.

622 BT-Drs. 16/12407, S. 85. Bürogebäude gelten nicht als betriebsnotwendig, da diese veräußert und angemietet werden können, vgl. dazu Hagemann/Oecking/Wunsch, DB 2010, 1021 (1022).

Vermögensgegenstände, die diese Voraussetzungen erfüllen, sind gem. § 246 Abs. 2 Satz 2 HGB mit den entsprechenden Schulden, also den Altersversorgungsverpflichtungen, zu verrechnen.[623] Somit handelt es sich nicht um eine Ansatzvorschrift, sondern um einen Verrechnungsvorschrift in Ausnahme zum Saldierungsverbot aus § 246 Abs. 2 Satz 1 HGB.[624] Gem. § 253 Abs. 1 Satz 4 HGB sind nach § 246 Abs. 2 Satz 2 HGB zu verrechnende Vermögensgegenstände mit ihrem beizulegenden Zeitwert zu bewerten. Übersteigt der beizulegende Zeitwert der Vermögensgegenstände den Betrag entsprechender Schulden, ist der überschießende Betrag als „Aktiver Unterschiedsbetrag aus der Vermögensverrechnung" zu aktivieren, vgl. § 246 Abs. 2 Satz 3 HGB und § 266 Abs. 2 E. HGB. Ein – in der Praxis wohl häufiger anzutreffender[625] – Überschuss an Altersversorgungspflichten ist als Pensionsrückstellung auszuweisen.[626]

Im Referentenentwurf war die Bewertung zum beizulegenden Zeitwert noch nicht vorgesehen.[627] Demzufolge konnte die bereits vorgesehene Verrechnung nur auf Grundlage der Anschaffungswerte erfolgen. Der Regierungsentwurf implementierte die Zeitwertbewertung für Vermögensgegenstände i.S.v. § 246 Abs. 2 Satz 2 HGB.[628] Diese wurde jedoch auf den Erfüllungsbetrag der entsprechenden Schulden begrenzt.[629] Deshalb sieht der Regierungsentwurf auch kein Ansatzrecht i.S.v. § 246 Abs. 2 Satz 3 HGB vor. Die Beschlussempfehlung des Rechtsausschusses zum Regierungsentwurf weist explizit darauf hin, dass die Zeitbewertung nur zum Zweck der Verrechnung erfolgen könne.[630] Bei einem überschießenden Betrag spricht der Rechtsausschuss von einer „Entwidmung", die dazu führe, dass überschießende Vermögensgegenstände zu fortgeführten Anschaffungskosten wieder in die Bilanz aufzunehmen seien.[631]

Mittlerweile ist durch § 246 Abs. 2 Satz 3 HGB in der verabschiedeten Fassung klargestellt, dass die Zeitbewertung nicht nur zu Verrechnungszwecken stattfindet, sondern generell. Ein daraus resultierender Aktivüberhang ist gesondert zu aktivieren. Dies spiegelt sich in § 268 Abs. 8 Satz 3 HGB wieder, der einen Aktivüberschuss aus der Vermögensverrechnung auf Grundlage der Zeitwertbewertung von einer Ausschüttung ausnimmt.

---

623 Hieran wird kritisiert, die Verrechnung vermindere entgegen der Intention des BilMoGs den Informationsgehalt, da sich die Pensionsverpflichtungen nicht mehr aus der Bilanz ergeben sondern aus dem Anhang, vgl. Müller, in: Protokoll der 122. Sitzung des Rechtsausschusses (vgl. Fn. 215), S. 15.

624 Vgl. BT-Drs. 16/12407, S. 85; Gelhausen/Fey/Kämpfer, Rechnungslegung und Prüfung nach dem Bilanzrechtsmodernisierungsgesetz, Kap. C, Rn. 74.

625 Förschle/Ries, Beck'scher Bilanzkommentar, § 246 HGB Rn. 120.

626 IDW RS HFA 30, Rn. 84.

627 RefE BilMoG, S. 95.

628 Vgl. BT-DRs. 16/10067, § 253 E-HGB, S. 6.

629 Vgl. BT-DRs. 16/10067, § 253 E-HGB, S. 6.

630 Beschlussempfehlung zu § 253 HGB, BT-Drs. 16/12407, S. 85.

631 BT-Drs. 16/12407, S. 85.

3.3.3.1 Planvermögen und entsprechende Schulden

Zuvor wurde festgestellt, dass Vermögensgegenstände, die dem Zweck der Erfüllung von Altersversorgungsverpflichtungen dienen und gleichzeitig hinreichend isoliert sind, mit dem beizulegenden Zeitwert zu bewerten und mit den entsprechenden Schulden zu verrechnen sind. Dafür ist es notwendig, die Vermögensmassen, die von der Verrechnung betroffen sind, zu bestimmen. Hinsichtlich der Verpflichtungen übernimmt der IDW diesbezüglich die arbeitsrechtliche Definition des § 1 Abs. 1 BetrAVG, weshalb Alters-, Invaliditäts- oder Hinterbliebenenversorgung[632] zu den Verpflichtungen im Sinne des § 246 Abs. 2 Satz 2 HGB zählen und grundsätzlich als Pensionsrückstellungen zu passivieren sind. Zu den in § 246 Abs. 2 Satz 2 HGB genannten vergleichbaren langfristig fälligen Verpflichtungen zählen sämtliche Verpflichtungen, welche mit biometrischen Risiken verbunden sind, aber nicht bereits Altersversorgungsverpflichtungen darstellen.[633] Dazu zählen etwa Altersteilzeitverpflichtungen, Verpflichtungen aus Lebensarbeitszeitkonten, Verpflichtungen zur Zahlung von Beihilfen sowie Jubiläums-, Vorruhestands-, Übergangs- und Sterbegelder.[634] Darüber hinaus kann zwischen unmittelbaren und mittelbaren Verpflichtungen unterschieden werden. Unmittelbare sind solche, bei denen sich der Arbeitgeber direkt verpflichtet, zu leisten. Eine mittelbare Verpflichtung liegt hingegen vor, wenn der Unternehmer Dritte zur Erfüllung der Verpflichtung einschaltet, bspw. Unterstützungskassen, Pensionskassen, Pensionsfonds, Direktversicherungen oder Zusatzversorgungskassen.[635]

Das Vermögen zur Deckung der Schulden gem. § 246 Abs. 2 Satz 2 HGB nennt der IDW treffenderweise „Deckungsvermögen“[636]. Deckungsvermögen ist durch die schon beschriebenen Kriterien der Isolation und Zweckgebundenheit charakterisiert. Durch Dritte belastete Vermögensgegenstände scheiden deshalb als Deckungsvermögen aus, da sie dem Zugriff Dritter unterliegen.[637] Grundsätzlich eignet sich aber nahezu jeder werthaltige Vermögensgegenstand zur Deckung der Altersversorgungsverpflichtungen. Oft erscheint es jedoch fraglich, ob die geforderten Charaktereigenschaften bejaht bzw. geschaffen werden können. Hierzu zählt insbesondere das bereits erwähnte betriebsnotwendige Anlagevermögen, das nicht ohne Betriebsaufgabe veräußert werden kann.[638] Vorsicht ist auch geboten bei der Zweckbestimmung von eigenen Anteilen. Sie sind abhängig vom Wert

632 Vgl. IDW RS HFA 30, Rn. 6; vgl. zur bilanziellen Darstellung von Pensionsverpflichtungen im Gesamten: Hagemann/Oecking/Wunsch, DB 2010, 1021 ff.; Lucius/Veit; BB 2010, 235 ff.; Meier, BB 2009, 998 ff.

633 Vgl. IDW RS HFA, Rn. 8, vgl. auch Hagemann/Oecking/Wunsch, DB 2010, 1021 (1026).

634 Vgl. Bertram/Johannleweling/Roß/Weiser, WPg 2011, 57 (58).

635 Vgl. Bertram/Johannleweling/Roß/Weiser, WPg 2011, 57 (58).

636 Vgl. IDW RS HFA 30.

637 Vgl. Bertram/Johannleweling/Roß/Weiser, WPg 2011, 57 (59).

638 Vgl. auch Vgl. Bertram/Johannleweling/Roß/Weiser, WPg 2011. 57 (60).

des Unternehmens und bieten daher gerade in Krisenzeiten nicht die zu fordernde Sicherheit.[639] Verpfändete Wertpapierdepots und Rückdeckungsversicherungsansprüche eignen sich bei Verpfändung durch den Arbeitgeber nur, soweit er von vornherein zur Kompensation etwaiger zu seinen Gunsten verwerteter Beträge verpflichtet ist bzw. er kein einseitiges Verwertungsrecht besitzt und sich die Verpfändung auch auf Surrogate erstreckt.[640]

3.3.3.2 Bewertung der Vermögensmassen

Der beizulegende Zeitwert der Vermögensgegenstände bestimmt sich zunächst nach § 255 Abs. 4 Satz 1 HGB und entspricht dem Marktpreis am Bilanzstichtag. Ist ein Markt nicht vorhanden oder der Preis nicht ermittelbar, sind nach § 255 Abs. 4 Satz 2 HGB die allgemein anerkannten Bewertungsmethoden anzuwenden (Vergleichs- oder Kapitalwertverfahren, Optionspreismodelle[641]). Ist dies auch nicht möglich, ist der beizulegende Zeitwert gem. § 255 Abs. 4 Satz 3 HGB durch Fortführung der Anschaffungs- oder Herstellungskosten unter Anwendung des strengen Niederstwertprinzips zu ermitteln.[642]

Die Altersversorgungverpflichtungen hingegen sind gem. § 253 Abs. 1 und 2 HGB zum diskontierten Erfüllungsbetrag zu bewerten.

3.3.3.3 Folgen des Ansatzes zum beizulegenden Zeitwert

Gem. § 6 Abs. 1 Nr. 1 EStG sind Wirtschaftsgüter in der Steuerbilanz mit den Anschaffung- oder Herstellungskosten anzusetzen. Eine Besteuerung aufgrund des beizulegenden Zeitwerts existiert nicht. Somit kann es zu höheren Wertansätzen in der Handelsbilanz als in der Steuerbilanz kommen. Dies führt gem. § 274 HGB zur Pflicht der Bildung entsprechender passiver latenter Steuern. Diese mindern den eigenkapitalerhöhenden Effekt eines solchen Ansatzes. Die restlichen eigenkapitalerhöhenden Beträge sind gem. § 268 Abs. 8 Satz 3 und Satz 1 HGB ausschüttungsgesperrt. Durch die Verrechnung verbessert sich zudem der Verschuldungsgrad eines Unternehmens.[643]

---

639 Entgegen dem Entwurf des IDW RS HFA 30, äußert sich die endgültige Fassung der Verlautbarung nicht zu diesem Thema. Siehe aber Bertram/Johannleweling/Roß/Weiser, WPg 2011. 57 (60), die richtigerweise zur Vorsicht bzw. eingehende Prüfung raten.

640 Vgl. IDW RS HFA 30, Rn. 24; Bertram/Johannleweling/Roß/Weiser, WPg 2011. 57 (60), vgl. auch ausführlicher: Thaut, DB 2011, 1645 (1646 ff.).

641 Vgl. Bertram/Johannleweling/Roß/Weiser, WPg 2011, 57 (64).

642 Vgl. IDW RS HFA 30, Rn. 68.

643 Vgl. Finck/Kunath, DB 2010, 2349 ff.

3.3.3.4 Ausschüttungsgesperrter Betrag nach § 268 Abs. 8 Satz 3 i.V.m. Satz 1 HGB

Übersteigt der beizulegende Zeitwert der Vermögensgegenstände im Sinne des § 246 Abs. 2 Satz 2 HGB am Bilanzstichtag den Betrag der Anschaffungskosten der Vermögensgegenstände, ist diese positive Differenz ausschüttungsgesperrt, vgl. § 268 Abs. 8 Satz 3 HGB. Gem. § 246 Abs. 2 Satz 2 HGB sind die Altersversorgungsverpflichtungen mit dafür gebildeten Vermögensgegenständen zu verrechnen. Die nach dieser Vorschrift zu verrechnenden Vermögensgegenstände sind gem. § 253 Abs. 1 Satz 4 HGB mit ihrem beizulegenden Zeitwert anzusetzen. Übersteigt der beizulegende Zeitwert der Vermögensgegenstände den Betrag der Schulden, ist der übersteigende Betrag gem. § 246 Abs. 1 Satz 4 HGB unter einem gesonderten Posten zu aktivieren.

Das Gesetz knüpft damit für den Ansatz des Sonderpostens nach § 246 Abs. 2 Satz 3 HGB und die Berechnung der Ausschüttungssperre an unterschiedlichen Differenzen an. Der Ansatz nach § 246 Abs. 2 Satz 3 und Satz 2 HGB bezieht sich auf die Gegenüberstellung des Vermögens i.S.v. § 246 Abs. 2 Satz 2 HGB und dazugehöriger Schulden. § 268 Abs. 8 Satz 3 HGB knüpft an die Differenz zwischen beizulegendem Zeitwert und Anschaffungskosten der Vermögensgegenstände i.S.v. § 246 Abs. 2 Satz 2 HGB an.

Aufgrund der Formulierung des § 268 Abs. 8 Satz 3 HGB „...Vermögensgegenstände i.S.v. § 246 Abs. 2 Satz 2 HGB..." ist m.E. nicht ganz klar, worauf sich die Ausschüttungssperre bezieht. Versteht man die Formulierung streng, müsste man die Ausschüttungssperre auf nach § 246 Abs. 2 Satz 2 HGB verrechnete Vermögensgegenstände begrenzen. Angesetzte Beträge nach § 246 Abs. 2 Satz 3 HGB blieben unberücksichtigt, da es sich bei Ihnen ja nicht um Vermögensgegenstände i.S.d. § 246 Abs. 2 Satz 2 HGB handelt. Zum einen wurden sie nicht nach § 246 Abs. 2 Satz 2 HGB verrechnet, zum anderen fehlt ihnen nach allgemeiner Meinung mangels Verwertbarkeit die Vermögensgegenstandseigenschaft.[644] Dennoch ist der Anwendungsbereich des § 268 Abs. 8 Satz 3 HGB tatsächlich weiter. Die Zeitwertbewertung steht grundsätzlich im Konflikt mit dem Realisationsprinzip nach § 252 Abs. 1 Nr. 5 HGB und birgt daher ein deutliches Gläubigerrisiko aufgrund von Volatilität der Werte.[645] Die Einführung dieser Bewertungsmethode beruht auf dem Bestreben, den Informationsgehalt einer Bilanz zu steigern, um so internationalen Herausforderungen gerecht werden zu können. Zur Kompensation der damit verbundenen Risiken bezieht sich die Ausschüttungssperre des § 268 Abs. 8 Satz 3 HGB auf den Differenzbetrag der zum Zeitwert bewerteten Vermögensgegenstände i.S.v. § 246 Abs. 2 Satz 2 HGB, der die entsprechenden Anschaffungskosten übersteigt.[646] Nur das entspricht dem Grundgedanken des § 268 Abs. 8 HGB, der konzipiert wurde,

644 Rainer/Haußer, in: MüKo § 266 HGB, Rn. 87 m.w.N.

645 Vgl. Simon, NZG 2009, 1081 (1083).

646 Vgl. auch: Küting/Lorson/Eichenlaub/Toebe, GmbHR 2011, 1 (5).

um jegliche Risiken durch die neuen Ansatzrechte abzufedern. Insbesondere durch den Ansatz nach § 246 Abs. 2 Satz 3 HGB tauchen Werte in der Bilanz auf, die dem Realisationsprinzip widersprechen und das Ausschüttungspotential erhöhen. Insofern ist § 268 Abs. 8 HGB so zu verstehen, dass er sich auf jegliche Beträge bezieht, die auf der Bewertung zum beizulegenden Zeitwert des Planvermögens (also Vermögensgegenstände i.S.v. § 246 Abs. 2 Satz 2 HGB) beruhen, unabhängig davon ob verrechnet nach § 246 Abs. 2 Satz 2 HGB oder angesetzt nach § 246 Abs. 2 Satz 3 HGB. Des Weiteren ist zu berücksichtigen, dass keine Gesamtbetrachtung des Planvermögens nur für die Verrechnung stattfindet. Im Übrigen bleibt es beim Einzelbewertungsgrundsatz. Daraus resultiert, dass ein Überhang des beizulegenden Zeitwerts eines Vermögensgegenstands nicht eine Unterdeckung der Anschaffungskosten eines anderen Vermögensgegenstands kompensiert. § 268 Abs. 8 Satz 3 HGB knüpft nicht an die Verrechnung, sondern an die Bewertung der einzelnen Vermögensgegenstände an.[647] Folgendes Beispiel verdeutlicht den Mechanismus des § 268 Abs. 8 Satz 3 HGB.

Beispiel 1:

Abbildung 28.

Teil 1	Anschaffungskosten der Vermögensgegenstände		Beizulegender Zeitwert der Vermögensgegenstände	
	Jahr 1	Jahr 2	Jahr 1	Jahr 2
Vermögensgegenstand 1	50	50	60 Differenz: +10	80 Differenz: +30
Vermögensgegenstand 2	50	50	60 Differenz: +10	40 Differenz: -10
insgesamt	100	100	120	120
Teil 2				
Altersversorgungsverpflichtungen zum diskontierten Erfüllungsbetrag			110	115
Aktiver Unterschiedsbetrag nach § 246 Abs. 2 Satz 3 HGB			10	5
Verrechneter Wert, der auf beizulegendem Zeitwert beruht § 246 Abs. 2 Satz 2 HGB, § 285 Nr. 25 HGB			10	25
Ausschüttungsgesperrter Betrag gem. § 268 Abs. 8 HGB vor Abzug latenter Steuern			20	30

647 Vgl. auch Küting/Lorson/Eichenlaub/Toebe, GmbHR 2011, 1 (5).

Sinn und Zweck der Ausschüttungssperre ist die Kompensation von Risiken, die mit der Aktivierung unsicherer Werte einhergehen. Im Rahmen des § 268 Abs. 8 Satz 3 HGB geht es konkret um die Risiken durch die Bewertung zum beizulegenden Zeitwert. Im Unterschied zu den Beträgen, die in § 268 Abs. 8 Satz 1 und 2 HGB genannt sind, ist daher nicht der gesamte angesetzte und verrechnete Betrag i.S.d. § 246 Abs. 2 Satz 2 HGB gesperrt, sondern nur diejenigen angesetzten und verrechneten Teilbeträge, die auf die Bewertung zum beizulegenden Zeitwert oberhalb der Anschaffungskosten entfallen. Der Fall zeigt zugleich, dass eine Ausschüttungssperre allein für den aktiven Überschuss i.S.d. § 246 Abs. 2 Satz 3 HGB nicht genügen würde. Durch die Verrechnung werden die unsicheren Beträge aus der Bewertung zum beizulegenden Zeitwert bilanziell eliminiert. Dennoch haben sie das Eigenkapital durch Kürzung der Schulden erhöht und sind aus Gläubigerschutzgesichtspunkten in die Ausschüttungssperre mit einzubeziehen. Der Wortlaut des § 268 Abs. 8 Satz 3 HGB ist insoweit eindeutig.

Beispiel 1 zeigt darüber hinaus, dass sich der gesperrte Betrag nach der Bewertung der einzelnen Vermögensgegenstände richtet. § 268 Abs. 8 Satz 3 HGB orientiert sich nicht an der nach § 246 Abs. 2 Satz 2 vorzunehmenden Gesamtbetrachtung und entspricht daher auch nicht dem nach § 246 Abs. 2 Satz 3 HGB ausgewiesenen Aktivüberhang. Im konkreten Beispiel bedeutet das, dass der positive Differenzbetrag zwischen beizulegendem Zeitwert und historischen Anschaffungskosten des Vermögensgegenstands 1 in Höhe von 30 nicht mit dem entsprechenden negativen Differenzbetrag des Vermögensgegenstands 2 in Höhe von 10 verrechnet wird. Insgesamt liegt eine Ausschüttungssperre in Höhe von 30 vor. Nur dieses Vorgehen wird dem Anliegen des § 268 Abs. 8 HGB gerecht.[648]

Angesetzte Beträge finden sich in dem Sonderposten nach § 266 Abs. 2 E. HGB wieder; verrechnete Beträge müssen nach § 285 Nr. 25 HGB im Anhang ausgewiesen werden. Somit lässt sich der ausschüttungsgesperrte Betrag nach § 268 Abs. 8 Satz 3 HGB nicht anhand der Bilanz ablesen, was kritisiert wird.[649]

---

648 So auch: Gelhausen/Fey/Kämpfer; Rechnungslegung und Prüfung nach dem BilMoG, Kap. N, Rn. 31.

649 Vgl. Müller, in Protokoll 122. Sitzung des Rechtsausschusses (vgl. Fn. 215), S. 15. Der aber aus demselben Grund die Verrechnung kritisiert, da nun der Umfang der Altersversorgungspflichten nur noch durch unerwünschten Blick in den Anhang ermittelt werden könne. In der Literatur wird grundsätzlich oft kritisiert, dass sich der gesamte ausschüttungsgesperrte Betrag nicht anhand der Bilanz sondern erst zusammen mit dem Anhang ermitteln ließe. Andere Autoren begrüßen die Verrechnung, da somit jedenfalls ein etwaiger rückführbarer Überschuss ausgewiesen würde, vgl. etwa Roß, BB 2011, 1835 (1837). Meines Erachtens ist letzteres jedoch lediglich eine Hilfestellung, da zum einen dieselbe Information auch bei unverrechnetem Ausweis vermittelt würde und andererseits jener Autor einen vollständigen Ausweis des Überhangs des gesamten Aktivüberhangs in § 266 Abs. 2 E. HGB befürwortet. Darin sind dann aber eben auch nicht realisierte und daher nicht rückführbare stille Reserven enthalten.

An § 268 Abs. 8 Satz 3 HGB wird des Weiteren kritisiert, dass zur Berechnung des Sperrbetrags die historischen Anschaffungskosten heranzuziehen sind. Dadurch würden Abschreibungseffekte nicht berücksichtigt, die aber das Ausschüttungspotential beeinflussen.[650] Dem ist zuzustimmen. Für die Ermittlung des ausschüttungsgesperrten Betrags müsste zum Vergleich eigentlich auf die hypothetische bilanzielle Situation ohne Zeitwertbewertung abgestellt werden. Dann wären nach den üblichen Bewertungsmethoden Abschreibungen zu berücksichtigen. Ausweislich der Beschlussempfehlung des Rechtsausschusses ist dies jedoch nicht gewollt.[651] *Rainer/Haußer* begründen dies mit dem Vereinfachungsbestreben des BilMoGs.[652]

3.3.3.5 Sonderposten nach § 266 Abs. 2 E. HGB

Im Zusammenhang mit dem Regelungsbereich des § 268 Abs. 8 Satz 3 HGB ist umstritten, welche Beträge § 266 Abs. 2 E. enthält. Mehrheitlich wird vertreten, dass der Sonderposten i.S.d. § 266 Abs. 2 E. HGB gänzlich ausschüttungsgesperrt sei[653], jedenfalls lassen die Formulierungen in der Literatur darauf schließen. Andere jedoch sind der Auffassung, dass der Sonderposten auch „echte" Vermögensgegenstände enthalten könne.[654] Folgende Beispiele zeigen die möglichen Konstellationen in Bezug auf den Wert des Planvermögens nach Anschaffungswerten und dem beizulegenden Zeitwert.

Beispiel 1:

Abbildung 29.

	Anschaffungskosten	Beizulegender Zeitwert	Diskontierter Erfüllungsbetrag
Deckungsvermögen	70	150	
Altersversorgungsverpflichtungen			80
Aktiver Unterschiedsbetrag aus Verrechnung gem. § 246 Abs. 2 Satz 3 HGB, § 266 Abs. 2 E HGB		70	

650 Vgl. dazu ausführlich: Reiner/Haußer, in: MüKo § 268 HGB Rn. 49.
651 BT-DRs. 16/12407, S. 87.
652 Reiner/Haußer, in: MüKo § 268 HGB Rn. 49.
653 Gelhausen/Fey/Kämpfer; Rechnungslegung und Prüfung nach dem BilMoG, Kap. C, Rn. 75; Schubert/Krämer, in: Beck'scher Bilanzkommentar § 266 HGB, Rn. 162, die auf den nach § 266 Abs. 2 E. HGB ausgewiesenen Betrag abstellen; Ballwieser, in: MüKo § 266 HGB Rn. 146, der den Verrechnungsposten für ausschüttungsgesperrt erklärt.
654 Roß, BB 2011, 1835 ff.; Reiner/Haußer, in: MüKo § 266 HGB Rn. 87, die sich an der Formulierung von § 268 Abs. 8 HGB orientieren.

	Anschaffungskosten	Beizulegender Zeitwert	Diskontierter Erfüllungsbetrag
Unterschiedsbetrag Anschaffungskosten und Zeitwert	80		
Ausschüttungsgesperrter Betrag gem. § 268 Abs. 8 HGB vor Abzug latenter Steuern	80		

Das erste Beispiel ist unproblematisch zu lösen. Da der historische Anschaffungswert den diskontierten Erfüllungsbetrag der Altersversorgungsverpflichtungen nicht übersteigt, kann der sich ergebende Aktivüberhang i.S.v. § 246 Abs. 2 Satz 3 HGB lediglich solche Beträge enthalten, die auf die Bewertung zum beizulegendem Zeitwert zurückzuführen sind. Es ist abermals hervorzuheben, dass der ausschüttungsgesperrte Betrag nach § 268 Abs. 8 Satz 3 und Satz 1 HGB in diesem Fall nicht dem angesetzten Betrag i.S.v. § 266 Abs. 2 E. HGB entspricht. Der gesperrte Betrag lässt sich nur durch Blick in den Anhang ermitteln, vgl. § 285 Nr. 25 HGB.

Beispiel 2:

Abbildung 30.

	Anschaffungskosten	Beizulegender Zeitwert	Diskontierter Erfüllungsbetrag
Deckungsvermögen	100	150	
Altersversorgungsverpflichtungen			80
Aktiver Unterschiedsbetrag aus Verrechnung gem. § 246 Abs. 2 Satz 3 HGB, § 266 Abs. 2 E HGB		70 oder 50 ?	
Unterschiedsbetrag Anschaffungskosten und Zeitwert	50		
Ausschüttungsgesperrter Betrag gem. § 268 Abs. 8 HGB vor Abzug latenter Steuern	50		

In Beispiel 2 übersteigen die Anschaffungskosten den Erfüllungsbetrag der Altersversorgungsverpflichtungen. Bereits daraus resultiert ein rechnerischer Aktivüberhang in Höhe von 20. Zusätzlich ergibt sich ein Aktivüberhang aus der Zeitwertbewertung in Höhe von weiteren 50. Es ist umstritten, ob der Sonderposten im Sinne des § 246 Abs. 2 Satz 3 HGB in solchen Fällen den Aktivüberhang aufgrund der Anschaffungskosten ebenfalls enthalten muss und somit ein Aktivüberhang in Höhe von 70 auszuweisen wäre.

Zunächst ist zu klären, ob die Situation in Beispiel 2 überhaupt auftreten kann. Man könnte vertreten, dass in bilanzieller Hinsicht Vermögensgegenstände, die den Wert des Erfüllungsbetrags der Pensionsverpflichtungen übersteigen, nicht mehr zum Planvermögen gehören. Im vorliegenden Fall wäre danach die Zeitwertbewertung gar nicht erst erforderlich, da schon die Anschaffungskosten den Erfüllungsbetrag übersteigen und bilanziell neutralisieren. Der übersteigende Betrag wäre den GoB folgend, und nicht nach § 246 Abs. 2 Satz 3 HGB im sonstigen Vermögen anzusetzen. Dies ließe sich mit einer automatischen gesetzlichen Entwidmung des übersteigenden Betrags erklären. Ein Vermögensgegenstand i.S.d. § 246 Abs. 2 Satz 2 HGB kann nämlich in einer solchen Situation nicht mehr der Deckung oder der Verrechnung mit den entsprechenden Schulden dienen.

Dagegen spricht aber, dass die Widmung zu einem Vermögensgegenstand des Planvermögens durch den Unternehmer geschieht, der diesen rechtlich und wirtschaftlich zu isolieren hat. Insofern handelt es sich bei solch einem überschießenden Betrag, auch soweit er auf Anschaffungswerten beruht, weiterhin um Planvermögen i.S.d. § 246 Abs. 2 Satz 2 HGB. Die im Beispielsfall 2 beschriebene Situation kann also eintreten. Die Tatsache, dass auch der Rechtsausschuss in seiner Empfehlung von einer „Entwidmung“ von nicht zur Verrechnung benötigten Vermögensgegenständen spricht[655], kann nicht als Argument für ein solches Vorgehen gewertet werden. Im Zeitpunkt der Erstellung der Beschlussempfehlung war gesetzlich die Beschränkung der Bewertung zum beizulegenden Zeitwert für Verrechnungszwecke vorgesehen. Ein Sonderposten für die Vermögensverrechnung i.S.v. § 246 Abs. 2 Satz 3 existierte nicht. Dieser zeigt aber gerade, dass eine Entwidmung gesetzlich nicht gewollt ist. Auch überschießende Beträge auf Grund der Bewertung zum Zeitwert dienen in tatsächlicher Hinsicht nicht zur Deckung oder Verrechnung der Schulden.

Wenn weiterhin von Planvermögen auszugehen ist, ist fraglich, ob in dieser Situation die Beträge aus dem Überhang der Anschaffungskosten nach § 246 Abs. 2 Satz 3 HGB in den Sonderposten i.S.v. § 266 Abs. 2 E. HGB einfließen dürfen.[656] § 246 Abs. 2 Satz 3 HGB bezieht sich dem Wortlaut nach allein auf den Aktivüberhang aufgrund der Bewertung zum beizulegenden Zeitwert. Dies könnte implizieren, dass der Anschaffungswert nicht miteinzubeziehen ist. M.E. darf der Wortlaut an dieser Stelle jedoch nicht streng verstanden werden. § 246 Abs. 2 Satz 3 HGB bezieht sich systematisch auf § 246 Abs. 2 Satz 2 HGB. Bei der Verrechnung nach dieser Norm ist aber gem. § 253 Abs. 1 Satz 4 HGB zum beizulegenden Zeitwert zu bewerten. Daher liegen nur die beizulegenden Zeitwerte vor. D.h., selbst wenn § 246 Abs. 2 Satz 3 HGB nicht ausdrücklich den Zeitwert nennen würde, wäre dieser zugrunde zu legen. Darüber hinaus umfasst der Zeitwert im Falle eines Aktivüberhangs auch die Anschaffungskosten.

---

655 Vgl. BT-DRs. 16/10067, S. 85.

656 So: Gelhausen/Fey/Kämpfer, Rechnungslegung und Prüfung nach dem BilMoG, Kap. C, Rn. 74.

Gegen eine Aufsplitterung des Planvermögens wird auch angeführt, dass sie gesetzlich nicht angelegt sei.[657] Weder § 246 Abs. 2 Satz 2 und 3 HGB noch eine andere Vorschrift lege dies nahe. Zudem wiederspreche ein solches Vorgehen der formalen Trennung von Ansatz und Bewertung.[658] Des Weiteren zeige die Bezeichnung des Verrechnungspostens in § 266 Abs. 2 E. „Aktiver Unterschiedsbetrag aus der Vermögensverrechnung“, dass sich der Sonderposten nicht allein auf aufgedeckte stille Reserven bezieht.[659] Weiter führt *Roß* an, dass bei einer Trennung letztlich Bewertungsfragen über den Ansatz entscheiden würden. In der Tat sprechen die gesetzliche Ausgestaltung und die Trennung von Ansatz und Bewertung aus diesen Gründen eher für eine einheitliche Behandlung des Aktivüberhangs. So spricht auch der überwiegende Teil der Literatur einheitlich von einem Verrechnungsposten, der sich aus der Differenz zwischen Zeitwert des Planvermögens und den entsprechenden Schulden ergibt.[660] Dies bezieht überschießende Anschaffungskosten aber mit ein.

Darüber hinaus erscheint die Aufspaltung des Aktivüberhangs unnötig kompliziert. Das Planvermögen i.S.d. § 246 Abs. 2 Satz 2 HGB ist rechtlich und wirtschaftlich isoliert. Warum sollte dies nun rückgängig gemacht werden (wenn auch nur bilanziell), um die Vermögensgegenstände im sonstigen Vermögen zu buchen, wo es den Charakter als Planvermögen verlieren würde. Die Überdotierung des Planvermögens widerspricht keinem bilanziellen Prinzip, ebenso wenig wie dessen Ausweis im Rahmen von § 246 Abs. 2 Satz 3 HGB. Ziel des BilMoGs ist es gerade, die Information zu erhöhen. Ein wahrheitsgemäßes Bild wird aber nur geschaffen, wenn das zweckgebundene Vermögen einheitlich ausgewiesen wird.[661] Das gilt auch deshalb, weil das Planvermögen m.E. aufgrund der Zweckexklusivität und der notwendigen Isolation nicht wie ein herkömmlicher Vermögensgegenstand gebucht werden kann. Es dient nicht dem Betrieb des Unternehmens, noch ist es kurzfristiges Vermögen. Eine Aktivierung im Anlage- und Umlaufvermögen kommt m.E. nicht ohne Aufgabe der Zweckgebundenheit in Betracht. Daher stellt sich bereits die Frage, ob nach herkömmlichem Verständnis überhaupt ein Vermögensgegenstand vorliegt.[662] Das Vermögen ist dem Unternehmer entzogen und unterliegt nicht einer Vollstreckung, womit auch andere Gläubiger keinen Zugriff haben. Externe Verwertbarkeit ist somit ausgeschlossen.[663]

Die Tatsache, dass in der Literatur häufig konstatiert wird, dass der Sonderposten nach § 266 Abs. 2 E. HGB ausschüttungsgesperrt sei[664], ist m.E. darauf

657 Roß, BB 2011, 1835 (1836).
658 Roß, BB 2011, 1835 (1836).
659 Roß, BB 2011, 1835 (1836).
660 Vgl. nur Kessler, in: Kessler/Leinen/Strickmann, Handbuch BilMoG, S. 201.
661 So auch: Roß, BB 2011, 1835 (1836).
662 Vgl. auch Korth, in: Kölner Kommentar zur Rechnungslegung, § 266 Rn. 211.
663 Hierzu zählen freilich nicht solche Vermögensgegenstände die aufgrund Überdotierung zulässigerweise an das Unternehmen zurückgeführt werden dürfen.
664 Vgl. statt vieler Schubert/Krämer, in: Beck'scher Bilanzkommentar § 266 HGB Rn. 162. Vorsichtiger formuliert, da an § 268 Abs. 8 Satz 3 HGB orientiert: Reiner/Haußer, in: MüKo § 266 HGB, Rn. 87.

zurückzuführen, dass die im 2. Beispielsfall genannte Situation tatsächlich selten anzutreffen ist. § 266 Abs. 2 E. HGB enthält daher den gesamten Aktivüberhang.[665] In Beispiel 2 ist demzufolge ein Verrechnungsposten in Höhe von 70 zu bilden. Der Betrag des § 266 Abs. 2 E. HGB ist somit nicht gänzlich ausschüttungsgesperrt. Im Ergebnis ist damit die Bilanzanalyse erschwert, da sich der ausschüttungsgesperrte Betrag allein aus dem Anhang der Bilanz ergibt.

Eine gesetzliche Klarstellung dahingehend, dass § 266 Abs. 2 E. HGB lediglich aufgedeckte stille Reserven enthalte, würde das Problem der erschwerten Bilanzanalyse nicht vollumfänglich erfassen. Denn wie der erste Beispielsfall zeigt, kann der Betrag i.S.v. § 266 Abs. 2 E. HGB nicht mit dem ausschüttungsgesperrten Betrag nach § 268 Abs. 8 Satz 3 HGB gleichgesetzt werden, sofern in die Verrechnung Beträge aus der Bewertung zum beizulegenden Zeitwert eingeflossen sind.

Eine Lösung kann wie bei den latenten Steuern nur unter Änderung des Ansatzkonzepts erfolgen. Würde das Deckungsvermögen nicht mit den Schulden verrechnet und der Ausweis des Deckungsvermögens unterteilt in „Deckungsvermögen Anschaffungskosten“ und „Deckungsvermögen Zeitwert“, würde dem Bilanzleser mehr Information vermittelt und die Bilanzanalyse erleichtert. Mir erscheint eine dahingehende gesetzliche Änderung daher geboten. Ebenso wie bei den latenten Steuern führt die Verrechnungmöglichkeit zu einem bilanziellen Versteckspiel von unsicheren Werten.

3.3.3.6 Sonstige Fragen zu § 268 Abs. 8 Satz 3 und 1 HGB

Zur Berechnung der Ausschüttungssperre und den Grund des Abzugs latenter Steuern sei auf die Ausführungen und Darstellungen unter Abschnitt 3.3.1.8 verwiesen, die sinngemäß auch hier gelten.

3.3.3.7 Ergebnis

Ebenso wie bei den latenten Steuern ist nach der hier vertretenen Auffassung ein verändertes Ansatzkonzept zu fordern, um den Informationsgehalt der Bilanz anzuheben und die Bilanzanalyse zu erleichtern. Eine Verrechnung sollte ausgeschlossen werden und der Ausweis des Planvermögens unterteilt werden in „Planvermögen Anschaffungskosten“ und „Planvermögen Zeitwert oberhalb Anschaffungskosten“.

3.3.4 Gesamtergebnis

Als Gesamtergebnis soll hier festgehalten werden, dass an Ansatzwahlrechten sowie Ausweiswahlrechten und Verrechnungsmöglichkeiten nicht festgehalten werden sollte. Insbesondere wenn davon ausschüttungsgesperrte Beträge betroffen sind, wird der Informationsgehalt der Bilanz unnötig verkürzt und die Bilanzanalyse

---

665 Roß, BB 2011, 1835 (1836); A.A.: Gelhausen/Fey/Kämpfer, Rechnungslegung und Prüfung nach dem BilMoG, Kap. C, Rn. 74 mit dem Hinweis, dass nur dieses Vorgehen sachgerecht sei.

erschwert. Die Tatsache, dass international gebräuchliche Rechnungslegungsvorschriften solche Möglichkeiten vorsehen, sollte nicht als Grundlage für die Implementierung solcher Rechte in das deutsche Recht herangezogen werden. Bei Verzicht auf solche Rechte würde der Informationsgehalt der Bilanz signifikant steigen, was zugleich einen Wettbewerbsvorteil darstellen dürfte.

Allein das Wahlrecht gem. § 248 Abs. 2 Satz 1 HGB stößt auf keine Bedenken. Die unsicheren Werte lassen sich direkt der Bilanz entnehmen, die diesbezügliche Ausschüttungssperre lässt sich daher bei Kenntnis des Ertragssteuersatzes leicht ermitteln. Das Wahlrecht ist sinnvoll, da die Aktivierung mit erheblichem Dokumentationsaufwand verbunden ist. Allein der Nutzen des Wahlrechts erscheint fraglich. Dies ist jedoch eine rechtspolitische Entscheidung.

3.4 Weitere Anwendungsfragen im Zusammenhang mit § 268 Abs. 8 HGB

3.4.1 Verwendung der gesperrten Beträge i.S.d. § 268 Abs. 8 HGB

Handelsrecht und Gesellschaftsrecht überschneiden sich[666], vor allem hinsichtlich Fragen des bilanziellen Umgangs mit unternehmerischem Kapital im Allgemeinen und den erwirtschafteten Gewinnen eines Unternehmens im Besonderen.

Die Gesellschaftsrechte differenzieren zwischen Gewinnermittlung und Gewinnverwendung. Bei Kapitalgesellschaften gehen der Auszahlung von Gewinnen in aller Regel obligatorische organisationsrechtliche Schritte voraus. Zunächst ist der Jahresabschluss aufzustellen und anschließend festzustellen. Zusammen stellen diese Vorgänge die Gewinnermittlung dar. Dem schließt sich die Gewinnverwendung an, welche durch Beschluss auf Grundlage des festgestellten Jahresabschlusses erfolgt.

Innerhalb von Kapitalgesellschaften existieren unterschiedliche Interessengruppen. Während Anteilseigner primär an Dividenden interessiert sind, steht für das Management die Erhaltung des Unternehmens durch Generierung von Rücklagen im Vordergrund. Um den sich widersprechenden Interessen gerecht zu werden, werden Vertreter beider Gruppen in das Verfahren der Gewinnfeststellung und Gewinnverwendung involviert. Die Geschäftsführer einer GmbH etwa stellen den Jahresabschluss auf und legen ihn zum Zwecke der Feststellung und Entscheidung über die Gewinnverwendung den Gesellschaftern vor (§§ 42a Abs. 1 Satz 1, 46 Nr. 1 GmbHG). Ebenso stellt der Vorstand einer Aktiengesellschaft den Jahresabschluss auf. Dieser legt den Jahresabschluss dem Aufsichtsrat vor, § 170 Abs. 1 Satz 1 AktG. Billigt dieser den aufgestellten Jahresabschluss, gilt dieser gem. § 172 Satz 1 AktG als festgestellt, sofern Aufsichtsrat und Vorstand nicht gemeinsam beschließen, die Feststellung der Hauptversammlung zu überlassen, vgl. § 172 Satz 2 AktG. In jedem Fall aber entscheiden die Gesellschafter über die Gewinnverwendung, wobei sie

666 Vgl. Abschnitt 2.5.

an den festgestellten Jahresabschluss gebunden sind, vgl. § 174 Abs. 1 Satz 1 und 2 AktG und § 46 Nr. 1 GmbHG.

Aufgrund der neuen Ansatzrechte i.S.v. § 268 Abs. 8 HGB erweitert sich das unternehmerische Kapital. Es kommt bei Wahrnehmung der Rechte zu einer Bilanzverlängerung. Damit stellen sich die Fragen, wozu das (neue[667]) Kapital bilanziell eingesetzt werden kann und wer darüber entscheidet.

Folgende Grundsätze sind dabei vorab zu beachten: Die Ausschüttungssperre ist wortlautgemäß keine Gewinnermittlungsvorschrift, sondern eine Gewinnverwendungsvorschrift: „...so dürfen Gewinne nur ausgeschüttet werden...", vgl. § 268 Abs. 8 Satz 1 HGB. Dem Ausschüttungsverbot geht logischerweise voraus, dass die unsicheren Beträge in das Jahresergebnis bzw. das Eigenkapital einfließen, denn andernfalls könnte es zu einer Ausschüttung nicht kommen. Dies zeigt auch § 301 S. 1 AktG, der offenbar davon ausgeht, dass ausschüttungsgesperrte Beträge im Jahresüberschuss enthalten sind. Zwar ließe sich eine Ausschüttung bilanziell auch durch die Pflicht zur Bildung entsprechender Rücklagen vermeiden, jedoch ist diese in den Fällen des § 268 Abs. 8 HGB gesetzlich nicht vorgesehen. Deshalb sind die angesetzten Beträge aus bilanzieller Sicht grundsätzlich frei verfügbar und „vermengen" sich mit anderen Eigenkapitalbestandteilen. Eigenkapitalbezogene, Finanzkennzahlen wie etwa das EBITDA, erhöhen sich durch den Ansatz der unsicheren Werte. Vermögensbestandteilen, die aus der Aktivierung der Beträge i.S.d. § 268 Abs. 8 HGB resultieren, haftet also kein bilanzieller Makel an. Soweit genügend andere frei verfügbare Rücklagen existieren, können die unsicheren Beträge, jedenfalls gedacht, zur Ausschüttung gelangen. Die relevante Prüffrage lautet: Wäre eine Ausschüttung auch ohne Ansatz der unsicheren Werte i.S.v. § 268 Abs. 8 HGB möglich gewesen? Kann die Frage bejaht werden, ist eine Ausschüttung zulässig. Auf diese Weise wird erreicht, dass die Beträge aus den neuen Ansatzrechten nur zur Information dienen. Frei verfügbare Rücklagen i.S.v. § 268 Abs. 8 HGB sind laut Regierungsbegründung satzungsmäßige oder freiwillige Gewinnrücklagen und Kapitalrücklagen im Sinne des § 272 Abs. 2 Nr. 4 HGB.[668]

Es stellt sich die Frage, ob die angesetzten Beträge i.S.d. § 268 Abs. 8 HGB allein hinsichtlich des Verwendungszwecks „Ausschüttung" begrenzt sind, oder ob andere Verwendungszwecke ebenfalls unzulässig sind. Zur Beantwortung dieser Frage müssen stets zwei Blickwinkel betrachtet werden. Zum einen ist der fragliche Sachverhalt aus Sicht des § 268 Abs. 8 HGB zu beurteilen. Geht es um eine Ausschüttung oder einen vergleichbaren Sachverhalt, dürfte die Verwendung aus Sicht des § 268 Abs. 8 HGB kritisch zu beurteilen sein. Zum anderen sind die Voraussetzungen und Wertungen der fraglichen Gewinnverwendungsvorschrift zu berücksichtigen. So könnten auch sie eine Verwendung von ausschüttungsgesperrten Kapitalbeträgen im Einzelfall verbieten.

667 Neu, sofern erstmalig von Wahlrechten wie § 248 Abs. 2 Satz1 HGb oder § 274 Abs. 1 Satz 2 HGB Gebrauch gemacht wird.

668 RegE BT-Drs. 16/10067, S. 64.

3.4.1.1 *Einstellung in gesetzliche Rücklagen*

Zunächst sollen Pflichten zur Bildung gesetzlich vorgeschriebener und ausgestalteter Rücklagen untersucht werden. Rücklagen stärken die Haftungsbasis eines Unternehmens und dienen damit unmittelbar dem Schutz der Gläubiger eines Unternehmens.[669] Es erscheint daher zumindest bezweifelbar, dass in diese Rücklagen Beträge aus dem Ansatz solch unsicherer Werte i.S.d. § 268 Abs. 8 HGB fließen dürfen. Dem könnte der Gläubigerschutzgedanke entgegenstehen.

Gesetzliche Rücklagen sind nicht von jedem Unternehmen zu bilden. So sind vor allem Aktiengesellschaft gem. § 150 AktG von dieser Pflicht betroffen.[670] Gesetzliche Gewinnrücklagen beschränken das Recht der Gewinnverwendung. Die betroffenen Beträge fließen zwar zunächst in das Jahresergebnis ein, sind jedoch anschließend gem. § 158 Abs. 1 Satz 1 Nr. 4 lit. a AktG in der Verlängerungsrechnung zur Gewinn- und Verlustrechnung in die gesetzliche Rücklage einzustellen. Sie sind bei Aufstellung des Jahresabschlusses bereits zu berücksichtigen, vgl. § 270 Abs. 2 HGB. Im Ergebnis können die Gesellschafter nicht mehr über die Verwendung jener Beträge entscheiden, da sie auf Grundlage des festgestellten Jahresabschluss nur noch über die Verwendung des Bilanzgewinns entscheiden, vgl. § 174 Abs. 1 Satz 1 AktG. Gemäß § 150 Abs. 2 AktG ist der zwanzigste Teil des Jahresüberschusses, gekürzt um einen etwaigen Verlustvortrag, in die gesetzliche Rücklage einzustellen, solange die gesetzliche Rücklage und die gebundene Kapitalrücklage den zehnten Teil oder satzungsgemäß höheren Teil des Grundkapitals noch nicht erreicht haben.

Hinsichtlich der Beträge aus § 268 Abs. 8 HGB stellt sich die Frage, ob sie analog zu den Verlustvorträgen vor Dotierung der gesetzlichen Rücklage vom Jahresüberschuss abzuziehen sind.[671] Auf diese Weise könnte sichergestellt werden, dass keine unsicheren Beträge in die gesetzliche Rücklage einfließen und sie dadurch vollen Schutz bietet.

Es wird argumentiert, ausschüttungsgesperrte Beträge seien nicht mit Verlustvorträgen vergleichbar und daher nicht vorab abzuziehen.[672] Während Verlustvorträge Gewinne „*verbrauchen*“[673] stünden ausschüttungsgesperrte Beträge mangels bilanzieller Thesaurierungsregel grundsätzlich weiterhin zur Verfügung (vgl. oben). Die Beträge i.S.d. § 268 Abs. 8 HGB sind im Grundsatz wie gewöhnliches Eigenkapital zu behandeln. Folglich erwähnt § 150 AktG die gesperrten Beträge i.S.d. § 268 Abs. 8 HGB nicht. Dies könnte allerdings auch auf eine planwidrige Regelungslücke

669 ADS, § 150 AktG Rn. 1; Hennrichs/Pöschke, in: MüKo § 150 AktG Rn. 4.

670 Eine vergleichbare Regelung existiert für Unternehmergesellschaften in § 5a Abs. 3 GmbHG.

671 Vgl. Gelhausen/Althoff, WPg 2009, 586 (588 ff.).; Kropf, in: FS Hüffer, S. 539 (541 ff.); Simon, NZG 2009, 1081 (1083); Küting/Lorson/Eichenlaub/Toebe, GmbHR 2011, 1 (8); Kühnberger, DStR 2012, 1149 ff.; Kühnberger, StuB 2011, 931 ff.; Von der Laage, WM 2013, 1322 (1323).

672 So auch: Gelhausen/Althoff, WPg 2009, 586 (588).

673 Gelhausen/Althoff, WPg 2009, 586 (588).

zurückzuführen sein. § 268 Abs. 8 HGB wurde erst kurz vor Abschluss des Gesetzgebungsverfahrens endgültig gefasst[674], was nach Ansicht mancher Autoren dafür sprechen könnte, dass die Auswirkungen auf das Gesellschaftsrecht vernachlässigt worden sein könnten.[675] Es spricht mehr für eine bewusste Nichtregelung. Zum einen bestanden schon früher vergleichbare Regelungen, die Anlass gaben, diese Frage zu überdenken, und zum andern stand schon zu Beginn des Gesetzgebungsverfahrens fest, dass eine Ausschüttungssperre implementiert würde. Daher dürfte auch über ihre Auswirkungen nachgedacht worden sein. Dies wird im Übrigen auch den gesetzlichen Zwecken gerecht. Aus Sicht des § 268 Abs. 8 HGB bestehen – wie eingangs festgestellt wurde – keine Beschränkungen hinsichtlich der Verwendung der angesetzten Beträge, solange es nicht um eine Ausschüttung geht. Dies ist bei der in Frage stehenden Pflicht zur Rücklagenbildung augenscheinlich nicht der Fall. Im Gegenteil: fließen die Beträge i.S.d. § 268 Abs. 8 HGB in die gesetzliche Rücklage ein, werden sie thesauriert und unterliegen so sogar einer strengeren bilanziellen Bindung. Dies lässt sich mit dem Gläubigerschutzzweck des § 268 Abs. 8 HGB vereinbaren.

Dass die angesetzten Beträge i.S.d. § 268 Abs. 8 HGB den Gesellschaftern im Rahmen des Gewinnverwendungsbeschlusses noch zur Verfügung stehen müssen und daher eine Einstellung in die gesetzliche Rücklage nicht zulässig ist, kann dem Gesetz nicht entnommen werden. Die angesetzten Beträge erhöhen das Eigenkapital und sind wie solches zu behandeln. Insbesondere bleibt es grundsätzlich bei den gesetzlichen Kompetenzen. Die Hauptversammlung entscheidet nur über die Verwendung des Bilanzgewinns, gleich woraus dieser folgt.

Fraglich ist jedoch, ob aus Sicht des § 150 AktG die Einstellung von ausschüttungsgesperrtem Kapital in die gesetzliche Rücklage unzulässig ist. Der Wortlaut von § 150 AktG nimmt die Beträge i.S.d. § 268 Abs. 8 HGB zwar nicht aus, jedoch könnte der Sinn und Zweck einer gesetzlichen Rücklage entgegenstehen. Dies wird allerdings nur in den Fällen virulent, in denen ohne die angesetzten Beträge i.S.d. § 268 Abs. 8 HGB nicht genügend Kapital zur Rücklagenbildung zur Verfügung stünde und somit die Rücklage gänzlich oder zum Großteil aus ausschüttungsgesperrten Beträgen besteht. In allen anderen Fällen lässt sich bilanziell gar nicht erkennen, welche Vermögensbestandteile in die gesetzliche Rücklage einfließen.

Die gesetzlichen Rücklagen stehen Gläubigern nicht im Sinne eines für sie reservierten Haftungsfonds zur Verfügung. Vielmehr dient die Bildung von Rücklagen zur Abfederung etwaiger künftiger Verluste als Puffer des Grundkapitals.[676] Kapital, das ausschüttungsgesperrt ist, aber ansonsten keinen Restriktionen unterliegt, kann zur Abfederung von Verlusten bzw. zur Verrechnung mit Verlusten verwandt werden. § 268 Abs. 8 HGB und § 150 AktG verfolgen unterschiedliche Zwecke, weshalb sie sich nicht beeinflussen.[677] Sollte ohne Aktivierung der Beträge i.S.d. § 268 Abs. 8

674 Vgl. Petersen/Zwirner, BilMoG, S. 341 f.
675 So: Kropf, in: FS Hüffer, S. 539 (540).
676 Vgl. Hennrichs/Pöschke, in: MüKo § 150 AktG Rn. 11.
677 So: Simon, NZG 2009, 1081 (1084).

HGB kein Jahresüberschuss vorliegen, wäre keine Rücklage nach § 150 AktG zu bilden.[678] Insofern erscheint es unproblematisch, eine Rücklagenbildung aus ausschüttungsgesperrten Beträgen zuzulassen. Ein Gläubigerrisiko besteht in solchen Fällen nicht: Erst wenn wieder genügend anderes freies Kapital zur Verfügung steht, um die Beträge i.S.d. § 268 Abs. 8 HGB abzudecken, ist eine Ausschüttung möglich. Das unsichere Kapital könnte man daher, wenn es in eine gesetzliche Rücklage fließt, auch als eine Art Platzhalter verstehen. Erst wenn genügend andere freie Rücklagen in Höhe des ausschüttungsgesperrten Betrags existieren, kann es zu einer Ausschüttung kommen. Somit schadet die Einstellung der angesetzten Beträge i.S.v. § 268 Abs. 8 HGB nicht der gesetzlichen Rücklage. Die etwaig eingeflossenen Beträge sind makellos. Die Wirkung des § 268 Abs. 8 HGB ist von den entsprechend angesetzten Beträgen unabhängig. Sie wirkt weiterhin neben § 150 AktG und thesauriert dann andere Beträge. Enthält die gesetzliche Rücklage mangels anderer Gewinne nur unsichere Beträge i.S.d. § 268 Abs. 8 HGB, könnte man jedoch vertreten, dass so ein gesünderes Bild des Unternehmens abgebildet würde, als tatsächlich vorläge. Würde man jedoch die Rücklagenbildung aus solch unsicheren Werten verbieten, würden die Beträge in andere Gewinnrücklagen oder den Gewinnvortrag einfließen, wodurch kein besseres Abbild geschaffen würde.

§ 268 Abs. 8 HGB ist „nur" eine Ausschüttungssperre, die über die sonstige Verwendung keine Aussagen trifft und auch keine darüber hinausgehenden Restriktionen enthält.[679] Deshalb haftet dem konkret angesetzten Beträgen in bilanzrechtlicher Hinsicht kein genereller Makel an, sondern sie sind wie frei verfügbares Kapital zu behandeln. D.h. selbst wenn die unsicheren Beträge in die Rücklagen einfließen, existiert weiterhin ein ausschüttungsgesperrter Betrag, der dann eben durch anderes (frei verfügbares) Kapital abgedeckt sein muss, bevor es zu einer Ausschüttung kann kommen kann. Es ist also unerheblich, woher das abdeckende freie Kapital kommt und wohin die gesperrten Beträge in der Bilanz fließen.

Darüber hinaus enthält § 150 AktG keine bestimmten Anforderungen an das einzustellende Kapital, solange es aus dem Jahresüberschuss stammt. Eine Regelung, die Anforderungen oder inhaltliche Konkretisierungen bezüglich der in die Rücklage einzustellenden Kapitalbeträge bestimmt, existiert im Unterschied zu § 272 Abs. 4 Satz 3 HGB gerade nicht. Die gesperrten Beträge sind zur Dotierung einer gesetzlichen Rücklage daher richtigerweise nicht vorab vom Jahresüberschuss abzuziehen.[680]

---

678 So auch: Gelhausen/Althoff, WPg 2009, 586 (588).

679 So auch: Kropf, in: FS Hüffer, S. 539 (541), der darauf hinweist, dass deshalb der Jahresüberschuss samt gesperrter Anteile maßgebend für die Einstellung in gesetzliche und grundsätzlich auch satzungsmäßige Rücklagen sei. Darüber hinaus dürfe dieses Jahresergebnis zur Kapitalerhöhung aus Gesellschaftsmitteln und zu einer Rücklage für Anteile an herrschenden und mit Mehrheit beteiligten Unternehmen herangezogen werden.

680 Gelhausen/Althoff, WPg 2009, 584 (590); Kaya/Borgwardt, StuB 2010, 727 (731), Simon, NZG 2009, 1081 (1084), Kropf, in: FS Hüffer, S. 539 (542).

3.4.1.2 *Einstellung in die Rücklagen für Anteile am herrschenden Unternehmen oder mit Mehrheit beteiligten Unternehmen gem. § 274 Abs. 4 HGB*

Im Unterschied zu § 150 AktG enthält § 272 Abs. 4 HGB auf den ersten Blick eine konkretisierende Regelung bezüglich der Kapitalbeträge, welche in die Rücklage eingestellt werden dürfen. Gem. § 272 Abs. 4 Satz 3 HGB *darf* die Rücklage aus frei verfügbaren Rücklagen gebildet werden. Nach allgemeiner Meinung sind daher grundsätzlich nur frei verfügbare Rücklagen und das Jahresergebnis in die Rücklage einzustellen.[681] Fraglich ist aber, ob auch die Einstellung von nicht frei verfügbaren Rücklagen, wie den ausschüttungsgesperrten Beträgen, i.S.d. § 268 Abs. 8 HGB verboten ist.[682]

Der Zweck dieser Rücklage ist die Schaffung einer Ausschüttungssperre.[683] Deshalb stellt sich auch hier die Frage, ob der Jahresüberschuss vorab um gesperrte Beträge i.S.d. § 268 Abs. 8 HGB zu kürzen ist, damit eine gegenseitige Anrechnung ausschüttungsgesperrter Beträge nicht stattfindet und sich somit die Ausschüttungssperren im Ergebnis kumulieren. Die Bildung einer bilanziellen Ausschüttungssperre mit ausschüttungsgesperrten Beträgen erscheint zunächst schon sinngemäß widersprüchlich. Aus Sicht des § 268 Abs. 8 HGB ist festzustellen, dass dessen Zweck durch die Einstellung der angesetzten Beträge in die Rücklage nach § 272 Abs. 4 HGB jedoch nicht gefährdet würde. Da § 268 Abs. 8 HGB keine Identität zwischen angesetzten und abdeckenden Beträgen fordert, wirkt die Ausschüttungssperre im Falle der Einstellung der angesetzten Beträge in die Rücklage nach § 272 Abs. 4 HGB auch weiterhin ausschüttungsbegrenzend.[684] Fraglich ist allein, ob der Sinn und Zweck des § 272 Abs. 4 HGB die Einstellung der unsicheren Beträge verbietet. Aber auch hierfür gibt es keine Anhaltspunkte. Wie schon festgestellt, sind die angesetzten Beträge i.S.d. § 268 Abs. 8 HGB in bilanzieller Hinsicht grundsätzlich als frei verfügbare Rücklagen zu behandeln.[685] Da aber freies Kapital keinen Verwendungsbeschränkungen unterliegt, kann es auch in die Rücklage nach § 272 Abs. 4 HGB fließen. Die Ausschüttungssperren kumulieren sich auch dann.

Zwar umstritten, aber im Ergebnis bejaht wird die Frage, ob eine Pflicht zur Bildung der fraglichen Rücklage auch dann besteht, wenn dadurch ein Bilanzverlust ausgewiesen werden müsste.[686] Daraus folgern Teile der Literatur, dass die

---

681 Förschle/K. Hoffmann, in: Beck'scher Bilanzkommentar, § 272 HGB Rn. 301.

682 Reiner, in: MüKo, § 272 HGB Rn. 123 m.w.N. konstatiert, dass die Rücklagenbildung *nur* aus frei verfügbaren Mitteln erfolgen darf.

683 Förschle/K. Hoffmann, in: Beck'scher Bilanzkommentar, § 272 HGB Rn. 301; Reiner, in: MüKo, § 272 HGB Rn. 117.

684 So auch: Förschle/K. Hoffmann, in: Beck'scher Bilanzkommentar, § 272 HGB Rn. 301 m.w.N.

685 So auch: Simon, NZG 2009, 1081 (1083).

686 ADS, § 272 HGB Rn. 190, vgl. auch Reiner, in: MüKo § 272 HGB Rn. 124.

Einstellung von ausschüttungsgesperrten Beträgen erst recht möglich sein müsse.[687] § 272 HGB ist eine zwingende Vorschrift, die sich nicht auf das Vorliegen eines etwaigen Jahresüberschusses bezieht. So ließe sich die Bindung im Folgejahr sichern. Dieser Argumentation ist zuzustimmen, wenn schon eine Rücklagenbildung durch Verlust möglich ist, dann erst Recht aus dem Ansatz der Werte i.S.v. § 268 Abs. 8 HGB. M.E. entscheidend ist aber auch hier, dass die angesetzten Beträge i.S.d. § 268 Abs. 8 HGB keinen Makel aufweisen und wie herkömmliches Eigenkapital frei verwendet werden können. Rein theoretisch können die Beträge ja sogar zur Ausschüttung gelangen, solange genügend andere freie Rücklagen existieren (vgl. oben). § 268 Abs. 8 HGB entfaltet unabhängig von der sonstigen Verwendung Schutz.[688] Somit sind im Ergebnis die gesperrten Beträge zur Dotierung der Rücklage nach § 274 Abs. 4 HGB nicht vorab abzuziehen.[689]

3.4.1.3 Zwischenergebnis

Es gilt festzuhalten, dass es nicht die „unsicheren Beträge" bzw. „ausschüttungsgesperrten Beträge" gibt. Wurden Posten i.S.d. § 268 Abs. 8 HGB angesetzt, gelten sie als gewöhnliches Eigenkapital. Die einzige Folge des § 268 Abs. 8 HGB ist das Bestehen einer rechnerischen Ausschüttungssperre, die aber nicht den angesetzten Beträgen anhaftet, sondern der Bilanz in ihrer Gesamtheit. Damit können die angesetzten Beträge für alles verwendet werden. Selbst eine Ausschüttung jener Beträge ist möglich, solange andere frei verfügbare Rücklagen in selber Höhe vorhanden sind, die bei der Gesellschaft verbleiben. Insbesondere stehen die angesetzten Beträge zur Einstellung in Gewinnrücklagen zur Verfügung oder können als Gewinn vorgetragen werden.[690] Grund für die umfassende Verwendungsmöglichkeit ist die Wirkungsweise des § 268 Abs. 8 HGB. Es handelt sich um eine außerbilanzielle Thesaurierung, die nur rechnerisch durch freie Kapitalbeträge gedeckt sein muss, gleich woher sie stammen. Des Weiteren ist charakteristisch, dass die gesperrten Beträge anders als bei einer Rücklage, nicht bilanziell abgebildet werden müssen. Deshalb können die gesperrten Beträge in die Rücklagen nach den §§ 150 und 272 Abs. 4 HGB eingestellt werden.[691] Fließen die angesetzten Beträge in bilanzielle

---

687 Vgl. Gelhausen/Althoff, WPg 2009, 584 (589) und auch Förschle/K. Hoffmann, in: Beck'scher Bilanzkommentar, § 272 HGB Rn. 302.

688 Umgekehrt ist dies nicht möglich. Die durch § 272 Abs. 4 HGB gesperrten Beträge sind keine freien Rücklagen i.S.d. § 268 Abs. 8 HGB, vgl. auch Gelhausen/Althoff, WPg 2009, 584 (589).

689 Vgl. auch Kropff, in: FS Hüffer, S. 539 (544).

690 Simon, NZG 2009, 1081 (1084); Petersen/Zwirner/Froschhammer; KoR 2010, 334 (337).

691 Vgl. auch Gelhausen/Fey/Kämpfer, Rechnungslegung und Prüfung nach BilMoG, Abschnitt N, Rn. 55 ff.

Rücklagen ein, können sie allerdings nicht mehr zur Deckung des gesperrten Betrags herangezogen werden.[692]

Kropff nennt darüber hinaus auch die Verwendung zur Verlustdeckung oder zur Kapitalerhöhung aus Gesellschaftsmitteln und die Verrechnung mit einem Aufgeld beim Erwerb eigener Aktien.[693] Dem ist aus denselben Gründen zuzustimmen.

3.4.1.4 Stammkapital und Beträge i.S.d. § 268 Abs. 8 HGB

Fraglich ist, ob entsprechend dem Ergebnis zu den gesetzlichen Rücklagen die angesetzten Beträge i.S.d. § 268 Abs. 8 HGB zur Deckung des Stammkapitals verwandt werden dürfen. Zu einer Unterdeckung des Stammkapitals kann es allein aufgrund wirtschaftlicher Verluste kommen, denn vor Auszahlungen an Gesellschafter ist dieses gebundene Kapital geschützt, vgl. §§ 57, 62 AktG und §§ 30, 31 GmbHG. Sollte eine wirtschaftlich verursachte Unterdeckung vorliegen, sind die Gesellschafter nicht verpflichtet, das Stammkapital, etwa durch Nachschüsse, aufzufüllen.

Eine andere Frage ist jedoch, wann eine Ausschüttung zulässig ist. Vor allem ist fraglich, ob eine Ausschüttung trotz Unterdeckung des Stammkapitals möglich ist, solang ausreichend kompensierende Beträge i.S.d. § 268 Abs. 8 HGB vorhanden sind. § 30 Abs. 1 Satz 1 GmbHG, § 57 Abs. 1 Satz 1 AktG und § 268 Abs. 8 HGB sind jeweils Ausschüttungssperren, die sich kumulieren. So ist eine Ausschüttung in einer GmbH nur dann zulässig wenn das Stammkapital gedeckt ist und zusätzlich genügend andere freie Rücklagen in Höhe der angesetzten Beträge i.S.d. § 268 Abs. 8 HGB vorliegen und dann noch verteilungsfähiges freies Kapital existiert. Eine gegenseitige Verrechnung oder Anrechnung der ausschüttungsgesperrten Beträge ist fernliegend, da den jeweiligen Ausschüttungssperren andere Lebenssachverhalte, andere Zweckrichtungen und unterschiedliche Gesetze zu Grunde liegen.[694] Eine gegenseitige Anrechnung würde zudem zur Ausschüttung von ausschüttungsgesperrten Beträgen führen, wofür es keinerlei Berechtigung geben kann. D.h. würde man Beträge i.S.v. § 268 Abs. 8 HGB auf das Stammkapital anrechnen, würde eine erfolgte Ausschüttung gegen § 268 Abs. 8 HGB verstoßen, da dann ja nicht genug andere frei verfügbare Rücklagen vorhanden wären, was dazu führt, dass die ausgeschütteten Beträge zurückverlangt werden können.

Eine andere Frage ist wiederum, ob die angesetzten unsicheren Beträge etwa zur Kapitalerhöhung aus Gesellschaftsmitteln, vgl. § 207 Abs. 1 AktG, verwendet werden dürfen und damit einlagefähig sind. Hiergegen ist nichts einzuwenden. Denn es geht nicht um einen Ausschüttungssachverhalt. In allen anderen Fällen sind die gesperrten Beträge wie freies Kapital bilanziell verwendbar. Durch die Kapitalerhöhung erhöht sich die Ausschüttungssperre „Stammkapital" und die Sperre nach

---

692 Allg. Meinung, vgl. etwa ebenfalls Kropff, in: FS Hüffer, S. 539 (544).

693 Kropff, in: FS Hüffer, S. 539 (544).

694 Vgl. Fastrich, in: Baumbach/Hueck, GmbhG, § 30 Rn. 16. So auch die ganz herrschende Meinung zu den früheren Ausschüttungssperren, vgl. Von der Laage, WM 2013, 1322 (1327) mit zahlreichen weiteren Nachweisen.

§ 268 Abs. 8 HGB bleibt unberührt. Somit sind Ausschüttungen erst dann wieder zulässig, wenn darüber hinaus freies Kapital existiert.

3.4.1.5 Erwerb eigener Anteile i.S.d. § 71 AktG bzw. § 33 GmbHG i.V.m. § 272 Abs. 1a HGB

Im Gegensatz zu den eben beschriebenen Pflichten zur Rücklagenbildung und im Gegensatz zu § 71 AktG a.F. bzw. § 33 GmbHG a.F., ist beim Erwerb eigener Anteile heute nur eine fiktive Rücklagenbildung vorzunehmen.

Der Erwerb eigener Aktien ist gem. § 71 Abs. 2 Satz 2 AktG nur dann zulässig, sofern im Erwerbszeitpunkt eine Rücklage in Höhe der Aufwendungen gebildet werden *könnte*.[695] Zur Bildung dieser fiktiven Rücklage dürfen weder das Grundkapital noch satzungsgemäße oder gesetzliche Rücklagen, die nicht zur Zahlung an Aktionäre verwendet werden dürfen, herangezogen werden. Es stellt sich daher die Frage, ob der nach § 268 Abs. 8 HGB ausschüttungsgesperrte Betrag ebenfalls nicht zur Bildung der fiktiven Rücklage herangezogen werden darf.

Zunächst ist festzuhalten, dass § 71 Abs. 2 Satz 2 AktG den nach § 268 Abs. 8 HGB ausschüttungsgesperrten Betrag nicht ausdrücklich erwähnt. Auch ist der Betrag i.S.d. § 268 Abs. 8 HGB keine „zu bildende Rücklage" i.S.d. § 71 Abs. 2 Satz 2 HGB, denn die Thesaurierung findet außerhalb der Bilanz statt (vgl. oben).[696] Der Wortlaut verbietet die Verwendung von ausschüttungsgesperrten Beträgen für den Rückerwerb eigener Aktien nach § 71 AktG also nicht. Dies entspricht auf dem ersten Blick dem bereits gefundenen Ergebnis, dass die Beträge i.S.d. § 268 Abs. 8 HGB grundsätzlich freie Eigenkapitalbestandteile sind und daher auch in Rücklagen einfließen dürfen. Darüber hinaus ist der Rückerwerb eigener Aktien in rechtlicher Hinsicht keine Ausschüttung i.S.d. § 268 Abs. 8 HGB.

Betrachtet man den Vorgang jedoch unter wirtschaftlichen Gesichtspunkten, fällt auf, dass fiktive Rücklagen nicht mit sonstigen Rücklagen verglichen werden können. Dies gilt aber nicht schon deshalb, weil die einen eben nur fiktiv und die anderen tatsächlich zu bilden sind. Während die gesetzlichen Rücklagenbildungspflichten einen Verlustpuffer bzw. eine Ausschüttungssperre bewirken, dient die fiktive Rücklage zur Dotierung einer Geldmenge, aus der der Rückerwerb zulässig ist. Im Mittelpunkt des Interesses steht die Frage, ob nach Abzug der gesetzlichen und satzungsgemäßen Rücklagen sowie des Grundkapitals noch genügend freies Kapital existiert, aus dem der Rückerwerb generiert werden kann. Deshalb steht hier nicht der Verwendungszweck „Rücklagenbildung" im Mittelpunkt, sondern „Rückerwerb eigener Anteile". Letzteres stellt aber aus wirtschaftlicher Sichtweise eine Art Ausschüttung dar. Es fließt Kapital von der Gesellschaft zum Gesellschafter.

---

695 Die Ausführungen gelten analog für das GmbH-Recht nach § 33 Abs. 2 Satz 1 GmbHG mit der Ausnahme, dass dort keine gesetzliche Pflicht zur Rücklagenbildung existiert.

696 Vgl. auch Kropff, in: FS Hüffer, S. 539 (546).

Besonders deutlich wird die Nähe zu Ausschüttungssachverhalten, wenn nicht der Buchwert für die eigenen Anteile gezahlt wird, sondern ein höherer Marktwert. In diesem Fall kommt es letztlich zur Auszahlung von Gewinnen, ohne dass das dafür notwendige Verfahren eingehalten wurde. In jedem Fall aber kommt es beim Rückerwerb eigener Aktien zur Auszahlung. Nach allgemeiner Meinung macht es keinen Unterschied, ob Kapital durch Ausschüttung oder durch Rückerwerb eigener Aktien an Gesellschafter fließt.[697] Aus diesem Grund ist der Erwerb eigener Anteile nur unter besonderen Umständen zulässig. Da wirtschaftlich betrachtet letztlich ein Ausschüttungssachverhalt vorliegt, erscheint die Verwendung der Beträge i.S.v. § 268 Abs. 8 HGB zur Bildung der fiktiven Rücklage zweifelhaft. Auf diese Weise könnte unsicheres Kapital an Gesellschafter fließen. Dieser Grundgedanke lässt sich auch dem Wortlaut des § 71 Abs. 2 Satz 2 AktG entnehmen. Dort heißt es, dass Grundkapital und Rücklagen, die nicht zur Ausschüttung an Gesellschafter verwandt werden dürfen, nicht in die fiktive Rücklage einfließen dürfen. Dies ist konsequent, da die erwähnten Kapitalbeträge nicht frei zur Verfügung stehen. Dies trifft, entgegen dem Wortlaut, auch für nach § 268 Abs. 8 HGB gesperrte Beträge zu. Ist also eine Ausschüttung aufgrund von § 268 Abs. 8 HGB unzulässig, darf das gesperrte Kapital auch nicht für den Rückerwerb eigener Anteile verwendet werden. Auf diese Weise ist sichergestellt, dass der Rückerwerb aus freiem Vermögen erfolgt. Die teleologische Auslegung ergibt somit, dass eine unbewusste Regelungslücke vorliegt. Der Betrag i.S.d. § 268 Abs. 8 HGB ist nicht in die fiktive Rücklage miteinzubeziehen.

In diesem Rahmen wird auch diskutiert, ob sich ein Schluss aus der Rechtslage vor dem BilMoG ziehen lässt.[698] Die nach §§ 269 und § 274 Abs. 2 HGB a.F. gesperrten Beträge konnten nach allgemeiner Meinung zur Bildung der Rücklagen nach § 272 Abs. 4 HGB a.F. beim Erwerb eigener Aktien herangezogen werden.[699] Dies ergab sich daraus, dass § 274 Abs. 2 HGB a.F. die Verwendung ausschüttungsgesperrter Beträge nicht ausschloss.[700] Dass das auch heute gelten könnte, könnte dem Regierungsentwurf[701] entnommen werden, der ausdrücklich an dem bewährten Denkmodell festhalten möchte.[702] Die Neufassung beruht laut Regierungsbegründung in

697 Vgl. statt vieler: Hüffer, AktG, § 71 Rn. 21a.
698 Vgl. Kropff, in: FS Hüffer, S. 539 (546).
699 So: Kropff, in: FS Hüffer, S. 539 (546). In der Tat lassen sich dazu keine Diskussionen finden, was aber ebenfalls auf die geringe Praxisrelevanz der damaligen ausschüttungsgesperrten Beträge zurückzuführen sein könnte.
700 Vgl. auch: Kropff, in: FS Hüffer, S. 539 (546).
701 Vgl. BT-DRs. 16/10067, S. 101.
702 So: Kropff, in: FS Hüffer, S. 539 (546), im Ergebnis jedoch ablehnend, was der Verfasser mit einem veränderten Denkmodell begründet. In der Tat weist aber auch die Regierungsbegründung darauf hin, dass an dem bewährten Modell nur in aktienrechtlicher Hinsicht festgehalten wird.

erster Linie auf dem Verbot der Aktivierung eigener Anteile und dem Wegfall der Pflicht zur entsprechenden Rücklagenbildung.[703]

Tatsächlich aber kann kein Vergleich zur alten Rechtslage gezogen werden. Dort war die Bildung der Rücklage auch aktienrechtlich zwingend vorgeschrieben, vgl. § 71 Abs. 2 Satz 2 HGB a.F. Die Anforderungen an das einzustellende Kapital ergaben sich zudem direkt aus § 71 AktG a.F. Betrachtet man den Vorgang des Rückerwerbs eigener Aktien nach altem und neuem Recht, ergeben sich entscheidende Unterschiede. Nach alter Rechtslage wurde der Rückerwerb eigener Aktien quasi doppelt erfasst: Zum einen kam es zum Aktivtausch durch Zugang der eigenen aktivierbaren Anteile und entsprechenden Abfluss der Erwerbsaufwendungen. Zum andern war eine Rücklage für die aktivierten eigenen Anteile zur bilanziellen Neutralisation zu bilden. Im Ergebnis kam es also zu einer zweifachen Kapitalverwendung: einmal Erwerbsaufwand und einmal Rücklageneinstellung. Dieses bilanzielle Vorgehen spiegelt zwei elementare Risiken des Erwerbs eigener Anteile wieder. Einerseits kam es entgegen § 57 AktG zur Zahlung von Gesellschaftsmitteln an Gesellschafter und somit zur Gefahr der Unterdeckung des Grundkapitals[704], andererseits stellte die Aktivierung eigener Anteile, denen keine eigenständige Wertbildung zugrunde liegt[705], ein weiteres Risiko dar. Letzteres verstärkt Krisen, denn sinkt der Unternehmenswert als solcher, vermindert sich auch der Wert der eigenen Anteile, die wiederum den Unternehmenswert negativ beeinflussen. Um diese Risiken abzufedern, durfte der Erwerbsaufwand nur aus frei verfügbaren Kapitalbeträgen erfolgen (meines Erachtens auch damals nur aus ausschüttungsfähigem Kapital). Darüber hinaus musste der Vermögensgegenstand „eigene Anteile" neutralisiert werden, wozu die Rücklage diente. In die Rücklage durften nur bilanziell frei verwendbare Rücklagen einfließen, wozu gesetzliche oder satzungsgemäße Rücklagen ebenso wenig wie das Grundkapital zählen, da gesetzlich zu bildende Rücklagen sowie Grundkapital nicht gegenseitig verrechnet werden können. Lediglich ausschüttungsgesperrte Beträge hingegen, konnten in die Rücklage eingestellt werden, da die Rücklagenbildung keinen Ausschüttungssachverhalt darstellte.[706]

Nach heutiger Rechtslage ist die Bildung der Rücklage nicht mehr vorgeschrieben, da es zu einem Ansatz eigener Anteile nicht mehr kommen kann. Folglich existiert dieses bilanzielle Risiko nicht mehr. Es verbleibt daher nur noch das Risiko der Auszahlung an Gesellschafter zu Lasten von ausschüttungsgesperrtem Kapital, wie das Stammkapital, den gesetzlichen Rücklagen und auch gesperrten Beträgen nach § 268 Abs. 8 HGB. Deshalb dürfen dazu heute, wie früher auch, sämtliche ausschüttungsgesperrte Beträge nicht berücksichtigt werden.[707] Auch die

---

703 Vgl. BT-DRs. 16/10067, S. 101.

704 Oechsler, in: MüKo AktG 3. Auflage, § 71 Rn. 21.

705 Oechsler, in: MüKo AktG 3. Auflage, § 71 Rn. 19.

706 Vgl. Abschnitt 3.4.1.3.

707 So im Ergebnis auch: Kropff, in: FS Hüffer, S. 539 (547). *Kropff* geht im Weiteren auf die Voraussetzungen zur Zwangseinziehung nach § 237 Abs. 3 Nr. 2 AktG ein und stellt fest, dass dort parallel zur Diskussion zu § 71 Abs. 2 Satz 2 AktG

Regierungsbegründung stellt fest, dass der Rückkauf nur aus ausschüttungsfähigem Vermögen erfolgen dürfe.[708]

Die fiktive Rücklagenbildung dient im Ergebnis der rechnerischen Kontrolle, ob genug freies Kapital existiert, aus dem der Rückkauf der eigenen Anteile generiert werden kann. Ein Aktienrückerwerb ist wirtschaftlich einer Ausschüttung gleichzustellen, da Kapital an Gesellschafter fließt. Daher darf der Rückerwerb nur stattfinden, wenn eine Ausschüttung in selber Höhe zulässig wäre. Deshalb kann der nach § 268 Abs. 8 HGB Betrag nicht in die fiktive Rücklage einfließen.

3.4.1.6 *Organkompetenzen*

Wie zuvor festgestellt, sind die i.S.d. § 268 Abs. 8 HGB angesetzten Beträge grundsätzlich bilanziell frei verfügbares Kapital. Erst wenn es um eine Auszahlung von Gesellschaftsmitteln an Gesellschafter geht, greift der Schutzmechanismus der Ausschüttungssperre. Deshalb wirkt sich § 268 Abs. 8 HGB nicht auf die grundsätzliche Kompetenzverteilung in betroffenen Gesellschaften aus. Ausschüttungsgesperrte Beträge dürfen nicht von Gewinnverwendungsvorschlägen oder Gewinnverwendungsbeschlüssen umfasst sein.[709,710]

---

ebenfalls Beträge des § 268 Abs. 8 HGB nicht angesetzt werden dürfen, da auch bei der Zwangseinziehung sichergestellt werden muss, dass es zu keiner Auszahlung ausschüttungsgesperrter Beträge komme. Zur entsprechenden Kapitalrücklage nach § 237 Abs. 5 AktG können laut *Kropff* die gesperrten Kapitalbeträge herangezogen werden, da es inhaltlich dabei nicht um eine Auszahlung gehe. Dem ist nach dem in diesem Abschnitt Dargelegtem zuzustimmen. Gleiches gilt für die Einziehung von Aktien nach Erwerb der Gesellschaft. Dabei mussten die Kapitalschutzvorschriften nach § 71 AktG bereits berücksichtigt werden, weshalb nichts dagegen spricht, dass die gesperrten Beträge i.S.d. § 268 Abs. 8 HGB in die Kapitalrücklage nach § 237 Abs. 5 AktG einbezogen werden können. Richtigerweise weist *Kropff* in diesem Zusammenhang darauf hin, dass der Grund zur Rücklagenbildung nach § 237 Abs. 5 HGB eigentlich nicht mehr bestehe, da es nach geltendem Recht zu keinem Ansatz eigener Anteile mehr kommen könne.

708 BT-Drs. 16/10067, S. 101, vgl. auch Oechsler, in: MüKo AktG 3. Auflage, § 71 Rn. 316.

709 Allg. Meinung. vgl. Gelhausen/Althoff, WPg 2009, 584 (589); Simon, NZG 2009, 1081 (1085); Petersen/Zwirner/Froschhammer, KoR 2010, 334 (338).

710 Eine ähnliche Frage stellt sich bei gewinnabhängigen Verpflichtungen der Gesellschaft. Hierzu zählen beispielsweise partiarische Darlehen, stille Beteiligungen, Genussrechte, Gewinnschuldverschreibungen oder Gewinnbeteiligungsregelungen in Gesellschaftsverträgen. Knüpfen diese an den Bilanzgewinn an und umfassen somit die ausschüttungsgesperrten Beträge, ist über eine Anpassung nachzudenken, da die Verpflichtung unmöglich sein könnte. Knüpfen die Verpflichtungen vertraglich hingegen an den verteilungsfähigen Gewinn an, dürften keine Probleme entstehen, vgl. hierzu detaillierter: Simon, NZG 2009, 1081 (1085).

3.4.1.7 *Zusammenfassung*

Die angesetzten Beträge i.S.d. § 268 Abs. 8 HGB fließen als Vermögensbestandteile in das Eigenkapital des Unternehmens ein und sind grundsätzlich auch als solches zu behandeln. Allein bei Sachverhalten, in denen es zu einer Auszahlung oder wirtschaftlich vergleichbaren Situation kommt, dürfen die angesetzten Beträge nicht berücksichtigt werden. Im Übrigen bleibt es bei dem gewöhnlichen Kompetenzgefüge.

3.4.2 Umsetzung der Ausschüttungssperre auf Nicht-Kapitalgesellschaften

Wie schon zum personellen Anwendungsbereich von § 268 Abs. 8 HGB ausgeführt, können auch Nicht-Kapitalgesellschaften in den Anwendungsbereich der Ausschüttungssperre fallen.[711] Vor allem haftungsbeschränkte Kap&Co. Gesellschaften sind nach der hier vertretenen Auffassung gem. § 264a HGB zur Berücksichtigung von § 268 Abs. 8 HGB verpflichtet. Kritiker dieser Auffassung erblicken darin vor allem ein Umsetzungsproblem, da der Wortlaut des § 268 Abs. 8 HGB zeige, dass die Norm auf die bilanzielle und finanzielle Konstitution von Kapitalgesellschaften zugeschnitten sei.[712] In der Tat verfügen Personenhandelsgesellschaften nicht über bilanziell ‚frei verfügbares Kapital', noch wird die Auskehrung von Vermögen ‚Ausschüttung' genannt. Diese begrifflichen und auch tatsächlichen Hürden lassen sich aber meines Erachtens überwinden. Im Grunde geht es nämlich um denselben Sachverhalt. Kapitalbeträge, die auf dem Ansatz von unsicheren Werten beruhen, sollen an das Unternehmen gebunden werden und vor einem Abfluss, sei es durch Ausschüttungen oder Entnahmen, geschützt werden. Auch wenn Personengesellschaften über kein freies Kapital verfügen und dort Entnahmen umfassend möglich sind, gibt es dennoch Bezugsgrößen für die Umsetzung der Ausschüttungssperre. § 268 Abs. 8 HGB muss dazu als Vorbild dienen, denn die Norm ist gem. § 264a HGB anzuwenden. Somit ist eine Entnahme zulässig, wenn im Unternehmen mindestens Vermögen in Höhe der angesetzten Beträge i.S.v. § 268 Abs. 8 HGB verbleibt. Bei Personengesellschaften werden Gewinne und Verluste sowie Entnahmen und Einlagen den Kapitalanteilen der Gesellschafter anteilsmäßig zu- bzw. abgebucht. Übersteigen Entnahmen und Verluste die Gewinne und die Einlagen, kann ein negativer Kapitalanteil entstehen, wobei Gesellschafter nicht verpflichtet sind, einen etwaigen Negativsaldo auszugleichen.[713] Auch in einem Verlustjahr ist es zulässig, Entnahmen in Höhe von 4 % des Kapitalanteils zu tätigen sofern nicht bereits ein Negativsaldo vorliegt, vgl. § 122 Abs. 1 HGB. Da es aber grundsätzlich zu Negativsalden kommen kann, lässt sich § 268 Abs. 8 HGB im Rahmen der Kapitalkonten der Gesellschafter nur schwer umsetzen.

711 Vgl. Abschnitt 3.2.
712 Vgl. Abschnitt 3.2.2.
713 BGHZ 68, 225, 227 = NJW 1977, 1339; BHG NJW 1999, 2438.

Zweifelsfrei lässt sich auch bei Kap&Co Gesellschaften bilanziell feststellen, welche unsicheren Werte i.S.v. § 268 Abs. 8 HGB angesetzt wurden. Möchte man deren eigenkapitalerhöhenden Effekt für Entnahmen nivellieren, muss dieses Kapital thesauriert werden. Für den Gang der Berechnung liefert m.E. § 264c Abs. 4 Satz 3 HGB a.F. Anhaltspunkte. Diese Norm konkretisierte die Umsetzung der ehemaligen Ausschüttungssperren nach §§ 269, 274 Abs. 2 HGB a.F für Kap&Co Gesellschaften.[714] Darin war die Bildung eines passivischen Sonderpostens in Höhe der angesetzten Beträge vorgesehen. Mangels Zuschreibung dieser Eigenkapitalbestandteile auf die Kapitalkonten war die Entnahme jener Beträge unmöglich. Seit dem BilMoG existiert keine vergleichbare Norm mehr. Einige Autoren schließen daraus, dass eine Anwendung auf Nicht-Kapitalgesellschaften nicht mehr vorgesehen sei. Nach der hier vertretenen Auffassung liegt jedoch in dieser Hinsicht eine unbewusste Regelungslücke vor. Fraglich ist nur, wie diese zu schließen ist.

Für Kommanditisten existiert aufgrund ihrer Haftungsbeschränkung eine spezielle Regelung zur Umsetzung des § 268 Abs. 8 HGB, vgl. § 172 Abs. 4 Satz 3 HGB. Danach dürfen die ausschüttungsgesperrten Beträge nicht zur Kompensation einer Unterdeckung des Kapitalanteils eines Kommanditisten berücksichtigt werden. Etwaige Fehlbeträge können also nicht durch unsichere Werte aufgefüllt werden. Ist der Kapitalanteil des Kommanditisten nicht gedeckt, haftet er im Außenverhältnis.[715] Es liegt also keine Entnahmesperre vor, sondern eine Sonderregelung zur Haftung eines Kommanditisten. M.E. lässt sich dies daher nicht auf den hier fraglichen Sachverhalt übertragen. Trotzdem kann der Regelung entnommen werden, dass das Gesetz die Anwendung der Ausschüttungssperre auf Kapitalkonten im Rahmen von Personengesellschaften kennt und für möglich hält.

Die Argumentation, die Implementierung einer Entnahmesperre wiederspräche dem umfassenden Entnahmerecht der Gesellschafter von Personengesellschaften, überzeugt meines Erachtens nicht, was bereits §§ 264c Abs. 4 Satz 3 HGB a.F. unter Beweis stellt.[716] Auch das Entnahmerecht ist nicht schrankenlos. Die §§ 120 und 122 HGB enthalten diesbezügliche Restriktionen. § 264c Abs. 4 Satz 3 HGB a.F. zeigt darüber hinaus, dass dem Personengesellschaftsrecht Entnahmesperren nicht grundlegend fremd sein können. Auch im Personengesellschaftsrecht knüpft die Gewinnermittlung und Gewinnverwendung und damit auch die Kapitalerhaltung – wenn man dies so nennen kann – an bilanzielle Werte an. Daraus folgt, dass auch dort unsichere Werte, die lediglich zu Informationszwecken angesetzt werden dürfen, nicht an Gesellschafter ausbezahlt werden dürfen. Eine unbeschränkte Haftung als Kompensation für ein solch umfassendes Entnahmerecht existiert bei Kap&Co. Gesellschaft gerade nicht. Deshalb muss die Ausschüttungssperre des § 268 Abs. 8 HGB auf

714 Vgl. dazu Kusterer/Kirnberger/Fleischmann, DStR 2000, 606 (607).
715 Vgl. Hopt, in: Baumbach/Hopt, § 172 HGB Rn. 1 ff.
716 Siehe: Theile, WPg 2008, 1064 (1065) m.w.N.

Gesellschaften im Sinne des § 264a HGB umgesetzt werden.[717] Es gilt jedoch zu klären, welches die gesetzliche Grundlage für die Implementierung einer Entnahmesperre ist. § 264c Abs. 4 Satz 3 HGB a.F. kann zwar als Vorbild dienen, jedoch aufgrund der Streichung aktuell nicht angewandt werden. *Reiner/Hauser* begreifen daher § 172 Abs. 4 Satz 3 HGB als „Schlüssel zur technischen Umsetzung" der Ausschüttungssperre auf Gesellschaften im Sinne der § 264a HGB und § 1 PublG.[718] *Petersen/Zwirner/Froschhammer* sprechen sich hingegen für die Bildung eines Sonderpostens im Sinne des § 264c Abs. 4 Satz 3 HGB a.F. aus und leiten dies aus einer allgemeinen Zweckerwägung ab.[719]

Beispiel für die Anwendung von § 264c Abs. 4 Satz 3 HGB a.F.:

Abbildung 31.

Aktiva		Passiva	
Sonstige Aktiva	1000	Verbindlichkeiten	400
Selbst erstellte immaterielle VG des AV	400	Sonderposten für § 268 Abs. 8 Satz 1 HGB	280
		Kapitalkonto Gesellschafter A	300
		Kapitalkonto Gesellschafter B	300
		Passiv latente Steuern	120
	1400		**1400**

Das Beispiel zeigt die vereinfachte bilanzielle Situation einer Personengesellschaft bei Bildung eines Sonderpostens für aktivierte, selbst erstellte immaterielle Vermögensgegenstände des Anlagevermögens. Durch die Bildung des Sonderpostens wird eine Entnahme darauf entfallender Kapitalbestandteile durch die Gesellschafter A und B verhindert.

Diese Lösung verhindert zwar die Entnahme unsicherer Beträge, jedoch fehlt meines Erachtens dafür die gesetzliche Grundlage. Darüber hinaus ginge die verpflichtende Bildung eines Sonderpostens über die Folgen des eigentlich maßgeblichen § 268 Abs. 8 HGB hinaus. Dort ist gerade keine bilanzielle Thesaurierung vorgesehen. Es handelt sich um eine außerbilanzielle Ausschüttungssperre. Die Funktionsweise des § 172 Abs. 4 Satz 3 HGB eignet sich daher besser für die Umsetzung der Ausschüttungssperre auf die hier fraglichen Sachverhalte, denn danach sind die eigenkapitalerhöhenden Effekte nur bei der Berechnung zu eliminieren.

717 Petersen/Zwirner/Froschhammer, in: KoR 2010, S. 334 (335), die dazu an § 264c Abs. 3 Satz 4 HGB a.F. anknüpfen.

718 Reiner/Hauser, in: MüKo § 268 HGB Rn. 59. Dabei sprechen sich die Autoren für die Anwendung der Ausschüttungssperre auch auf Gesellschaften im Sinne des Publizitätsgesetzes aus.

719 So auch Von der Laage WM 2013, 1322 (1324 f.).

Bilanzielle Folgen hat § 172 Abs. 4 Satz 3 HGB nicht. Eine Anknüpfung an bzw. Anwendung von § 172 Abs. 4 Satz 3 HGB ist aber dennoch kritisch zu sehen, da es dort nicht um Entnahmen, sondern um das Wiederaufleben der Außenhaftung geht. Somit sind die Sachverhalte wie schon beschrieben nicht vergleichbar.

Meines Erachtens ist der Rückgriff auf eine Norm außerhalb des § 268 Abs. 8 HGB gar nicht notwendig und bei Anwendung von § 264a HGB auch nicht möglich. Gem. § 246a HGB haben Kapital&Co. Gesellschaften § 268 Abs. 8 HGB anzuwenden. Daneben bleibt gar kein Raum für andere Vorschriften. Da der Wortlaut nicht auf die Finanzverfassung von Kap&Co Gesellschaften passt, ist § 268 Abs. 8 HGB entsprechend anzuwenden. Eine Entnahme ist daher zulässig, wenn sie aus „entnahmefähigen" Kapital erfolgt. Problematisch hieran ist, dass es kein „nicht entnahmefähiges Kapital" gibt, da Entnahmen selbst bei Unterdeckung der Kapitalanteile möglich sind und eine Sperrung bestimmter Beträge somit nicht das bezweckte Ziel erreichen würde. Entnahmen wären selbst bei nicht vorhandenem „entnahmefähigen Kapital" möglich. In der Hauptsache geht es § 268 Abs. 8 HGB darum, dass die unsicheren Beträge nicht für Zahlungen an die Gesellschafter herangezogen werden. Bei Personenhandelsgesellschaften kann dies nur erreicht werden, wenn dem Vorbild von § 264c Abs. 4 Satz 3 HGB a.F folgend, jedenfalls gedacht, ein entsprechender Sonderposten gebildet würde. Es blieben jedenfalls diese Beträge im Unternehmen und dem Transparenzgebot würde Rechnung getragen. Es ist jedoch zu beachten, dass dieser Posten anders als bei Kapitalgesellschaften eher als Rücklage einzustufen wäre, weil dadurch nicht ausgeschlossen wäre, dass es zu einer Unterdeckung der Kapitalanteile kommt, wenngleich für diese Fälle ein besonderer Ausweis nach § 264c Abs. 2 Satz 4 und 5 HGB i.V.m § 268 Abs. 3 HGB besteht. Nach der hier vertretenen Ansicht verpflichtet § 268 Abs. 8 HGB Kapital&Co. Gesellschaften nicht zur Bildung eines Sonderpostens. Alternativ können die fraglichen Beträge in den Gewinnvortrag, den Jahresüberschuss oder in Rücklagen einfließen (vgl. Gliederung § 264c Abs. 2 Satz 1 HGB). Die Thesaurierung findet demnach entsprechend § 268 Abs. 8 HGB auf Ebene der Gewinnverwendung statt. M.E. sollte der Einfachheit halber und aus Transparenzgründen in der Praxis dennoch ein Sonderposten gebildet werden. Er erleichtert den Gesellschaftern die Prüfung, ob eine Entnahme zulässig ist und verhindert die Notwendigkeit einer Schattenrechnung. Eine Pflicht zur Bildung eines solchen Postens gibt es ohne entsprechende gesetzliche Regelung jedoch nicht. Die hier vorgeschlagene Lösung unterscheidet sich im Ergebnis nicht von den Vorschlägen der Literatur. Auch eine gedachte Sonderpostenbildung führt zur Neutralisierung der angesetzten Beträge i.S.v. § 268 Abs. 8 HGB in Bezug auf Entnahmen. Jedoch ist nach der hier vertretenen Auffassung allein § 268 Abs. 8 HGB maßgeblich. Um Rechtsunsicherheiten zu beseitigen und der besonderen Haftungsverfassung von Kap.&Co-Gesellschaften gerecht zu werden, sollte eine gesetzliche Pflicht zur Rücklagenbildung für den gesperrten Betrag i.S.v. § 268 Abs. 8 HGB implementiert werden.

3.4.3 Steuerabgrenzung außerhalb des Anwendungsbereichs von § 274 HGB

§ 274 HGB verpflichtet grundsätzlich nur Kapital- und Kapital&Co-Gesellschaften im Sinne von § 264a HGB, passive latente Steuern zu ermitteln und auszuweisen.[720] Kleine Kapitalgesellschaften im Sinne von § 267 Abs. 1 HGB können die Erleichterung gem. § 274a Nr. 5 HGB wahrnehmen und auf die Steuerabgrenzung nach § 274 HGB verzichten. Einfache Kaufleute und gewöhnliche Personen(handels-)gesellschaften müssen § 274 HGB nicht anwenden. Dennoch wird diskutiert, ob latente Steuern aber auch außerhalb des Anwendungsbereichs von § 274 HGB ermittelt und ausgewiesen werden müssen. Passive latente Steuern könnten nämlich die Voraussetzungen einer ungewissen Verbindlichkeit i.S.d. § 249 Abs. 1 Satz 1 HGB erfüllen.

Passive latente Steuern sind gem. § 274 HGB zu erwartende Steuermehrbelastungen. Aufgrund des Vorsichts- und Imparitätsprinzips sind drohende Zahlungsverpflichtungen stets abzubilden. Erst die vollständige Aufnahme jeglicher Schulden (§ 246 Abs. 1 Satz 1 HGB) vermittelt ein wahrheitsgemäßes Bild des Unternehmens. Insofern stellt sich die Frage, inwiefern passive latente Steuern ungewisse Verbindlichkeiten darstellen. Dabei muss auch darüber nachgedacht werden, ob analog zu § 274 HGB aufrechenbare aktive latente Steuern in Abzug zu bringen wären, weil nur in einer etwaigen Abgrenzungsspitze, analog zu § 274 HGB, eine tatsächliche Belastung zu sehen sein könnte.

Gemäß § 249 Abs. 1 Satz 1 Alt. 1 HGB sind für ungewisse Verbindlichkeiten Rückstellungen zu bilden. Die Pflicht zur Bildung von Rückstellungen betrifft jeden Bilanzierenden und damit Einzelkaufleute, Handels- und Personengesellschaften sowie kleine Kapitalgesellschaften. Ob passive latente Steuern ungewisse Verbindlichkeiten darstellen, wurde auch schon vor dem BilMoG diskutiert.[721] § 274 Abs. 1 Satz 1 HGB a.F. enthielt die Pflicht, für passive latente Steuern Rückstellungen im Sinne von § 249 Abs. 1 Satz 1 HGB zu bilden. Gegenstand zahlreicher Diskussionen zum alten Recht war die Frage, ob dies eine Rechtsgrundverweisung oder Rechtsfolgenverweisung darstellte.[722] Bei einer Rechtsgrundverweisung wäre stets zu prüfen gewesen, ob passive latente Steuern die Voraussetzungen einer Rückstellung für ungewisse Verbindlichkeiten erfüllten. Aus statischer Sicht wurde solch eine Rechtsgrundverweisung favorisiert, denn dadurch wäre sichergestellt worden, dass nur echte Schulden bilanziell abgebildet würden. Vertreter eines dynamischen

720 Vgl. Abschnitt 3.3.2.1.6.; darüber hinaus können die Regeln freiwillig angewandt werden.

721 Vgl. die Diskussion zur Rechtslage vor BilMoG, Müller/Kreipel, DB 2011, 1701 ff.; Kanitz, WPg 2011, 895 (896 f.); Beater, in: MüKo 1. Auflage 2001, § 274 HGB Rn. 36 m.w.N.

722 Vgl. ausführlich Darstellung des Streits mit zahlreichen Nachweisen: Kanitz, WPg 2011, 895 (896). Vgl. auch Rabeneck/Reichert, DStR 2002, 1366 (1368); Reiner, in: MüKo § 274 HGB, Rn. 13, die sich bei europarechtskonformer Auslegung für einen Rechtsfolgenverweis aussprechen.

Bilanzverständnisses sahen in der Nennung des § 249 HGB einen Rechtsfolgenverweis, womit nach dieser Ansicht die periodengerechte Gewinnermittlung im Vordergrund stand und das Vorliegen einer passiven latenten Steuer genügte, um die Verpflichtung nach § 274 HGB a.F. auszulösen.[723] Aufgrund der vormals geringen praktischen Bedeutung latenter Steuern, kam es zu keiner Klärung des in der Rechtswissenschaft geführten Streits. Er kann jedoch beispielhaft für die Janusköpfigkeit von Rückstellungen angeführt werden, denn der bilanztheoretische Zweck von Rückstellungen ist seit jeher umstritten.

Die Bedeutung latenter Steuern und das Ermittlungskonzept haben sich durch das BilMoG gewandelt (vgl. oben). So kommt es vermehrt zum Vorliegen latenter Steuern und zusätzlich wurde der Verweis in § 274 HGB auf § 249 HGB aufgegeben. Für latente Steuern wurde ein Posten eigener Art geschaffen, vgl. § 266 Abs. 2 D. und Abs. 3 D HGB. Damit ist der Streit bzgl. der Rechtsnatur des Verweises in § 274 HGB a.F. ad acta gelegt. Der Gesetzgeber begründet die Aufgabe der alten Systematik vor allem mit dem nun geltenden *Temporary-Konzept*, wonach latente Steuern umfassender abzugrenzen sind als früher. Da aber aus Sicht des Gesetzgebers insbesondere quasi-temporäre Differenzen nicht zweifelsfrei die tatbestandlichen Voraussetzungen von § 249 Abs. 1 Satz 1 HGB erfüllen, wurde der Sonderposten geschaffen.[724],[725] Daraus lässt sich schließen, dass eine Rückstellungsverpflichtung nach § 249 HGB für temporäre Differenzen wohl nicht ausgeschlossen ist.

Wie sich herausstellt, hat sich der frühere Streit in materieller Hinsicht sogar verschärft. Auch ohne Verweis auf § 249 HGB ist über dessen Anwendbarkeit nach den allgemeinen Grundsätzen nachzudenken. Darauf verweist auch die Regierungsbegründung. Zum einen wird festgestellt, dass passive latente Steuern durchaus die Voraussetzungen von § 249 HGB erfüllen könnten[726], zum anderen wird im Rahmen der Erleichterungsvorschrift des § 274a Nr. 5 HGB für kleine Kapitalgesellschaften auf die etwaig bestehende Verpflichtung, Rückstellungen für passive latente Steuern gem. § 249 Abs. 1 Satz 1 HGB zu bilden, hingewiesen.[727]

In rechtspolitischer Hinsicht wird die heutige Diskussion vor allem deswegen geführt, weil es bei Anwendung von § 249 HGB trotz § 274a Nr. 5 HGB zu einer Steuerabgrenzung durch die „Hintertür"[728] auch für kleine Kapitalgesellschaften

723 Die abgrenzungsorientierte Auffassung schien sich durchzusetzten, so: Ruberg, Ubg 2011, 626 (629).

724 BT-Drs. 16/10067, S. 67.

725 Dieses Anliegen ist m.E. ein Hinweis darauf, dass der Gesetzgeber die gesetzliche Systematik des § 274 HGB a.F. als Rechtsgrundverweis versteht bzw. die Gefahr erkannte, dass der Verweis so verstanden wird. Andernfalls hätte er die Systematik beibehalten können, denn bei Verständnis als Rechtsfolgenverweis hätte sich der Umfang der einzubeziehenden Differenzen ebenfalls direkt aus § 274 HGB ergeben.

726 BT-Drs. 16/10067, S. 67.

727 BT-Drs. 16/10067, S. 68.

728 So Lüdenbach/Freiberg, BB 2011, 1579 (1579).

käme. Dann aber wäre die Erleichterung des § 274a Nr. 5 HGB nahezu inhaltslos.[729] Zweck der Norm ist die Entlastung des Mittelstands und kleiner Unternehmen. Die Ermittlung latenter Steuern ist mit zeitlichem und monetärem Aufwand verbunden. Es wird daher mit teils unterschiedlicher Begründung vertreten, eine Pflicht nach § 249 Abs. 1 Satz 1 HGB Rückstellungen zu bilden, existiere schon aus diesem Grunde nicht.[730]

Vor allem die Auffassung des „Instituts der Wirtschaftsprüfer“ (IDW) steht dem gegenüber. Das IDW hat in seiner Verlautbarung RS HFA 7 vom 6. Februar 2012 zu diesem Thema Stellung bezogen und spricht sich für eine umfassende Rückstellungspflicht für passive latente Steuern aufgrund temporärer Buchwertdifferenzen aus.[731] Dem haben sich einige Autoren angeschlossen.[732]

Zwischen diesen beiden Extrema liegt vor allem die Auffassung der BStBK, welche differenzierter ausgestaltet ist. Auch in der Literatur finden sich Vertreter einer differenzierten Betrachtungsweise.[733] Im Folgenden werden die Ansichten und Begründungen der Berufsverbände einleitend dargestellt.

Institut der Wirtschaftsprüfer

Das IDW erließ zunächst RS HFA 27 und befasste sich mit der Frage der Anwendung von § 249 HGB verhältnismäßig kurz. Im Wesentlichen wird darin die Bildung von Rückstellungen für temporäre Differenzen grundsätzlich befürwortet und solche für quasi-temporäre Differenzen abgelehnt. Dabei wurde ausdrücklich auf die Pflicht zur Rückstellungsbildung für latente Steuern aus der Aktivierung selbst geschaffener immaterieller Vermögensgegenstände des Anlagevermögens und der Zeitbewertung des Deckungsvermögens hingewiesen. Abschließend wurde festgestellt, dass aktive latente Steuern und Vorteile aus Verlustvorträgen rückstellungsmildernd zu

729 Es wird jedoch gezeigt werden, dass auch bei Anwendung von § 249 HGB die Erleichterungsvorschrift tatsächlich eine Erleichterung darstellt.

730 Vgl. Hoffmann, StuB 2012, 249 ff.; Ruberg, Ubg 2011, 626 ff.; Lüdenbach/Freiberg, BB 2011, S. 1579 ff.; Lüdenbach, BC 2011, 159 ff.; Müller, DStR 2011, 1046 ff.; vgl. auch offener Brief des DStV (Fn.735). Feldgen/Völkner; BB 2012, 1333 ff.

731 Vgl. RS HFA 7 Rz. 26.

732 Vgl. Karrenbrock, BB 2013, 235 ff.; Fuhrmann, in: Herzig/Fuhrmann, Handbuch latente Steuern, S. 34 ff.; Gelhausen/Fey/Kämpfer, Rechnungslegung und Prüfung nach dem Bilanzrechtsmodernisierungsgesetz, Kap. M, Rn. 55; Künkele/Zwirner, DStR 2011, 2263 ff., die jedoch auf die Zweifel hinweisen; Schulze-Osterloh, DStR 2008, 63 (68) ohne eingehende Prüfung; Hennrichs, GmbhR 2010, 17 (23).

733 Kirsch/Hoffmann/Siegel, DStR 2012, 1290, die eine Einzelfallprüfung befürworten und bejahen gleichzeitig die Pflicht nach § 249 HGB für latente Steuern aufgrund zeitlicher Buchwertdifferenzen; Kanitz, WPg 2011, 895 ff., der zwischen steuerlicher und handelsrechtlicher Betrachtungsweise unterscheidet; Verlautbarung BStBK vom (Fn.736) die im Wesentlichen eine Rückstellungspflicht nur für Steuerstundungsfälle befürworten; mit gleicher Begründung Grottel, in: Beck'scher Bilanzkommentar, § 274a HGB Rn. 6,7; Müller/Kreipel, DB 2011, 1701 ff., die als Kriterium der wirtschaftlichen Verursachung auf Zahlungsströme aus Steuern abstellen möchten.

berücksichtigen seien. Mit Veröffentlichung des DRS 18 am 03.09.2010 wurde RS HFA 27 aufgehoben, da DRS 18 in großen Teilen RS HFA 27 entsprach. Nunmehr befinden sich die über den Inhalt des DRS 18 hinausgehenden Detailfragen bzgl. der Rechnungslegung von Personenhandelsgesellschaften in RS HFA 7. RS HFA 7 Rz. 24 ff. behandeln dabei die Frage der Anwendung von § 249 HGB. Inhaltlich entspricht RS HFA 7 in diesem Punkt dem RS HFA 27, wobei darüber hinausgehend darauf hingewiesen wird, dass bei temporären Differenzen grundsätzlich von einer wirtschaftlichen Belastung auszugehen sei, die auch bei quasi-temporären Differenzen vorliegen könne, sobald unternehmerische Dispositionen geplant seien. Obwohl der Sinn und Zweck sowie die tatbestandlichen Voraussetzungen von § 249 Abs. 1 Satz 1 HGB vielfach umstritten sind und als ungeklärt gelten, äußert sich der IDW diesbezüglich nicht, was Angriffsfläche für Kritik bietet.[734] IDW RS HFA 7 führt letztlich zur Anwendung des bereits bekannten *Timing-Konzepts* außerhalb des Anwendungsbereichs von § 274 HGB, womit im deutschen Recht zwei Abgrenzungskonzepte existieren würden. Die Tatsache, dass der IDW allein an das Vorliegen einer temporären Differenz eine wirtschaftliche Belastung und die Pflicht zur Rückstellungsbildung knüpft, spiegelt das dynamische Verständnis des IDW in Bezug auf § 249 HGB wieder. Das Vorliegen einer Schuld im bilanziellem Sinne wird nicht zur Voraussetzung gemacht. Im Fokus steht die periodengerechte Zurechnung von Aufwand und Ertrag.

DStV

Der Präsident des deutschen Steuerberaterverbandes e.V. wandte sich in dieser Frage in einem offenen Brief vom 11. August 2011 an die Bundesjustizministerin.[735] In diesem Brief an Frau Leutheusser-Schnarrenberger fordert der DStV ein gesetzliches Verbot für die Bildung von Rückstellungen für latente Steuern. Dies fördere den Bürokratieabbau und würde große Steuervereinfachung bedeuten. Anlass des Begehrens war die eben beschriebene Verlautbarung des IDW ERS HFA 7. In diesem Zusammenhang wird auf das Problem hingewiesen, dass Steuerberater, die gleichzeitig Wirtschaftsprüfer sind, gehalten sind, die Verlautbarungen des IDW anzuwenden und somit von einer Pflicht zur Bildung von Rückstellungen für passive latente Steuern in tatsächlicher Hinsicht ausgegangen werden könne. Der DStV lehnt die Pflicht zur Rückstellungsbildung jedoch generell ab. Dazu wird ausgeführt, dass nach Ansicht des DStV die tatbestandlichen Voraussetzungen von § 249 HGB nicht gegeben seien. Weder die rechtliche Entstehung noch die wirtschaftliche Verursachung im Sinne des § 249 HGB sei gegeben. In Bezug auf Steuerschulden sei stets der Ablauf der Steuerperiode als wesentliches (wirtschaftliches) Tatbestandsmerkmal zu fordern. Erst dann sei eine Steuerverbindlichkeit hinreichend

---

734 Vgl. Haaker, Gastkommentar, DB 2012, M 1.

735 Aktenzeichen See/MF 21-9-10/11 – S 13/11, abrufbar unter http://www.dstv.de/interessenvertretung/steuern/stellungnahmen-steuern/s-13-11-latente-steuern-bmj (zuletzt aufgerufen am: 6. Dezember 2012)

konkret und zu erwarten. Zudem wird die Ansicht mit der Regierungsbegründung zum BilMoG begründet: latente Steuern werden nunmehr als Sonderposten eigener Art qualifiziert, weshalb § 249 HGB, der nur für Verbindlichkeiten gilt, keine Anwendung mehr finden könne. Anschließend wird der Sinn und Zweck des § 274a HGB n.F., die Erleichterung der Rechnungslegung für kleine Gesellschaften, betont. Durch die Anwendung des § 249 HGB auf latente Steuern ginge diese Erleichterungsvorschrift ins Leere.

Der DStV geht augenscheinlich von dem statischen Zweck der Rückstellungsbildung aus. Nicht allein das Vorliegen einer latenten Steuer genüge, um die Rückstellungspflicht auszulösen. Diese seien vielmehr ein eigenes besonderes Rechtsinstitut. Neben der allgemein anerkannten Rückstellungsbildungspflicht für ungewisse Steuerverbindlichkeiten nach Ablauf des Erhebungszeitraums bestehe nach Ansicht des DStV kein Raum für darüber hinausgehende Rückstellungen für latente Steuern. Im Zeitpunkt des Auftretens von Buchwertdifferenzen sei eine Verbindlichkeit noch nicht hinreichend konkretisiert bzw. wirtschaftlich verursacht.

BStBK

Die Bundessteuerberaterkammer hat am 18. September 2012 zu diesem Thema im Rahmen einer Verlautbarung Stellung bezogen. In der Verlautbarung wird entsprechend der Regierungsbegründung zu § 274a HGB darauf hingewiesen, dass eine Pflicht zur Bildung von Rückstellungen nicht von vornherein ausgeschlossen sei, wenn die Voraussetzungen des § 249 HGB vorliegen. Diesbezüglich betont die BStBK, das allein das Auftreten latenter Steuern noch keine Aussage über die Pflicht nach § 249 HGB nach sich ziehen könne, da latente Steuern keine Vermögensgegenstände bzw. Schulden im Sinne des § 246 Abs. 1 Satz 1 HGB seien. Daher müsse im Einzelfall geprüft werden, ob zusätzlich die Voraussetzungen des § 249 HGB vorliegen.

Nachdem auch nach Ansicht der BStBK keine rechtlich entstandene Verpflichtung vorliegt, kann es nur auf die wirtschaftliche Verursachung bzw. hinreichende Konkretisierung einer Verbindlichkeit ankommen. Hier weist die BStBK darauf hin, dass diese Frage für latente Steuern nicht generell beantwortet werden könne.[736] Klar verneint wird dies jedoch für quasi-permanente Unterschiede. Hinsichtlich sich automatisch umkehrender Differenzen wird allerdings eine Einzelfallprüfung vorgeschlagen. Bejaht wird die Frage für Differenzen, die sich aus Tatbeständen ergeben, die einer Steuerstundung gleich kommen. In diesem Fall sei die Steuerverbindlichkeit tatbestandsmäßig bereits entstanden. Folgende Fälle werden genannt[737]:

---

736 Verlautbarung der BStBK vom 18. September 2012, Rn. 4. abrufbar unter: http://www.bstbk.de (zuletzt aufgerufen am: 6 Dezember 2012).

737 Verlautbarung der BStBK vom 18 .September 2012, Rn. 5 und 6 abrufbar unter: http://www.bstbk.de (zuletzt aufgerufen am: 6 Dezember 2012).

(1) Ausweis unversteuerter Rücklagen nach § 6b Abs. 3 EStG bei Veräußerung bestimmter Anlagegüter, (2) Ausweis unversteuerter Rücklagen bei Ersatzbeschaffung nach R. 6.6 Abs. 4 EStR 2005/2008, wenn ein Wirtschaftsgut des Anlage- oder Umlaufvermögens infolge höherer Gewalt oder infolge oder zur Vermeidung eines behördlichen Eingriffs gegen Entschädigung aus dem Betriebsvermögen ausscheidet und (3) Inanspruchnahme des Investitionsabzugsbetrages nach § 7g Abs. 1 EStG.

Nicht zu dieser Fallgruppe gehören (mangels wirtschaftlicher Verursachung) nach Ansicht der BStBK Fallgestaltungen, *„in denen die Besteuerung nicht unmittelbar durch Auflösung zuvor gebildeter steuerfreier Rücklagen nachgeholt wird, sondern dadurch, dass in Zukunft in der Steuerbilanz niedrigere Absetzungen für Abnutzungen oder Abschreibungen angesetzt werden oder ggf. ein höherer Buchgewinn ausgewiesen wird.“*[738] Beispielhaft wird auf Fälle der §§ 7g Abs. 5 und 6, 7h und 7i EStG, § 7 Abs. 2 EStG, § 6b Abs. 1, 2, 5 EStG, R. 6.6 Abs. 3 EStR 2005/2008, § 6b Abs. 3 Sätze 3 und 4 EStG, R. 6.6 Abs. 4 EStR 2005/2008 und § 7g Abs. 2 Satz 2 EStG verwiesen. Darüber hinaus sei die Verrechnung mit entsprechenden aktiven latenten Steuern nicht möglich, da sie als Abgrenzungposten nicht mit Verbindlichkeiten saldiert werden dürften.[739]

Für die Fälle, in denen die BStBK eine Rückstellungsverpflichtung für gegeben hält, sieht sie die wirtschaftlich wesentlichen Tatbestandsmerkmale als erfüllt an. Der Ablauf der zur Zahlung verpflichtenden Steuerperiode oder gar das Eintreten von besteuerbaren Gewinnen wird nicht gefordert. Wirtschaftliche Verursachung ist gegeben, wenn der materielle Besteuerungstatbestand bereits erfüllt ist. Sofern Differenzen aufgrund zukünftiger Abschreibungen etc. eintreten, seien sie auch den künftigen Steuerperioden zuzurechnen, was eine Rückstellungspflicht mangels wirtschaftlicher Verursachung zum Bilanzstichtag ausschließe.

Die BStBK vertritt eine eher statisch geprägt Rückstellungsansicht, da die Ansicht eine tatsächlich drohende Vermögensminderung fordert. Dafür spricht auch die Nichteinbeziehung der zitierten steuerlich verwandten Fälle. Dort würde die Bildung von Rückstellungen nämlich primär der periodengerechten Gewinnermittlung dienen und nicht eine zu erwartende Schuld in bilanziellem Sinne antizipieren.

3.4.3.1 Anwendbarkeit des § 249 HGB

Fast schon traditionsgemäß sind Fragestellungen zur Rückstellungspflicht umstritten. So verwundert es nicht sehr, dass drei Berufsverbände drei unterschiedliche Ansichten vertreten.

Während das IDW latente Steuern als Abgrenzungsposten in § 249 Abs. 1 HGB implementieren möchte, fordern der BStBK und der DStV jedenfalls eine hinreichend

---

738 Verlautbarung der BStBK vom 18 .September 2012, Rn. 7 abrufbar unter: http://www.bstbk.de (zuletzt aufgerufen am: 6 Dezember 2012).

739 Verlautbarung der BStBK vom 18. September 2012, Rn. 9 abrufbar unter: http://www.bstbk.de (zuletzt aufgerufen am: 6 Dezember 2012).

konkretisierte Verbindlichkeit, welche Schuldcharakter aufweisen muss. Letzteres wird jedoch unterschiedlich gehandhabt. Während der DStV – wohl anknüpfend an die Rechtsprechung des BFH zu den strengen Voraussetzungen der Rückstellungspflicht aufgrund öffentlich-rechtlicher Pflichten[740] – im Ergebnis die Erfüllung des gesamten gesetzlichen Besteuerungstatbestands fordert, genügt dem BStBV die Verwirklichung des tatsächlichen Sachverhalts, der eine Besteuerung zur Folge hat. Nicht diskutiert wird die Frage, inwiefern die Pflicht zur Rückstellungsbildung vom Eintritt zukünftiger Gewinne abhängt. Dies leuchtet zumindest nicht sofort ein, da eine Besteuerung ohne Gewinn gar nicht erst zu erwarten ist.

Die Diskussionen sind beispielhaft für den ewigen Streit bezüglich der Bildung von Rückstellungen. Weder die Rechtsprechung noch der Gesetzgeber haben bislang eine einheitliche Herangehensweise geschaffen. Auch in der Literatur wird die Frage unterschiedlich beurteilt. Wie so oft, lassen sich Anwendungsfragen im Bilanzrecht nur durch Analyse des mit der Norm verfolgten Zwecks ermitteln. Ebenso häufig stehen sich die Meinungen dazu diametral gegenüber. Die oft zitierte Feststellung *Grohs*, dass Rückstellungen das *„Brennglas für bilanztheoretische Strömungen“*[741] seien, ist zutreffend.

„Rückstellungen beinhalten Aufwand, der noch nicht zu Ausgaben geführt hat“[742]. Aufgrund des Vorsichtsprinzips im Allgemeinen und dem Imparitätsprinzip im Besonderen sind daher für zu erwartende wirtschaftlichen Belastungen, die ihren Grund in dem abgelaufenen Geschäftsjahr haben, aber noch nicht eingetreten sind, Rückstellungen zu bilden.

Der statischen Bilanztheorie folgend komplettieren Rückstellungen das Bild eines Unternehmens hinsichtlich der insgesamt existierenden Schulden.[743] Nur so lasse sich zutreffend feststellen, ob die insgesamt existierenden Aktiva alle existierenden Verbindlichkeiten und zu erwartenden Belastungen abdecken. Rückstellungen dienen damit der Ermittlung des Schuldendeckungspotentials. Diese am Gläubigerschutz ausgerichtete Auffassung erfasst Rückstellungen daher nur für ungewisse Verbindlichkeiten gegenüber Dritten im Sinne einer realen wirtschaftlichen Belastung.

Dem steht die dynamische Betrachtungsweise gegenüber. Danach sind Rückstellungen primär ein Mittel zur periodengerechten Erfolgsermittlung. Neben Außenverpflichtungen können nach dieser Theorie auch reine Innenverpflichtungen

---

740 Vgl. BFH Urt. v. 20. 3. 1980 – IV R 89/79, BStBl. 1980 II S. 297; BFH Urt. v. 19. 5. 1983 – IV R 205/79, BStBl. 1983 II S. 670; BFH Urt. v. 25. 3. 1992 – I R 69/91, BStBl. 1992 II S. 1010; BFH v. 6. 4. 2000, WPg 2000, 820; BFH Urt. v. 8. 11. 2000, BStBl. 2001 II S. 570; BFH Urt. v. 27. 6. 2001 – I R 45/97, DB 2001, 1698. (zitiert nach: Ballwieser, in: MüKo § 249 HGB Rn. 12).

741 Groh, BB 1989, 1586 (1587).

742 Böcking/Gros, in: Ebenroth/Boujong/Joost/Strohn, § 249 Rn. 3.

743 So bspw. Schön, BB Beilage Nr. 9 1994, 1 (4), der in der Rückstellungsbildung vorrangig den (statischen) Zweck sieht.

miteinbezogen werden.[744] Folglich fordert diese Auffassung nicht das Vorliegen einer wirtschaftlichen Belastung im Sinne der abstrakten Passivierungspflicht. Rückstellungen können daher auch quasi als Abgrenzungsposten Steuereffekte der entsprechenden Periode zuweisen, was herkömmlich mit der sog. Alimentationsthese begründet wird.[745]

Der Gesetzgeber hat bislang keine Aussagen über den Charakter von Rückstellungen getroffen.[746] Die Ausweitung des § 274 HGB auf quasi-temporäre Unterschiede zwischen Handels- und Steuerbilanz indiziert zwar ein gewisses statisches Verständnis latenter Steuern, diese Ausweitung lässt sich jedoch nicht auf § 249 HGB übertragen.[747]

Nach der hier vertretenen Auffassung erfüllen Rückstellungen statische Zwecke. Die Schulden eines Unternehmens bestehen demnach aus Rückstellungen für ungewisse und gewisse Verbindlichkeiten.[748] Notwendige Voraussetzung einer Rückstellungsbildung ist daher das Vorliegen einer Schuld im Sinne der abstrakten Passivierungsfähigkeit.[749] Insbesondere das Kriterium der wirtschaftlichen Belastung ist dabei von Bedeutung. Für dieses Verständnis spricht, dass die periodengerechte Erfolgsermittlung durch Rechnungsabgrenzungsposten erreicht werden kann. Rückstellungen bilden hingegen tatsächliche Schulden ab, die bereits entstanden sind, aber erst später zu einer tatsächlichen wirtschaftlichen Belastung führen. Dafür spricht m.E. vor allem der Wortlaut des § 249 HGB, der Rückstellungen als „ungewisse Verbindlichkeiten" beschreibt. Rückstellungen zur periodengerechten Abgrenzung werden nur ausnahmsweise durch § 249 Abs. 1 Satz 2 Nr. 1 HGB berücksichtigt. Allein das Vorliegen einer latenten Steuer kann nicht genügen, insbesondere weil § 274 HGB keinen Verweis auf § 249 HGB mehr enthält. Zwar ist in einer Art Vorprüfung festzustellen, ob aus handelsrechtlicher Sicht latente Steuern im Sinne des § 274 HGB vorliegen, jedoch sind diese erst als Rückstellungen zu buchen, wenn zusätzlich die Voraussetzungen des § 249 HGB vorliegen. Der handelsrechtliche Sinn und Zweck sowie die Wertungen des § 274 HGB können dabei nicht auf den Tatbestand des § 249 Abs. 1 Satz 1 HGB ausstrahlen. Begründungen, die allein an das Vorliegen einer latenten Steuer und dem Hinweis auf die bipolare Struktur latenter Steuern zur Bestimmung der Pflicht nach § 249 Abs. 1 Satz 1 HGB anknüpfen gehen m.E. fehl.[750] Eine etwaige Bipolarität ist allein darin begründet,

744 Baetge/Kirsch/Thiele, Bilanzen, S. 417.
745 Vgl. Darstellungen bei ADS, § 249 HGB, Rn. 67.
746 Vgl. auch: Kirsch/Hoffmann/Siegel; DStR 2012, 1290 (1290 f.).
747 Im Ergebnis so aber: Karrenbrock, BB 2013, 235 ff.
748 Vgl. Baetge/Kirsch/Thiele, Bilanzen, S. 172 ff., 415 ff.; Schön, Beilage BB 1994 Nr. 9, 1 (4); Ballwieser, in: MüKo § 249 HGB, Rn. 14, der insoweit eine wirtschaftliche Belastung des Nettovermögens fordert; Schubert, in: Beck'scher Bilanzkommentar, § 249 HGB Rn. 1, die einen Vermögensabgang bzw. Aufwandsüberschuss fordern.
749 Baetge/Kirsch/Thiele, Bilanzen, S. 173.
750 In diese Richtung geht die Argumentation im Rahmen der Bestandsaufnahme von Kanitz, WPg 2011, 895 (900, 901). Dort wird zwischen einer handelsrechtlichen und

dass Sachverhalte, die latente Steuern begründen können, zugleich auch die Voraussetzung einer Rückstellung erfüllen können. Die Voraussetzungen bemessen sich aber unabhängig voneinander.

3.4.3.2 Tatbestand von § 249 Abs. 1 Satz 1 Alt. 1 HGB

Sofern passive latente Steuern aus handelsrechtlicher Sicht vorliegen, ist eine Rückstellung für ungewisse Verbindlichkeiten im Sinne des § 249 Abs. 1 Satz 1 Alt. 1 HGB zu bilden, wenn (1) eine wahrscheinlich entstehende Verpflichtung gegenüber einem Dritten vorliegt, die (2) rechtlich oder wirtschaftlich zum Bilanzstichtag verursacht ist und (3) mit der Inanspruchnahme ernsthaft zu rechnen ist.[751]

3.4.3.2.1 Latente Steuern als ungewisse Außenverbindlichkeiten

Passive latente Steuern sind keine zu passivierenden Verbindlichkeiten, sondern rein rechnerische Phänomene. Aus ihnen selbst resultieren keine Zahlungsverpflichtungen, sondern sie weisen auf etwaige künftige Verpflichtungen hin und bilden diese stellvertretend ab. So betont auch die Regierungsbegründung zum BilMoG, dass sie mangels rechtlicher Verpflichtung einen Posten eigener Art bilden.[752] Wenn aber passive latente Steuern keine Verbindlichkeiten sind, sind sie auch keine ungewissen Verbindlichkeiten. Auf Posten eigener Art finden die allgemeinen Bilanzierungs- und Bewertungsregeln und damit auch § 249 HGB aber keine Anwendung.[753] Allerdings war laut Regierungsbegründung die Schaffung eines Sonderpostens vor allem deshalb notwendig, um dem neuen umfassenderen Abgrenzungskonzept nach § 274 HGB gerecht werden zu können. Das bedeutet m.E. nicht, dass latente Steuern nun grundsätzlich nicht mehr die Tatbestandsvoraussetzungen des § 249 Abs. 1 Satz 1 HGB erfüllen könnten, oder dass die Anwendung des § 249 HGB ausgeschlossen wäre. § 274 HGB und auch § 274a HGB haben einen eingeschränkten Anwendungsbereich und beeinflussen außerhalb davon nicht die allgemeinen Regelungen.

Nach der von *Schön* beschriebenen Formel sind Rückstellungen Verbindlichkeiten abzüglich der Gewissheit.[754] Entscheidend ist, ob bei Entstehung im Sinne von „gewiss werden“ eine Verbindlichkeit gebildet werden müsste.[755] Dies ist bei

---

steuerlichen Betrachtungsweise latenter Steuern unterschieden. Richtigerweise müsste eigentlich die Rechtsnatur von Rückstellungen thematisiert werden, denn allein § 249 HGB ist entscheidend, sobald nach allein handelsrechtlichen Gesichtspunkten eine latente Steuer vorliegt.

751 Schubert, in: Beck'scher Bilanzkommentar, § 249 HGB Rn. 24; ADS § 249 HGB, Rn. 31, 43 ff.

752 RegE BT-Drs. 16/10067, S. 67 f.

753 Baetge/Kirsch/Thiele, S. 563; mit dieser Begründung lehen Lüdenbach/Freiberg, BB 2011, 1579 (1582) eine Pflicht zur Rückstellungsbildung ab.

754 Schön, Beilage 9 zu BB 1994 Nr. 9, 1 (3).

755 Vgl. Schön, Beilage 9 zu BB 1994 Nr. 9, 1 (4).

entstandenen Steuerverbindlichkeiten nach allgemeiner Meinung der Fall. Eine Pflicht zur Rückstellungsbildung aufgrund passiver latenter Steuern kommt daher dann in Betracht, wenn man sie als ungewisse Steuerzahlungsverpflichtungen betrachten kann. Zunächst sind latente Steuern zwar nur rechnerische Posten, die auf unterschiedlichen Wertansätzen in Handels- und Steuerbilanz beruhen, jedoch können daraus tatsächliche Steuerverpflichtungen erwachsen.[756] In diesen Fällen hat die latente Steuer Schuldcharakter. Dass es sich dabei um eine nicht nur ungewisse, sondern auch künftige Verbindlichkeit handelt[757], ist m.E. unproblematisch, da sich die Ungewissheit i.S.d. § 249 HGB auch auf die Existenz und damit auch auf künftige Verbindlichkeiten beziehen kann.[758] Entscheidend ist vielmehr, ob die latente Steuer eine wirtschaftliche Belastung im Sinne einer drohenden Nettovermögensminderung verkörpert und zum Bilanzstichtag bereits hinreichend konkret ist.[759] Das ist nicht immer der Fall, sondern ist anhand des Einzelfalls zu prüfen. Dabei ist zu beachten, dass selbst durch Ablauf des Veranlagungszeitraums entstandene Steuerschulden zunächst nur als Rückstellungen abzubilden sind, da eine rechtliche Verbindlichkeit im bilanziellen Sinn erst mit Erhebung der Steuern entsteht.[760] Eine latente Steuer befindet sich aber sogar noch im Vorfeld der Entstehung einer Steuerschuld bzw. Steuerrückstellung, weshalb eine ausreichende Konkretisierung genau geprüft werden muss.

Die Steuerschuld ist eine öffentlich-rechtliche Verpflichtung, da sie auf Normen des öffentlichen Rechts (Abgabenordnung) beruht und zudem mit Staatsgewalt durchgesetzt werden kann. Auch öffentlich-rechtliche Verpflichtungen können Rückstellungen auslösen.[761]

In tatbestandlicher Hinsicht umfasst § 249 Abs. 1 Satz 1 HGB nach der hier vertretenen statischen Auffassung nur Außenverbindlichkeiten. Solche sind gegeben, wenn eine Verpflichtung gegenüber einem Dritten vorliegt.[762] Die hier relevanten Steuerverbindlichkeiten sind Außenverbindlichkeiten im Sinne von § 249 Abs. 1 Satz 1 Alt. 1 HGB, denn Gläubiger ist der Fiskus und damit ein Dritter.

Grundsätzlich können nach der hier vertretenen Meinung passive latente Steuern ungewisse Außenverbindlichkeiten im Sinne von § 249 Abs. 1 Satz 1 HGB darstellen. Entscheidend ist jedoch, welche Wahrscheinlichkeit, bzw. welcher Konkretisierungsgrad gefordert wird. Festzuhalten ist, dass eine echte Zahlungsverpflichtung in

756 Hierzu zählen vor allem Steuerstundungsfälle. Siehe auch Fuhrmann, in: Herzig/Fuhrmann, Handbuch latente Steuern S. 1.

757 Vgl. auch: Fuhrmann, in: Herzig/Fuhrmann, Handbuch latente Steuern, S. 32.

758 A.A. Hoffmann, StuB 2012, 249 (250).

759 Allg. Meinung, vergleiche nur: Ballwieser, in: MüKo § 249 HGB Rn. 10.

760 Lüdenbach, BC 2011, 159 ff.; Webber-Grelet, in: Schmidt, EStG 30. Auflage, § 5 Tz. 387.

761 Allg. Meinung. Vgl. Merkt, in: Baumbach/Hopt, § 249 HGB Rn. 3.

762 Schubert, in: Beck'scher Bilanzkommentar, § 249 Rn. 26, Böcking/Gros, in: Ebenroth/Boujong/Joost/Strohn, § 249 Rn. 16.

Frage stehen muss. Rückstellungen erfüllen nämlich nicht den Zweck eines bloßen Abgrenzungspostens.

3.4.3.2.2 Ansatzzeitpunkt: wirtschaftliche Verursachung und rechtliche Entstehung zum Bilanzstichtag

Ab welchem Zeitpunkt ungewisse Verbindlichkeiten hinreichend konkret sind und damit anzusetzen sind, ist ebenfalls seit jeher umstritten und Gegenstand zahlreicher Diskussionen.[763] Klar ist der Fall, wenn eine Verbindlichkeit dem Grunde nach besteht und nur die konkrete Höhe ungewiss ist. Schwieriger ist der Fall, wenn die Existenz in zeitlicher Hinsicht oder tatbestandlicher Hinsicht noch nicht feststeht, aber als wahrscheinlich gilt.

Im Mittelpunkt steht die Frage, welche objektiven Kriterien erfüllt sein müssen, damit von einer entstehenden Verbindlichkeit gesprochen werden kann, die zu einer Rückstellungspflicht führt. Einigkeit besteht darüber, dass grundsätzlich eine wirtschaftliche Betrachtungsweise an § 249 HGB anzulegen ist.[764] Die rechtliche Existenz einer Verbindlichkeit wird deshalb nur als Indikator für das Vorliegen einer Verpflichtung verstanden, ist aber weder zwingende noch notwendige Voraussetzung.[765]

Der BFH stellt zur Frage des Ansatzzeitpunktes maßgeblich auf die wirtschaftliche Verursachung einer Verbindlichkeit und nicht deren rechtliche Entstehung ab.[766] Diese Herangehensweise führt zu Anwendungsproblemen, wenn die Zeitpunkte auseinander fallen, insbesondere dann, wenn die Verbindlichkeit rechtlich entstanden ist, aber wirtschaftlich noch nicht verursacht ist. Im umgekehrten Fall, wenn also wirtschaftliche Verursachung bereits eingetreten ist, ist nach h.M. von einer Pflicht zur Bildung von Rückstellungen auszugehen, da aus wirtschaftlicher Betrachtungsweise eine hinreichend konkrete Belastung in diesem Zeitpunkt bereits vorliegen kann.[767]

Rechtlich entstanden ist eine Verpflichtung dann, wenn die tatbestandlichen oder vertraglichen Voraussetzungen eingetreten sind. Von einer rechtlich entstandenen

763 Vgl. zusammenfassend Schubert, in: Beck'scher Bilanzkommentar, § 249 HGB Rn. 34 ff.

764 Moxter, Bilanzrechtsprechung, S. 82.

765 Ballwieser, in: MüKo § 249 HGB Rn. 17.

766 Vgl. BFH v. 23.09.1969 – I R 22/66, BStBl. 1970 II S. 104; BFH v. 19.05.1987 VIII R 327/83, BStBl. II 848 und auch I. Senat BFH v. 27.06.2001, DB 1698. Umstritten bleibt, ob allein die rechtliche Entstehung genügen kann, um eine Reckstellung zu begründen, vgl. Schubert, in: Beck'scher Bilanzkommentar § 249 HGB Rn. 34; Lüdenbach/Freiberg, BB 2011, 1579 (1582) stellen in Frage, ob die wirtschaftliche Verursachung ohne jegliche rechtliche Entstehung genügen kann.

767 Ballwieser, in: MüKo § 249 HGB Rn. 17 ff.; Schubert, in: Beck'scher Bilanzkommentar § 249 HGB Rn. 34; Böcking/Gros, in: Ebenroth/Boujong/Joost/Strohn, § 249 HGB Rn. 21 ff.; Baetge/Thiele/Kirsch, Bilanzen, S. 422.

Verpflichtung kann bei latenten Steuern nicht ausgegangen werden.[768] Die relevante Steuerpflicht entsteht rechtlich erst mit Ablauf des jeweiligen Erhebungszeitraums, vgl. etwa § 18 GewStG bzw. § 30 KStG i.V.m. 38 AO. Der Streit, ob bei vorliegender rechtlicher Entstehung zusätzlich eine wirtschaftliche Verursachung zu fordern ist, ist hier also nicht relevant.

Fraglich ist jedoch, ob zum Zeitpunkt, zu dem latente Steuern zu bilden sind, zugleich von einer wirtschaftlich verursachten Verbindlichkeit im Sinne von § 249 Abs. 1 Satz 1 HGB ausgegangen werden kann.[769]

Handfeste Kriterien zur Bestimmung der wirtschaftlichen Verursachung (teilweise auch wirtschaftliche Belastung genannt[770]) existieren nicht. Vielmehr gibt es eine Reihe von Einzelfallentscheidungen. So bejaht der BFH die wirtschaftliche Verursachung, wenn eine tatsächliche Verbundenheit des zugrunde liegenden Sachverhalts mit dem vergangenen Geschäftsjahr gegeben ist, sodass der zu erwartende Aufwand wirtschaftlich dem jeweiligen Geschäftsjahr zuzuordnen ist und bereits realisierten Erträgen zugerechnet werden kann (Alimentationsthese).[771] Hervorzuheben ist, dass danach Rückstellungen nicht nur an Vergangenes anknüpfen, sondern Vergangenes abgelten müssen.[772] Damit ist eine Rückstellungsbildung ausgeschlossen, wenn sie künftige Erträge alimentiert. Hieran ist zu kritisieren, dass die rückstellungsbegrenzende Wirkung der Anwendung des Realisationsprinzips einerseits gegen das Imparitätsprinzip verstößt und andererseits nicht immer klar ist, welche Erträge konkret von Rückstellungen alimentiert werden.[773] Dies gilt auch in Hinblick auf latente Steuern. Sollen diesbezügliche Rückstellungen vergangene Erträge alimentieren oder bezieht sich die Besteuerung allgemein nicht vielmehr auf das Vorliegen von Gewinnen am Ende des Erhebungszeitraums und damit zumindest auch auf zukünftige Erträge? Es erscheint auch fraglich, ob Steuern überhaupt bestimmten

768 Kirsch/Hoffmann/Siegel, DStR 2012, 1290 (1294); Müller, DStR 2011, 1046 (1048); Lüdenbach/Freiberg, BB 2011, 1579 (1582); Kleemann/Metzing, DStR 2012, 2405 ff.; Fuhrmann, in: Herzig/Fuhrmann, Handbuch latente Steuern, S. 1; Verlautbarung der Bundessteuerberaterkammer vom 18. September 2012 Rn. 4, abrufbar unter: http://www.bstbk.de (zuletzt aufgerufen am: 6 Dezember 2012).

769 BFH v. 27.6.2001, I R 45/97; BStBl II 2001, 121; DStR 2001, 1384; Kirsch/Hoffmann/Siegel, DstR 2012, 1290 (1292); Fuhrmann, in: Herzig/Fuhrmann, Handbuch latente Steuern, S. 32.

770 Es ist festzustellen, dass in der Literatur die Begriffe nicht einheitlich verwendet werden. Inhaltlich geht es jedoch um dasselbe, wenngleich der Begriff ‚wirtschaftliche Belastung' ein Kriterium der abstrakten Passivierungsfähigkeit darstellt. Die Verwendung dieses Begriffs indiziert m.E. daher das Verständnis einer Rückstellung im Sinne einer Schuld.

771 BFH vom 1.8.1984, I R 88/80, BStBl II 1985, 44; BGH vom 28.01.1991, II ZR 29/90, BB 1991, 507; BFH vom 28.06.1989, I R 86/85, BStBl. II 1990, S. 550; Moxter, Bilanzrechtsprechung, S. 61. Abgelehnt durch BFH Urteil vom 27.06.2001 – I R 45/97, BStBl. II 2003, S. 121, vgl. Kessler, DStR 1996, 1430 ff.

772 Schön, Beilage BB 1994 Nr. 9, (1) (6) m.w.N.

773 Vgl. Schön, Beilage BB 1994 Nr. 9, (1) (6) m.w.N.

Erträgen zugerechnet werden können, schließlich existiert keine synallagmatische Verbundenheit des Besteuerungstatbestands und der einzelnen Geschäftsvorfälle, welche latente Steuern bewirken können. Rein rechnerisch lässt sich zwar aus einem Geschäftsvorfall die darauf zu entrichtende Steuer ermitteln, jedoch werden nicht einzelne Geschäftsvorfälle besteuert, sondern die Erwirtschaftung von Gewinnen generell. Die wichtigste Voraussetzung der Besteuerung ist die Vermögensmehrung, die sich aus dem Vergleich der Bilanzen zweier Steuerperioden ergibt. Dies bedeutet, dass eine passive latente Steuer aus einem gewinnbringenden Geschäft nicht zur Besteuerung führt, wenn andere Verluste diesen Gewinn kompensieren. Es erscheint daher fraglich, ob latente Steuern tatsächlich den zu erwartenden Aufwand, der bereits verursacht wurde, darstellen. Vielmehr hängt die Besteuerung vom Eintritt künftiger Sachverhalte wie dem Entstehen von Gewinnen ab. Die Alimentationstheorie, möchte man sie überhaupt anwenden, spricht m.E. gegen eine Rückstellungsverpflichtung. Nur wenn man latente Steuern aus dynamischer Sicht betrachtet, ließe sich argumentieren, dass sie Steuereffekte aus vergangenen Transaktionen alimentieren, welche im Wege der Rückstellung für latente Steuern periodengerecht zugerechnet würden. Nach statischer Auffassung können, wie schon beschrieben, Rückstellungen nur gebildet werden, sofern eine tatsächliche Verbindlichkeit zu erwarten ist.

An anderer Stelle wird durch die Rechtsprechung ‚wirtschaftliche Verursachung' auch dann bejaht, wenn die *wirtschaftlich wesentlichen Tatbestandmerkmale erfüllt sind* und das Entstehen der Verbindlichkeit damit nur noch von wirtschaftlich unwesentlichen Merkmalen abhängt (Wesentlichkeitsthese).[774] Was die wesentlichen Tatbestandsmerkmale sind, kann nur im Einzelfall geklärt werden und ist vor dem Hintergrund der rechtlichen Struktur der in Frage stehenden Norm zu klären.[775] Die daraus resultierende Einzelfallentscheidung führt zu Rechtsunsicherheit. Deshalb wird gefolgert, dass eine Rückstellung dann zu bilden ist, wenn die drohende Verbindlichkeit einen solchen Konkretisierungsgrad (durch Erfüllung der wesentlichen Tatbestandsmerkmale) erreicht hat, sodass sich der Kaufmann der Verpflichtung nicht mehr einseitig entziehen kann, also die Inanspruchnahme nur noch in der Hand des Gläubigers liegt.[776] Dies ist vor allem dann gegeben, wenn die Verpflichtung automatisch mit Zeitablauf eintritt.[777] Aus statischer Sicht kann wirtschaftliche Verursachung nur bejaht werden, wenn dem zu erwartendem Aufwand keinerlei Erträge gegenüber stehen, es sich also tatsächlich um eine effektive Vermögensbelastung handelt.[778]

---

774 BFH vom 25.03.1992, I R 69/91, BStBl. II 1992, S. 1010; BFH v. 19.8.2002, VIII R 30/01, BStBl II 2003, 131; vgl. auch ADS, § 249 HGB, Rn. 66; Schubert, in: Beck'scher Bilanzkommentar, § 249 HGB Rn. 36.

775 Schön, in Beilage 9 zu BB 1994, S. 4 m.w.N.

776 Schön, in Beilage 9 zu BB 1994, S. 4 m.w.N.

777 Tiedchen, in: Handuch handelsrechtliche Rechnungslegung, § 5 EStG, Rn. 511; Hennrichs, in: MüKo AktG, § 249 HGB Rn. 42; Schön, BB 1994, Beil. 9, S. 4 f.

778 Baetge/Kirsch/Thiele, Bilanzen, S. 422.

Die Besteuerung tritt tatbestandlich automatisch mit dem Ablauf einer Steuerperiode ein (§ 38 AO). Somit könnte im Sinne der Wesentlichkeitstheorie eine künftige und ungewisse Verbindlichkeit vorliegen, der sich der Kaufmann nicht mehr einseitig entziehen kann. Fraglich ist dennoch, ob tatsächlich die wesentlichen Tatbestandsmerkmale im Zeitpunkt des Auftretens latenter Steuern erfüllt sind und die Inanspruchnahme nur noch in den Händen des Fiskus liegt. Eine tatsächliche Besteuerung tritt, wie schon erwähnt, jedenfalls im Ertragssteuerrecht, nämlich nur dann ein, wenn zu versteuernder Gewinn vorliegt. Diese wesentliche Voraussetzung liegt aber nicht nur noch in den Händen des Fiskus, sondern hängt von dem Erfolg des Unternehmens ab, den der Unternehmer aber auch beeinflussen kann. Eine Betriebsaufgabe durch den Unternehmer reicht nach verbreiteter Ansicht nicht aus, um sich einer Rückstellungspflicht zu entziehen.[779] So könnte ein Kaufmann aber schlicht Verlust generieren, um eine Besteuerung zu Vermeiden. Solch ein Verlust muss nicht etwa durch Verlustgeschäfte produziert werden, sondern kann beispielsweise auch durch die Ausgabe von Anleihen mit Disagio oder Ankauf von Anleihen unter Agio erfolgen. In der Tat versuchen Unternehmen – oft erfolgreich – durch Aufnahme von Schulden, ihre Gewinne zu drücken und damit jedenfalls teilweise eine Besteuerung zu umgehen.[780] Es existieren zahlreiche legale Steuertricks, welche von Unternehmen angewandt werden. Dazu zählt insbesondere auch die Verlagerung von Gewinnen ins Ausland, sodass es im Inland nur zu einer geringen Besteuerung kommt. Zwar machen Unternehmen in aller Regel Gewinne, die letztlich auch besteuert werden, jedoch zeigt dies, dass das Vorliegen eines Gewinns das wesentliche Tatbestandmerkmal der Besteuerung ist. Um einen solchen Gewinn feststellen zu können, ist der Ablauf des Veranlagungszeitraums notwendig. Erst dann kann m.E. von einer wirtschaftlichen Verursachung gesprochen werden. Wie schon festgestellt wurde, können nur latente Steuern mit Schuldcharakter Rückstellungen bewirken. Da sich die Besteuerung aber nicht auf konkrete Sachverhalte bezieht, sondern auf den festgestellten Gewinn allgemein, kann nicht ermittelt werden, ob die in Frage stehende latente Steuer tatsächlich zu einer Verbindlichkeit erwachsen wird bzw. ist. Deshalb ist es m.E. richtig, eine Rückstellungspflicht für (latente) Steuern erst mit der tatbestandlichen Entstehung zu fordern, also dem Vorliegen von Gewinnen zum Bilanzstichtag. Erst dann kann sich der Kaufmann der Verpflichtung nicht mehr einseitig entziehen. Latente Steuern lösen daher keine Rückstellungspflicht aus.

Aufgrund der diversen Interpretationsmöglichkeiten und theoretischen Ansätze der wirtschaftlichen Verursachung wird die wirtschaftliche Verursachung unterschiedlich beurteilt. So wird vertreten, dass wirtschaftliche Verursachung im

---

779 Baetge/Kirsch/Thiele, Bilanzen, S. 421, vgl. dazu auch Schön, in Beilage 9 zu BB 1994, S. 4 m.w.N.

780 Vgl. etwa jüngst die spektakuläre Anleihe-Auktion von Apple (http://www.spiegel.de/wirtschaft/unternehmen/apple-spart-9-2-milliarden-dollar-an-steuern-mit-anleihe-a-897938.html).

Zusammenhang mit latenten Steuern bereits in der eingetretenen unterschiedlichen Buchwerterfassung von Vermögensgegenständen, Schulden, RAP zwischen Handels- und Steuerbilanz zu sehen sei.[781] Damit entstehe eine wirtschaftliche Belastung, die im Zusammenhang mit dem vergangenen Geschäftsvorfall stehe. Ergibt sich aus den Differenzen eine passive latente Steuer, läge aus der allein maßgeblichen handelsrechtlichen Sichtweise[782] eine zu erwartende Steuermehrbelastung vor[783], da diesem Posten keine zu erwartenden Erträge gegenüberstehen. Eine solche Sichtweise knüpft meines Erachtens jedoch zu stark allein an das Vorliegen einer passiven Steuerlatenz an. Die Voraussetzungen einer Rückstellung gem. § 249 Abs. 1 HGB werden nicht wirklich geprüft. Wird die wirtschaftliche Belastung, womit wohl wirtschaftliche Verursachung gemeint sein dürfte, nicht näher begründet. Darüber hinaus wird keine Unterscheidung getroffen, ob tatsächlich überhaupt eine Vermögensbelastung zu erwarten ist – was aber richtigerweise nach statischer Betrachtung zu fordern wäre. Rückstellungen sind keine Rechnungsabgrenzungsposten, sondern Teil der unternehmerischen Schulden. Eine effektive Belastung ist das mindeste, was gefordert werden muss. Weiter fehlt es, wie beschrieben, an den wirtschaftlich notwendigen Tatbestandsmerkmalen einer Steuerverbindlichkeit.[784] Selbst rechtlich entstandene Steuerverbindlichkeiten sind bis zur Erhebung als Rückstellungen zu buchen. Insofern erscheint eine noch frühere Rückstellungsbildung als zu weitgehend. Somit bestehen erhebliche Zweifel an der Pflicht, Rückstellungen für passive latente Steuern zu bilden.[785]

Dies gilt umso mehr, wenn man die Rechtsprechung zur wirtschaftlichen Verursachung einer Verbindlichkeit, die auf öffentlich-rechtlichen Vorschriften beruht, berücksichtigt. Der BFH stellt in solchen Fällen strenge Anforderungen an die wirtschaftliche Verursachung.[786] So fordert der BFH eine existente gesetzliche Pflicht, die ein inhaltlich genau bestimmtes Handeln innerhalb eines bestimmten Zeitraums vorschreibt und an die Verletzung der Pflicht Sanktionen knüpft.[787] Folgt man dieser Rechtsprechung, läge eine hinreichend konkretisierte Verpflichtung erst

781 Siehe Fuhrmann, in: Herzig/Fuhrmann, Handbuch latente Steuern, S. 32.
782 Vgl. Kanitz, WPg 2011, 895 ff.
783 So vor allem: IDW RS HFA 7, Rz 26.
784 Siehe auch die weiteren Ausführungen in Abschnitt 3.4.3.2.3.3.
785 So auch: Vgl. Hoffmann, StuB 2012, 249 ff.; Ruberg, Ubg 2011, 626 ff.; Lüdenbach/Freiberg, BB 2011, S. 1579 ff.; Lüdenbach, BC 2011, 159 ff.; Müller, DStR 2011, 1046 ff.; vgl. auch offener Brief des DStV (Fn. 735); Feldgen/Völkner; BB 2012, 1333 ff.
786 Vgl. BFH, Urt. v. 19. 10. 1993, BStBl. II S. 891 ff.; siehe auch Lüdenbach/Freiberg, BB 2011, 1579 (1583) m.w.N. zu den besonderen Voraussetzungen bei Vorliegen einer öffentlich-rechtlichen Verpflichtung. An dieser Rechtsprechung wird kritisiert, dass im Rahmen solch öffentlich-rechtlicher Pflichten eine Rückstellungsbildung aufgrund dieser strengen Voraussetzungen letztlich nur für der Höhe nach ungewisse Verbindlichkeiten in Betracht käme, vgl. ADS, § 249 HGB Rn. 51, Schön, Beilage BB 1994 Nr. 9, 1 (8).
787 Vgl. ADS, § 249 HGB Rn. 50 mit Rechtsprechungsnachweisen.

dann vor, wenn dem Steuerschuldner ein inhaltlich bestimmtes Verhalten abverlangt wird, was hinsichtlich Steuerschulden nach verbreiteter Ansicht erst mit Ablauf des Erhebungszeitraums angenommen werden kann.[788] Dann wäre es konsequent, eine Rückstellungspflicht für passive latente Steuern gänzlich abzulehnen. Diese Herangehensweise des BFH wird jedoch als zu eng kritisiert und lässt sich weder mit dem Gesetz noch mit allgemeinen handelsrechtlichen Grundsätzen begründen. Realisationsprinzip, Imparitätsprinzip und das Vorsichtsprinzip so wie auch das Vollständigkeitsgebot sprechen eher dafür, auch öffentlich-rechtliche Pflichten im Rahmen von Rückstellungen zu erfassen, sobald ernsthaft mit einer Zahlungsverpflichtung zu rechnen ist, der sich der Kaufmann nicht einseitig entziehen kann. Aber auch das liegt nach der hier vertretenen Auffassung eben nicht vor.

Im Folgenden werden die bisherigen Ergebnisse und die eingangs dargestellten Ansichten der Berufsverbände anhand der möglichen auftretenden latenten Steuern beispielhaft überprüft.

3.4.3.2.3 Fälle latenter Steuern nach § 274 HGB

3.4.3.2.3.1 Permanente Buchwertdifferenzen

Permanente Differenzen zwischen Handels- und Steuerbilanz gleichen sich nicht aus. Zwar kann es bei solchen Differenzen auch zu einem Buchwertangleich kommen, jedoch sind die daraus entstehenden steuerlichen Mehrerträge steuerfrei bzw. die steuerlichen Minderaufwendungen nicht abziehbar.[789] Aus diesem Grund sind keine steuerlichen Mehrbelastungen zu erwarten, latente Steuern im Sinne von § 274 HGB wären nicht zu bilden. Damit scheidet auch eine Pflicht zur Rückstellungsbildung gem. § 249 Abs. 1 Satz 1 HGB aus (allg. Meinung).

3.4.3.2.3.2 Quasi-temporäre Buchwertdifferenzen

Quasi-temporäre Buchwertdifferenzen können sich hingegen steuerwirksam umkehren, weshalb grundsätzlich Steuermehrbelastungen zu erwarten sein könnten. Aufgrund des nun geltenden *Temporary-Concepts* sind für solche Sachverhalte passive latente Steuern im Sinne von § 274 HGB zu bilden.

Quasi-temporäre Differenzen resultieren aus Buchwertunterschieden, die sich entweder durch einen Verkauf oder die Liquidation des Unternehmens umkehren.[790] Beispielsweise kehrt sich der unterschiedliche Wertansatz eines betriebsnotwendigen Grundstücks mangels Abschreibung in der Handelsbilanz erst durch den

788 Lüdenbach, BC 2011, 159 (160); Lüdenbach/Freiberg, BB 2011, 1579 (1583); Baetge/Kirsch/Thiel, Bilanzen, S. 421, wonach die Voraussetzungen des § 38 AO vorliegen müssten; Hoffmann, StuB 2012, 249 (250); *Weber-Grellet*, in: *Schmidt*, EStG, 29. Aufl. 2010, § 5 Tz. 387.

789 Vgl. Fuhrmann, in: Herzig/Fuhrmann, Handbuch latente Steuern, S. 38.

790 Vgl. Gelhausen/Fey/Kämpfer, Rechnungslegung und Prüfung, Abschn. M, Rn. 8.

Verkauf des Grundstücks um.[791] Dies stellt eine ungewisse Verbindlichkeit dar, da der etwaige Mehrerlös steuerpflichtig ist. Jedoch hängen die Existenz sowie die Höhe der Besteuerung von einer Entscheidung des Kaufmanns (Verkauf eines Gegenstandes) ab. Damit sind die wirtschaftlich wesentlichen Tatbestandsmerkmale keinesfalls gegeben.[792] Der Kaufmann kann sich der wirtschaftlichen Belastung einseitig entziehen. Auch die Liquidation ist kein tauglicher Anknüpfungspunkt für die Bildung von Rückstellungen. Von der Liquidation des Unternehmens ist ohne konkrete Anhaltspunkte in den fraglichen Zeitpunkten nicht auszugehen. Dem Handelsrecht liegt eine Fortführungsfiktion zu Grunde, vgl. § 252 Abs. 1 Nr. 2 HGB.[793] Auch wenn man dieses Prinzip nicht auf den Ansatz von Bilanzposten übertragen möchte, wäre es widersprüchlich, müsste der Kaufmann zur Bildung von Rückstellungen von einer Liquidation ausgehen. Somit führen auch diese Sachverhalte mangels wirtschaftlicher Verursachung nicht zu einer Pflicht Rückstellungen zu bilden.[794]

3.4.3.2.3.3 Temporäre Buchwertdifferenzen

Temporäre Buchwertdifferenzen sind solche, die sich unabhängig von einer unternehmerischen Entscheidung oder einer Liquidation durch Zeitablauf automatisch umkehren. Daraus wird teilweise der Schluss gezogen, dass sich der Kaufmann einer etwaigen Verpflichtung nicht mehr einseitig entziehen könne und somit wirtschaftliche Verursachung stets gegeben sei.[795] Dies erfüllt jedoch nur einen Teil der Definition, da m.E. zunächst festgestellt werden muss, ob tatsächlich mit einer effektiven Belastung im Sinne einer Schuld zu rechnen ist. Das folgt nach der hier vertretenen Auffassung aus der primären Zweckrichtung von Rückstellungen – die vollständige Erfassung der Schulden eines Unternehmens (s.o.).

In der Literatur wird daher vertreten, dass gerade bei langen Umkehrungszeiträumen der Differenzen, auch wenn diese gewiss sind, eine Inanspruchnahme nicht hinreichend konkretisiert sei. Es sei beispielsweise unbekannt, ob dann noch etwa mit einer Gewerbesteuer zu rechnen sei, insbesondere weil entstehende Verluste einer effektiven Besteuerung im Wege stehen könnten.[796] Dies muss aber nach der hier vertretenen Auffassung auch für kürzere Umkehrungszeiträume gelten, da stets

---

791 Van Hall/Kessler, in: Kessler/Leinen/Strickmann, Handbuch BilMoG, S. 480.

792 Kirsch/Hoffmann/Siegel, DStR 2012, 1290 (1294).

793 Kirsch/Hoffmann/Siegel, DStR 2012, 1290 (1294). Kritik bzgl. der Übertragung der Fortführungsfiktion auf Ansatzregeln: Schön, Beilage BB 1994 Nr. 9, 1 (5) m.w.N.

794 Vgl. Grottel, in: Beck'scher Bilanzkommentar, § 274a Rn. 6. A.A. Karrenbrock, BB 2013, 235 (238), der hauptsächlich auf den Informationszweck und Kapitalschutzfunktion abstellt und auch hier eine Rückstellungspflicht befürwortet. Zudem sei nach seiner Ansicht ausreichend, dass ein gesetzlich hinreichend bestimmter Besteuerungstatbestand vorliegt, dem sich der Unternehmer allenfalls hinsichtlich der Fälligkeit entziehen kann.

795 So vor allem: IDW RS HFA 7, Rz. 26.

796 So: Hoffmann, StuB 2012, 249 (249).

die Erfüllung der wirtschaftlich wesentlichen Tatbestandsmerkmale zu fordern ist. Allein das Vorliegen einer latenten Steuer in handelsrechtlichem Sinne sagt nichts über das Vorliegen einer ungewissen Verbindlichkeit aus. Beispielhaft sei auf zwei gleiche Unternehmen verwiesen, das eine aktiviert immaterielle Vermögensgegenstände, das andere nicht. Steuerlich existiert ein Ansatzverbot für selbst erstellte Vermögensgegenstände des Anlagevermögens, vgl. § 5 EStG. Somit sind aufgrund der Aktivierung keine Steuern zu erwarten. Etwaige kurzfristige Mehrbelastungen o.ä. sind rein rechnerische und interne Phänomene, die keine ungewisse Verbindlichkeit begründen. Wie die Rechenbeispiele zur Ermittlung latenter Steuern in Abschnitt 3.3.2.1.4 (beginnt auf S. 139) zeigen, führen temporäre Buchwertunterschiede zu keiner tatsächlichen Besteuerung, sondern bauen sich steuerneutral ab. Insbesondere Fall 2 verdeutlicht, dass latente Steuern in diesen Fällen eher den Zweck eines Rechnungsabgrenzungspostens erfüllen.

Würde man in diesen Fällen eine Pflicht zur Rückstellungsbildung annehmen, käme es aufgrund von § 249 HGB zu einer Anwendung des *Timing-Konzepts*.[797] Dies würde zu einer fragwürdigen Koexistenz zweier Abgrenzungskonzepte führen. Die Pflicht, Rückstellungen zu bilden muss vielmehr, wie eingangs dargelegt, eigenständig beurteilt werden.

Die Uneinigkeit hinsichtlich der Pflicht Rückstellungen zu bilden, liegt vor allem in der oft kritisierten Annahme einer gewissen Doppelnatur latenter Steuern.[798] Einerseits treten sie allein aus handelsrechtlichen Erwägungen auf, andererseits resultieren sie aber auch entscheidend aus steuerlichen Vorschriften. Je nachdem, welchen Existenzgrund man in den Vordergrund stellt, sei eine Rückstellung zu bilden oder nicht.[799] Aus handelsrechtlicher Sicht ergeben sich gem. § 274 HGB zu erwartende Steuermehrbelastungen. Wendet man eine steuerliche Betrachtungsweise an, führen auch die meisten temporären Differenzen nicht zu einer effektiven Besteuerung. Da der handelsrechtliche Blickwinkel letztlich auf rechnerischen Phänomenen beruht, liegt vor allem keine Außenverpflichtung vor. Für die handelsrechtliche Betrachtungsweise und damit für die Bildung von Rückstellungen für passiv latente Steuern spricht allein der Umstand, dass ohne Bildung von Rückstellungen das handelsrechtliche Ergebnis nicht periodengerecht ermittelt würde und somit in der fraglichen Periode ein zu hoher Betrag zur Ausschüttung bereit stehen würde. Diese Argumentation ist aber nur dann zutreffend, sofern man Rückstellungen als Abgrenzungsposten begreift. Richtigerweise dienen sie aber der Abbildung der unternehmerischen Schulden, welche nur bei wirtschaftlicher Belastung vorliegen.[800]

Im oben genannten Beispiel der Aktivierung selbst erstellter immaterieller Vermögensgegenstände des Anlagevermögens gem. § 248 Abs. 2 Satz 1 HGB wird

797 Kanitz, WPg 2011, 895 (901).
798 Vgl. Kritik hieran auch Hoffmann, StuB 2012, 249 (250).
799 So Kanitz, WPg 2011, 895 (906).
800 So auch Schön, BB Beilage 1994, Nr. 9, 1 (4) mit weiteren Argumenten.

deshalb richtigerweise vertreten, dass allein die Wahrnehmung von handelsrechtlichen Wahlrechten noch nicht zur Rückstellungspflicht führen kann.[801] Begründet wird dies mit eben der Tatsache, dass steuerlich nicht ansetzbare Vermögensgegenstände auch nicht zu einer Steuerbelastung führen können – mithin der Ausweis steuerlich irrelevant sei. Diese Argumentation entspricht der allgemeinen Meinung zu den früher auftretenden Beträgen aus der Aktivierung von Ingangsetzungs- und Erweiterungsaufwendungen nach § 269 HGB a.F.[802] In der Tat lässt sich diese Argumentation zwar nicht direkt auf Beträge aus der Aktivierung von selbst erstellten Gütern im Sinne des § 248 Abs. 2 Satz 1 HGB übertragen, da diese Vermögensgegenstände realisierbar sind. Jedoch kann allein die Möglichkeit einer steuerwirksamen Realisierung durch Veräußerung nicht genügen, da in diesem Fall aufgrund der ausstehenden unternehmerischen Entscheidung noch keine wirtschaftliche Verursachung vorliegt.[803] Aus steuerlicher Sicht ist noch kein gesetzlicher Besteuerungstatbestand verwirklicht. Der Kaufmann kann sich durch Nichtrealisierung der Verpflichtung einseitig entziehen. Aus demselben Grund wird die Rückstellungspflicht für quasi-permanente Differenzen abgelehnt. Eine Pflicht i.S.d. § 249 Abs. 1 Satz 1 HGB kommt daher allenfalls bei Vorliegen einer Veräußerungsabsicht in Betracht. Die Frage des Zeitpunkts der wirtschaftlichen Verursachung ist m.E. daher gar nicht entscheidend.

In der Literatur wird auch Bezug auf Sachverhalte genommen, bei denen steuerlich eine andere Abschreibungsmethode oder ein anderer Abschreibungszeitraum angewandt wird als handelsrechtlich[804] (vgl. Fall 2 in Abschnitt 3.3.2.1.4, S. 139). Es könne auch in diesen Fällen aus handelsrechtlicher Sicht zur Bildung passiver latenter Steuern und der Pflicht zur Bildung einer Rückstellung kommen. Aber auch in diesen Fällen ist kein steuerlicher Tatbestand erfüllt, der eine echte Vermögensminderung erwarten ließe. Wiederum kann es bei Bildung von Rückstellungen in solchen Sachverhalten allein um eine periodengerechte Abgrenzung gehen. Dies ist aber, wie schon dargestellt, nach der hier vertretenen Ansicht nicht der Zweck von § 249 HGB, weshalb eine solche Pflicht ausscheidet.[805] Bei genauerer Betrachtung muss sogar festgestellt werden, dass sich der Steuereffekt umkehrt und aktive latente Steuern in selber Höhe gebildet werden müssen (vgl. Fall 2 in Abschnitt

801 Vgl. Van Hall/Kessler, in: Handbuch BilMoG, S. 480; differenzierend: Kanitz, WPg 2011, 895 (903) a.A. Fuhrmann, in: Herzig/Fuhrmann, Handbuch latente Steuern, S. 37 die eine Rückstellungspflicht für steuerliche Mehrbelastungen aufgrund von Abschreibungen befürworten; Müller/Kreipel; DB 2011, 1701 (1703).

802 Vgl. Fuhrmann, in: Herzig/Fuhrmann, Handbuch latente Steuern, S. 37 mit zahlreichen Nachweisen.

803 Kanitz, WPg 2011, 895 (903) A.A. Fuhrmann, in: Herzig/Fuhrmann, Handbuch latente Steuern, S. 37.

804 vgl. Fuhrmann, in Herzig/Fuhrmann, Handbuch latente Steuern, S. 34 ff.

805 Ruberg, Ubg 2011, 626 (631); a.A. IDW RS HFA 7, vgl. auch Fuhrmann, in Herzig/Fuhrmann, Handbuch latente Steuern, S. 34 ff.

3.3.2.1.4, S. 139). Es fehlt abermals an einer tatsächlich zu erwartenden wirtschaftlichen Belastung.

Temporäre Buchwertdifferenzen, die auf Steuerstundungsvorschriften beruhen, werden teilweise selbst von Kritikern der Auffassung des IDW als rückstellungsauslösend beschrieben (vgl. oben BStBK). Anders als in den vorangegangenen Fällen, lägen nämlich die wirtschaftlich wesentlichen Tatbestandsmerkmale der Besteuerung dem Grunde nach vor. Denn dann, wenn steuerlich Erträge lediglich später erfasst werden als handelsbilanziell, liegt im Grundsatz eine zu erwartende – gestundete – effektive Besteuerung vor.[806] Der notwendige Schuldcharakter sei in diesen Fällen gegeben. Genannt werden die gewinnmindernde Rücklage nach § 6b Abs. 3 Satz 1 EStG oder der Investitionsabzugsbetrag nach § 7g EStG. Dazu kommt es steuerlich, wenn aus dem Veräußerungserlös eines Betriebsgrundstücks weitere Anschaffungen getätigt werden sollen und dafür Rücklagen gebildet werden. Diese müssen entweder nach § 6 Abs. 3 Satz 5 EStG bei Aufgabe des Vorhabens aufgelöst werden oder können im Fall der Durchführung mit den Herstellungskosten verrechnet werden. In beiden Fällen kommt es erst dann zu einer Versteuerung des Verkaufserlöses. Handelsbilanziell hingegen ist der Verkaufserlös direkt gewinnerhöhend zu buchen. Daraus resultiere eine zu erwartende steuerliche Mehrbelastung. Tatsächlich liegt in Unterschied zu den bisher genannten Fällen nicht bloß ein rechnerisches Phänomen im Sinne des § 274 Abs. 1 HGB vor, sondern der Steuertatbestand „Veräußerung“ hat bereits stattgefunden.[807] Die Steuerschuld ist lediglich gestundet. Daher könnte eine Rückstellungspflicht angenommen werden.[808] Diese Ansicht ist zwar insoweit konsequent, als sie eine tatsächliche wirtschaftliche Belastung fordert, jedoch wird m.E. nicht ausreichend geprüft, ob bereits die notwendige wirtschaftliche Verursachung vorliegt.

Große Teile der Literatur sehen die wirtschaftliche Verursachung im Zusammenhang mit Steuerverbindlichkeiten erst mit Ablauf des jeweiligen Erhebungszeitraums gegeben.[809] Das entspricht auch der ständigen Rechtsprechung des BFH zu den besonderen Konkretisierungsmerkmalen öffentlich-rechtlicher Verpflichtungen.[810] Geht man in Steuersachverhalten von der Notwendigkeit des Ablaufs des

---

806 Karrenbrock BB 2013, 235 f. konstatiert insoweit, dass es keinen Unterschied machen könne, ob Erträge steuerlich später berücksichtigt werden, oder steuerlich Aufwand eher berücksichtigt wird.

807 Fuhrmann, in: Herzig/Fuhrmann, Handbuch latente Steuern, S. 34.

808 So auch: Kanitz, WPg 895 (902), Verlautbarung BStBK abrufbar unter: http://www.bstbk.de (zuletzt aufgerufen am: 6 Dezember 2012), Rz. 6.; Ruberg, Ubg 2011, 626 (631); wohl auch: Kirsch/Hoffmann/Siegel, DstR 2012, 1290 (1293 f.); Müller/Kreipel; DB 2011, 1701 (1703).

809 Lüdenbach/Freiberg; BB 2011, 1579 (1583); Hoffmann, StuB 249 (250); Lüdenbach, BC 2011, 159 (160); Müller, DStR 2011, 1046 (1048); vgl. auch Ansicht des DStV.

810 Vgl. hierzu BFH vom 27.06.2001 – I R 45/97, BFHE 196, 216, BStBl. II 2003, 121, wo auf das Vorliegen einer behördlichen Verfügung bzw. verwaltungsrechtlichen Vereinbarung hingewiesen wird.

Erhebungszeitraums aus, bliebe in den hier fraglichen Fällen gar kein Raum für die wirtschaftliche Verursachung vor rechtlicher Entstehung.[811] In diesem Zusammenhang ist jedoch darauf hinzuweisen, dass der BFH schon in seinem Urteil vom 20. 3. 1980 darauf hingewiesen hat, dass eine Vollentstehung nicht die Voraussetzung einer Rückstellungspflicht ist.[812] So hat der BFH zur Pflicht der Aufstellung eines Jahresabschlusses die wirtschaftliche Verursachung in der Führung eines buchführungspflichtigen Unternehmens gesehen[813] und nicht in dem Ablauf des relevanten Jahres. Dies lässt sich meines Erachtens aber nicht auf Steuersachverhalte übertragen. Der wesentliche Grund für die Besteuerung ist der Eintritt von Gewinnen (vgl. schon oben). Vielmehr könnte die Rechtsprechung zur Rückstellungspflicht bzgl. gewinnabhängiger Verpflichtungen als Vergleich herangezogen werden.[814] In den fraglichen Fällen ging es um die Vergütungspflicht von Handelsvertretern, welche an das Auftreten zukünftiger Gewinne geknüpft war. Wirtschaftlicher Grund für diese Pflicht lag in der vergangenen Tätigkeit des Handelsvertreters, die wirtschaftliche Verursachung wurde aber erst mit dem Entstehen von zukünftigen Gewinnen als gegeben betrachtet. Dies lässt sich m.E. auf Steuersachverhalte übertragen, denn erst wenn Gewinne zum Stichtag vorliegen, partizipiert der Staat an den Gewinnen. Insoweit unterscheidet sich die Gewinnpartizipation des Staates nicht von derjenigen einer vertraglichen gewinnbezogenen Vergütung. Somit ist der Eintritt von Gewinnen hinsichtlich Steuerverpflichtungen nicht lediglich ein Wahrscheinlichkeitsmoment, was dem Ungewissheitsmoment von Rückstellungen grundsätzlich immanent wäre, sondern eine wesentliches Tatbestandsmerkmal.[815]

Im Ergebnis ist festzuhalten, dass auch temporäre latente Steuern nicht den notwendigen Schuldcharakter aufweisen. Sofern man diesen annehmen kann, wie etwa in Steuerstundungsfällen, muss jedoch eine wirtschaftliche Verursachung vor Ablauf der Steuerperiode abgelehnt werden. Im Ergebnis kommt die Bildung von Rückstellungen für passive latente Steuern daher nicht in Betracht.

3.4.3.2.4 Ausblick

Die bisherigen Ausführungen gehen von der aktuellen Rechtsprechung und Meinungsstand aus. Latente Steuern haben in der bisherigen Entwicklung jedoch keine wesentliche Rolle gespielt. Es ist m.E. nicht auszuschließen, dass künftig aufgrund der gestiegenen Bedeutung latenter Steuern eine Rückstellungspflicht aus Informationsgesichtspunkten befürwortet wird und der Abgrenzungscharakter in den Vordergrund rückt. Dabei ist auch zu berücksichtigen, dass das IDW tatsächlich

811 Lüdenbach/Freiberg, BB 2011, 1679 (1583).

812 Vgl. BFH NJW, 1980, 2151 (2152).

813 NJW 1980, 2151 (2152).

814 BFH in BFHE 96, 101, BStBl. 1969 II, 581; BFHE 70, 556, BStBl. 1960 III, 208.

815 So auch: Karrenbrock, BB 2013, 235 (236) der die Entstehung von Gewinnen als rückstellungsimmanentes Ungewissheitskriterium begreift.

großen Einfluss auf die Bilanzierungspraxis in Deutschland hat. Eine gesetzliche Klarstellung wäre wünschenswert.

3.4.3.3 Ergebnis

Im voranstehenden Abschnitt wurde die in der Literatur diskutierte Pflicht zur Bildung von Rückstellungen gem. § 249 Abs. 1 Satz 1 Alt. 1 HGB für passive latente Steuern außerhalb des Anwendungsbereichs von § 274 HGB abgelehnt. Bedeutung erhält diese Frage zum einen durch die immer größer werdenden Unterschiede zwischen Handels- und Steuerbilanz und zum andern bedeutet die Ermittlung latenter Steuern einen hohen Aufwand für Unternehmen. Dementsprechend wurde in § 274a Nr. 5 HGB eine Erleichterung für kleine Kapitalgesellschaften geschaffen. Sie dürfen auf den Ausweis latenter Steuer gem. § 274 HGB verzichten. Käme es zu einer Abgrenzungspflicht über § 249 Abs. 1 HGB, bliebe von der Erleichterung nicht viel bestehen. Zudem wären so auch Einzelkaufleute und Personenhandelsgesellschaften von der Pflicht betroffen.

Nach der hier vertretenen Auffassung erfüllen Rückstellungen statische Zwecke. Eine Pflicht zur Bildung für passive latente Steuern setzt daher vor allem das Vorliegen eines Schuldcharakters voraus. Dies kann nur für Wertdifferenzen zwischen Handels- und Steuerbilanz aufgrund von Steuerstundungsfällen angenommen werden. Dies reicht jedoch noch nicht aus. Vielmehr muss die Schuld auch wirtschaftlich verursacht sein. Eine Steuerverbindlichkeit ist erst verursacht, wenn am Bilanzstichtag Gewinne vorliegen. Dies impliziert zugleich, dass das Ablaufen des Steuerveranlagungszeitraums zwingende Voraussetzung ist.

Die dargestellten Meinungen zeigen, dass die Voraussetzungen des Ansatzzeitpunktes einer Verbindlichkeit, bzw. die Voraussetzungen einer Rückstellung nach § 249 Abs. 1 Satz 1 HGB immer noch weitestgehend ungeklärt sind. Aufgrund der Änderungen des BilMoGs haben die Diskussionen zur rechtlichen Qualität von Rückstellungen mit der Frage der Rückstellungsbildung für passive latente Steuern einen neuen Höhepunkt erfahren.

3.4.4 Abführungssperre gem. § 301 AktG

§ 301 AktG enthält eine Sondervorschrift zum Umgang mit ausschüttungsgesperrten Beträgen im Rahmen von Gewinnabführungsverträgen. Gem. § 301 S. 1 AktG kann eine Gesellschaft aufgrund vertraglicher Vereinbarung nicht den nach § 268 Abs. 8 HGB ausschüttungsgesperrten Betrag abführen. Insoweit beschränkt § 301 AktG das Gewinnverwendungsrecht der abhängigen Gesellschaft. Auf diese Weise soll verhindert werden, dass die unsicheren, angesetzten Beträge über den Umweg der Abführung auf anderer Gesellschaftsebene zur Ausschüttung gelangen können. Dieses Problem wurde auch schon vor Existenz des § 301 S. 1 AktG erkannt.[816] Mit

816 Vgl. zum alten Recht: Gegen Abzug: Winkeljohann/Lawall, in: Beck'scher Bilanzkommentar, 6. Auflage 2006, § 269 HGB Rn. 15; für Abzug: ADS § 269 Rn. 22a.

Einführung des § 301 S. 1 AktG stellt sich nun aber nicht mehr die Frage, ob in den fraglichen Sachverhaltskonstellationen letztlich eine schon von § 268 Abs. 8 HGB, damals § 269 S. 2 HGB a.F., umfasste Ausschüttung vorliegt. Fraglich ist allerdings, wie sich heute der maximal abführbare Betrag berechnet. Dies ist mit Blick auf eine ertragsteuerliche Organschaft i.S.d. § 14 Abs. 1 KStG von besonderem Interesse, denn nur wenn der maximal abführbare Betrag abgeführt wird („ganzen Gewinn", vgl. § 14 Abs. 1 KStG), ist diese anzuerkennen.

Dem Wortlaut des § 301 AktG folgend, bestimmt sich der maximal abführbare Betrag nach folgendem Berechnungsschema:

	Jahresüberschuss, vor Gewinnabführung (§ 301 S. 1 AktG)
-	Verlustvortrag aus dem Vorjahr (§ 301 S. 1 AktG)
-	Pflichtgemäße Einstellung in gesetzliche Rücklage nach § 300 AktG (§ 301 S. 1 AktG)
-	Ausschüttungsgesperrter Betrag nach § 268 Abs. 8 HGB
+	Beträge die in andere Gewinnrücklagen während der Vertragsdauer eingestellt wurden (§ 301 S. 2 AktG)

Diese zunächst eindeutige Regelung wirft bei genauer Betrachtung Fragen auf.

3.4.4.1 *Jahresüberschuss i.S.d. § 301 AktG*

Zunächst ist fraglich, welche Vermögensbestandteile an den Vertragspartner dem Grunde nach abgeführt werden dürfen. § 301 S. 1 AktG verweist diesbezüglich auf den Jahresüberschuss i.S.v. § 158 Abs. 1 Satz 1 AktG bzw. § 275 Abs. 2 Nr. 20 und Abs. 3 Nr. 19 HGB. Daraus folgt, dass Entnahmen aus gesetzlichen Rücklagen nicht abgeführt werden dürfen, da sie keine Bestandteile des Jahresüberschusses sind, vgl. § 158 Abs. 1 Satz 1 Nr. 2, 3 a, b und c AktG. § 301 S. 2 AktG erweitert den abführbaren Jahresüberschuss um Beträge, die während der Vertragslaufzeit in andere Gewinnrücklagen i.S.d. § 158 Abs. 1 Satz 1 Nr. 3 d AktG eingestellt wurden. Diese dürfen aus der Rücklage entnommen und als Gewinn abgeführt werden. Andernfalls wäre wohl mit einer solchen Rücklagenbildung schon gar nicht zu rechnen. Nach wohl herrschender Ansicht ist § 301 S. 2 AktG analog auf innerhalb der Vertragslaufzeit generierte Gewinnvorträge i.S.d. § 158 Abs. 1 Satz 1 Nr. 1 AktG anzuwenden.[817] Gewinnvorträge, die aus vorvertraglicher Zeit stammen, zählen indessen nicht zum abführbaren Jahresüberschuss i.S. des § 301 S. 1 AktG – sie sind von der vertraglichen Gewinnabführung nicht umfasst. Nach herrschender Ansicht gehen auch Erträge aus der Auflösung stiller Reserven, die vor dem Gewinnabführungsvertrag gebildet wurden, in den Jahresüberschuss ein und sind somit abführbar.[818]

817 Hüffer, § 301 AktG Rn. 7; Altmeppen, in: MüKo, § 301 AktG Rn. 21 m.w N.
818 Vgl. statt vieler: Hüffer, § 301 AktG Rn. 4 m.w.N.

Betrachtet man insbesondere die Tatsache, dass stille Reserven mangels Realisation häufig zunächst nur ungewisse Gewinnaussichten sind, bestehen keine Bedenken, stille Reserven aus vorvertraglicher Zeit in dem abführbaren Jahresüberschuss zu belassen. Die Abführung stiller Reserven gefährdet einerseits nicht das Grundkapital und andererseits können die Interessen der außenstehenden Aktionäre über die Ausgleichszahlungen wahrgenommen werden, welche auch nachträglich angepasst werden können.[819]

3.4.4.2 Nicht abführbare Beträge i.S.d. § 301 S. 1 AktG

3.4.4.2.1 Verlustvortrag aus dem Vorjahr

Vom Jahresüberschuss ist gem. § 301 S. 1 AktG der Verlustvortrag aus dem Vorjahr abzuziehen. Aufgrund der Verlustübernahmepflicht nach § 302 Abs. 1 AktG im Rahmen von bestehenden Gewinnabführungsverträgen kann nur ein etwaiger Verlustvortrag aus dem Jahr vor Abschluss des Gewinnabführungsvertrags gemeint sein.[820]

3.4.4.2.2 In Rücklagen einzustellende Anteile des Jahresüberschusses

Nach § 301 S. 1 AktG sind Beträge, die in die gesetzlichen Rücklagen nach § 300 AktG einzustellen sind, in Abzug zu bringen. Diese dürfen ebenfalls nicht an den anderen Vertragsteil abgeführt werden. Das entspricht im Grundsatz dem § 158 Abs. 1 Satz 1 Nr. 4 AktG, der verdeutlicht, dass diese Beträge nicht zum Jahresüberschuss gehören. Die Dotierungsgrundlage der gesetzlichen Rücklage nach § 300 Nr. 1 AktG ist der Jahresüberschuss abzüglich des Verlustvortrags aus dem Jahr vor Bestehen des Gewinnabführungsvertrags.[821] Ist eine Gesellschaft verpflichtet, ihren Gewinn abzuführen, besteht ein größeres Risiko, das gesetzliche Rücklagen nicht aufgefüllt werden. Insoweit enthält § 300 Nr. 1 AktG einen besonderen Regelungsmechanismus, der diese Gefahr abschwächt.[822]

3.4.4.2.3 Ausschüttungsgesperrte Beträge i.S.d. § 268 Abs. 8 HGB

Der ausschüttungsgesperrte Betrag i.S.d. § 268 Abs. 8 HGB darf gem. § 301 Satz 1 AktG nicht an den anderen Vertragsteil abgeführt werden. Die Formulierung des § 301 S. 1 AktG verdeutlicht, dass es nicht um die kumulierten, aktivierten Beträge i.S.d. § 268 Abs. 8 HGB geht, sondern um den tatsächlich nach § 268 Abs. 8 HGB

---

819 Paulsen, in: MüKo § 304 AktG Rn. 150 ff.; Altmeppen, in: MüKo § 301 AktG Rn. 34.
820 Allg. M., vgl. etwa Hüffer, § 301 AktG Rn. 5.
821 Vgl. auch oben: Bei Bestehen eines Gewinnabführungsvertrags hat der andere Vertragspartner Verluste gem. § 302 AktG zu übernehmen, weshalb kein Verlustvortrag während eines Gewinnabführungsvertrags entsteht.
822 Vgl. zur Berechnung der regelmäßigen Zuführungen innerhalb des 5-Jahres Zeitraums und zur Berechnung allgemein vor allem: Emmerich/Habersack, Aktien- und GmbH-Konzernrecht, § 300 AktG Rn. 9 ff.

ausschüttungsgesperrten Betrag auf Ebene der abhängigen Gesellschaft.[823] Deshalb sind zur Berechnung des ausschüttungsgesperrten Betrags im Rahmen von § 301 Satz 1 AktG frei verfügbare Rücklagen[824] mindernd zu berücksichtigen.[825] Der Wortlaut des § 301 Satz 1 AktG ist insoweit eindeutig. Existieren genug freie Rücklagen, die selbst nicht an den Vertragspartner abgeführt werden, besteht kein ausschüttungsgesperrter Betrag. In diesem Fall ist der Jahresüberschuss nicht zu kürzen. Dieses Vorgehen ist unbestritten.[826] Umstritten ist hingegen die exakte Berechnung. Das Recht der Gewinnabführungsverträge unterscheidet in zeitlicher Hinsicht zwischen den Vermögensmassen aus vororganschaftlicher und organschaftlicher Zeit.[827] Insbesondere dürfen nur während der Organschaft entstehende Gewinne an den anderen Vertragsteil abgeführt werden, da § 301 Satz 1 AktG lediglich an den Jahresüberschuss anknüpft. Entnahmen aus Gewinnrücklagen führen nur dann zu abführbaren Beträgen, wenn die Gewinne während der Organschaft generiert und thesauriert wurden. Entnahmen aus anderen Arten von Rücklagen und aus Rücklagen aus vororganschaftlicher Zeit sind von einer Abführung ausgenommen.[828] Auf diese Weise wird das Vermögen der außenstehenden Aktionäre geschützt. Eine Gesellschaft kann sich nicht zu Lasten der Aktionäre zur Abführung sämtlichen Vermögens verpflichten.

Es stellt sich daher die Frage, ob während der Vertragslaufzeit aktivierte Beträge i.S.d. § 268 Abs. 8 HGB auch mit vororganschaftlichen freien Rücklagen abgedeckt werden dürfen, um eine Abführung in entsprechender Höhe zu ermöglichen. Ein solches Vorgehen würde die Interessen der außenstehenden Minderheitsaktionäre verletzen. Vororganschaftliche, frei verfügbare Rücklagen sind grundsätzlich nicht von Gewinnabführungsverträgen umfasst, denn sie stehen den Aktionären des zur Abführung verpflichteten Unternehmens zu. Könnten vororganschaftliche, freie Rücklagen bei der Abdeckung von Beträgen i.S.d. § 268 Abs. 8 HGB, welche nach Vertragsschluss aktiviert wurden, berücksichtigt werden, könnten diese Beträge nicht mehr ausgeschüttet werden. Wirtschaftlich betrachtet, macht es also für die außenstehenden Aktionäre keinen Unterschied, ob die Beträge abgeführt werden oder zur Abdeckung des ausschüttungsgesperrten Betrags verwendet werden, wenngleich keine Abführung im klassischen Sinn vorliegt. Bestand die Ausschüttungssperre hingegen schon vor der Organschaft, wurden also während der

823 Vgl. auch Simon, NZG 2009, 1081 (1085). Bei der Berechnung sind passiv latente Steuern zu berücksichtigen, deren etwaige Doppelberücksichtigung zu vermeiden (vgl. Abschnitt 3.3.2.1.9.1) und frei verfügbare Rücklagen abzuziehen.

824 Bspw. Kapitalrücklagen i.S.d. § 272 Abs. 2 Nr. 4 HGB und satzungsgemäße Gewinnrücklagen.

825 Vgl. BT-Drs. 16/10067, S. 105.

826 Vgl. BT-Drs. 16/10067, S. 105; Kropff, in: FS Hüffer, S. 539 (550); Simon, NZG 2009, 1081 (1085); Küting/Lorson/Eichenlaub/Toebe, GmbHR 2011, 1 (9); Gelhausen/Althoff, WPg 2009, 629 (630).

827 Vgl. etwa § 301 Satz 2 AktG und § 302 Abs. 1 AktG.

828 Vgl. auch Ausführungen bei Hüffer, § 301 AktG Rn. 8 und 9.

Vertragslaufzeit keine neuen Beträge i.S.d. § 268 Abs. 8 HGB aktiviert, bestehen keine Bedenken, da die Aktionäre insoweit sowieso keine Ausschüttung erwarten konnten.

Gelhausen/Althoff beschränken die Kürzung des ausschüttungsgesperrten Betrags i.S.d. § 285 Nr. 28 HGB nicht auf innervertragliche Gewinnrücklagen. Dafür wird vor allem der Wortlaut angeführt: § 301 Satz 1 AktG spricht allein vom ausschüttungsgesperrten Betrag, worin keine Begrenzung auf den Zeitraum der Vertragsdauer enthalten sei.[829] Somit seien vor- oder nachorganschaftliche freie Rücklagen kürzend zu berücksichtigen.[830]

Andere Autoren vertreten die Auffassung, der ausschüttungsgesperrte Betrag nach § 268 Abs. 8 HGB könne nur mit vororganschaftlichen freien Rücklagen abgedeckt werden.[831] Dies widerspricht jedoch nicht nur dem allgemein gehaltenen Wortlaut des § 301 AktG, sondern steht auch klar im Widerspruch zur grundsätzlichen Trennung der Vermögenssphären.

Küting/Lorson/Eichenlaub/Toebe erkennen ebenfalls die Kürzung des ausschüttungsgesperrten Betrags im Rahmen von § 301 AktG an, beschränken diese aber auf innervertragliche Gewinnrücklagen. Wird eine solche Kürzung durchgeführt, d.h. sind Gewinnrücklagen notwendig, um den gesperrten Betrag abzudecken, können diese dann nicht gem. 301 Satz 2 AktG abgeführt werden.[832]

Simon schlägt eine getrennte Berechnung und buchhalterische Führung des ausschüttungsgesperrten Betrags vor.[833] Er trennt die relevanten Vermögenssphären. Angesetzte Beträge i.S.d. § 268 Abs. 8 HGB aus organschaftlicher Zeit seien getrennt von vorherigen ausschüttungsgesperrten Beträgen zu buchen. Flankiert wird diese Pflicht nach Auffassung des Autors mit einer entsprechenden Pflicht zur gesonderten Anhangsangabe. Nach dieser Auffassung bezieht sich die Ausschüttungssperre allein auf vorvertraglich aktivierte Beträge i.S.d. § 268 Abs. 8 HGB und entsprechende freie vororganschaftliche Rücklagen. § 301 AktG beziehe sich hingegen nur auf während der Vertragslaufzeit aktivierte Beträge i.S.d. § 268 Abs. 8 HGB und entsprechende organschaftliche freie Rücklagen.[834] Begründet wird die Auffassung

---

829 Gelhausen/Althoff, WPg 2009, 629 (631); so auch: Kropff, in: FS Hüffer, S. 539 (550). A.A. Simon, NZG 1081 (1086); Küting/Lorson/Eichenlaub/Toebe, GmbHR 2011, 1 (9).

830 So auch: Lanfermann/Röhricht, DStR 2009, 1216 (1219); Petersen/Zwirner/Froschhammer, KoR 2010, 334 (340), die übrigen auch auf das Problem der Abbildung latenter Steuern bei Vorliegen einer ertragssteuerlichen Organschaft eingehen; Gelhausen/Fey/Kämpfer, Rechnungslegung und Prüfung nach BilMoG, Buchstabe N, Rn. 70; zum alten Recht schon: ADS, § 269 HGB Rn. 22a.

831 Marx/Dallmann, Stbg 2010, 453 (463); Funnemann/Graf Kerssenbrock, BB 2008, 2674 (2677), wobei keine Begründung genannt wird und die angegebenen Nachweise diese Ansicht nicht stützen.

832 Küting/Lorson/Eichenlaub/Toebe, GmbHR 2011, 1 (9).

833 Vgl. Simon, NZG 2009, 1081 (1086).

834 Solch eine „doppelte" Buchführung wird als zu kompliziert kritisiert, vgl. Kropff, in: FS Hüffer, 539 (551).

mit der gesetzlich angelegten Trennung zwischen vorvertraglicher und vertraglicher Phase, die auf der Abgrenzung der Interessen der Aktionäre der abhängigen Gesellschaft und dem Gläubiger in Form des Vertragspartners beruhe.[835] Im Ergebnis würde eine andere Herangehensweise dazu führen, dass nicht von dem Gewinnabführungsvertrag umfasstes Vermögen doch eine Gewinnabführung ermöglichen würde und somit der Schutz der außenstehenden Aktionäre nicht gewährleistet sei. Diese Auffassung führt zu einer strikten Trennung zwischen dem Vermögen aus vororganschaftlicher Zeit und organschaftlicher Zeit. Die „doppelte" Buchführung hinsichtlich des ausschüttungsgesperrten Betrags erscheint kompliziert, weshalb *Kropff* eine solche Regelung für nicht zweckgemäß und auch nicht gewollt hält.[836] Indessen würde richtigerweise vertreten, dass für Zwecke des § 301 Satz 2 AktG zwischen den beiden relevanten Phasen differenziert werden muss.[837] Würden sie nicht getrennt geführt, ließe sich nicht feststellen, ob und wann Entsperrung des ausschüttungsgesperrten Betrags aus vororganschaftlicher Zeit stattfindet. Diese differenzierte Betrachtung ergibt sich jedoch aus § 301 Satz 2 AktG direkt. Bei der Anrechnung vororganschaftlicher, freier Rücklagen geht es allerdings rechtlich nicht um eine Abführung. Die §§ 292 ff. AktG enthalten keinen Hinweis auf eine zeitliche Unterscheidung hinsichtlich der Behandlung freier Rücklagen in Zusammenhang mit § 268 Abs. 8 HGB. Es kommt daher darauf an, ob eine planwidrige Regelungslücke vorliegt.

M.E. ist jedoch bereits fraglich, ob tatsächlich ein schutzwürdiges Interesse der außenstehenden Aktionäre betroffen ist und damit eine zu schließende Gesetzeslücke vorliegt. *Kropff* vertritt die Auffassung, dass die außenstehenden Minderheitsaktionäre sowieso nur dann mit einer Ausschüttung rechnen dürften, wenn diese der andere Vertragsteil *„wünscht und bilanzpolitisch begleitet"*.[838] Zudem ergäben sich dieselben Risiken bei Beendigung eines solchen Vertrags, die aber hinter andere, bedeutendere Risiken zurückträten.[839] Dieser Argumentation ist zuzustimmen. Darüber hinaus kann es auch ohne Organschaft zu einer Aktivierung von Beträgen i.S.d. § 268 Abs. 8 HGB kommen, wodurch eine Ausschüttung unmöglich werden könnte. Des Weiteren besteht ohne Organschaft das Risiko, dass Verluste die freien Rücklagen aufzehren. Dieses Risiko tragen die Aktionäre während der Organschaft nicht mehr, da der andere Vertragsteil verpflichtet ist, Verluste auszugleichen, vgl. § 302 AktG. Das einzige zusätzliche Risiko der Organschaft liegt in der Abführung der Gewinne, welches aber nach dem gesetzlichen Modell durch Ausgleichszahlungen kompensiert wird.

Auch ist fraglich, ob die Heranziehung freier Rücklagen zur Minderung des ausschüttungsgesperrten Betrags tatsächlich mit einer Abführung vergleichbar ist.

835 Simon, NZG 2009, 1081 (1085).
836 vgl. Kropff, in: FS Hüffer, 539 (551).
837 Vgl. Petersen/Zwirner/Froschhammer, KoR 2010, 335 (340).
838 Kropff, in: FS Hüffer, S. 539 (551).
839 Kropff, in: FS Hüffer, S. 539 (551).

Während eine Abführung die Beträge unwiederbringlich entzieht, schreibt § 268 Abs. 8 HGB lediglich eine vorübergehende Thesaurierung vor. Die zur Abdeckung benötigten Beträge dürfen gerade nicht abgeführt werden und werden auf Gesellschaftsebene thesauriert. So kann es auch bei dauerhafter Organschaft zu einer Entsperrung aufgrund von Abschreibungen kommen. In anderen Fällen kann die Beendigung der Organschaft unter Annahme fortlaufender gewinnbringender Tätigkeit zur Entsperrung der Beträge führen. Insofern erscheint es nicht erforderlich, die Lücke zu schließen. Zur Kompensation der Nachteile für Aktionäre wurden die §§ 304 f. AktG geschaffen.

Zudem betrifft die gesetzliche zeitliche Differenzierung nicht die Ebene der Bilanzierungsvorschriften. Die Aktivierung etwa von selbst erstellten immateriellen Vermögensgegenständen ist auch in der Organschaft möglich. Denkbar ist jedoch, für den Fall der Aktivierung von Beträgen i.S.d. § 268 Abs. 8 HGB eine Ausgleichszahlung im Gewinnabführungsvertrag vorzusehen oder eine solche Aktivierung unter Vertragsstrafe auszuschließen.

Aus Sicht des Zwecks von § 268 Abs. 8 HGB macht eine Differenzierung hinsichtlich des Entstehungszeitpunkts der freien Rücklagen ebenfalls wenig Sinn.[840] Diese Norm dient dem Gläubigerschutz. Ausschüttungen sind nur zulässig, wenn genügend freie Rücklagen vorliegen. Zu diesem Zweck ist aber nicht zwischen den hier fraglichen Entstehungszeitpunkten des freien Kapitals zur Abdeckung der Beträge i.S.d. § 268 Abs. 8 HGB oder zwischen den Zeitpunkten der Aktivierung der Beträge i.S.d. § 268 Abs. 8 HGB zu differenzieren. Dies spiegelt sich auch im Wortlaut des § 301 Satz 1 AktG wieder, der auf den gesamten ausschüttungsgesperrten Betrag abstellt. Angenommen es bestünden keine freie Rücklagen aus organschaftlicher Zeit, aber aus vororganschaftlicher, würde die Trennung dazu führen, dass die vororganschaftlichen freien Rücklagen den außenstehende Aktionären zur freien Verfügung stünden. Dies gefährdet die Gläubiger der Gesellschaft. Insoweit müssen auch vororganschaftliche freie Rücklagen zur Abdeckung der in der Organschaft aktivierten Beträge i.S.v. § 268 Abs. 8 HGB herangezogen werden.

Die Interessen außenstehender Minderheitsaktionäre sind zwar verletzt, jedoch kann ihr Schutz ohne gesetzliche Regelung nur über Ausgleichszahlungen i.S.d. §§ 304 und 305 AktG erfolgen.[841]

In jedem Fall aber ist zu berücksichtigen, dass es zu keiner Doppelberücksichtigung der freien innervertraglichen Rücklagen kommt, welche ja nach § 301 Satz 2 AktG selbst abgeführt werden dürfen. Soweit sie zur Abdeckung des Betrags i.S.d. § 268 Abs. 8 HGB benötigt werden ist eine Abführung nach § 301 Satz 2 AktG ausgeschlossen. § 301 Satz 2 AktG ist diesbezüglich teleologisch zu reduzieren.

840 So auch: Petersen/Zwirner/Froschhammer, KoR 2010, 334 (340); Gelhausen/Fey/Kämpfer, Rechnungslegung und Prüfung nach BilMoG, Buchstabe N, Rn. 70.

841 So auch: Kropff, in: FS Hüffer, 539 (551).

3.4.4.3 Tabellarische Darstellung zu § 301 Satz 1 AktG

	Jahresüberschuss vor Abführung
+	Gewinnvorträge innerhalb der Vertragslaufzeit
+	Entnahmen aus anderen Gewinnrücklagen, die während der Vertragslaufzeit gebildet wurden und nicht zur Abdeckung des ausschüttungsgesperrten Betrags i.S.v. § 268 Abs. 8 HGB notwendig sind.
-	Verlustvortrag aus dem Jahr vor Vertragsschluss
-	Pflichtgemäße Einstellung in die gesetzliche Rücklage i.S.d. § 300 AktG
-	Ausschüttungsgesperrter Betrag i.S.d. § 285 Nr. 28 HGB abzüglich der existenten freien Rücklagen, unabhängig ob sie während des Vertrags oder vorher generiert wurden.

3.4.5 Folgen eines Verstoßes gegen § 268 Abs. 8 HGB

3.4.5.1 Auswirkung auf Gewinnverwendungsbeschluss

Ein Gewinnverwendungsbeschluss, der gegen § 268 Abs. 8 HGB verstößt, ist analog § 241 Nr. 3 Alt. 2 AktG nichtig.[842] Fraglich ist nur, ob der Beschluss als solcher nichtig ist, oder lediglich teilnichtig. Dies beurteilt sich gemeinhin unter Anwendung des zivilrechtlichen Gedankens des § 139 BGB. Es ist darauf abzustellen, ob der mutmaßliche Wille des Beschlussorgans für eine Gesamtnichtigkeit spricht. Richtigerweise betrifft der Verstoß gegen § 268 Abs. 8 HGB lediglich die Höhe der beschlossenen Dividende. Es liegt fern, davon auszugehen, dass dies schon zur Gesamtnichtigkeit führen sollte.[843] Die Gesellschafter werden in jedem Fall die geringere zulässige Dividende beschließen wollen, wofür aber bei Anwendung des § 139 BGB kein erneuter Beschluss notwendig wäre.[844] Da § 268 Abs. 8 HGB die Gesellschafter jedoch nicht hinsichtlich des sonstigen bilanziellen Umgangs mit den Beträgen hindert, ist fraglich, wie mit den ausschüttungsgesperrten Beträgen im Falle der Teilnichtigkeit umgegangen werden sollte. Aus Vereinfachungsgründen wird oft die Zubuchung zum Gewinnvortrag gefordert, was dem mutmaßlichen Willen der Gesellschafter am nächsten läge, da eine Einsperrung in Gewinnrücklagen nicht gewollt sein könne.[845]

842 Allgemeine Meinung, vgl. Reiner/Haußer, in: MüKo § 268 HGB Rn. 60; Von der Laage, WM 1322 (1326) mit zahlreichen weiteren Nachweisen.

843 Vgl. auch: Gelhausen/Althoff, WPg 2009, 584 (590).

844 A.A. Grottel/F. Huber, in: Beck'scher Bilanzkommentar, § 268 HGB Rn. 151 mit der Begründung, dass die Nichtigkeit des gesamten Beschlusses notwendig sei, da es sich bei § 268 Abs. 8 HGB um eine gläubigerschützende Vorschrift handele. M.E. rechtfertigt dies noch nicht die Gesamtnichtigkeit, weil dem Gläubigerschutz durch die Teilnichtigkeit ausreichend gedient ist, so auch: Reiner/Haußer, in: MüKo § 268 HGB Rn. 60

845 Von der Laage, WM 2013, 1322 (1327) m.w.N.

Dieses Ergebnis ist meines Erachtens sachgerecht, da die Gesellschafter dann im Folgejahr über die Verwendung der Beträge entscheiden können, sofern sie nicht durch Verluste aufgezehrt wurden.

3.4.5.2 Folgen der unzulässigen Ausschüttung

Gesellschafter, die unter Verstoß gegen § 268 Abs. 8 HGB Auszahlungen erhalten haben, sind zur Rückgewährung verpflichtet.[846] Wie zuvor festgestellt, ist die Rechtsgrundlage – der Gewinnverwendungsbeschluss – aufgrund der Nichtigkeit weggefallen. Dies legt einen bereicherungsrechtlichen Rückgewähranspruch nahe[847], welcher jedoch aufgrund spezieller gesellschaftsrechtlicher Ansprüche ausgeschlossen sein dürfte.[848]

Im Aktienrecht existiert eine spezielle Rechtsgrundlage, denn Auszahlungen aufgrund eines nichtigen Beschlusses sind gem. §§ 57 Abs. 1 Satz 1, 62 Abs. 1 Satz 1 AktG zurück zu gewähren. Trotz der im Vergleich zur Aktiengesellschaft lockereren Kapitalbindung vertritt die Literatur, dass auch innerhalb einer GmbH die §§ 30 Abs. 1 Satz 1 und 31 Abs. 1 GmbHG zur Anwendung kämen.[849] Allerdings handelt es sich dabei um Vorschriften zum Schutz des Stammkapitals. Richtigerweise dürfen ausschüttungsgesperrte Beträge i.S.v. § 268 Abs. 8 HGB nicht zum Vermögen bei der Berechnung der Sperre nach § 30 Abs. 1 GmbHG gezählt werden[850]. Daraus folgt m.E. jedoch nicht, dass eine gegen § 268 Abs. 8 HGB verstoßende Auszahlung im GmbH-Recht nach § 31 Abs. 1 GmbHG zurückzufordern ist. Mangels spezieller Regelung liegt die Anwendung von § 812 Abs. 1 Satz 1 BGB näher. Da aber § 812 BGB insbesondere aufgrund der Entreicherungsmöglichkeit Schwächen hat, ist § 31 Abs. 1 GmbHG analog anzuwenden. Dies führt auch dazu, dass bei einer Ausschüttung, die gegen § 30 GmbHG und gegen § 268 Abs. 8 HGB verstößt, nicht unterschiedliche Erstattungsansprüche entstehen.

Darüber hinaus wird vertreten, dass auch Personengesellschafter auf das Erlangte haften, sofern sie Entnahmen entgegen §§ 122 Abs. 1, 169 Abs. 1 Satz 2 HGB oder gesellschaftsvertraglichen Regelungen tätigen.[851]

Kommanditgesellschafter haften aufgrund von §§ 172 Abs. 4 Satz 3, Abs. 6 Satz 1 HGB bei Unterdeckung ihres Kapitalanteils gegenüber Gläubigern direkt. Die

---

846 Vgl. Reiner/Haußer, in: MüKo § 268 HGB Rn. 60.

847 Siehe Reiner/Haußer, in: MüKo HGB § 268 Rn. 60, vgl. zur Konkurrenz der gesellschaftsrechtlichen und bürgerlich-rechtlichen Ansprüche: Fastrich, in: Baumbach/Hueck, GmbHG, § 31 Rn. 3 und Bayer, in: MüKo AktG, § 62 Rn. 1 wonach die Besonderheiten des Bereicherungsrechts, insbesondere Privilegierungen, nicht gelten.

848 Vgl. Ekkenga, in: MüKo GmbhG, § 31 Rn. 39; Bayer, in: MüKo, § 62 AktG Rn. 7.

849 Vgl. Reiner/Haußer, MüKo § 268 HGB Rn. 60.

850 Vgl. Von der Laage, WM 2013, 1322 (1327) m.w.N.

851 Vgl. Von der Laage, WM 2013, 1322 (1327) m.w.N.

Beträge nach § 172 Abs. 4 Satz 3 HGB sind bei Berechnung des Kapitalanteils nicht zu berücksichtigen.

3.4.5.3 Haftung der Geschäftsleitung

Die Geschäftsleiter einer Kapitalgesellschaft haften bei verbotswidriger Auszahlung nach § 93 Abs. 2 AktG bzw. § 43 Abs. 2 GmbHG. § 268 Abs. 8 HGB ist kein Schutzgesetz i.S.d. § 823 Abs. 2 BGB.[852]

3.4.6 Anhangsangaben nach § 285 Nr. 22, 25, 28 und 29 HGB

Der Ansatz der Beträge im Sinne von § 268 Abs. 8 HGB und die Ausschüttungssperre selbst ziehen einige Anhangsangaben nach sich, vgl. § 285 Nr. 22, 25, 28 und 29 HGB.

852 Vgl. dazu Von der Laage, WM 1322 (1328) a.A. Grottel/F. Huber, in: Beck'scher Bilanzkommentar, § 268 HGB Rn. 151.

4. Kalifornien

Kalifornien kann mittlerweile auf einen großen Erfahrungsschatz in Bezug auf Ausschüttungsregelungen zurückgreifen. Im Jahr 1977 und im Jahr 2012 wurden jeweils bedeutende Reformen vollzogen. Nach 1977 galt Kalifornien zunächst als Vorreiter einer modernen Kapitalerhaltung[853], avancierte damit jedoch immer mehr zum Außenseiter in den USA. Seit 2012 hat Kalifornien daher ein Ausschüttungsrecht, dass denen der meisten anderen US-amerikanischen Staaten entspricht. Das zwischen 1977 und 2012 in Kalifornien gültige Recht wurde in der deutschsprachigen Literatur oftmals als Vorbild für europäische Reformüberlegungen herangezogen.[854] Insofern haben die Gründe für die Modernisierung in Kalifornien des Jahres 2012 eine besondere Bedeutung.

Im letzten Teil dieser Arbeit werden daher die Funktionsweisen der einzelnen Ausschüttungsregelungen vor 2012 und nach 2012 dargestellt. Die Ausführungen beschränken sich dabei auf das Recht der *corporations*[855], da nur dort Bilanztests enthalten waren, die dem § 268 Abs. 8 HGB ähnlich waren. In Kalifornien sind Ausschüttungsbegrenzungen in den Sec. 500 ff. des California Corporations Code („CalCorCode") geregelt.[856]

4.1 Allgemeine Einführung in das US-amerikanische Bilanz- und Gesellschaftsrecht

4.1.1 Ausschüttungssachverhalte in der Rechtsprechung

Das US-amerikanische *common law* ist ein von Rechtsprechung geprägtes Rechtssystem. Entscheidend sind nicht allein die geschriebenen Vorschriften, sondern das, was Gerichte auf ihnen aufbauend im Einzelfall entschieden haben. Die, für die Praxis bedeutenden, Urteile werden *leading cases* genannt. Nicht alle Gebiete des US-amerikanischen Rechts weisen jedoch eine hohe Dichte an Rechtsprechung im Allgemeinen und *leading cases* im Besonderen auf. Vor allem Ausschüttungssachverhalte werden nur selten von der Rechtsprechung behandelt.[857] Insbesondere in Kalifornien existiert nahezu keine Rechtsprechung zu den Sec. 500 ff. CalCorpCode.

853 Vgl. Richard, S. 120 m.w.N. zur US-amerikanischen Literatur.

854 Vgl. etwa: Pellens/Brandt/Richard, DB 2006, 2027 ff.; Engert, in: Lutter, Das Kapital der Aktiengesellschaft, S. 743 (764 ff.).

855 *Corporations* sind Kapitalgesellschaften. Die *limited liability company* ist eine besondere Form der corporation, die der deutschen GmbH entspricht.

856 Aufrufbar unter: http://www.leginfo.ca.gov/cgi-bin/displaycode?section=corp&group=00001-01000&file=500–511 (zuletzt aufgerufen am 18.08.2013).

857 Vgl. Dazu auch Gevurtz, S. 154, der als Beispiel auf den Fall *Dodge v. Ford Motor Company* (204 Mich. 459, 170 N.W. 668 (1919)) verweist.

4.1.2 Gesellschaftsrecht

Auch im US-amerikanischen Gesellschaftsrecht existieren Kapitalgesellschaften[858] und Personengesellschaften[859]. Kapitalgesellschaften unterscheiden sich von Personengesellschaften vor allem durch ihre beschränkte Haftung, die Übertragbarkeit ihrer Anteile, ihre Rechtsbeständigkeit unabhängig von den Gesellschaftern, ihre Drittverwaltung, den beschränkten Zugriff auf Unternehmensgelder durch die Gesellschafter und durch ihre Besteuerung.[860] Während die Rechtsform der *corporations* zahlenmäßig anderen Gesellschaftsformen unterlegen ist, hat sie dennoch die größte wirtschaftliche Bedeutung, da große Unternehmen meist diese Rechtsform wählen.[861]

Ein US-amerikanisches Gesellschaftsrecht[862] als solches gibt es nicht. Vielmehr ist jeder US-amerikanische Staat berechtigt, sein eigenes Gesellschaftsrecht zu begründen. Darin enthalten sind meist Regelungen zur Gründung, zur Finanzverfassung, zu Ausschüttungen, zu den Rechten und Pflichten der Gesellschafter und Geschäftsführer, u.a. Ein gemeinsames Band zwischen den einzelstaatlichen Rechten existiert in Form eines Modellgesetzes, dem *Revised Model Business Corporation Act* („RMBCA"), das von der *American Bar Association* („ABA") ausgearbeitet und veröffentlicht wurde. Dabei handelt es sich um einen Gesetzesentwurf bzw. einen Gesetzesvorschlag, der sich an die einzelnen Staaten richtet. Diesen steht es jedoch frei, den RMBCA umzusetzen. Ein Großteil der US-amerikanischen Staaten hat den RMBCA adaptiert. Dadurch ist eine gewisse Harmonisierung unter den einzelstaatlichen Gesellschaftsrechten eingetreten. Darüber hinaus erkennen die US-amerikanischen Staaten Gesellschaften, die nach dem Recht anderer US-amerikanischer Staaten gegründet wurden, als Rechtssubjekte unter dem Recht des Gründungsstaates an.[863] Unternehmern steht es frei, in welchem Bundesstaat sie das Unternehmen gründen. Dieses Wahlrecht und der Rechtspluralismus führen dazu, dass die einzelstaatlichen Gesellschaftsrechte in Konkurrenz zueinander stehen. Staaten mit liberalen gesetzlichen Regelungen können sich über eine hohe Anzahl von Unternehmen freuen. Dazu zählt traditionsgemäß vor allem der Staat Delaware.[864]

Neben den einzelstaatlichen Gesellschaftsrechten haben Unternehmen die Vorschriften der *U.S. Securities and Exchange Commission* („SEC") zu beachten, sofern die Unternehmensanteile an öffentlichen Märkten in den USA gehandelt werden.

858 Bspw. die *Corporation* oder die *Limited Liability Company*.

859 Bspw. *Partnerships* oder *Sole Proprietorships*.

860 Vgl. ausführlich: Pinto/Branson, Corporate Law, S. 7.

861 Pinto/Branson, Corporate Law, S. 1.

862 Vgl. auch die umfassenderen Ausführungen zum US-amerikanischen Gesellschaftsecht: Richard, S. 89 ff.

863 Vgl. U.S. Const. Art. 1 § 8, 10.

864 Kritiker beschreiben die liberalen Vorschriften Delaware's und den damit verbundenen Wettbewerbsdruck als „race to the bottom", vgl. Pinto/Branson, Corporate Law, S. 16.

Diese Vorschriften beinhalten in erster Linie Informationsverpflichtungen. So hat jedes Unternehmen, dass an einer amerikanischen Börse gelistetes ist, einen Jahresabschluss nach den *generally accepted accounting standards* („US-GAAP") zu veröffentlichen. Die US-GAAP werden von dem *Financial Accounting Standards Board* („FASB") ausgearbeitet und veröffentlicht. Die Regelungen sind notwendig, da in den USA kein einheitliches externes Rechnungslegungssystem existiert. Anders als in Deutschland besteht keine einheitliche Pflicht, einen Jahresabschluss nach bestimmten Regeln aufzustellen und zu veröffentlichen. Die einzelstaatlichen Rechte enthalten dennoch oft Regelungen zur Erstellung eines Jahresabschlusses. Beispielsweise verpflichtet Kalifornien Unternehmen mit mehr als 100 Anteilseignern, Abschlüsse nach den US-GAAP aufzustellen, vgl. Sec. 114, Sec. 1501(a)(3) CalCorpCode.

Das amerikanische Gesellschaftsrecht hat sich insbesondere durch die Rechtsprechung schon früh von dem gesetzlichen Mindestkapital abgewandt.[865] Damit stellt das US-amerikanische Recht in dieser Hinsicht den Gegenpol zum europäischen System dar. Im Jahr 1983 wurde mit dem RMBCA das noch im Vorgänger, dem *Model Business Corporation Act* (MBCA), enthaltene *stated capital* (Stammkapital) ebenfalls abgeschafft. In Kalifornien wurde das *stated capital* bereits 1977 aus dem CalCorpCode gestrichen.[866] An die Stelle des gesetzlichen Mindestkapitals und des Stammkapitals sind bilanzielle Größen, wie *retained earnings* (eingehaltenen Gewinne) und *net assest* (das Nettovermögen) getreten. Nur wenige Staaten, wie beispielsweise New York[867], haben am Stammkapital festgehalten.

4.1.3 Rechnungslegung

Auch in den USA wird zwischen der Rechnungslegung für Steuerzwecke und für Handelszwecke unterschieden. Grundsätzlich liegt die Ausarbeitung der maßgeblichen Rechte in den Händen der einzelnen Staaten. Gesellschaften, die an einer US-amerikanischen Börse gelistet sind müssen die *generally accepted accounting standards* (US-GAAP)[868] anwenden. Wie schon beschrieben, hat nur Kalifornien die US-GAAP auch in das Gesellschaftsrecht implementiert.[869]

Den US-GAAP liegen keine einheitlichen Prinzipien zugrunde.[870] Auf kasuistische Art und Weise kommen verschiedene Ansatz und Bewertungsmethoden zum Einsatz. Die US-GAAP befinden sich zudem in einem steten Wandel. Werden

865 So: Engert, in: Lutter, Das Kapital der Aktiengesellschaft, S. 745 (754).
866 Ben-Dror, 16 U. C. Davis L. Rev. 376 1982–1983, p. 375.
867 Vgl. N.Y. BSC. Law § 506 – Determination of stated capital.
868 Vgl. zu den Regelungen der US-GAAP: KPMG, US-GAAP. Rechnungslegung nach US-amerikanischen Grundsätzen, passim.
869 Für Ausschüttungszwecke gelten die US-GAAP in Kalifornien nun aber nicht mehr, vgl. Sec. 500(c) CalCorpCode.
870 Vgl. Winnefeld, Kapitel E Rn. 14 ff.; Maier-Siegert, BC 2011, 30 ff.; Schildbach, BB 1999, 359 ff.

US-GAAP zur Grundlage von Ausschüttungsentscheidungen gemacht, ist es daher von wesentlicher Bedeutung, den exakten Zeitpunkt der Ausschüttung zu bestimmen, um die angewandten Rechnungslegungsvorschriften nachvollziehen zu können. Im kalifornischen Recht bestimmt Sec. 166 CalCorpCode daher, welche die maßgeblichen Zeitpunkte in Zusammenhang mit Ausschüttungen sind.

Die in dieser Arbeit untersuchten Vermögenswerte i.S.d. des § 268 Abs. 8 HGB, können auch in der Rechnungslegung nach US-GAAP auftreten – wenngleich nicht im selben Umfang. Zu einem Ausweis nicht realisierter Werte kann es im Rahmen der US-GAAP nur in begrenzten Fällen kommen. Dazu zählen vor allem Wertpapiere des Umlaufvermögens (SFAS 115), Fremdwährungsforderungen und -verbindlichkeiten (SFAS 52) und Derivate (SFAS 133).[871] Aufwendungen für selbst erstellte immaterielle Werte sind grundsätzlich erfolgswirksam zu verbuchen und dürfen nur in Ausnahmefällen aktiviert werden (vgl. Abschnitt 4.2.2.4.1). Aktive und passive latente Steuern sind nur für temporäre Buchwertdifferenzen nach SFAS 109 zu bilden.[872]

4.1.4 Unterschiedliche Ausschüttungskonzepte

In den USA werden zwei Arten von Auszahlungen an Gesellschafter unterschieden. Die Verteilung von Gewinnen wird *dividend* genannt. Alle anderen Auszahlungen an Gesellschafter stellen sog. *distributions* dar. Häufig wird der Begriff *distributions* auch als Oberbegriff verwendet.

Die Entscheidung über eine Ausschüttung steht dem Grunde und der Höhe nach im Ermessen der Verwaltung (*board of directors*).[873] Die Gesellschafter haben keinen gesetzlichen Anspruch auf Auszahlung. Amerikanische Gerichte überprüfen Entscheidungen innerhalb des Ermessenspielraums der *directors* nur äußerst selten. Der Grund dafür ist, dass die Entscheidung über eine Ausschüttung hauptsächlich von wirtschaftlichen Aspekten geprägt ist. Es wird vermutet, dass Manager aufgrund des Informationsvorsprungs solche Entscheidungen am besten treffen können. Darüber hinaus fällt eine Überprüfung auch deshalb schwer, weil die unterschiedlichsten Interessen aufeinander treffen.[874] Manche Gesellschafter bevorzugen die Reinvestition ihres Geldes, um künftige Gewinne zu maximieren (*two dollars tomorrow*), jedoch gibt es auch solche Gesellschafter, die lediglich daran interessiert sind, möglichst schnell Profit zu machen (*a dollar today*).[875] Solche Interessen können gerichtlich nicht bewertet werden. Nur eine Ausschüttungspraxis unter Schädigungsabsicht (*bad faith*) wird gerichtlich überprüft, wenngleich dessen Nachweis meist schwer

871 Aufzählung nach Pellens/Brandt/Richard, DB 2006, 2021 (2023).

872 Ausführlicher: Klein, DStR 2001, 1450 ff.; zu latenten Steuern aus Verlustvorträgen: Schäffeler, IRZ 2006, 153 ff.

873 Pinto/Branson, Corporate Law, S. 77.

874 Gevurtz, S. 154.

875 Vgl. Gevurtz, S. 154.

fällt.[876] Gerade in Kalifornien existiert, wie schon erwähnt, keine Rechtsprechung, die sich mit Ausschüttungen und den Sec. 500 ff. CalCorpCode beschäftigt. Nach Ansicht von *Engert*[877] gibt es dafür zwei Gründe. Zum einen wählen die meisten US-amerikanischen Gesellschaften den Staat Delaware als Gründungsstaat, da das Gesellschaftsrecht dort liberaler ist, als in den sonstigen Staaten. Zum anderen weist *Engert* darauf hin, dass verdeckte Gewinnausschüttungen in den USA meist im Wege von Treuepflichtverletzung oder der Gläubiger- bzw. Konkursanfechtung gelöst werden.[878]

In der US-amerikanischen Rechtswissenschaft wird im Kontext von Ausschüttungen häufig die *„principal-agent"* Problematik diskutiert. Sie beschreibt den Interessenkonflikt zwischen den directors (*agent*) und den Inhabern (*principal*) eines Unternehmens. Je nach Gesellschaftsstruktur haben die *directors* nämlich unterschiedliche Anreize Ausschüttungen vorzunehmen. Die *directors* einer personalistisch geprägten Gesellschaft stellen meistens auch die Mehrheitsgesellschafter dar, und man könnte daher annehmen, dass solche Direktoren geneigt sind, Ausschüttungen vorzunehmen. *Gevurtz* weist jedoch darauf hin, dass solche Direktoren auch auf andere Weise als durch Ausschüttungen vom Kapital der Gesellschaft profitieren können und daher ein Anreiz, Ausschüttungen vorzunehmen, nicht unbedingt besteht.[879] In Betracht komme neben zinsfreien Kreditverträgen auch der Rückkauf von Aktien und Gehälter. *Directors* einer im Streubesitz befindlichen Gesellschaft haben allenfalls bei gleichzeitiger wesentlicher Beteiligung an der Gesellschaft ein Interesse an Ausschüttungen. In allen anderen Fällen sind *directors* eher geneigt, Kapital an die Gesellschaft zu binden, um so für schlechte Zeiten Puffer zu schaffen.[880] Dies kann zu einem Aushungern der Minderheitsgesellschafter führen.

Die Entscheidungsfreiheit der *directors* ist beschränkt. Sie findet ihre Grenzen in den vertraglichen Ausschüttungsregelungen (*contractual restrictions*), in den quasivertraglichen Ausschüttungsregelungen (*quasi-contractual*) und in den gesetzlichen Ausschüttungsbegrenzungen (*statutory restrictions*).[881]

876 Gevurtz, S. 154.
877 Vgl. Engert, in: Lutter ZGR Sonderheft 17, S. 745 (766).
878 Vgl. Engert, in: Lutter, Das Kapital der Aktiengeselslchaft, S. 745 (766). Hierbei ist jedoch anzumerken, dass die zitierte Rechtsprechung (Pereira v. Cogan, 249 B.R. 449 S.D.N.Y. 2003) einen Fall in Delaware betraf. In Unterschied zum kalifornischem Recht kennt das Recht in Delaware nur *dividends* und keine *„otherwise distributions"*, vgl. Sec. 170 DelGenCorpLaw. Daher erscheint es fraglich, ob ein kalifornisches Gericht den Fall nicht über die Sec. 500 ff. CalCorpCode hätte lösen können.
879 Vgl. Gevurtz, S. 155.
880 Vgl. Gevurtz, S. 155.
881 Vgl. Gevurtz, S. 153.

4.1.4.1 Vertragliche Ausschüttungsregelungen

Vertragliche Ausschüttungsbegrenzungen sind solche, die Vertragspartner als Nebenbedingungen (*covenants*) zur Absicherung von Primärleistungspflichten aushandeln. Sie spielen in den USA eine bedeutende Rolle, können aber meist nur von mächtigen Vertragspartnern durchgesetzt werden. Dazu zählen vor allem kreditgebende Banken oder etwa große Abnehmer eines Zulieferers. Aufgrund der Vertragsfreiheit können sie abhängig von den Interessen der beteiligten Parteien frei gestaltet werden.[882] Meist beziehen sich *covenants* aber auf bestimmte Finanzkennzahlen, die während der Vertragslaufzeit eingehalten werden müssen. Darüber hinaus ist es auch möglich, bestimmte absolute Ausschüttungsgrenzen zu vereinbaren. Banken können etwa ihre Darlehensforderungen absichern, indem sie dem Kreditnehmer verbieten, Beträge, die zur Rückzahlung des Darlehens benötigt werden, auszuschütten. *Covenants* werden kritisiert, weil sie den Handlungsspielraum des Managements einengen und die Einhaltung der Bilanzkennzahlen ein aufwendiges Controlling- und Reportingsystem erfordert. Darüber hinaus schützen *covenants* kleine Vertragspartner und Deliktsgläubiger nur mittelbar. Trotz der Kritik sind sie mittlerweile ein fester Bestandteil bedeutender Verträge. In Kalifornien erklärt Sec. 505 CalCorpCode, dass über die Regelungen der Sec. 500 ff. CalCorpCode hinausgehende zusätzliche Ausschüttungsbegrenzungen durch Vertrag zulässig sind.

4.1.4.2 Quasivertragliche Ausschüttungsregelungen

Zu den quasivertraglichen Ausschüttungssperren (*quasicontractual*) zählen Ausschüttungsbeschränkungen in den Gesellschaftsstatuten, welche in Kalifornien ebenfalls nach Sec. 505 CalCorpCode zulässig sind. Sie werden als quasivertraglich bezeichnet, da sie nicht allein durch Parteivereinbarung, sondern erst durch Eintragung in das Gesellschaftsregister Geltung erlangen. Eine Ausschüttungsbegrenzung wird dort eher selten anzutreffen sein, da Gesellschafter sich bei Aufstellung der Satzung wohl nicht das Recht auf Auszahlungen vorab unnötig beschneiden möchten. Ein taugliches Gläubigerschutzinstrument stellen solche Regelungen daher nicht dar. Häufiger anzutreffen sind hingegen Regelungen in den Statuten zur Schaffung von bestimmten Aktiengattungen, die einen exklusiven Gewinnanspruch verkörpern. Darin ist jedoch keine Ausschüttungsbegrenzung zu Lasten anderer Gesellschafter zu sehen, sondern vielmehr eine Einengung des Ermessensspielraums der *directors* bei Verteilung der Gewinne.[883]

---

882 Siehe dazu: Servatius, passim; Bratton, 7 EBOR (2006), 39 ff.; Bantleon/Fengler/Peter, FB 2009, 751 ff.; Hannen, DB 2012, 2233 ff.

883 Vgl. zum ganzen: Gevurtz, S. 153 f.

4.1.4.3 Gesetzliche Ausschüttungsregelungen

Gesetzliche Ausschüttungsregelungen variieren zwischen den Gesellschaftsrechten der einzelnen Staaten.[884] Auch in den USA zählen sie zu den gläubigerschützenden Rechtsinstituten. Als Kompensation zur Möglichkeit, Gesellschaften mit eigener Rechtspersönlichkeit gründen zu können, sind Regelungen notwendig, die den Missbrauch dieser Gestaltungsmöglichkeit verhindern.[885] Solche müssen dafür Sorge tragen, dass Gesellschafter jedenfalls nicht mehr Kapital aus der Gesellschaft ziehen können als ihr eigenes Investment nebst etwaigen Gewinnen.[886] Ein gesetzliches Mindestkapital findet sich im US-amerikanischen Recht hingegen nicht mehr.[887]

Die gesetzlichen Ausschüttungsregelungen enthalten meist Bilanztests[888] und/oder Solvenztests [889]. Dies entspricht auch der Herangehensweise von Sec. 6.40 RMBCA, der eine Kombination aus beidem enthält und in den meisten Staaten umgesetzt wurde.

4.1.4.3.1 Bilanztests („balance sheet test")

Eine Ausschüttungsregelung wird dann Bilanztest genannt, wenn die Frage der Zulässigkeit einer Ausschüttung auf bilanziellen Größen fußt. Dazu werden bestimmte Werte der Aktivseite und der Passivseite in ein bestimmtes Verhältnis gesetzt, wobei ein etwaiger positiver Überschuss ausgeschüttet werden darf.

Eine eher veraltete Form des Bilanztests stellt der sog. *capital surplus test* dar. Dieser entspricht im Wesentlichen § 30 Abs. 1 GmbHG und erlaubt eine Ausschüttung aus dem freien Kapital, welches das Stammkapital übersteigt. Es gibt nur wenige US-amerikanische Staaten, deren Gesellschaftsrechte noch ein *stated capital* vorsehen und den *capital surplus test* anwenden. Dazu zählen vor allem die Staaten Delaware und New York[890]. Delaware's Regelung ist in tatsächlicher Hinsicht sicherlich die Bedeutendste, da dort die meisten amerikanischen Gesellschaften inkorporiert sind.[891]

---

884 Vgl. Übersicht von Petersen/Hawker, Does Corporate Law matter? Legal Capital Restrictions on Stock Distributions, abrufbar unter: https://uakron.edu/dotAsset/726766.pdf (zuletzt abgerufen am: 22.08.2013).

885 Gevurtz, Corporations Law, S. 157

886 Gevurtz, Corporations Law, S. 157.

887 Rehm, in: Eidenmüller (Hrsg.), Ausländische Kapitalgesellschaften, § 11 Rn. 27 m.w.N. zur US-Amerikanischen Literatur.

888 Sog. "Balance Sheet Tests".

889 Sog. „Solvency-Tests".

890 §§ 506(a), 510(b) New York Business Corporation Law.

891 Der Grund dafür liegt in dem äußerst liberalen Vorschriften in Delaware. Dort haben Gesellschaften die größten Gestaltungsfreiheiten. US-amerikanische Staaten erkennen in anderen Staaten inkorporierte Gesellschaften an. Der Wettbewerb zwischen den einzelnen Staaten um das liberalste Recht wird häufig mit „Race to the bottom" beschrieben, vgl. auch: Pinto/Branson, Corporate Law, S. 15.

Gemäß der Regelung im Recht des Staats Delaware, darf das bilanzielle *surplus* ausgeschüttet werden, vgl. § 170(a)(1) DelGenCorpLaw. Ist kein *surplus* vorhanden, dürfen die *net profits* des laufenden und des vorhergehenden Jahres ausgeschüttet werden, vgl. § 170(a)(2) DelGenCorpLaw (*nimble dividends*). Das *surplus* errechnet sich durch Abzug des gebundenen Kapitals (*capital*) vom Nettovermögen (*net assets*).[892] Das Nettovermögen erhält man durch Subtraktion der gesamten Schulden (*liabilities*) vom gesamten Gesellschaftsvermögen.[893] Demnach ist eine Ausschüttung nach dem Recht in Delaware zulässig, solange das verbleibende Vermögen der Gesellschaft mindestens das gebundene Kapital samt Schulden abdeckt. Das Ausschüttungspotential einer in Delaware niedergelassen Gesellschaft richtet sich also neben dem *surplus* ganz wesentlich nach der Höhe des bilanziell gebuchten *capitals*. Die Höhe des *capitals* ist jedoch nicht festgelegt, sondern ist beeinflussbar. Die Ausschüttungsregelung hat deshalb keine scharfen Konturen. Das *capital* beträgt zwar mindestens die Summe der ausgegebenen Nennbetragsaktien, jedoch darf das *capital* sogar null betragen. Es können auch lediglich nennwertlose Aktien ausgegeben werden. Etwaig bei der Ausgabe der Aktien geleistete Agios sind nicht verpflichtend als solche auszuweisen. Darüber hinaus können die Direktoren das Kapital, je nach Bedarf, durch Kapitalerhöhung oder Kapitalherabsetzung anpassen. Hervorzuheben ist, dass selbst der Nennbetrag bereits ausgegebener Aktien kein unüberwindbares Hindernis darstellt. Direktoren und Gesellschafter können den Nennbetrag durch satzungsändernden Beschluss herabsetzen und somit das Ausschüttungspotential erhöhen. § 244(b) DelGenCorpLaw fordert zwar, das eine Kapitalherabsetzung nicht zur Unterdeckung der Schulden durch die Aktiva führen dürfe, dies ist jedoch bei der Herabsetzung des Nennbetrags der Anteile nicht der Fall, da lediglich ein bilanzieller Aktivtausch stattfindet.[894] Gebundenes Kapital wird frei, das *capital* wird vermindert und somit im Ergebnis das *surplus* erhöht. Die Ausschüttungsregelung wird von *Gevurtz* daher gar als Witz bezeichnet.[895] Obendrein hat die Verwaltung bei der Bewertung der *assets* aufgrund der liberalen Rechnungslegungsvorschriften meist einen gewissen Spielraum, wodurch das *surplus* künstlich erhöht werden kann.[896] Delaware ist ein Beispiel dafür, dass Gläubigerschutz auf Grundlage von Bilanztests nur dann effektiv ist, sofern das zugrunde liegende Bilanzrecht feste und verlässliche Bezugsgrößen liefert.

Mangels *stated capital* wird heute in den USA vermehrt auf das Verhältnis von Vermögen und Verbindlichkeiten abgestellt (*net asset test*).[897] Vor 2012 waren

---

892 DelGenCorpLaw § 170(a) i.V.m. § 154.
893 DelGenCorpLaw § 154.
894 Vgl. auch Gevurtz, S. 159.
895 Gevurtz, S. 159.
896 Gevurtz, S. 164 f.
897 So auch Kalifornien heute, vgl. dazu die Ausführungen zum kalifornischen Recht in Abschnitt 4.2.

Alaska[898] und Kalifornien die einzigen Staaten, die besondere Bilanztests vorgesehen hatten (siehe sogleich).

4.1.4.3.2 Gewinnbasierte Ausschüttungsregelungen („earned surplus approach“)

Die Kapitalerhaltung durch das *earned surplus* Modell entstammt dem Vorgänger des RMBCA, dem *Model Business Corporations Act* (MBCA)[899].[900] *Earned surplus* ist der Gewinn eines Unternehmens, bestehend aus den seit der Gründung generierten Gewinnrücklagen und Jahresgewinnen.[901]

Im Gegensatz zum *balance-sheet test* knüpft die *earned surplus* Methode nicht an die Bilanz, sondern an das, für Steuerzwecke erstellte, *income statement* an. Auf Grundlage der *income statements* wird die Differenz aus den bisherigen Gewinnen und den bisherigen Verlusten sowie bereits getätigten Ausschüttungen seit Gründung des Unternehmens errechnet. Ein etwaiger positiver Saldo kann ausgeschüttet werden. Diese Herangehensweise unterscheidet sich nur geringfügig von Bilanztests, da auch die Bilanz bisherige Gewinne und Verluste sowie Ausschüttungen berücksichtigt.[902] Definitionsgemäß enthält das *earned surplus* keine Kapitalrücklagen, wodurch eine Ausschüttung daraus im Grundsatz unzulässig wäre. Trotzdem gab es in den einzelnen Rechten der US-amerikanischen Staaten Regelungen, nach denen auch das *capital surplus* zur Ausschüttung gelangen konnte.[903] Somit ergaben sich kaum Unterschiede hinsichtlich des Ausschüttungspotentials im Vergleich zu traditionellen Bilanztests. Ebenso wie bei den *balance sheet tests* konnte der Gewinn auch durch geeignete Wahl des *capitals* maximiert werden, wodurch kein ausreichender Gläubigerschutz erreicht wurde.[904]

4.1.4.3.3 Solvenztest („Solvency Test“)

Der seit dem Jahre 2000 veröffentlichte RMBCA[905] zieht daher nicht mehr das *capital* als Ausschüttungsmaßstab heran. Herkömmliche Bilanztests wurden aufgegeben. Stattdessen ist eine Ausschüttung nach Sec. 6.40(c)(1) RMBCA dann zulässig, wenn die Gesellschaft feststellt, dass sie zum Zeitpunkt der Ausschüttung weiterhin in der Lage sein wird, fällige Schulden zu begleichen. Dieser sog. Solvenztest stellt eine Zukunftsprognose dar, der den *Cash-Flow* des Unternehmens in den Vordergrund rückt. Entscheidend ist, ob die prognostizierte Ertragskraft des Unternehmens die zu erwartenden Schulden decken können wird. Flankiert wird der Solvenztest gem.

898 Vgl. Fessler, 7 Alaska Law Review, 1990, 1 (43). Das Recht in Alaska entspricht der kalifornischen Regelung bis 2012.
899 MBCA von 1980.
900 Vgl. dazu: Kummert, 59 Wash. L. Rev. (1983–1984), 185 (195 ff.).
901 § 2(l) MBCA.
902 Vgl. Gevurtz, S. 163.
903 Vgl. Gevurtz, S. 161.
904 Kummert, 59 Wash. L. Rev. (1983–1984), 185 (195 ff.)
905 Vgl. dazu ausführlicher: Richard, S. 89 ff.

Sec. 6.40(c)(2) RMBCA durch einen einfachen Bilanztest. Die Verbindlichkeiten des Unternehmens müssen auch nach der Ausschüttung durch Aktiva gedeckt sein. Ein zusätzlicher Puffer, wie in der kalifornischen Regelung von 1977, ist nicht vorgesehen.

4.1.5 Rückkauf eigener Aktien

Die einzelnen Gesellschaftsrechte der US-amerikanischen Staaten erlauben den Rückkauf eigener Anteile durch die Gesellschaft unter gewissen Voraussetzungen.[906] Die Interessenkonflikte, die bei einem solchen Aktienrückkauf entstehen können, sind dieselben wie in Deutschland (vgl. Abschnitt 3.4.1.5).[907]

Insbesondere wird der Rückerwerb eigener Anteile, wie im deutschen Recht, meist einer Ausschüttung gleichgesetzt. Daher beinhalten die einzelstaatlichen Gesellschaftsrechte Vorschriften, die den Rückerwerb nur unter ähnlichen oder selben Beschränkungen wie eine Ausschüttung zulassen. Sec. 166 CalCorpCode bestimmt etwa, dass Ausschüttung (*distributions*) jegliche Sachverhalte umfasst, bei denen Geld (*cash*) oder sonstiges Vermögen (*property*) als Dividende (*dividend*) oder auf anderem Wege (*otherwise*), sei es z.B. durch den Rückkauf eigener Anteile, an einen Gesellschafter fließt. Dadurch ist der Rückerwerb eigener Anteile im kalifornischen Recht den Ausschüttungen gleichgestellt.[908] Der Rückkauf eigener Aktien gefährdet Gläubiger in derselben Weise, wie Ausschüttungen.[909] Daher ist es auch gerechtfertigt, den Rückkauf eigener Aktien an denselben Maßstäben zu messen wie Ausschüttungen.[910] Dennoch bestehen Unterschiede. Während Dividenden jedenfalls innerhalb einer Anteilskategorie gleichmäßig erfolgen, sind Aktienrückkäufe das Ergebnis individueller vertraglicher Vereinbarungen mit einzelnen Gesellschaftern.[911] Zudem können Aktienrückkäufe erheblichen finanziellen Aufwand bedeuten, was oft zu einer Ratenzahlung durch die Gesellschaft führt.[912]

Entscheidend für die Beurteilung der Zulässigkeit des Rückerwerbs eigener Anteile ist auch, wie mit den erworbenen Anteilen bilanziell zu verfahren ist.[913] Dies wird in den einzelnen US-amerikanischen Staaten unterschiedlich gehandhabt. Eine

906 Vgl. zum Rückerwerb eigener Aktien in den USA: Ritzer-Angerer, IStR 2005, 318 ff.

907 Vgl. in der US-amerikanischen Literatur: Gevurtz, S. 168 ff.

908 Beim Rückerwerb eigener Anteile, ist in Kalifornien zur Vermeidung einer Doppelberücksichtigung der *ratained earnings test* um Aufwendungen und Erträge in Zusammnenhang mit dem Rückerwerb der eigenen Anteile zur korrigieren soweit sie bilanziell bereits erfasst wurden, vgl. Sec. 500(b) CalCorpCode.

909 Eisenberg, Sec. 8, 1 on page 1255.

910 So die kalifornische Regelung, vgl. Sec. 166 CalCorpCode. Andere US-Staaten hingegen machen es davon abhängig, ob in der Situation eine Ausschüttung in der Höhe der Rückkaufssumme möglich wäre.

911 Jennings/Buxbaum, Corporations, Ch. 9 B 1, p. 897.

912 Jennings/Buxbaum, Corporations, Ch. 9 B 1, p. 897.

913 Vgl. Gevurtz, S. 173 ff.

Möglichkeit besteht in der Reduzierung des *capitals*, soweit es im anwendbaren Gesellschaftsrecht vorhanden ist. Das entspräche jedenfalls der Funktion des *capitals*, da dieses zeigen soll, wie viel Geld durch Gesellschafter investiert wurde. Auf der anderen Seite stellt die Reduzierung des *capitals* ein Risiko für Gläubiger der Gesellschaft dar, da ihnen der Haftungsfonds entzogen würde. Aus Gläubigerschutzaspekten ist es daher geboten, dass die Gesellschaft die Anteile unter Reduzierung des *surplus* erwerben muss. Auf diese Weise können Gesellschaften, wie es bei Ausschüttungen der Fall ist, nur Geld an Gesellschafter „auszahlen", wenn genug freies Kapital vorhanden ist. Dies wird kritisiert, da Manager auf diese Weise nur dann eigene Aktien rückerwerben könnten, wenn ein ausreichendes *surplus* zur Verfügung steht. In einigen Staaten liegt es daher im Ermessensspielraum der Manager, auf welche Weise der Rückkauf bilanziell abgebildet wird. In Kalifornien müssen bspw. rückerworbene Anteile als nicht ausgegebene Anteile ausgewiesen werden, was dazu führt, dass weder das *capital* noch das *surplus* reduziert werden muss, vgl. § 510(a) CalCorpCode.

4.1.6 Folgen unzulässiger Ausschüttungen

Die US-Amerikanischen Gesellschaftsrechte knüpfen an die Vornahme unzulässiger Ausschüttungen im Allgemeinen ähnliche Folgen wie in Deutschland.[914] Wurde eine Ausschüttung unter Missachtung gesetzlicher Vorschriften vorgenommen, haften Manager und Gesellschafter. Während Manager für den entstandenen Schaden haften, haben die Gesellschafter empfangene Leistungen zurück zu gewähren. Hinsichtlich des Verschuldens muss in aller Regel zwischen zwei Sachverhalten unterschieden werden. Wurden Auszahlungen im Vorfeld einer Insolvenz getätigt, müssen Gesellschafter die empfangene Summe ohne Rücksicht auf ein Verschulden zurückzahlen. Wurde hingegen lediglich zu viel ausbezahlt, kommt es auf die jeweilige Bösgläubigkeit des Gesellschafters an.[915] Die Manager haften hingegen in aller Regel nur bei Vorsatz oder Fahrlässigkeit. Diese Grundsätze finden sich auch im Recht der Gläubigeranfechtung wieder. In Kalifornien sind die Folgen einer unzulässigen Ausschüttung in den Sec. 309, 316(a)(1), 500–503, 506 CalCorpCode geregelt. Gem. Sec. 309, 316(a)(1) CalCorpCode haften die Direktoren einer Gesellschaft, sofern sie fahrlässig oder vorsätzlich gehandelt haben. Der Verschuldensmaßstab ergibt sich aus den Sec. 309(a) und (b) CalCorpCode. Gesellschafter sind nach Sec. 506(a) CalCorpCode verpflichtet, empfangene Leistungen nebst Zinsen zurück zu gewähren, sofern sie die Tatsachen, welche die Unzulässigkeit der Ausschüttung indizierten, kannten.

---

914 Vgl. zum Ganzen Gevurtz, S. 166 ff.

915 Wood v. National City Bank, 24 F.2d 661 (2d Cir.1928).

4.1.7 Gläubiger- und Konkursanfechtung

Das Gesellschaftsrecht dient primär dazu, die ausschüttungsfähigen Vermögensgüter zu bestimmen.[916] Neben dem Bilanz- und Gesellschaftsrecht nimmt in den USA aber vor allem das Recht der Gläubigeranfechtung in Zusammenhang mit unzulässigen Ausschüttungen eine besondere Bedeutung ein.[917] Das Recht der Gläubiger- und Konkursanfechtung (*law of fraudulent conveyances*) hat in den USA einen höheren Stellenwert als das Recht der Ausschüttungsbeschränkungen. In der Sache geht es um Anfechtungsrechte der Gläubiger aufgrund objektiver Benachteiligungen. Der Vorsatz wird dabei nicht gefordert, sondern tatbestandlich fingiert, sofern die objektiven Kriterien erfüllt sind (*constructive fraud*). Die Rechtsfolge einer erfolgreichen Anfechtung ist die Pflicht der Gesellschafter, das Erlangte Kapital an die Gesellschaft zurück zu gewähren.

4.2 Ausschüttungskonzept der Sec. 500 ff. California Corporation Code[918]

Kalifornisches Gesellschaftsrecht ist anwendbar auf in Kalifornien gegründete Gesellschaften. Nach Sec. 2115 des Cal. Corp. Codes ist kalifornisches Gesellschaftsrecht darüber hinaus anwendbar auf Gesellschaften anderer US-Bundesstaaten, deren unternehmerischer Schwerpunkt in Kalifornien liegt und deren stimmberechtigte Anteile überwiegend in den Händen von in Kalifornien ansässigen Gesellschaftern sind („*pseudo-foreign corporations*“).

4.2.1 Die Ausschüttungsregelung nach Sec. 500 ff. vor 1977

Bevor Kalifornien im Jahre 1977 das Gesellschaftsrecht modernisierte, richtete sich die Zulässigkeit einer Ausschüttung nach der *earned surplus* Methodik und damit auch nach dem *legal capital*. Eine Ausschüttung war zulässig, soweit das aktuelle Vermögen das Stammkapital samt Agio sowie Verbindlichkeiten betragsmäßig

---

916 Ben-Dror, 16 U.C. Davis L.Rev. (1982–1983), 375 (378).

917 Ben-Dror, 16 U.C. Davis L.Rev. (1982–1983), 375 (378), vgl. Dazu ausführlicher: Kummert, 59 Wash. L. Rev. (1983–1984), 185 (266 ff.); Engert, in: Lutter, Das Kapital der Aktiengesellschaft; S. 743 (769 ff.). In dieser Arbeit sollen lediglich Ausschüttungsbegrenzungen untersucht werden.

918 Die folgenden Ausführungen beziehen sich auf Gesellschaften, die keine Vorzugsaktien ausgegeben haben und blenden daher Fragen im Zusammenhang mit Ausschüttungen aufgrund der Existenz von Vorzugs- bzw. speziellen Gewinnansprüchen aus. In der Regel dürfen Ausschüttungen an gewöhnliche Aktionäre nur gemacht werden, sofern die Ansprüche der Inhaber von Vorzugsaktien nicht geschmälert werden.

überstieg.[919] Auszahlungen im Wege der Ausschüttung oder im Wege des Rückerwerbs eigener Aktien wurden unterschiedlich behandelt.[920] Diese Herangehensweise erforderte die aufwendige Berechnung der dazu notwendigen Größen (*par value, stated capital, earned surplus, paid-in surplus, reduction surplus* und *treasury shares*), zum anderen existierten Ausnahmen, wonach bspw. auch Beträge aus dem Nettovermögen ausbezahlt werden durften, sofern die Auszahlung aus dem Jahresgewinn möglich war, sog. *nimble dividends.*[921] Das damalige System wurde als unzureichend betrachtet, da Gläubiger nicht ausreichend geschützt wurden.[922] Es existierte kein Haftungsfonds, der den Gläubigern in angemessener Form Schutz bot.[923] Die Implementierung von strengeren vertraglichen Schutzmechanismen war deshalb üblich.[924] Aus diesem Grund wurde das Gesellschaftsrecht in Kalifornien 1977 einer Reform unterzogen. Die Ausschüttungsregelungen knüpften seitdem, neben dem allgemeinen Solvenzkriterium[925], an *retained earnings*[926], einem *balance sheet test*[927] und einem *liquidity test*[928] an. Stammkapital und Nennwert der Anteile existieren im Kalifornischen Recht seitdem nicht mehr.[929] Diese neuen Kriterien wurden schon vor der gesetzlichen Modernisierung von staatlichen Aufsichtsbehörden, Wirtschaftsprüfern, Kreditgebern und Managern herangezogen, um die wirtschaftliche Lage von Unternehmen zu beurteilen.[930] Insoweit erwies sich das kalifornische Recht als modern, vor allem weil es wohl gebräuchlichen Finanzkennzahlen bzw. gebräuchlichen *covenants* entsprach.[931] Neben dieser veränderten Grundkonzeption

919 Legislative Proposal BLS-2011–01 der State Bar of California vom 16.07.2010, S. 2, abrufbar unter: http://www.calbar.ca.gov/Portals/0/documents/legislation/proposals/BLS-2012-01-employee_benefit_plan_fiduciaries-ADA.pdf (zuletzt abgerufen am: 03.09.2013).; vgl. auch die Ausführungen zum damaligen Recht bei Dreyfuss, 9 L.A.L. Rev. 839 1975–1976, S. 839 ff.

920 Vgl. Dreyfuss, 9 L.A.L. Rev. 839 1975–1976, S. 839.

921 Legislative Proposal BLS-2011–01 der State Bar of California vom 16.07.2010, S. 2, vgl. Fn. 919; vgl. auch Rehm, in: Eidemüller (Hrsg.), Ausländische Kapitalgesellschaften, § 11 Rn. 32 zu *nimble dividens* im Recht des Staats Delaware.

922 Legislative Proposal BLS-2011–01 der State Bar of California vom 16.07.2010, S. 2, vgl. Fn. 919.; vgl. auch Ausführungen von Ben-Dror, 16 U. C. Davis L. Rev. 376 1982–1983, 375 (377 ff.).

923 Vgl. Dreyfuss, 9 L.A.L. Rev. 839 1975–1976, S. 839 (840).

924 Vgl. Dreyfuss, 9 L.A.L. Rev. 839 1975–1976, S. 839 (840).

925 Sec. 501 CalCorpCode.

926 Sec. 500(a) CalCorpCode.

927 Sec. 501(b)(1) CalCorpCode.

928 Sec. 501(b)(2) CalCorpCode.

929 Vgl. Zur Kapitalaufbringung in Kalifornien: Richard, S. 121 f.

930 Ben-Dror, 16 U. C. Davis L. Rev. 376 1982–1983, p. 377 m.w.N.

931 Dreyfuss, 9 Loy. L.A.L. Rev. 863 1975–1976, 839 (839, 841); Ben-Dror, 16 U. C. Davis L. Rev. 376 1982–1983, 375 (377) der den Begriff *covenants* nicht erwähnt, aber auf die gängige Praxis abstellt. So auch: Engert, in: Lutter ZGR Sonderheft 17, S. 745 (765), Ackerman/Sterrett, U.C.L.A. Rev. 23 (1976), 1052 (1053) (zitiert nach Engert, Fn. 92).

wurde eine einheitliche Definition für *distributions* entwickelt, die Auszahlungen an Gesellschafter jeglicher Art umfasste und die auch noch heute gilt. Darüber hinaus ist bedeutend, dass das kalifornische Recht 1977 die US-GAAP als Maßstab zur Berechnung der relevanten Größen vorschrieb, vgl. Sec. 114 CalCorpCode. Seitdem fußt die Kapitalerhaltung in Kalifornien auf einer bilanziellen Sichtweise.

Kalifornien war der erste Staat, der auf diese Weise den Gläubigerschutz verwirklichte bzw. versuchte, zu verwirklichen. Trotz vielen Lobs hatte Kalifornien indessen nur in Alaska einen Nachahmer gefunden. In den meisten US-amerikanischen Staaten wurde das Modellgesetz RMBCA umgesetzt.[932],[933] Dieser Umstand war wohl hauptursächlich für die Reform des Rechts der *distributions* in Kalifornien im Jahr 2012.

4.2.2 Die Ausschüttungsregelung nach Sec. 500 ff. bis Dezember 2011

Im Folgenden werden die Regelungen des kalifornischen Rechts, die bis zum 31. Dezember 2011 auf Grundlage des CalCorpCodes von 1977 gültig waren, dargestellt.

4.2.2.1 Definition von "Distributions", sec. 166 Cal. Corp. Code

> *Sec.166 CalCorpCode: "Distribution to its shareholders" means the transfer of cash or property by a corporation to its shareholders without consideration, whether by way of dividend or otherwise, except a dividend in shares of the corporation, or the purchase or redemption of its shares for cash or property, including the transfer, purchase, or redemption by a subsidiary of the corporation [...]*

Grundsätzlich wird im US-amerikanischen Recht zwischen Dividenden (*dividends*), und sonstigem Transfer von Vermögen an Gesellschafter (*distributions*) unterschieden.[934] Der California Corporation Code knüpft zwar auch an diese Unterscheidung an, erklärt aber *distributions* zum allgemeinen Oberbegriff. Gegenstand von Ausschüttungen an Gesellschafter können nach Sec. 166 CalCorpCode flüssige, geldwerte Mittel (*cash*) oder sonstiges Vermögen (*property*) sein. Weiter ist nicht entscheidend, ob die *distribution* im Wege einer Dividende, durch den Rückkauf eigener Aktien, durch Einziehung eigener Aktien oder auf sonstige Weise getätigt wird. Entscheidend ist der Transfer von Gesellschaftsmitteln an Gesellschafter.[935] Das gleiche gilt für Ausschüttungen an Gesellschafter durch verbundene Gesellschaften. Vom Tatbestand der *distributions* sind jedoch Dividenden im Wege von Gratisaktien ausgenommen. Aufgrund dieser einheitlichen Definition, werden

932 Vgl. Übersicht von Petersen/Hawker, Does Corporate Law matter? Legal Capital Restrictions on Stock Distributions, abrufbar unter: https://uakron.edu/dotAsset/726766.pdf, zuletzt abgerufen am: 22.08.2013.

933 Eine bedeutende Ausnahme ist Delaware.

934 Merkt/Göthel, Rn. 533.

935 So: Vgl. Engert, in: Lutter, Das Kapital der Aktiengesellschaft, S. 745 (764).

sämtliche Ausschüttungssachverhalte vom Recht der *distributions* gem. Sec. 500 ff. CalCorpCode umfasst.

Sec. 166 CalCorpCode enthält des Weiteren eine Regelung zum Zeitpunkt einer Ausschüttung. Die exakte Bestimmung ist notwendig, um die in diesem Zeitpunkt geltenden bzw. angewandten Rechnungslegungsvorschriften, von denen die Ausschüttung abhängt, nachvollziehen zu können.[936]

4.2.2.2 Sec. 501 CalCorpCode – equity insolvency test

Sec. 501 CalCorpCode: "Neither a corporation nor any of its subsidiaries shall make any distribution to the corporation's shareholders (Section 166) if the corporation or the subsidiary making the distribution is, or as a result thereof would be, likely to be unable to meet its liabilities (except those whose payment is otherwise adequately provided for) as they mature."

Sec. 501 CalCorpCode ist eine Vorschrift, die bereits im alten kalifornischen Recht vor 1977 existierte und auch noch heute unverändert fort gilt.[937] Ausschüttungen sind danach grundsätzlich verboten, wenn es wahrscheinlich ist (*likely*), dass die Gesellschaft durch die Ausschüttung ihre Verbindlichkeiten bei Fälligkeit nicht mehr erfüllen können wird. Von der Rechnung werden solche Verbindlichkeiten ausgenommen, für die auf andere Weise adäquate Vorsorge getroffen wurde (*payment is otherwise adequately provided for*).[938] Als eine Art allgemeine Erlaubnisnorm, muss die Vorschrift bei der Beurteilung des Ausschüttungspotentials nach anderen Normen (Sec. 500(a) und (b) CalCorpCode) zwingend eingehalten werden. Damit soll sichergestellt werden, dass die Gesellschaft trotz Ausschüttungen überlebensfähig bleibt. *Marsh939* beschreibt die Norm als *equity insolvency test*, ein Begriff des US-amerikanischen Insolvenzrechts.

Die Regelung gilt ebenfalls für abhängige Gesellschaften. Auch sie dürfen keine Ausschüttungen an beherrschende Unternehmen vornehmen, sofern die Umstände des Sec. 501 Cal. Corp. Code greifen. Dies dient vor allem dem Schutz von Minderheitsgesellschaftern in abhängigen Gesellschaften vor übermäßigem Einfluss durch die Gesellschafter des Mutterunternehmens.[940]

Anwendungsschwierigkeiten der Norm ergeben sich bei der Beurteilung des Wahrscheinlichkeitsmaßstabes (*likely*) und bei der Auslegung der ausgenommenen Verbindlichkeiten aufgrund anderweitiger adäquater Sicherung. Gesetzliche

936 Vgl. Dreyfuss, 9 L.A.L. Rev. 839 1975–1976, 839 (848 f.).
937 Die alte Fassung galt bis zum 1. Januar 1977.
938 Marsh/Finkle/Sonsini, California Corporation Law, S. 150, 151.
939 Marsh/Finkle/Sonsini, California Corporation Law, S. 148–149.
940 Dreyfuss, in: 9 Loy. L.A.L. Rev. 1975–1976, 839 (854).

Definitionen wurden nicht implementiert und auch nicht von der Rechtsprechung bzw. Wissenschaft entwickelt.[941]

Liegt bereits eine Überschuldungssituation vor (total liabilities > total assets) ist eine Ausschüttung bereits nach diesem Test unzulässig.[942]

4.2.2.3 Sec. 500 (a) Cal. Corp. Code (a.F.) – retained earnings

> *Sec. 500 CalCorpCode: Neither a corporation nor any of its subsidiaries shall make any distribution to the corporation's shareholders (Section 166) except as follows:*
>
> *(a) The distribution may be made if the amount of the retained earnings of the corporation immediately prior thereto equals or exceeds the amount of the proposed distribution.*

Nach Sec. 500(a) CalCorpCode a.F. durften Ausschüttungen getätigt werden, solange ausreichend einbehaltene Gewinne (*retained earnings*) vorhanden waren. Was als *retained earnings* bezeichnet werden durfte, bestimmte sich gem. Sec. 144 CalCorpCode anhand der US-GAAP. Danach sind *retained earnings* zu Ausschüttungszwecken einbehaltene Gewinne.[943] Darin ist nicht das *capital surplus* enthalten, welches der deutschen Kapitalrücklage entspricht. Sofern nach den US-GAAP die Buchwerte zu historischen Anschaffungskosten entscheidend sind und nicht der beizulegende Zeitwert bzw. *fair value*, können Vermögensgegenstände ausgeschüttet werden, solange *retained earnings* in Höhe des Buchwerts zur Verfügung stehen. Somit war es möglich, einen Vermögensgegenstand mit einem Buchwert in Höhe von 1.000 USD auszuschütten, wenn *retained earnings* in Höhe von ebenfalls 1.000 USD zur Verfügung standen. Ob der Vermögensgegenstand tatsächlich einen Marktwert von bspw. 100.000 USD hatte war unerheblich.[944]

Ausschüttungen durften auch aus anderen Ressourcen als den *retained earnings* vorgenommen werden, was jedoch eine entsprechende Mitteilung an die Gesellschafter erfordert, vgl. Sec. 507 CalCorpCode.[945]

Den empirischen Untersuchungen von *Ben-Dror* folgend hatten einige Unternehmen kurz vor der Insolvenz noch *retained earnings*, woraus er folgert, dass dieser Test alleine nicht ausreiche, um die Zulässigkeit von Ausschüttungen zu bestimmen.[946]

---

941 Vgl. Richard, S. 126 m.w.N. Sicherungsmittel können sein: Garantien, Hypotheken, Verpfändungen oder Hinterlegung an geeigneten staatlichen Stellen oder Banken.

942 Vgl. Dreyfuss, in: 9 Loy. L.A.L. Rev. 1975–1976, 839 (854).

943 Vgl. Richard, S. 127.

944 Vgl. Dreyfuss, in: 9 Loy. L.A.L. Rev. 1975–1976, 839 (850).

945 Vgl. Kummert, 59 Wash. L. Rev. (1983–1984), part II, 185 (230).

946 Vgl. Ben-Dror 16 U.C. Davis L. Rev. 375 (1982–1983), S. 375 (383), Fn. 49.

4.2.2.4 Sec. 500 (b)(1),(2) (a.F.) – quantitative solvency test and liquidity test

Sec.500 CalCorpCode. Neither a corporation nor any of its subsidiaries shall make any distribution to the corporation's shareholders (Section 166) except as follows:

(b) The distribution may be made if immediately after giving effect thereto:

(1) The sum of the assets of the corporation (exclusive of goodwill, capitalized research and development expenses and deferred charges) would be at least equal to 1 1/4 times its liabilities (not including deferred taxes, deferred income and other deferred credits); and

(2) The current assets of the corporation would be at least equal to its current liabilities or, if the average of the earnings of the corporation before taxes on income and before interest expense for the two preceding fiscal years was less than the average of the Interest expense of the corporation for those fiscal years, at least equal to 1 1/4 times its current liabilities; provided, however, that in determining the amount of the assets of the corporation profits derived from an exchange of assets shall not be included unless the assets received are currently realizable in cash; and provided, further, that for the purpose of this subdivision "current assets" may include net amounts which the board has determined in good faith may reasonably be expected to be received from customers during the 12-month period used in calculating current liabilities pursuant to existing contractual relationships obligating those customers to make fixed or periodic payments during the term of the contract or, in the case of public utilities, pursuant to service connections with customers, after in each case giving effect to future costs not then included in current liabilities but reasonably expected to be incurred by the corporation in performing those contracts or providing service to utility customers. ...

Sec. 500(b) CalCorpCode enthält in Variante (1) einen *balance-sheet test* und in Variante (2) einen *liquidity test.* Sofern keine *retained earnings* i.S.d. Sec. 500(a) CalCorpCode zur Ausschüttung zur Verfügung standen, war eine Ausschüttung nur dann zulässig, wenn beide Tests des Sec. 500(b) CalCorpCode kumulativ positiv ausfielen.

4.2.2.4.1 Quantitative solvency test Sec. 500(b)(1) CalCorpCode (total ratio)

Nach der ersten Variante war zu prüfen, ob das Verhältnis der Aktiva und Schulden nach der Ausschüttung weiterhin mindestens einem Wert von 1,25 entsprach. Auf diese Weise wurde stets ein zusätzliches Fünftel der Aktiva für Gläubiger reserviert.[947]

In Ausnahme zu den US-GAAP war beim *balance-sheet test* nach Sec. 500(b)(1) CalCorpCode von einer vorsichtigeren Betrachtungsweise auszugehen. Daher waren unsichere Posten wie der *goodwill, capitalized research and development expenses* und *deferred charges* aus der Summe der *assets* herauszurechnen. Diese strengere Berechnung wurde durch die entsprechende Verminderung der *liabilities* zum Zwecke

947 Eigenkapitalquote 20 %.

der Berechnung nach Sec. 500(b)(1) abgeschwächt. So waren *deferred taxes, deferred income* und *other deferred credits* von den Verbindlichkeiten in Abzug zu bringen. Grund hierfür war, dass der *balance sheet-test* wohl nur solche Werte umfassen durfte, die in einer etwaigen Liquidation im Zeitpunkt der Ausschüttung als werthaltig betrachtet wurden.[948] Aus diesem Grund wurden der Firmenwert, angesetzte Forschungs- und Entwicklungskosten[949] sowie andere Bilanzierungshilfen, wie etwa aktivierte Ingangsetzungskosten von *start-ups* von den Aktiva abgezogen.[950] Nicht aufgrund der Werthaltigkeit, sondern aufgrund des mangelnden Schuldcharakters wurden von den Verbindlichkeiten latente Steuern und Rechnungsabgrenzungsposten abgezogen. Diese dienen lediglich der periodengerechten Gewinnermittlung und sollten daher nicht in die maßgebliche Liquidationsfiktion einfließen.[951]

Diese strenge Form der Berechnung hat schon früh Kritiker gefunden. *Dreyfuss* konstatierte, dass die Bestimmung des Ausschüttungspotentials auf Grundlage der Buchwerte im Einzelfall einer Gesellschaft eine Ausschüttung verbieten könne, obwohl diese tatsächlich aufgrund stiller Reserven „reich" genug gewesen wäre.[952]

Die ursprüngliche Version der Sec. 500(b)(1)und(2) CalCorpCode sahen noch vor, dass es nicht zum Ausweis von nicht realisierten Beträgen kommen durfte.[953] In der Fassung von 1977 bis 2012 war gem. Sec. 114 CalCorpCode jedoch vorgesehen, dass jede Bilanzierungsfrage des CalCorpCode nach den US-GAAP zu beurteilen war. Daher konnte es auch bei der Berechnung der Ausschüttungssperre zur Berücksichtigung von unrealisierten Erträgen kommen, sofern dies nach US-GAAP zugelassen war. Dazu zählten vor allem SFAS 115 (bestimmte Wertpapiere des Umlaufvermögens), SFAS 52 (Fremdwährungsforderungen und -verbindlichkeiten) und SFAS 133 (Derivate).[954]

4.2.2.4.2 Liquidity test Sec. 500(b)(2) CalCorpCode (current ratio)

Der *liquidity test* galt als erfüllt, wenn das Umlaufvermögen (*current assets*) die kurzfristigen Verbindlichkeiten (*current liabilities*) nach der Ausschüttung abdeckte. Sollten die Erträge vor Zinsen und Steuern in den zwei vorangegangenen Geschäftsjahren nicht ausgereicht haben, um Zinslast derselben Jahre begleichen zu können (Zinsdeckungsrate < 1), galt ein strengerer Verhältnismaßstab von Umlaufvermögen

948 Vgl. Ben-Dror 16 U.C. Davis L. Rev. 375 (1982–1983), 375 (383 f.), Fn. 49.

949 Zu einem Ansatz von Forschungs- und Entwicklungskosten kann es nach US-GAAP nur in Ausnahmen kommen, da sie grundsätzlich nach SFAS 142 sofort erfolgswirksam zu verbuchen sind. Vgl. ausführlicher Schreiber, IStR 2005, 210 ff. Ausnahmen existieren in: SFAS 50, 68, 86, 139, vgl. Winnefeld, Bilanzhandbuch, Kapitel D, Rn. 462 ff.

950 Vgl. Ben-Dror 16 U.C. Davis L. Rev. 375 (1982–1983), 375 (383 f.), Fn. 49.

951 Vgl. Ben-Dror 16 U.C. Davis L. Rev. 375 (1982–1983), 375 (383 f.), Fn. 49.

952 Vgl. Dreyfuss 9 L.A.L Rev. 849, 1975–1976, S. 839 (853).

953 Vgl. Dreyfuss 9 L.A.L Rev. 849, 1975–1976, S. 839 (849, Fn. 54).

954 Aufzählung nach: Richard, S. 123 m.w.N.; Pellens/Brandt/Richard, DB 2006, 2021 (2023) m.w.N.

und kurzfristigen Verbindlichkeiten in Höhe von 1,25. Dieser Test war kumulativ zu Sec. 500(b)(1) CalCorpCode anzuwenden. Zur Berechnung der *current ratio* enthielt Sec. 500(b)(2) CalCorCode weitergehende Anforderungen, auf die sogleich eingegangen wird (Abschnitt 4.2.2.6.2).

Gem. Sec. 500(b)(2)(b) CalCorpCode konnte der *current ratio test* nicht von Unternehmen angewandt werden, die Ihre Aktiva nicht in Anlage- und Umlaufvermögen unterteilten. Dies sollte wohl die bilanzielle Nachvollziehbarkeit des *current ratio tests* garantieren.

4.2.2.5 Graphische Zusammenfassung

Die kalifornischen Ausschüttungsregelungen bis zum 31.12.2011 lassen sich wie folgt graphisch darstellen:

Abbildung 32.

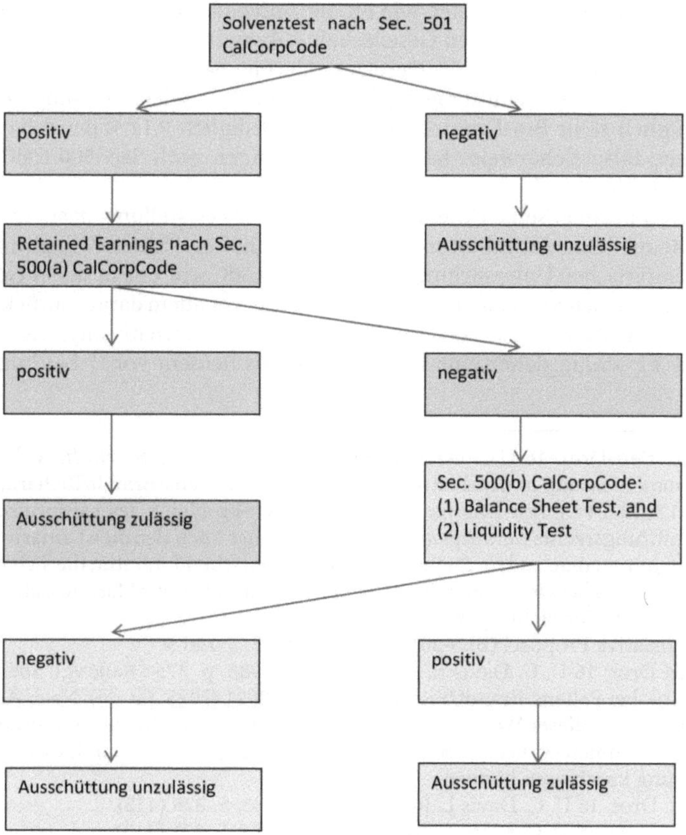

Die kalifornische Ausschüttungsregelung unterteilte sich wie die farbliche Darstellung zeigt, in maximal drei Stufen. Zunächst war festzustellen, dass das Unternehmen auch nach der Ausschüttung in der Lage war, fällige Verbindlichkeiten zu erfüllen. War dies der Fall, konnten gem. Sec. 500(a) in Höhe der einbehaltenen Gewinne Ausschüttungen getätigt werden. Lagen keine vor oder überstieg der Ausschüttungsbetrag die einbehaltenen Gewinne, war eine Ausschüttung zulässig soweit die Bilanzverhältnisse des Sec. 500(b) CalCorpCode gewahrt blieben.

4.2.2.6 Analyse

4.2.2.6.1 Gläubigerschützende Wirkung

Ben-Dror hatte die gläubigerschützende Wirkung der Sec. 500 ff CalCorpCode untersucht.[955] Dazu nahm er Stichproben von Unternehmen, die zwischen den Jahren 1970 und 1976 Insolvenz angemeldet hatten. Die empirische Analyse überprüft, inwieweit diese Unternehmen in den drei Jahren vor der Insolvenz Ausschüttungen tätigen durften. Es wurde auch getestet, wie oft die Anwendung der Sec. 500 ff. CalCorpCode einer – an sich gesunden Gesellschaft – Ausschüttungen verboten. Letzteres ist vor allem in Hinblick auf die Gesetzesänderung des Jahres 2012 interessant, da es dort heißt, die Ausschüttungsregelungen von 1977 seien zu streng gewesen.[956] Diesbezüglich stellt *Ben-Dror* jedoch fest, dass lediglich 9,14 % der solventen Unternehmen fälschlicherweise keine Ausschüttungen nach Sec. 500 CalCorpCode vornehmen konnten.[957]

Ben-Dror beendet seine Untersuchungen mit der Feststellung, dass der CalCorpCode eine moderne Ausschüttungsregelung beinhaltete.[958] Des Weiteren folgert er aus der empirischen Untersuchung, dass Sec. 500 CalCorpCode in seiner Gesamtheit Gläubiger dennoch nicht ausreichend schütze, was vor allem darauf zurückzuführen sei, dass die Tests in Sec. 500 (a) und (b) CalCorpCode alternativ angewandt werden konnten. Er schlug daher eine Kombination aus beidem vor.[959] Bei kumulativer

---

955 Vgl. Ben-Dror, 16 U.C. Davis L. Rev. 375 (1982–1983), S. 390 ff.; vgl. auch Zusammenfassung in der deutschen Literatur bei: Pellens/Brandt/Richard, DB 2006, 20121 (2024 f.). *Ben-Dror* hat die wesentlichen Probleme des kalifornischen Ausschüttungsrechts herausgearbeitet und ist daher auch der meist zitierte Autor. Es gibt nur wenige andere Stellen in der amerikanischen Literatur, die sich mit diesen Problemen befassen. Auch in der deutschen Literatur wird fast ausschließlich auf diese Veröffentlichung Bezug genommen.

956 Legislative Proposel (BLS-2011–01), Fn. 919, S. 2 und 5.

957 Ben Dror, 16 U. C. Davis L. Rev. 385 1982–1983, p. 375 (400); vgl. aber auch die Kritik bei Pellens/Brandt/Richard, DB 2006, 2021 (2025, Fn. 46). Nach Ansicht der Autoren ist dieser Wert noch zu hoch, da die Studie fälschlicher Weise auch solche Unternehmen berücksichtige, die ihre Liquiditätsprobleme durch Geschäftserweiterung kaschieren können.

958 Ben Dror, 16 U. C. Davis L. Rev. 385 1982–1983, S. 375 (412).

959 Ben-Dror, 16 U. C. Davis L. Rev. 385 1982–1983, S. 375 (413).

Anwendung von Sec. 500(a) und (b) CalCorpCode käme es zu einer Fehleinstufung solventer Unternehmen in Höhe von ca. 9 % bis ca. 15 %. Dies zeigt, dass *Ben-Dror* die Fehleinschätzung solventer Unternehmen zugunsten eines verbesserten Gläubigerschutzes in Kauf nehmen würde.

Aus juristischem Blickwinkel erscheint die kalifornische Regelung dennoch sehr gelungen. Sie berücksichtigte die unterschiedlichsten Gläubigerrisiken durch Ausschüttungen. Durch die Pflicht, eine Eigenkapitalquote von 20 % einzuhalten, wurde für die Gläubiger ein absoluter Puffer geschaffen. Darüber hinaus war die kalifornische Regelung deshalb modern, weil sie neben dem absoluten Puffer die Liquidität des Unternehmens im Wege eines gesonderten Bilanztests prüfte. Zwar kann letzteres auch durch Solvenztests erreicht werden, jedoch hat ein Bilanztest schärfere Konturen und ist nicht von der Erwartungshaltung der Manager abhängig.

4.2.2.6.2 Problem der Kontrolle und Durchsetzung aus Sicht der Gläubiger

Gläubigerschutz kann nur dann effektiv umgesetzt werden, wenn Verstöße entdeckt und verfolgt werden können.[960] Eine gerichtliche Verfolgung solcher Verstöße ist zudem nur möglich, soweit die bilanzielle Situation im Zeitpunkt der Ausschüttungen überprüft und nachvollzogen werden kann. Dies setzt wiederum voraus, dass die entscheidenden Werte, die zur Berechnung des Ausschüttungspotentials benötigt werden, dokumentiert wurden.

In diesem Zusammenhang kritisiert *Ben-Dror* vor allem die speziellen Voraussetzungen des Sec. 500(b)(2) CalCorpCode a.F.[961] Diese Vorschrift enthielt genaue Spezifikationen, welche Werte in die Berechnung der *current ratio* einfließen durften. So konnten Zahlungen, die aus bestehenden Kundenbeziehungen resultierten, nur dann als *currents assets* berücksichtigt werden, wenn diese innerhalb des 12 monatigen Rechnungslegungszeitraums des Unternehmens erwartet werden konnten. Weiter durften Gewinne aus einem Aktivtausch nur dann berücksichtigt werden, sofern sie aktuell realisierbar waren. Die für diese Berechnungen notwendigen Werte ergaben sich jedoch nicht aus der Bilanz, da ein verpflichtender separater Ausweis nach US-GAAP und auch nicht nach dem CalCorpCode vorgesehen war. Genauso verhielt es sich bei der zweiten Alternative der Sec. 500(b)(2) CalCorpCode. Der Zinsaufwand, dessen Kenntnis notwendig war, um zu prüfen ob die *current ratio* in Höhe von 1,25 anzuwenden war, lies sich nicht bilanziell ermitteln.

Aus diesem Grund vertrat *Ben-Dror* die Ansicht, dass, solange die notwendigen Werte sich nicht aus der Bilanz ergäben, eine Überwachung der Einhaltung von Sec. 500 CalCorpCode nicht möglich sei.[962] Darüber hinaus wies *Ben-Dror* auf einen systematischen Bruch hin.[963] Sec. 500(b)(1) CalCorpCode filtert *assets* und *liabilities*

---

960 Daran schließt sich die Haftung der Direktoren und Gesellschafter auf Schadensersatz bzw. Rückzahlung an.

961 Ben-Dror, 16 U. C. Davis L. Rev. 385 1982–1983, S. 375 (385).

962 Ben-Dror, 16 U. C. Davis L. Rev. 385 1982–1983, S. 375 (386).

963 Ben-Dror, 16 U. C. Davis L. Rev. 385 1982–1983, S. 375 (385, Fn. 52).

insoweit, als ein möglichst wahrheitsgemäßes Bild einer Liquidationsfiktion im Ausschüttungszeitpunkt abgebildet wird. Sec. 500(b)(2) CalCorpCode hingegen erweitert die *assets* um zu erwartende Einkünfte, welche einer *going concern* Annahme entstammen. Dies hielt *Ben-Dror* für inkonsequent.

4.2.2.6.3 Manipulationsspielraum

Kapitalerhaltung auf Grundlage von Bilanztests ist zudem nur dann möglich, wenn die maßgeblichen Werte in der Bilanz nicht nach freiem Ermessen festgelegt werden können bzw. der Manipulation unzugänglich sind. In diesem Zusammenhang erklärte *Ben-Dror*, dass die *current ratio* der Sec. 500(b)(2) CalCorpCode besonders anfällig für Manipulationen gewesen sei.[964] Der Autor führte aus, dass die *current ratio* durch die Aufnahme von Langzeitverbindlichkeiten oder den Verkauf von Anlagevermögen verbessert werden könne.[965]

Dem ist zuzustimmen. Sofern das Unternehmen in der Lage ist, Langzeitverbindlichkeiten in Form von Darlehen aufzunehmen, können damit kurzfristige Verbindlichkeiten getilgt werden, womit sich die *current ratio* verbessert. Auch der Verkauf von Anlagevermögen gegen Geld verbessert die *current ratio* auf der Aktivseite, ohne dass sich die finanzielle Situation des Unternehmens bessert.

Darüber hinaus wies *Ben-Dror* auf die Manipulationsmöglichkeit durch „window dressing" hin. Dies führe ebenfalls zur Verbesserung der *current ratio.*[966] *Window dressing* bezeichnet ein Bilanzierungsverhalten, bei dem für die *current ratio* günstige Geschäfte kurzfristig vor dem Bilanzstichtag getätigt werden und dafür nachteilige Geschäfte auf einen Zeitpunkt nach dem Bilanzstichtag verschoben werden. Oder aber, es werden kurzfristig *current assets* verwendet, um *current liabilities* zu tilgen. Durch diese Vorgänge verbessert sich das Verhältnis, jedoch nicht die finanzielle Lage. Beispiel[967]: Ein Unternehmen hat *current assets* in Höhe von 150 und *current liabilities* in Höhe von 50. Das ergibt ein Verhältnis von 3:1. Werden davon *current assets* in Höhe von 30 verwendet um *current liabilities* zu tilgen, entsteht ein Verhältnis von 120 zu 20, was einem Ratio von 6 zu 1 entspricht.[968] Die finanzielle Lage des Unternehmens ändert sich nicht, trotzdem erhöht sich das Ausschüttungspotential zum Stichtag der Betrachtung.

Zuletzt kritisierte *Ben-Dror*, dass *current assets* nach § 500(b)(2) CalCorpCode auch das *Inventory* umfasst, welches aber nicht mit liquiden Mitteln im eigentlichen Sinne von *current assets* gleichgesetzt werden könne.[969]

964 Ben-Dror, 16 U. C. Davis L. Rev. 385 1982–1983, S. 375 (386).
965 Ben-Dror, 16 U. C. Davis L. Rev. 385 1982–1983, p. 386.
966 Ben-Dror, 16 U. C. Davis L. Rev. 385 1982–1983, p. 386.
967 Beispiel genannt in Ben-Dror, 16 U. C. Davis L. Rev. 385 1982–1983, p. 386, Fn. 57.
968 Beispiel nach: Ben-Dror, 16 U. C. Davis L. Rev. 385 1982–1983, p. 386, Fn. 57.
969 Ben-Dror, 16 U. C. Davis L. Rev. 385 1982–1983, p. 386.

4.2.2.6.4 *Kritik der Gesetzesinitiative aus dem Jahr 2010*

Am 16. Juli 2010 wurde ein Gesetzesvorschlag des *Corporation Committee* der *State Bar of California* an das Office of Governmental Affairs in Kalifornien übermittelt, der Änderungsvorschläge der Sec. 500 ff. CalCorpCode beinhält.[970]

Der Zweck des Gesetzesvorschlags ist die Steigerung der Effektivität und Effizienz des Rechts der *distributions* durch Vereinfachung, Klarstellung, Verbesserung und Modernisierung.[971]

In der Gesetzesinitiative heißt es weiter, dass die Bilanztests nach Sec. 500(b)(2) CalCorpCode unnötig streng wären[972], nicht flexibel genug seien und vor allem nicht den Ausschüttungsregelungen anderer Rechtsformen[973] in Kalifornien und den Ausschüttungsregelungen anderer US-amerikanischer Staaten entsprächen.[974] Letzteres sei notwendig, um im Wettbewerb um Unternehmen zwischen den US-amerikanischen Staaten keine Nachteile zu erleiden.[975] Es wird daher vorgeschlagen, diese Tests zu streichen.[976] Als Alternative wird ein *total ratio test* vorgeschlagen, der im Gegensatz zu Sec. 500(b)(1) CalCorpCode (1977) als erfüllt zu betrachten ist, solange nach einer Ausschüttung die Summe der Aktiva die Summe der Passiva deckt oder übersteigt. Dabei sind die bisher anzuwenden Wertanpassungen nicht mehr vorzunehmen und es wird ein großer Spielraum hinsichtlich des Ansatzes und der Bewertung der einzelnen *assets* und *liabilities* gewährt.[977] Die Kommission der Gesetzesinitiative fordert die Zulassung der *fair value* Bewertungsmethode.[978] Die Bewertung zu Buchwerten wird als zu streng betrachtet, da Unternehmen ohne *retained earnings* nur ausschütten dürfen, sofern sie die beiden Bilanztests nach Sec. 500(b)(2) CalCorpCode erfüllen können, selbst wenn der Marktwert der Vermögensgegenstände die Summe der Verbindlichkeiten übersteigt. Davon betroffen seien vor allem Unternehmen mit hohen Diskrepanzen zwischen den (abgeschriebenen) Buchwerten und den Marktwerten der Vermögensgegenstände. Solche an sich gesunden Unternehmen könnten in ungerechtfertigter Weise von einer

970 Legislative Proposal (BLS-2011–01), aufrufbar unter: http://www.calbar.ca.gov/LinkClick.aspx?fileticket=XQD7QPEPL5E%3D&tabid=2796 (zuletzt abgerufen am: 19.08.2013).

971 So wörtlich: Legislative Proposal (BLS-2011–01), Fn. 919, S. 1 f., 7 f.

972 Engert, in: Lutter, Das Kapital der Aktiengesellschaft in Europa, S. 743 (765); vgl. auch die interessante Anwendung der kalifornischen Regelungen auf DAX-30 Unternehmen in: Pellens/Brandt/Richard, DB 2006, 2021 (2026 f.) Dort wird ebenfalls im Ergebnis festgestellt, dass die kalifornischen Regelungen restriktiver sein können als die der EU-Kapitalrichtlinie.

973 Vor allem *limited liability companies* und *limited partnerships.*

974 Legislative Proposal (BLS-2011–01), Fn. 919, S. 2 f.

975 Legislative Proposal (BLS-2011–01), Fn. 919, S. 7.

976 Legislative Proposal (BLS-2011–01), Fn. 919, S. 5.

977 Legislative Proposal (BLS-2011–01), Fn. 919, S. 5.

978 Legislative Proposal (BLS-2011–01), Fn. 919, S. 2, 5, 8. Vgl. Auch schon die frühe Kritik bei: Dreyfuss, in: 9 Loy. L.A.L. Rev. 1975–1976, 839 (850).

Ausschüttungssperre erfasst sein.[979] Es wird besonders kritisiert, dass es aufgrund der US-GAAP einerseits zu ungerechtfertigten bzw. künstlichen Abschreibungen komme aber andererseits tatsächliche Wertsteigerungen nicht berücksichtigt würden.[980] Zuletzt wird an Sec. 500(b)(2) kritisiert, dass vor allem die Kumulierung beider Tests zu einer unnötigen Härte führen könne, wenn ein Unternehmen zwar wenig *current assets* hat und damit den *liquidity test* nicht besteht, aber tatsächlich über ein großes Anlagevermögen verfügt.[981]

4.2.2.6.5 Kalifornische Altregelung als Vorbild für europäische Modernisierung

Im Rahmen der Diskussionen zur Reformierung des europäischen Kapitalschutzsystems hat die *High Level Group 2002* unter dem Titel „Moderne gesellschaftsrechtliche Rahmenbedingungen in Europa“ einen Vorschlag zur Verbesserung ausgearbeitet. Hinsichtlich Ausschüttungsfragen schlägt die *High Level Group* die Einführung eines Solvenztests und eine Bilanztests, der die Einhaltung einer gewissen Eigenkapitalquote vorschreibt, vor.[982] Dieser Vorschlag erinnert an die Kalifornische Regelung zwischen 1977 und 2012. Daher wurde in der Literatur die Frage aufgeworfen, ob das kalifornische Ausschüttungsmodell als Vorbild der Modernisierung in Europa dienen könne.[983] Während die Autoren *Pellens/Brandt/Richard* empfehlen, kalifornische Bilanztests nach Sec. 500(b)(2) CalCorpCode bei einer Modernisierung in Europa zu berücksichtigen[984], hält sich *Engert* aufgrund der mangelnden Praxisrelevanz der Regelungen in Kalifornien zurück und geht davon aus, dass die Regelungen nicht so eindeutig seien, wie es die mangelnde Rechtsprechung diesbezüglich vermuten lassen könnte[985]. In der Tat lassen sich Anwendungsprobleme nur sehr schwer ermitteln, da es nahezu keine Veröffentlichungen und damit nachvollziehbare Erfahrungswerte gibt. In diesem Zusammenhang kann lediglich die Begründung der Gesetzesinitiative aus dem Jahre 2010 der *State Bar of California*[986] als Indiz herangezogen werden. Dort wird eine Vereinfachung gefordert, da insbesondere die Regelung der Sec. 500(b)(2) CalCorpCode zu kompliziert gewesen sein.[987] Die noch

979 Legislative Proposal (BLS-2011–01), Fn. 919, S. 7 f.

980 Legislative Proposal (BLS-2011–01), Fn. 919, S. 8.

981 Diese Aussage wiederspricht den empirischen Untersuchungen bzw. den Schlussfolgerungen daraus von *Ben-Dror*, siehe oben.

982 Vgl. High Level Group, Abschlussbericht vom 04.11.2002, abrufbar unter: http://ec.europa.eu/internal_market/company/docs/modern/consult_de.pdf (zuletzt abgerufen am: 20.08.2013), S. 29 f.

983 Vgl. vor allem: Engert, in: Lutter, Das Kapital der Aktiengesellschaft in Europa, S. 743 ff.; Pellens/Brandt/Richard, DB 2006, 2021 ff. Letztere Verweise auch auf eine sehr frühe Fundstelle für einen Vergleich mit kalifornsichem Recht in Fußnote 7 (Lutter, in: Jayme/Kegel/Lutter, FS Reisenfeld, 1983, S. 174, 185; zitiert wie dort).

984 Pellens/Brandt/Richard, DB 2006, 2027.

985 Engert, in: Lutter, Das Kapital der Aktiengesellschaft in Europa, S. 743 (766).

986 Vgl. Fn. 919.

987 Vgl. Legislativ Proposal (BLS-2011–01), Fn. 919, S. 5.

junge Gesetzesänderung zeigt, dass sich die Sec. 500 ff. CalCorpCode jedenfalls in Kalifornien nicht bewährt haben.[988]

4.2.3 Die Ausschüttungsregelung nach Sec. 500 ff. seit Januar 2012

Die Vorschläge der beschriebenen Gesetzesinitiative wurden gänzlich übernommen. Damit ist das Recht der *distributions* in Kalifornien in großen Maßen liberaler und einfacher geworden. Sec. 500 CalCorpCode n.F. weist nun, wie gewollt, eine starke Ähnlichkeit zur Ausschüttungsregelung des RMBCA auf.[989] Die zentrale Ausschüttungsregelung lautet nun:

> *500 CalCorpCode:*
> *(a) Neither a corporation nor any of its subsidiaries shall make any distribution to the corporation's shareholders (Section 166) unless the board of directors has determined in good faith either of the following:*
> *(1) The amount of retained earnings of the corporation immediately prior to the distribution equals or exceeds the sum of (A) the amount of the proposed distribution plus (B) the preferential dividends arrears amount.*
> *(2) Immediately after the distribution, the value of the corporation's assets would equal or exceed the sum of its total liabilities plus the preferential rights amount.*
> *(b) [....]*
> *(c) The board of directors may base a determination that a distribution is not prohibited under subdivision (a) or under Section 501 on any of the following:*
> *(1) Financial statements prepared on the basis of accounting practices and principles that are reasonable under the circumstances.*
> *(2) A fair valuation.*
> *(3) Any other method that is reasonable under the circumstances.*

4.2.3.1 Beibehaltungen

Nach Auffassung der Kommission der Gesetzesinitiative bestehen hinsichtlich der Ausschüttungsregelungen in Sec. 500(a) und Sec. 501 CalCorpCode in der Praxis keine Bedenken oder Probleme.[990] Insbesondere der *solvency test* würde in der Praxis gut umgesetzt und entspreche den Ausschüttungsregelungen anderer Rechtsformen

988 M.E. stand die Liberalisierung des Ausschüttungsrechts in Kalifornien im Vordergrund der Gesetzesänderungen. Kalifornien besaß eine für US-amerikanische Verhältnisse strenge Ausschüttungsregelung vor, die im Vergleich zu den anderen Bundesstaaten einen Wettbewerbsnachteil im Kampf um Unternehmen dargestellt haben dürfte.

989 Vgl. Auch Legislative Proposal (BLS-2011–01), Fn. 919, S. 9.

990 Legislative Proposal (BLS-2011–01), Fn. 919, S. 2.

in Kalifornien. Änderungen in den Funktionsweisen des *retained earnings tests* und des *solvency tests* wurden daher nicht vorgeschlagen und sind auch nicht erfolgt.

Der veränderte Wortlaut des Sec. 500(a)(1) CalCorpCode n.F. ist allein darauf zurückzuführen, dass die Sonderregelungen der Sec. 502, 503 CalCorpCode a.F. zu bestimmten Gattungen von Aktien in Sec. 500 CalCorpCode n.F. integriert wurden. Folgeänderungen aufgrund dessen, lassen sich auch in Sec. 500(a)(2) CalCorpCode n.F. und vor allem Sec. 500(b) CalCorpCode n.F. wiederfinden.

Sec. 501 CalCorpCode blieb im Wortlaut unverändert. Ebenso wurde die Definition der *distributions* gem. Sec. 166 CalCorpCode wortlautgemäß beibehalten.

4.2.3.2 Abschaffung des balance sheet tests und liquidity tests

Den Ausführungen in der Gesetzesinitiative wurde entsprochen und die Regelungen der Sec. 500(b)(2) CalCorpCode a.F. wurden gänzlich gestrichen.

4.2.3.3 Einführung von Sec. 500(a)(2) CalCorpCode – net asset test

An die Stelle des 500(b)(2) CalCorpCode a.F. ist Sec. 500(a)(2) CalCorpCode n.F. getreten. Danach ist eine Ausschüttung alternativ zum neuen *retained earnings test* zulässig, sofern nach der Ausschüttung das Vermögen der Gesellschaft die Verbindlichkeiten deckt. Somit sind Ausschüttungen aus dem gesamten Nettovermögen möglich. Wertanpassungen, wie sie noch in 500(b)(2) CalCorpCode a.F. vorgesehen waren, sind nun nicht mehr vorzunehmen. Auch ist die Einhaltung eins 5 zu 4 Verhältnisses nicht mehr vorgesehen.

4.2.3.4 Graphische Darstellung des neuen Rechts

Abbildung 33.

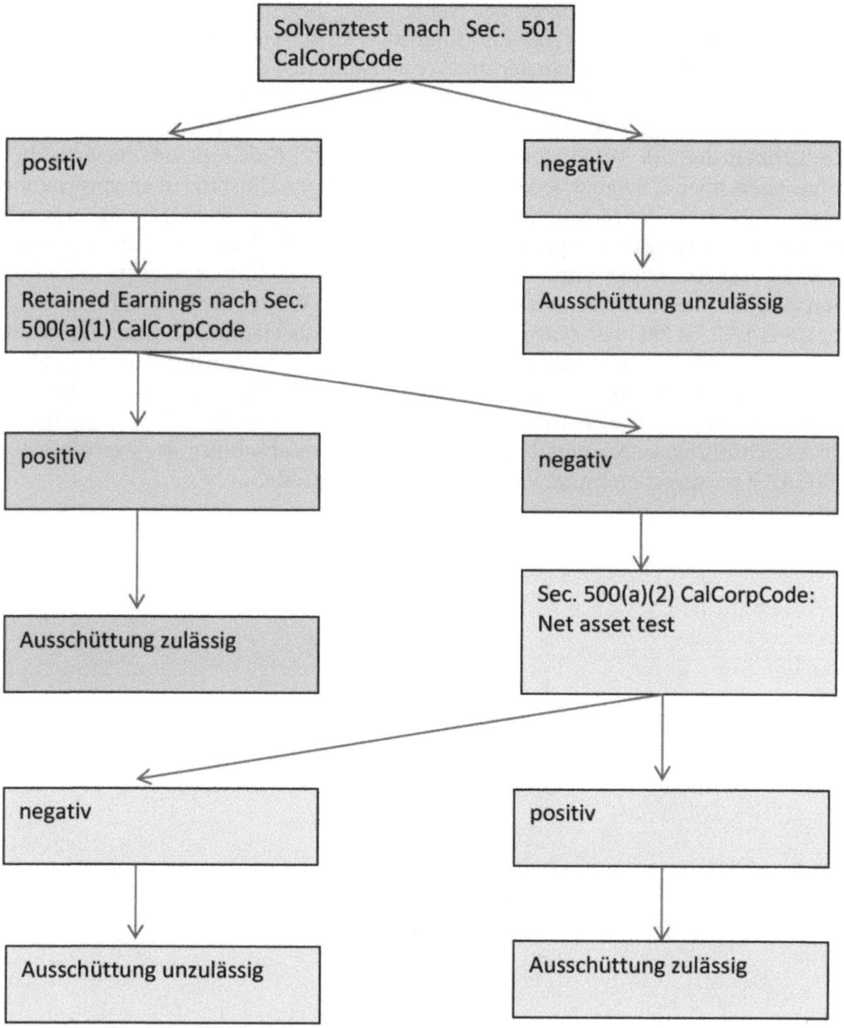

4.2.3.5 *Änderungen im Rechnungslegungsrecht bzw. der Bewertung der* assets

Die bedeutendsten Änderungen der Neuregelung bewirken die Sec. 500(c)(1), (2) und (3) CalCorpCode.[991] Für Ausschüttungszwecke wird es in das Ermessen der Direktoren gestellt, welche Bilanzierungsvorschriften sie anwenden möchten, soweit sie den jeweiligen Umständen entsprechend als angemessen (*reasonable*) betrachtet werden können, vgl. 500(c)(1) CalCorpCode. Hinsichtlich der Bewertung ist die Möglichkeit der *fair value* Methode in Sec. 500(c)(2) CalCorpCode ausdrücklich vorgesehen, aber es ist auch jede andere, den jeweiligen Umständen entsprechende, als angemessen zu betrachtende Bewertungsmethode gem. 500(c)(3) CalCorpCode zulässig. Diese Grundsätze gelten für Sec. 500a(1), (2) und Sec. 501 CalCorpCode.

Mit dieser Änderung wurde das Fundament des Ausschüttungsrechts in Kalifornien ausgewechselt. An die Stelle einer vorsichtigen Wertermittlung auf Grundlage der US-GAAP, ist ein liberales System getreten, dass die Handhabung von Ausschüttungen letztlich in das Ermessen der *directors* legt. Nicht nur der Ansatz sondern auch die Bewertung von Vermögenswerten ist frei gestaltbar, solange sie als angemessen erscheinen. Die Neuregelung ermöglicht zudem die Erstellung einer Bilanz für Ausschüttungszwecke unabhängig von dem Jahresabschluss, der weiterhin den US-GAAP entsprechen muss, vgl. Sec. 114 CalCorpCode.

991 Vgl. Marsh/Finkle/Sonsini, § 14.07 *"fundamental change"*.

5. Schlussfolgerungen aus dem kalifornischen Recht

Die Neuerungen im kalifornischen Recht sind ein Beleg dafür, dass sich die Effektivität einer Ausschüttungsregelung im Wesentlichen nach den zugrunde liegenden Rechnungslegungsvorschriften richtet. Mit der Zulassung der Erstellung einer Ausschüttungsbilanz unabhängig von den Ansatz- und Bewertungsprinzipien nach US-GAAP, liegt die Entscheidung und Zulässigkeit einer Ausschüttung nun weitestgehend im Ermessenspielraum der Direktoren. Diese Liberalisierung in Kalifornien des Jahres 2012 kann kein Vorbild für das deutsche Recht sein. In Kalifornien wird der Gläubigerschutz maßgeblich durch vertragliche Abreden („*Covenants*") sowie durch das Recht der Gläubiger- bzw. Konkursanfechtung erreicht. Das Recht der Ausschüttungen spielt nur eine geringe Rolle. In Deutschland hingegen wird der Gläubigerschutz aber gerade durch das Recht der Ausschüttungen erreicht. Insofern können weiterhin allenfalls die Regelungen zwischen 1977 und 2012 als Vorbild dienen. Wie sich der Gesetzesinitiative von 2010 entnehmen lässt, wurden diese Ausschüttungsregelung in Kalifornien wohl als unnötig kompliziert und zu streng betrachtet.[992]

Die Regelungen in Kalifornien von 1977 bis 2012 kommen der aktuellen deutschen Regelung am nächsten. Die Sec. 500(a)(b) CalCorpCode a.F. führten dazu, dass eine Ausschüttung nur dann möglich war, wenn die Schulden eines Unternehmens auch nach der Ausschüttung durch Aktiva gedeckt waren, inklusive eines Puffers in Höhe von 20 %. Hervorzuheben ist dabei, dass den Berechnungen ein vorgegebenes und damit objektives Rechnungslegungssystem, nämlich die US-GAAP, zugrunde lagen. Insbesondere das Vorsichtsprinzip und die Bewertung zu historischen Anschaffungs- oder Herstellungskosten existieren auch in den US-GAAP, wenngleich nicht so konsequent wie im deutschen HGB. Zusätzlich waren zur Berechnung des *balance sheet tests* im Sinne von Sec. 500(b)(1) CalCorpCode a.F. unsichere Werte, die im Wesentlichen denen des § 268 Abs. 8 HGB entsprachen, für Ausschüttungszwecke zu eliminieren. Ob es in der Praxis dabei zu Berechnungsproblemen kam, lässt sich der Literatur nicht entnehmen.[993] Im Ergebnis, trat durch die Korrektur der Aktiva und der Passiva jedenfalls derselbe Effekt ein, wie durch § 268 Abs. 8 HGB. Beträge, die auf dem Ansatz unsicherer Werte beruhen, konnten dadurch nicht zur Ausschüttung gelangen. Die Umsetzung erscheint in Kalifornien besser gelungen als in Deutschland. Da die Wertkorrekturen vor Feststellung eines ausschüttungsfähigen Gewinns vorzunehmen waren, konnte dieser gänzlich verwendet werden,

992 Vgl. Legislative Proposal (BLS-2011–01), Fn. 919.

993 M.E. war jedenfalls die Ermittlung der latenten Steuern nicht ganz einfach, da auch nach SFAS 109 eine Verrechnungsmöglichkeit aktiver und passiver latenter Steuern vorgesehen ist.

ohne dass ein ausschüttungsgesperrter Betrag berücksichtigt werden musste. Damit erübrigten sich in Kalifornien auch daraus resultierende Berechnungsprobleme, wie sie in Deutschland etwa in Zusammenhang mit der Doppelberücksichtigung latenter Steuern auftreten. Für Ausschüttungszwecke musste quasi eine eigene Bilanz erstellt werden. Diese errechnete sich durch Streichung unsicherer Werte aus dem Jahresabschluss nach US-GAAP, also durch Bilanzverkürzung. Das Ausschüttungsvolumen konnte dieser verkürzten Bilanz ohne weitere Berechnungen entnommen werden. Dies erscheint konsequenter und einfacher als die deutsche Lösung. Insbesondere entspricht dieses Vorgehen wohl den Praktiken der Geschäftswelt, in der unsichere Werte zum Zwecke der Bilanzanalyse schlicht gestrichen werden.[994] Die Aufstellung einer solchen Bilanz ist m.E. mit keinem großen Aufwand verbunden, da die gesamten, angesetzten Beträge zu streichen waren. Auch wenn in Deutschland bzw. Europa die Forderung zur Erstellung einer eigenen Bilanz für Ausschüttungszwecke wohl in der Praxis auf Widerstand stößt[995], zeigt dies jedenfalls, dass eine Ausschüttungsregelung dann einfacher ist, wenn sich alle relevanten Werte zur Berechnung direkt aus der Handelsbilanz ableiten lassen. Dies lässt sich auch der, bereits beschriebenen, Kritik von *Ben-Dror* entnehmen.

Das unterstreicht das bereits gefundene Ergebnis dieser Arbeit, wonach zur Vereinfachung der Bilanzanalyse und zur Informationssteigerung auf Wahlrechte und Verrechnungsmöglichkeiten im deutschen Recht weitestgehend verzichtet werden sollte (vgl. Abschnitt 3.3.4).

Über das deutsche Recht hinausgehend, wurde durch Sec. 500(b)(1) CalCorpCode ein zusätzlicher Verlustpuffer in Höhe eines Fünftels der Aktiva für Gläubiger reserviert. Eine vergleichbare Vorschrift findet sich im deutschen Recht nur bei Aktiengesellschaften und Unternehmergesellschaften. Diese haben ähnliche, dem Unternehmenserfolg angepasste Rücklagenbildungspflichten (§ 150 AktG, § 5a Abs. 3 GmbHG), die in etwa dem Zweck der alten kalifornischen Regelung entsprechen. Die kalifornische Altregelung erweist sich insoweit als zweckmäßiger, da sie einerseits nicht an den Jahresgewinn anknüpft, sondern an die existenten Verbindlichkeiten und mit diesen „mit-atmet". Andererseits war dieser Puffer im kalifornischen Recht der Höhe nach nicht limitiert, wie das bei § 150 AktG der Fall ist. Darüber hinaus erscheint die Regelung flexibler, da sie das gesperrte Fünftel bilanziell nicht thesauriert und das Kapital für andere Zwecke als die Ausschüttung frei verwendbar blieb. Die Anknüpfung an die Verbindlichkeiten und die Unbeschränktheit des Puffers sind m.E. hinsichtlich des Gläubigerschutzes bei weitem effektiver als die deutschen Rücklagen oder das Mindestkapital. Spezifische Geschäftsrisiken eines Unternehmens oder einer Branche werden ebenfalls besser berücksichtigt. Aus diesen Gründen kann die kalifornische Altregelung durchaus weiterhin als Vorbild deutscher oder europäische Bilanztests dienen, wenngleich sie in Kalifornien abgeschafft wurde.

994 Vgl. Protokoll der 122. Sitzung des Rechtsausschusses (vgl. Fn. 215), S. 3.

995 Vgl. die Ausführungen von Schön, 7 EBOR (2006) 181 (196 f.).

Darüber hinaus forderte die kalifornische Regelung die Einhaltung einer *current ratio* gem. Sec. 500(b)(2) CalCorpCode und die Einhaltung eines *solvency tests* nach Sec. 501 CalCorpCode. Kompliziert, und darauf bezog sich wohl auch die Kritik der Gesetzesinitiative, war der *liquidity test* nach Sec. 500(b)(2) CalCorpCode, der im deutschen Recht keine Entsprechung findet. Die Umsetzung dieses Tests in Kalifornien kann man als wenig gelungen bezeichnen. Entsprechend der Kritik von *Ben-Dror*[996] ließen sich die relevanten Größen nicht der Bilanz entnehmen, der Test war beeinflussbar und konnte für Unternehmen mit nur geringen *current assets* unnötig hart sein. Möchte man aus dieser Kritik lernen, ist für das deutsche Recht abermals zu fordern, dass die relevanten Größen zur Berechnung des ausschüttungsgesperrten Betrags bilanziell erkennbar sein müssen. Der Vorteil dieses Tests liegt darin, dass er berücksichtigt, aus welcher Quelle die Vermögenswerte stammen und somit die tatsächliche Liquidität einbezieht. Jedoch wäre ein solcher Test auch in Deutschland anfällig für die bereits beschriebenen Manipulationen.

Auch die sonstigen Neuerungen des Kalifornischen Rechts sind nicht ganz unbedeutend. Zwar sind die Änderungen im Jahr 2012 m.E. primär auf den Wettbewerbsdruck in den USA allgemein zurückzuführen und weniger auf die Kompliziertheit des Rechts. Interessant ist jedoch das Festhalten an dem *total asset test* und vor allem dem *solvency test*. Wie *Schön* bereits feststellte, ist ein zusätzlicher Solvenz Test auch in Europa zu fordern, da herkömmliche Bilanztests nicht die Fälligkeiten von Verbindlichkeiten und die Liquidität von Unternehmen berücksichtigen.[997] Die Liquidität ist aber in der Geschäftspraxis ein wesentliches Kriterium und erhöht das Gläubigerschutzniveau, da Solvenztests durchaus strenger als Bilanztests sein können.[998] Es ist nämlich denkbar, dass ein Unternehmen zwar reich, aber nicht ausreichend liquide ist. Das Festhalten am Solvenztest in Kalifornien ist ein Beleg dafür, dass moderne Ausschüttungsregelungen auch die Gläubigergefährdung durch mangelnde Liquidität berücksichtigen sollten. Wie die Gesetzesinitiative des Jahres 2010 in Kalifornien ausführt, wirft ein Solvenztest kaum Anwendungsprobleme auf und wird in der Praxis gut umgesetzt. Dies kann auf Europa übertragen werden, da Solvenztests nicht auf dem Bilanzrecht oder Gesellschaftsrecht fußen, sondern betriebswirtschaftlicher Praxis entspringen. In der deutschen und der europäischen Literatur wurde schon vielfach diskutiert, ob nicht ein moderneres europäisches Recht eine Kombination aus einem Bilanztest und einem Solvenztest enthalten sollte.[999] Dem ist daher zuzustimmen.

---

996 Vgl. Abschnitte 4.2.2.6.2 und 4.2.2.6.3.

997 Schön, 7 EBOR 2006, S. 181 (189 ff.).

998 Schön, 7 EBOR 2006, S. 181 (189).

999 Vgl. Schön, 7 EBOR 2006, S. 181 ff.; Henrichs, Der Konzern 2008, 42 ff.; und insbesondere Rickford, et. al.; 15 EBLR (2004) 919, 947 ff.; allgemein zum Solvenztest: Veil, in: Lutter (Hrsg.), Das Kapital der Aktiengesellschaft in Europa, ZGR Sonderband 2006, S. 91 ff.; Pellens/Sellhorn, in: Lutter (Hrsg.), Das Kapital der Aktiengesellschaft in Europa, ZGR Sonderband 2006, S. 451 ff.; Haaker, DStR 2010, 663 ff.

Meines Erachtens ist des Weiteren in Anlehnung an Sec. 500(b)(1) CalCorpCode a.F. darüber nachzudenken, ob nicht – wie bereits vielfach diskutiert[1000] – zu Ausschüttungszwecken eine eigene, aus der Handelsbilanz abgeleitete und zu veröffentlichende Bilanz zu fordern ist. Dies ließe sich durch Schaffung einer Transformationsvorschrift, welche die aus der Handelsbilanz zu eliminierenden Posten enthält, erreichen. Solch eine Vorschrift müsste derzeit die Beträge i.S.d. § 268 Abs. 8 HGB als Abzugsposten auf der Aktivseite enthalten. Langfristig kann davon ausgegangen werden, dass aufgrund des internationalen Drucks auch in Deutschland der Informationsgehalt der Handelsbilanz weiter zunimmt. Die mit dieser Entwicklung verbundenen Aufweichungen traditioneller Bilanzierungskonzepte könnte durch eine Transformationsvorschrift begegnet werden. Darüber hinaus ist darüber nachzudenken, ob, ebenfalls analog Sec. 500(b)(1) CalCorpCode a.F., dazu auch passiv latente Steuern von den Verbindlichkeiten abzuziehen wären. Nach der hier vertretenen Auffassung erfüllen passive latente Steuern nicht die Voraussetzungen einer Rückstellung gem. § 249 Abs. 1 HGB und sind daher keine Schulden des Unternehmens.[1001] Somit ist es auch nicht notwendig, dass diese das Ausschüttungspotential mindern. Zugleich würde auf diese Weise das Ausschüttungspotential nicht einseitig zu Lasten der Aktiva vermindert. In jedem Fall aber wären passive latente Steuern analog § 268 Abs. 8 HGB von den Verbindlichkeiten abzusetzen, soweit sie auf dem Ansatz der unsicheren Werte beruhen. Auch bei Implementierung einer Ausschüttungsbilanz nebst Transformationsvorschrift wäre zu fordern, dass sich die zu streichenden Bilanzposten der HGB Bilanz, direkt aus dieser ableiten lassen. Andernfalls würde damit keine Erleichterung geschaffen.

Rechnerisch unterscheidet sich dieser Ansatz nicht von § 268 Abs. 8 HGB, jedoch erscheint mir diese Herangehensweise einfacher und flexibler. Die Entkopplung des Ausschüttungszwecks von der Handelsbilanz wäre insoweit konsequent, da sich beide Zwecke nur durch komplizierte Ausschüttungssperren in einer Bilanz vereinen lassen. Langfristig betrachtet erscheint mir die Verwendung von außerbilanziellen Ausschüttungssperren unnötig kompliziert.[1002] Der zusätzliche Aufwand für die einzelnen Unternehmen könnte, volkswirtschaftlich betrachtet, im Vergleich zum Aufwand jedes einzelnen Gläubigers oder potentiellen Investors durch individuelle Bilanzanalysen geringer sein. Zusätzlich könnte solch eine verlässliche Bilanz in Verbindung mit Bilanztests und Solvenztests die Notwendigkeit von kostenintensiven Covenants verringern.[1003]

In Bezug auf die Untersuchung dieser Arbeit zu § 268 Abs. 8 HGB sollen die Darstellungen zum kalifornischen Recht vor allem die bereits gefundenen Ergebnisse

---

1000 Schön, 7 EBOR 2006, S. 181 (196) m.w.N.

1001 Vgl. Abschnitt 3.4.3.2.

1002 Vgl. auch Lanfermann/Röhricht, DStR 2009, 1216 (1221), die an die Erfahrungen in Großbritannien anknüpfen.

1003 Die zuletzt genannten Annahmen fußen nicht auf ökonomischen Analysen sondern sind Abschätzungen des Autors.

untermauern. Bilanztests müssen einfach und verständlich sein. Dies wird insbesondere dadurch erreicht, dass sich die notwendigen Werte zur Berechnung des Ausschüttungspotentials direkt aus der Bilanz ableiten lassen. Zur Vereinfachung ist daher zu fordern, dass latente Steuern unverrechnet angesetzt werden müssen und die eigenkapitalerhöhende Beträge aus der Bewertung zum beizulegendem Zeitwert oberhalb der entsprechenden Anschaffungswerte als solche ausgewiesen werden. Damit wäre schon einiges an Klarheit gewonnen.

Literaturverzeichnis

Adler, Hans; Düring, Walther; Schmaltz, Kurt: Rechnungslegung und Prüfung der Unternehmen, 6. Auflage, 1997.

Althoff, Frank; Ausschüttungssperre für Steuerlatenzen auch ohne Aktivierung latenter Steuern?, DStR 2012, 868.

Arbeitskreis „Steuern und Revision" im Bund der Wirtschaftsakademiker e.V.: Abkehr vom Gläubigerschutz im BilMoG – nur einjährige Ausschüttungssperre, DStR 2008, 1299 ff.

Arbeitskreis Bilanzrecht der Hochschullehrer Rechtswissenschaft: Stellungnahme zu dem Entwurf eines BilMoG, Grundkonzept und Aktivierungsfragen, BB 2008, 152 ff.

Arbeitskreis Immaterielle Werte der Schmalenbachgesellschaft für Betriebswirtschaftslehre e.V., Kategorisierung und bilanzielle Erfassung immaterieller Werte, DB 2001, 989.

Arbeitskreis Immaterielle Werte der Schmalenbachgesellschaft für Betriebswirtschaftslehre e.V., Leitlinien zur Bilanzierung selbstgeschaffener immaterieller Vermögensgegenstände des Anlagevermögens nach dem Regierungsentwurf des BilMoG, DB 2008, 1813.

Baetge, Jörg; Kirsch, Hans-Jürgen; Thiele, Stefan; Bilanzen, 12. Auflage, Münster/ Wuppertal 2012, IDW.

Ballwieser, Wolfgang: IFRS für nicht kapitalmarktorientierte Unternehmen?, IRZ 2006, 23 ff.

Bantleon, Ulrich; Fengler; Patrick; Peter, Anita: Einsatz von Covenants im Firmenkundekreditgeschäft der Volks- und Raiffeisenbanken, FB 2009, 751 ff.

Baumbach, Adolf; Hopt, Klaus J. : HGB, Handelsgesetzbuch, 36. Auflage 2013, C.H. Beck.

Baumbach, Adolf; Hueck, Alfred und Bearbeiter: GmbHG, Gesetz betreffend die Gesellschaften mit beschränkter Haftung, 20. Auflage, München 2012, C.H. Beck.

Beck'scher Bilanzkommentar, Handels- und Steuerbilanz, Förschle, Gerhart; Grottel, Bernd; Schubert, Wolfgang J.; Schmidt, Stefan; Winkeljohann, Norbert (Hrsg.), 9. Auflage, 2014. (zitiert: Bearbeiter; in: Beck'scher Bilanzkommentar, § ... HGB, Rn. ...).

Ben-Dror, Yoav: An Empirical Study of Distribution Rules Under California Corporations Code § 500: Are Creditors Adequately Protected?, 16 U. C. Davis Law Review, 375 ff., 1982–1983.

Bertram, Klaus; Brinkmann, Ralph; Kessler, Harald; Müller, Stefan (alle Hrsg.): Haufe HGB Kommentar, 2. Auflage, 2012.

Bertram, Klaus; Johannleweling, Andreas; Roß, Norbert; Weiser, Felix: Handelsrechtliche Bilanzierung von Altersversorgungsverpflichtungen nach IDW RS HFA 30, WPg 2011, 57 ff.

Blümich EStG, KStG, GewStG; Heuermann, Bernd; Brandis, Peter (Hrsg.); August 2014, 124. Ergänzungslieferung.

Böcking, Hans-Joachim; Gros, Marius: Internationalisierung der Rechnungslegung und Corporate Governance, in: Festschrift für Klaus Hopt zum 70. Geburtstag, 2010.

Bolin, Manfred; Dreyer, Heinrich; Schäfer, Andreas (Hrsg.): Handbuch Handelsrechtliche Rechnungslegung (HHR), Berlin 2013.

Bratton, William W.: Bond Covenants and Creditor Protection: Economics and Law, Theory and Practice, Substance and Process, 7 EBOR (2006), 39 ff.

Buchholz, Rainer: Internationale Rechnungslegung, 11. Auflage, Würzburg 2014.

Busse von Colbe, Walther; et. Al.: Arbeitskreis „Immaterielle Werte im Rechnungswesen" der Schmalenbach-Gesellschaft für Betriebswirtschaft e.V., Kategorisierung und bilanzielle Erfassung immaterieller Werte, DB 2001, 989 ff.

Claussen, Carsten P.; Scherrer, Gerhard (Hrsg.): Kölner Kommentar zum Rechnungslegungsrecht §§ 238–342e HGB, Köln 2011.

Döring, Ulrich; Buchholz Rainer; Buchhaltung und Jahresabschluss, 13. Auflage 2013.

Dörner, Achim; Neubert, Bob: Praktische Bilanzierung von Entwicklungskosten nach dem Regierungsentwurf zum BilMoG – Eine Fallstudie zu Unterschieden zwischen Steuerrecht, BilMoG und IAS 38, IRZ 2008, 449 ff.

Dreyfuss, Gilbert: Distributions to shareholders under the new California General Corporation Law, 9 Loy. L.A. L. Rev., 1975–1976, 839 ff.

Ebenroth, Thomas; Boujong, Karlheinz; Joost, Detlev; Strohn, Lutz; Handelsgesetzbuch, Band 1, 3. Auflage, München 2014; C.H.Beck; Franz Vahlen. (zitiert: Bearbeiter, in: Ebenroth/Boujong/Joost/Strohn, § ... HGB, Rn. ...).

Eidenmüller, Horst: Ausländische Kapitalgesellschaften im deutschen Recht, 2. Auflage 2015.

Eisenberg, Melvin A.: Corporations and other Business Organizations, 10th edition, 2011, New York.

Eitzen, Bernd; Moog, Tim; Pyschny, Hermann: Forschungs- und Entwicklungskosten nach dem Bilanzrechtsmodernisierungsgesetz (BilMoG) unter Berücksichtigung des IAS 38, KOR 2010, 357 ff.

Ekkenga, Jens: Einzelabschlüsse nach IFRS – Ende der aktien- und GmbH-rechtlichen Kapitalerhaltung? AG 2006, 389 ff.

Ellrott, Helmut; Förschle, Gerhart; Hoyos, Martin; Winkeljohann, Norbert (alle Hrsg.): Beck'scher Bilanzkommentar, Handels- und Steuerbilanz, §§ 238 bis 339, 342 bis 342e HGB, 9. Auflage, München 2014, C.H. Beck.

Emmerich, Volker; Habersack, Mathias; Aktien- und GmbH-Konzernrecht, 6. Auflage 2010.

Ernst, Christoph; Seidler, Holger: Gesetz zur Modernisierung des Bilanzrechts nach Verabschiedung durch den Bundestag, BB 2009, 766 ff.

Fessler, Daniel Wiliam: The Alaska Corporations Code: The Forty-Ninth State Claims The Middle Ground, 7 Alaska Law Review, 1990, S. 1 ff.

Fey, Gerd; Ries, Norbert; Lewe, Stefan, Handelsrechtliche Bilanzierung von Pensionsverpflichtungen – Erfahrungen mit der BilMoG-Umstellung, BB 2012, 823.

Fink, Christian; Kunath, Oliver: Bilanzpolitisches Potenzial bei der Rückstellungsbildung und -bewertung nach neuem Handelsrecht, DB 2010, 2345 ff.

Fülbier, Uwe; Gassen, Joachim: Das Bilanzrechtsmodernisierungsgesetz (BilMoG): Handelsrechtliche GoB vor der Neuinterpretation, DB 2007, 2605 ff.

Funnemann, Carl-Bernhard; Graf Kerssenbrock, Otto-Ferdinand: Ausschüttungssperren im BilMoG-RegE, BB 2008, 2674 ff.

Gabert, Isabel: Die Bilanzierung von Filmrechten, StuB 2010, 891 ff.

Gelhausen, Hans Friedrich; Althoff, Frank: Die Bilanzierung ausschüttungs- und abführungsgesperrter Beträge im handelsrechtlichen Jahresabschluss nach dem BilMoG, WPg, 2009, 584 ff. (Teil 1) und WPg, 2009, 629 ff. (Teil 2).

Gelhausen, Hans Friedrich; Fey, Gerd; Kämpfer, Georg: Rechnungslegung und Prüfung nach dem Bilanzrechtsmodernisierungsgesetz, Düsseldorf 2009, IDW.

Gevurtz, Franlin A.: Corporation Law, 2. Auflage, St. Paul, Minn (USA) 2000.

Gräfer, Horst; Demming, Claudia: Internationale Rechnungslegung, Paderborn 1994, Schäffer-Poeschel Verlag.

Groh, Manfred: Vor der dynamischen Wende im Bilanzsteuerrecht?, BB 1989, 1586 ff.

Großfeld, Bernhard; Luttermann, Claus: Bilanzrecht, 4. Auflage 2005.

Haaker, Andreas: Einfache Solvenztests statt aufwendige Ausschüttungssperren zur Gewährleistung eines hinreichenden Gläubigerschutzniveaus, DStR 2010, 663 ff.

Haaker, Andreas: Rückstellung für latente Steuern als Gespenst, in: DB 2012, M 1 (Gastkommentar).

Haas, Ulrich: Reform des gesellschaftsrechtlichen Gläubigerschutzes, Gutachten E für den 66. Deutschen Juristentag, München 2006.

Hagemann, Thomas; Oecking, Stefan; Wunsch, Ursula: Pensionsverpflichtungen nach dem BilMoG und was das IDW dazu zu sagen hat, DB 2010, 1021 ff.

Haller, Axel; Froschhammer, Matthias; Groß, Tobias: Die Bilanzierung von Entwicklungskosten nach IFRS bei deutschen börsennotierten Unternehmen – Eine empirische Analyse, DB 2010, 681 ff.

Handbuch der Rechnungslegung – Einzelabschluss; Küting, Karlheinz; Pfitzer, Norbert; Weber, Claus-Peter (Hrsg.); 5. Auflage, Band 4, Loseblatt, Stand: Mai 2014; Stuttgart 2002. (zitiert: Bearbeiter, Hdb. d. Rechnungslegung, § ..., Rn. ...).

Hannen, Ina: Financial Covenant Management, Controlling und Compliance, in DB 2012, 2233 ff.

Hemmelrath, Alexander: Bilanzierungsprobleme bei kapitalersetzender Nutzungsüberlassung, DStR 1991, 626 ff.

Hennrichs, Joachim: Bilanzgestützte Kapitalerhaltung, HGB-Jahresabschluss und Maßgeblichkeitsprinzip – Dinosaurier der Rechtsgeschichte, StuW 2005, 256 ff.

Hennrichs, Joachim: IFRS – Eignung für Ausschüttungszwecke, BFuP 2008, 415 ff.

Hennrichs, Joachim: Immaterielle Vermögensgegenstände nach dem Entwurf des Bilanzrechtsmodernisierungsgesetzes (BilMoG), DB 2008, 537 ff.

Hennrichs, Joachim: Neue Herausforderungen für den Mittelstand im BilMoG, GmbHR 2010, 17 ff.

Hennrichs, Joachim: Zur Zukunft der Kapitalerhaltung: Bilanztest – Solvenztest – oder beides?, Der Konzern 2008, 42.

Hennrichs, Joachim; in: Kropff, Bruno; Semler, Johannes (Hrsg.); Münchner Kommentar Aktiengesetz, 3. Auflage 2010, Band 5/1.

Herzig, Norbert: Modernisierung des Bilanzrechts und Besteuerung, DB 2008, 1 ff.

Herzig, Norbert; Bohn, Alexander; Götsch, Arne: Auswirkungen des Zusammenspiels von Zins- und Verlustvortrag auf die Bilanzierung latenter Steuern im HGB-Einzelabschluss, DStR 2009, 2615 ff.

Herzig, Norbert; Fuhrmann, Sven: Handbuch latente Steuern im Einzelabschluss, Köln und Frankfurt 2012.

Herzig, Norbert; Vossel, Stephan: Paradigmenwechsel bei latenten Steuern nach BilMoG, BB 2009, 1174 ff.

Hoffmann, Wolf-Dieter: Eigenkapitalersetzende Darlehen und Rangrücktritt als Bilanzierungsproblem, BC 2006, 49 ff.

Hoffmann, Wolf-Dieter: Systembruch bei der Steuerlatenz von Personenhandelsgesellschaften; StuB 2012, 249 ff.

Hoffmann, Wolf-Dieter; Lüdenbach, Norbert (Hrsg.): NWB Kommentar, Bilanzierung, Handels und Steuerrecht, Herne 2009.

Hüffer, Uwe: Aktiengesetz, 11. Auflage 2014.

Hüttche, Tobias: Bilanzierung selbst erstellter immaterieller Vermögensgegenstände des Anlagevermögens im Lichte des BilMoG, StuB 2008, 163 ff.

International Federation of Accountants: The Measurement and Management of Intellectual Capital. An introduction, New York 1998.

Jennings, Richard W.; Buxbaum, Richard M.: Corporations, Cases and Materials, 5th edition, 1979, Berkeley, California.

Kählert, Peter; Lange, Sabine: Zur Abgrenzung immaterieller von materiellen Vermögensgegenständen, BB 1993, 613 ff.

Kanitz, Friedrich Graf von: Bilanzkunde für Juristen, 3. Auflage, C.H. Beck 2014.

Kanitz, Friedrich Graf von: Die Bedeutung der Rückstellungspflicht nach § 249 Abs. 1 Satz 1 HGB für den Ausweis passiver latenter Steuern – eine Bestandsaufnahme, WPg 2011, 895.

Karrenbrock, Holger: Passive latente Steuern als Verbindlichkeitsrückstellung – Diskussion der BStBK-Verlautbarung zum Ausweis von passiven latenten Steuern in der Handelsbilanz, BB 2013, 235 ff.

Karrenbrock, Holger: Zweifelsfragen der Berücksichtigung aktiver latenter Steuern im Jahresabschluss nach BilMoG, BB 2011, 683 ff.

Kastrup, Benedikt; Middendorf, Oliver: Latente Steuern bei Personengesellschaften im handelsrechtlichen Jahresabschluss nach BilMoG, BB 2010, 815 ff.

Kaya, Devrimi; Borgwardt, Lena: Ausschüttungssperre nach § 268 Abs. 8 HGB, StuB 2010, 727 ff.

Kessler, Harald: Entwicklungskosten für Software in der Bilanz des Herstellers, BB Beilage 1994, Nr. 12, 1–24.

Kessler, Harald: Erneute Kehrtwende des BFH bei der Interpretation der wirtschaftlichen Verursachung? – Weicht das Wesentlichkeitskriterium der Alimentationsthese? –, DStR 1996, 1430.

Kessler, Harald; Leinen, Markus; Strickmann, Michael: Handbuch Bilanzrechtsmodernisierungsgesetz, 8. Auflage 2015.

Kirsch, Hans-Jürgen; Hoffmann, Tim; Siegel, Daniel; Diskussion der Bilanzierung latenter Steuern nach § 249 Abs. 1 Satz 1 HGB, in: DStR 2012, 1290.

Kleemann, Roland; Metzing, Cornelia: Ausweis passiver latenter Steuern als Steuerrückstellungen – Erläuterungen zur Verlautbarung der Bundessteuerberaterkammer vom 18. 9. 2012, DStR 2012, 2405 ff.

Klein, Oliver: Die Bilanzierung latenter Steuern nach HGB, IAS und US-GAAP im Vergleich, DStR 2001, 1450 ff.

Klemm, Uwe: Verstößt die Saldierung aktiver und passiver latenter Steuern gegen das Vorsichtsprinzip, WPg 1984, 267 ff.

Koller, Ingo; Roth, Wulf-Henning; Morck, Winfried, Handelsgesetzbuch, 8. Auflage 2015.

Kölner Kommentar zur Rechnungslegung, Claussen, Carsten Peter; Scherrer, Gerhard (Hrsg.), 1. Auflage 2010.

Köster, Oliver: Niederstwerttest und Bewertungseinheiten beim Anlagevermögen im Entwurf des BilMoG, BB 2007, 2791 ff.

KPMG: Rechnungslegung nach US-amerikanischen Grundsätzen. Grundlagen der US-GAAP und SEC-Vorschriften, 4. Auflage 2004.

Kropff, Bruno: Gesellschaftsrechtliche Auswirkungen der Ausschüttungssperre in § 268 Abs. 8 HGB, in: Festschrift für Uwe Hüffer, 2010, 539 ff.

Kühnberger, Manfred: Gesellschaftsrechtliche Folgeprobleme bei der Bilanzierung latenter Steuern, StuB 2011, 931 ff.

Kühnberger, Manfred: Gesellschaftsrechtliche Implikationen des BilMoG, DStR 2012, 1149 ff.

Kühne, Erhard; Melcher, Winfried; Wesemann, Michael: Latente Steuern nach BilMoG – Grundlagen und Zweifelsfragen (Teil 1), WPg 2009, 1005 ff.

Kuhner, Christoph: Zur Zukunft der Kapitalerhaltung durch bilanzielle Ausschüttungssperren im Gesellschaftsrecht der Staaten Europas, ZGR 2005, 753 ff.

Kummert, Richard O.: State statutory restrictions on financial distributions by corporations to shareholders, part I, 55 Wash L. Rev. (1979–1980) 359 ff. und part II, 59 Wash. L. Rev. (1983–1984) 185 ff.

Künkele, Peter; Zwirner, Christian: Latente Steuern bei Personengesellschaften – Anmerkungen zur Ermittlung und zur Erstanwendung der neuen Regelungen, in: DStR 2011, 2263 ff.

Kusterer, Stefan; Kirnberger, Christian; Fleischmann, Bernhard: Der Jahresabschluss der GmbH & Co. KG nach dem Kapitalgesellschaften- und Co-Richtlinie-Gesetz, DStR 2000, 606 ff.

Küting, Karlheinz; Ellmann, David: Die Herstellungskosten von selbst geschaffenen immateriellen Vermögensgegenständen des Anlagevermögens, DStR 2010, 1300 ff.

Küting, Karlheinz; Lorson, Peter; Eichenlaub, Raphael; Toebe, Marc: Die Ausschüttungssperre im neuen deutschen Bilanzrecht nach § 268 Abs. 8 HGB, GmbHR 2011, 1 ff.

Küting, Karlheinz; Pfitzer, Norbert; Weber, Claus-Peter (Hrsg.): Handbuch der Rechnungslegung Einzelabschluss, 5. Auflage, Loseblatt, Stand: Mai 2014, Saarbrücken, Stuttgart und Frankfurt am Main. (zitiert: Bearbeiter, Hdb. d. Rechnungslegung, § ..., Rn. ...).

Küting, Karlheinz; Seel, Christoph; Die Ungereimtheiten der Regelungen zu latenten Steuern im neuen Bilanzrecht, in: Der Betrieb 2009, 922.

Lanfermann, v. Georg; Röhricht, Victoria; § 268 Abs. 8 HGB als neue Generalnorm für außerbilanzielle Ausschüttungssperren, DStR 2009, 1216.

Larenz, Karl; Canaris, Claus-Wilhelm: Methodenlehre der Rechtswissenschaft, 3. Auflage 2008.

Leffson, Ulrich: Die Grundsätze ordnungsmäßiger Buchführung, 7. Auflage, Düsseldorf 1987

Loitz, Rüdiger: Latente Steuern nach dem Bilanzrechtsmodernisierungsgesetz (BilMoG) – ein Wahlrecht als Mogelpackung?, DB 2009, 913 ff.

Lucius, Friedemann; Veit, Anne-Katrin: Bilanzierung von Altersversorgungsverpflichtungen in der Handelsbilanz nach IDW ERS HFA 30.

Lüdenbach, Norbert: Steuerlatenzrechnung für Personengesellschaften und kleine Kapitalgesellschaften, BC 2011, 159 ff.

Lüdenbach, Norbert; Freiberg, Jens: Beitrag von DRS 18 zur Klärung strittiger Fragen der Steuerlatenzierung, BB 2010, 1971 ff.

Lüdenbach, Norbert; Freiberg, Jens; Steuerlatenzrechnung auch für Personengesellschaften? – Diskussion des IDW ERS HFA 7 n- F., BB 2011, 1579.

Lüdenbach, Norbert; Hoffmann, Wolf-Dieter: Die wichtigsten Änderungen der HGB-Rechnungsregelung durch das BilMoG, StuB 2009, 303 ff.

Lutter, Marcus: Das Kapital der Aktiengesellschaft in Europa, ZGR Sonderband 17, 2006.

Lutter, Marcus; Hommelhoff, Peter: GmbH-Gesetz, Kommentar, 18. Auflage, 2012, Dr. Otto Schmidt Verlag.

Luttermann, Claus; Zum Gesetz zur Modernisierung des Bilanzrechts, ZIP 2008, 1605 ff.

Maier-Siegert, Ernst: Schein und Sein der US-GAAP, BC 2011, 30 ff.

Marsh, Harold; Finkle, Roy; Sonsini, Larry W.: Marsh's California Corporation Law, Loseblatt, Stand: 2013–1 Supplement.

Marten, Kai-Uwe; Weiser, Felix; Köhler, Annette G.: Aktive latente Steuern auf steuerliche Verlustvorträge: zunehmende Tendenz zur Aktivierung, in: BB 2003, 2335 ff.

Marx, Jürgen: Objektivierungserfordernisse bei der Bilanzierung immaterieller Anlagewerte, BB 1994, 2379 ff.

Marx, Jürgen; Dallmann, Holger: Problembereiche und Anwendungsfragen der außerbilanziellen Ausschüttungssperre des § 268 Abs. 8 HGB, Stbg 2010, 453 ff.

Meier, Karin: Bilanzierung betrieblicher Versorgungspflichten nach dem BilMoG, BB 2009, 998 ff.

Merkt, Hanno; Göthel, Stephan: US-amerikanisches Gesellschaftsrecht, 2. Auflage, 2006, Freiburg und Hamburg.

Merschmeyer, Marc: Die Kapitalschutzfunktion des Jahresabschlusses und Übernahme der IAS/IFRS für die Einzelbilanz; Köln 2005; Europäische Hochschulschriften (Diss.)

Meyer, Marco; Loitz, Rüdiger; Zerwas, Peter: Latente Steuern, Bewertung, Bilanzierung, Beratung, 2. Auflage, Wiesbaden 2010.

Meyer, Marco; Ruber, Lars: Bekanntgabe von DRS 18 Latente Steuern – Partielle Aufhebung der Begrenzung des Prognosehorizonts bei Verlustvorträgen, DStR 2010, 2094.

Mindermann, Torsten: Der Ansatz immaterieller Vermögensgegenstände des Anlagevermögens, StuB 2010, 658 ff.

Mindermann, Torsten: Zur Aktivierung selbst erstellter immaterieller Vermögensgegenstände nach dem Entwurf eines Bilanzrechtsmodernisierungsgesetzes (BilMoG), WPg 2008, 273 ff.

Mock, Sebastian: Finanzverfassung der Kapitalgesellschaften und internationale Rechnungslegung, Köln 2008.

Moxter, Adolf: Bilanzlehre, Band 1, Einführung in die Bilanztheorie, 3. Auflage, Frankfurt 1984.

Moxter, Adolf: Bilanzrechtsrechtsprechung, 6. Auflage, Tübingen 2007.

Moxter, Adolf: Die Zukunft der Rechnungslegung, DB 2001, 605 ff.

Moxter, Adolf: Immaterielle Anlagewerte im neuen Bilanzrecht, BB 1979, 1102 ff.

Moxter, Adolf: Zum Sinn und Zweck des handelsrechtlichen Jahresabschluss nach neuem Recht, in: Festschrift für R. Goerdeler, Bilanz- und Konzernrecht, Düsseldorf 1987.

Müller, Ingo: Rückstellungen für passive Steuerlatenzen gemäß § 249 Abs. 1 Satz 1 HGB, DStR 2011, 1046.

Müller, Klaus J.: Kapitalerhaltung und Bilanzierung: Zur Ermittlung der Unterbilanz bei § 30 Abs. 1 GmbHG, DStR 1997, 1577 ff.

Müller, Stefan; Kreipel, Markus: Passive latente Steuern und kleine Kapitalgesellschaften, DB 2011, 1701 ff.

Münchner Kommentar Aktiengesetz, Band 1: Goette, Wulf; Habersack, Mathias, 3. Auflage 2008. (zitiert: Bearbeiter, in: MüKo, § ... AktG, Rn. ...).

Münchner Kommentar Aktiengesetz, Band 5/2: Kropff, Bruno; Semler, Johannes (Hrsg.), 2. Auflage 2004. (zitiert: Bearbeiter, in: MüKo, § ... AktG, Rn. ...).

Münchner Kommentar GmbHG: Fleischer, Holger; Goette, Wulf (Hrsg.), Band 1, 2. Auflage 2014. (zitiert: Bearbeiter, in: MüKo, § ... GmbhG, Rn. ...).

Münchner Kommentar Handelsgesetzbuch, Band 4, Schmidt, Karsten; Ebke, Werner F. (Hrsg.), 3. Auflage 2013. (zitiert: Bearbeiter, in: MüKo, § ... Rn. ...).

Münchner Kommentar zum Bilanzrecht, Band 2, Hennrichs, Joachim; Kleindieck, Joachim; Watrin, Christoph; 1. Auflage 2013. (zitiert: Bearbeiter, in: MüKo Bilanzrecht, § ... Rn. ...).

Norton, Michael I.: When Labor Leads to Love, 87 Harvard Business Review 2009, 30 ff.

NWB Kommentar Bilanzierung: Handels- und Steuerrecht: Hoffmann, Wolf-Dieter; Lüdenbach, Norbert, 5. Auflage 2014.

Oser, Peter; Roß, Norbert; Wader, Dominic; Drögemüller, Steffen: Eckpunkte des Regierungsentwurfs zum Bilanzrechtsmodernisierungsgesetz (BilMoG), WPg 2008, 675 ff.

Paananen, Mari; Lin, Henghsiu: The Development of Accounting Quality of IAS and IFRS over Time: The Case of Germany, in: Journal of International Accounting Research, 1/2009, S. 31 ff.

Pelka, Jürgen; Niemann, Walter (Hrsg), Jahres und Konzernabschluss nach Handels- und Steuerrecht; Band B, 13. Auflage 2010.

Pelka, Jürgen; Niemann, Walter (Hrsg.): Jahres- und Konzernabschluss nach Handels- und Steuerrecht, 13. Auflage, München 2010.

Pellens, Bernhard; Brandt, Eva; Richard, Marc: Kapitalschutz in Kalifornien – Vorbild für die europäische Gesellschaftsrechtsreform, DB 2006, 2021 ff.

Pellens, Bernhard; Sellhorn, Thorsten: Zukunft des deutschen Kapitalschutzes, in: Lutter (Hrsg.) ZGR Sonderband 17, Das Kapital der Aktiengesellschaft in Europa, 2006, S. 451 ff.

Petersen, Karl; Zwirner, Christian: BilMoG, Begründung des Regierungsentwurfs (Besonderer Teil), 1. Auflage 2009.

Petersen, Karl; Zwirner, Christian; Forschhammer, Matthias: Funktionsweise und Problembereiche der im Rahmen des BilMoG neu eingeführten außerbilanziellen Ausschüttungssperre des § 268 Abs. 8 HGB, KoR 2010, 334 ff.

Pinto, Arthur R.; Branson, Douglas M.: Corporate Law, 3. Auflage 2009.

Prinz, Ulrich; Ruberg, Lars: Latente Steuern nach dem BilMoG – Grundkonzept, Bedeutungswandel, erste Anwendungsfragen, Der Konzern 2009, 343 ff.

Rabeneck, Jasmin; Reichert, Gudrun: Latente Steuern im Einzelabschluss (Teil I), DStR 2002, 1366 ff.

Raiser, Thomas; Veil, Rüdiger: Recht der Kapitalgesellschaften, 5. Auflage 2010, München.

Richard, Marc: Kapitalschutz der Aktiengesellschaft, Bochum 2006 (Diss).

Rickford, Jonathan, et. al.: Reforming Capital – Report of the Interdisciplinary Group on Capital Maintenance, 15 EBLR (2004), 919 ff.

Ritzer-Angerer, Petra: Zur Abgrenzung von Ausschüttungen und Kapitalrückzahlungen – Besteuerung von Aktienrückkäufen in den USA und in Deutschland, IStR 2005, 318.

Roß, Norbert: Bilanzierung des Postens „Aktiver Unterschiedsbetrag aus der Vermögensverrechnung“, BB 2011, 1835 ff.

Roth, Günter; Altmeppen, Holger: Gesetz betreffend die Gesellschaften mit beschränkter Haftung, Kommentar, 7. Auflage 2012, München 2009, C.H. Beck.

Roth, Oliver: IFRS für KMU – Hintergründe und Kritik zum ED-IFRS, DStR 2007, 1454 ff.

Ruberg, Lars: Keine Mehrdeutigkeit der Ausschüttungssperre gem. § 268 Abs. 8 HGB, NZG 2011, 1048 ff.

Ruberg, Lars: Passivierung latenter Steuern außerhalb des Anwendungsbereichs des § 274 HGB? – Anmerkung zu IDW ERS HFA 7 n.F., Ubg 2011, 626 ff.

Schäffeler, Ursula: Ermittlung latenter Steuern aus steuerlichen Verlustvorträgen, IRZ 2006, 153.

Schildbach, Thomas: Rechnungslegung nach US-GAAP: Hoffnung und Wirklichkeit (Teil 1), BB 1999, 359 ff.

Schmalenbach, Eugen: Dynamische Bilanz, 1995.

Schmalenbach, Eugen: Grundlagen dynamischer Bilanzlehre, in: Zeitschrift für handelswissenschaftliche Forschung, 13. Jg. (1919).

Schmidt, EStG: Weber-Grellet, Heinrich (Hrsg.), 34. Auflage 2015.

Schmidt, Fritz: Die organische Tageswertbilanz, 3. Auflage, Leipzig 1929.

Schmidt, Karsten: Gesellschaftsrecht, 4. Auflage, Hamburg 2002.

Schmidt, Karsten; und Bearbeiter: Münchner Kommentar zum Handelsgesetzbuch, 3. Auflage 2013.

Schmiel, Ute; Breithecker, Volker: Steuerliche Gewinnermittlung nach dem Bilanzrechtsmodernisierungsgesetz, Berlin 2008.

Scholz, Franz; und Bearbeiter: Kommentar zum GmbH-Gesetz, I. Band, 10. Auflage 2006, Verlag Dr. Otto Schmidt.

Schön, Wolfgang: Balance Sheet Tests or Solvency Tests – or Both?, 7 EBOR 2006, 181 ff.

Schön, Wolfgang: Der Bundesfinanzhof und die Rückstellungen, Beilage 9 zu BB 1994 S. 1 ff.

Schön, Wolfgang: Die Zukunft der Kapitalaufbringung/-erhaltung, Der Konzern 2004, 162 ff.

Schön, Wolfgang: Entwicklung und Perspektiven des Handelsbilanzrechts: vom ADHGB zum IASC, ZHR 161 (1997), 133–159.

Schön, Wolfgang: Gesellschafter-, Gläubiger- und Anlegerschutz im Europäischen Bilanzrecht, ZGR 2000, 706 ff.

Schön, Wolfgang: Internationalisierung der Rechnungslegung und Gläubigerschutz, WPg-Sonderheft 2001, 74 ff.

Schön, Wolfgang; Osterloh-Konrad, Christine; Rechnungslegung in der Aktiengesellschaft, in: Walter Baxer und Mathias Habersack (Hrsg.); Aktienrecht im Wandel: 1807 – 2007, Band I, S. 894 ff.

Schreiber, Susanne: Der Ansatz von selbst erstellten immateriellen Vermögenspositionen nach SFAS No. 142, IStR 2005, 210 ff.

Schülke, Thilo: Zur Aktivierbarkeit selbst geschaffener immaterieller Vermögensgegenstände, DStR 2010, 992.

Schulze-Osterloh, Joachim: Ausgewählte Änderungen des Jahresabschlusses nach dem Referentenentwurf eines Bilanzrechtsmodernisierungsgesetzes, DStR 2008, 63 ff.

Schulze-Osterloh, Joachim: Vorschläge für ein Bilanzrechtsmodernisierungsgesetz, ZIP 2004, 1128 ff.

Schüttler, Mark; Berthold, Eckhard; Bilanzierung ungeschützter Erfindungen am Beispiel von Arzneimitteln – Ungeahnte Aktivierungsmöglichkeiten dank BilMoG, DStR 2011, 932 ff.

Seibert, Ulrich: Das 10-Punkte-Programm ‚Unternehmensintegrität und Anlegerschutz', BB 2003, 693 ff.

Seidel, Björn; Grieger, Stephanie; Muske Roland, Bilanzierung von Entwicklungskosten nach dem BilMoG, BB 2009, 1286.

Selchert, F.W.: Der Bilanztest von Aufwendungen für die Erweiterung des Geschäftsbetriebes, Der Betrieb 1986, 977.

Servatius, Wolfgang: Gläubigereinfluss durch Covenants, München 2008.

Simon, Herman V.: Die Bilanzen der Aktiengesellschaften und Kommanditgesellschaften auf Aktien, 4. Auflage, Berlin 1910.

Simon, Stefan: Ausschüttungs- und Abführungssperre als gläubigerschützendes Institut in der reformierten HGB-Bilanzierung. Zur Regelung des § 268 Abs. 8 HGB n.F., NZG 2009, 1081.

Stahl, Frank; Burkhardt, Ulrich: Ermittlung des maximalen Ausschüttungsbetrags – Die Ausschüttungssperre nach BilMoG; BBK 2010, 106 ff.

Thaut, Michael: Pensionsverpflichtungen und Rückstellungsversicherungen im handelsrechtlichen Abschluss; DB 2011, 1645 ff.

Theile, Carsten: Immaterielle Vermögensgegenstände nach RegE BilMoG – Aktzentverschiebung beim Begriff des Vermögensgegenstandes?, WPg 2008, 1064.

Thiel, Jochen; Lüdtke-Handjery, Alexander: Bilanzrecht, 5. Auflage, Köln 2005.

Thiele, Konstanze: Stille Reserven in der Rechnungslegung, Vergleich von HGB, US-GAAP und IAS, Wiesbaden 1999.

Veil, Rüdiger: Das System der Kapitalrichtlinie versus situative Ausschüttungssperren, in: Lutter (Hrsg.), ZGR Sonderband 17, Das Kapital der Aktiengesellschaft in Europa, 2006, S. 92 ff.

Velte, Patrick; Sepetauz, Karsten: BilMoG: Ansatzwahlrecht für selbst geschaffene immaterielle Anlagegüter, BC 2010, 349 ff.

Völkner, Burkhard; Feldgen, René; Latente Steuerabgrenzung bei Personengesellschaften – Diskussion der neuen IDW RS HFA 7 sowie IDW RS HFA 18, in: BB 2012, 1333 ff.

Von der Laage, Gudrun: Die Ausschüttungssperre des § 268 Abs. 8 HGB nach dem Bilanzrechtsmodernisierungsgesetz, WM 2013, 1322 ff.

Walleyo, Samy: Software nach HGB und IFRS, BC 2011, 25 ff.

Wehrheim, Michael; Rupp, Dominik: Zum Geltungsbereich der Ausschüttungssperre des § 268 Abs. 8 HGB im Regierungsentwurf des BilMoG.

Winnefeld, Bilanz-Handbuch, 4. Auflage 2006.

Winter, Jaap (Vorsitzender); et. al.: Bericht der hochrangigen Gruppe von Experten auf dem Gebiet des Gesellschaftsrechts über moderne gesellschaftsrechtliche Rahmenbedingungen in Europa.

Wöhe, Günter; Kussmaul, Heinz: Grundsätze der Buchführung und Bilanztechnik, 8. Auflage, 2012, Saarbrücken.

Zülch, Henning; Hoffmann, Sebastian: Probleme und mögliche Lösungsansätze der „neuen“ Ausschüttungssperre nach § 268 Abs. 8 HGB, Der Betrieb 2010, 909 ff.

Zwirner, Christian; Froschhammer, Matthias; Zum Anwendungsbereich der Ausschüttungssperre, StuB 2012, 139 ff.

Schriften zum Gesellschafts-, Bilanz- und Unternehmensteuerrecht

Herausgegeben von Barbara Grunewald und Joachim Hennrichs

Band 1 Moritz Pöschke: Eigenkapital mittelständischer Gesellschaften nach IAS/IFRS. 2009.

Band 2 Ulrike Lehmann: Gesellschaftsrechtliche Gestaltungen im Erbschaft- und Schenkungsteuerrecht. Eine Untersuchung der Erbschaft- und Schenkungsteuersubjektivität der Personengesellschaft sowie der mittelbaren Anteilsschenkung. 2009.

Band 3 Christian Graw: Das Konzept der Anteilseignerbesteuerung nach § 22 UmwStG 2006 – insbesondere im Vergleich zu § 21 UmwStG 1995. 2009.

Band 4 Christopher M. Picot: Die Rechte der Aktionäre beim Delisting börsennotierter Gesellschaften. 2009.

Band 5 Pascal Alexander Salomon: Regelungsaufträge in der Societas Privata Europea. Einführung in eine neue Rechtsform unter besonderer Berücksichtigung des Gesetzgebungsinstruments des Regelungsauftrages. 2010.

Band 6 Anna Sabrina Cryns: Gesellschafterfremdfinanzierung in Frankreich und Zinsschranke – ein Rechtsvergleich. 2011.

Band 7 Björn Karst: Das Marktmanipulationsverbot gem. § 20a WpHG. Unter besonderer Berücksichtigung der „Safe-Harbor"-Regelung. 2011.

Band 8 Ulrike Petig: Verdeckte Sacheinlagen im GmbH- und Aktienrecht. Die Veränderungen durch MoMiG und ARUG. 2012.

Band 9 Jochen Möller: Vorteilsanrechnung bei nützlichen Pflichtverletzungen im Kapitalgesellschafts- und Kartellrecht. 2012.

Band 10 Alexander Kersten: Zinsschranke und IFRS. Rechtssystematische Einordnung einer punktuellen Maßgeblichkeit der IFSR im Steuerrecht am Beispiel der Zinsschranke. 2012.

Band 11 Tobias Strohmeier: Special Purpose Acquisition Companies. SPACs im Spannungsfeld von deutschem Aktien- und Kapitalmarktrecht. 2012.

Band 12 Ruth Winter: Die steuerliche Behandlung von Scheinauslandsgesellschaften. Eine Untersuchung zur doppelansässigen Kapitalgesellschaft. 2013.

Band 13 Daniel Krey: IFRS und Ausschüttungsbemessung. 2013.

Band 14 Gabriel Jakob Litzenberger: Sanierungspflichten in der Krise von AG und GmbH. 2014.

Band 15 Franziska Neumann: Rechtliche Probleme von PIPE-Transaktionen. 2014.

Band 16 Jan Winzen: Vorzugsaktie und KGaA. Instrumente zur Kontrollerhaltung bei der Eigenkapitalfinanzierung. Unter besonderer Berücksichtigung der Vereinheitlichung von Aktiengattungen. 2014.

Band 17 Andreas Gerten: Angemessenheit und Steuern. Verdeckte Einkommensverwendung bei Kapitalgesellschaften im internationalen Vergleich. 2014.

Band 18 Isabel Kristin Fischer: Die Partnerschaftsgesellschaft mit beschränkter Berufshaftung. Rechtliche Einordnung und Haftungsverfassung unter Berücksichtigung der englischen LLP. 2015.

Band 19 Leif Klinkert: Probleme der neuen Ansatzrechte im Sinne des § 268 Abs. 8 HGB und der entsprechenden Ausschüttungssperren. Zugleich ein Vergleich zur kalifornischen Ausschüttungsregelung. 2016.

www.peterlang.com